LE GUIDE

de

NEW YORK

D1350138

Olivier ORBAN

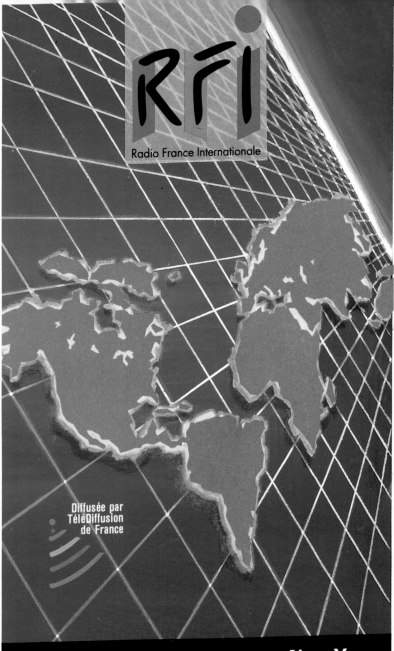

RFI
Radio France Internationale

Diffusée par
TéléDiffusion
de France

RADIO FRANCE INTERNATIONALE À NEW YORK

RFI en FM à New York tous les jours de 6h30 à 9h (10h le samedi)
et de 23h à 1h sur 91.5 MHz (heures locales)

116, av. du Président Kennedy 75016 PARIS - Tél. 33 (1) 44 30 89 72

Auteurs et Directeurs de la collection :
Dominique AUZIAS et Jean-Paul LABOURDETTE

Responsable de la collection :
Jean-François CHAIX

Rédacteurs :
Jean-François CHAIX, Marc FURSTENBERG

LE PETIT FUTĒ

COUNTRY GUIDE

NEW YORK

OLIVIER ORBAN ©
LE PETIT FUTE de NEW YORK
PETIT FUTE, PETIT MALIN, GLOBE TROTTER, COUNTRY GUIDES, CITY GUIDES
sont des marques déposées.™ ® ©
NOUVELLES EDITIONS DE L'UNIVERSITE - DOMINIQUE AUZIAS & ASSOCIÉS ©
Photos : Banc d'Essai du Tourisme
Dépôt légal : janvier 94
ISBN : 2-85565-011-9
Achevé d'imprimer en 1994
Imprimé en France par Aubin Imprimeur Poitiers/Ligugé (L 44866)

LE PETIT FUTE
• des guides drôlement débrouillards •

* AFRIQUE DU SUD - Vincent Guarrigues

ALLEMAGNE - Fabienne Biboud, Laurent Bonzon, Catherine Courel, Corinne Poulain

AUSTRALIE - Magny Telnes-Tan

BALEARES - Anna Lahore

BELGIQUE (City Guide)- *Coordination :* Ph. Wyvekens. *Anvers :* M. Raaffels. *Bruxelles :* V. Lohest, A. Desemberg. *Charleroi :* M. Glacet. *Gent :* A. Govaere. *Liège :* J. Renard. *Namur :* M. Bertrand

BELGIQUE (Country Guide) - Franz Uyttebrouck

CALIFORNIE - Alix Pradeilles

*CAMBODGE - LAOS - Chantal Stanek, Cyrille Drouhet

CANADA - Anne-Marie Blessig, Anne Montpetit, Denis Lavoie. **Montreal** (City Guide) : O. Jouanneau, D. Perna

CUBA - Kim Chaix

DANEMARK - Jean-Marie Chazeau

EGYPTE - Philippe Aoust

ESPAGNE - *Aragon :* Véronique Maribon-Ferret. *Andalousie, Estramadure :* Laurent Delsaux. *Catalogne :* Carole Jourdain. *Galice, Cantabrie :* Diane Huidobero. *Pays Basque :* Sylvia Mendizabal. *San Sebastián :* S. Mendizabal

FLORIDE LOUISIANE - *Miami :* Marc Furstenberg. *New Orleans :* Sandrine Dumas

FRANCE (City Guide) - *Amiens* K. Belkadi. *Angers* Ch. Guille. *Auvergne* H. Berthier. *Auxerre* A. Robert. *Avignon* L. Counord. *Bordeaux* N. Stefann, S. Tardieu. *Bourges* C. Catalifaud. *Brest* M. Keriel. *Brive* J.-P. Cauver. *Caen* B. Le Duff. *Charentes* L. Abdallah. *Chartres* C. Lambert. *Clermont-Ferrand* C. Martinez. *Colmar* G. Heinrich. *Dijon* H. Fontaine. *Dordogne* D. Menduni. *Gers* C. Bauche. *Le Havre* A. Stil. *La Rochelle* C. Briand. *Lille* B. Deprez. *Limoges* J.-Y. Berger. *Lorient* C. Martin. *Lyon* M. Ecochard. *Le Mans* M. Duclos, P. Drouinot. *Marseille* G. Touzin. *Metz* A. Angius. *Montpellier* T. Cuché. *Nancy* A. Giaquinto. *Nantes* C. Doucet. *Nice* H. Lemoigne. *Nîmes* Ch. de Béchillon. *Orléans* S. et M. Moser. *Paris* O. Bellami, V. Ragot, L. Serrette. *Pau* M. Latour. *Pays-Basque* P. Capdepont. *Poitiers* J.-F. Pissard. *Reims* J. Denaveau. *Rennes* J.-M. Frizjer. *Rouen* F. Martz.

St-Brieuc Ch. Esnault. *St-Etienne* D. Berne. *St-Malo* M. D'Ersu. *Strasbourg* N. et R. Métayer. *Toulouse* M. Rodriguez. *Tours* M. Pierre. *Troyes* M. Gauthier. *Tulle* J.-P. Cauver. *Vannes* E. Nicolet

FRANCE (Country Guides) - Jean-Paul Ballon assisté de Alexandra Mille et Sylvain Jousse. *Alsace :* N. et R. Métayer. *Auvergne :* H. Berthier. *Normandie :* E. Reis-Corona. *Midi-Pyrénées :* M.-J. Pince. *Poitou :* J.-F. Pissard. *Provence :* G. Touzin

GRECE - Paulina Lampsa et Annick Desmonts.

GRANDE-BRETAGNE - *Angleterre, Pays de Galles :* Pascale Courtin. *Ecosse :* John Ritchie.

LONDRES - Gail de Courcy-Irlande, Marc Furstenberg

INDONESIE - Joël Supéry

IRLANDE - Olivier Apert

ITALIE du Nord - G. Femiani, C. Romano, R. Rizzo, C. Gambaro, M. Ercole Pozzoli.

LUXEMBOURG (City Guide) - M. Kœdinger et C. Neu

* MAROC - Marc Boudet

MEXIQUE - Marc Furstenberg

NAMIBIE - Jacqueline Ripart

NEW YORK - Jean-François Chaix

NORVEGE : Magny Telnes-Tan

OCEAN INDIEN - Annick Desmonts

OCEAN ATLANTIQUE Nord - *Féroé :* J.-M. Chazeau. *Islande :* G. Garnier, N. Saillard, Jérôme Tubiana. *Groenland :* Denis Lefebvre

OCEAN ATLANTIQUE Sud - *Açores, Canaries, Madère :* Arnaud de la Tour. *Cap Vert :* Marc Trillard

PORTUGAL - Olivier Apert

REP. BALTES - Alec Nyiri

REP. TCHEQUE - H. Cobo-Coulon, Ch. Lelong

REP. DOMINICAINE - Catherine Bardon

RUSSIE - Gari Ulubeyan

SINGAPOUR - Martial Dassé

* SUEDE - Karin Envall, Norbert Grundman

THAILANDE - Martial Dassé

TURQUIE - Paulina Lampsa

VIETNAM - Jeanne-Chantal Stanek

GUIDES DU PETIT FUTE

Fondateur : Dominique Auzias • *Directeur :* Jean-Paul Labourdette

Collection City-Guides : Bertrand Dalin assisté de Véronique Fourré et Nathalie Thénaud
Collection Country-Guides : J.-F. Chaix assisté de Nora Grundman et Dana Lichiardopol
Régie nationale : Isabelle Drezen assistée de Catherine Guérin
Administration : Catherine Issad, Dina Bourdeau, Cécile Brault, Sophie Pavie et Paula Pereira
Diffusion : Patrice Evenor - **Secrétariat :** Nathalie Serres
Montage : M.- H. Martin, Evelyne Marchand, Malik Merazid, Sandrine Pelissero, Brigitte Battin
Cartographie Country : Marie-Hélène Martin assistée de Sylvie Bantigny

NEU - 18, rue des Volontaires - 75015 Paris - Fax 42 73 15 24 - Tél. 45 66 70 13
Sarl au capital de 1 000 000 F. RC PARIS B 309 769 966

EDITORIAL

Dans les années 20 et 30, alors que les joueurs de jazz partaient en tournée dans les grandes villes américaines, ils avaient un dicton qui exprimait toute la situation : *"Il y a beaucoup de pommes sur l'arbre,* disaient ces musiciens itinérants, *mais jouer à New York, c'est dégoter la Grosse Pomme."* En 1971, l'Office du tourisme de New York se rappela ce joli mot. The Big Apple. Il a fait, depuis, le tour du monde.

Vous allez partir à la découverte de la plus grande mégalopole du monde et, quand bien même ce serait votre centième voyage, vous allez vous transformer en marin débarquant sur une île inconnue. Non seulement vous oublierez aussitôt que le reste du monde existe, mais vous serez immédiatement happé par le climat insulaire d'une ville qui offre de tout à profusion et sans aucune mesure. Si vous avez des préjugés en matière de beauté, de culture, de civilisation, vous passerez à côté de la plaque. Mais si vous allez à New York l'esprit ouvert, New York ira à vous avec toute sa beauté diabolique. Vous trouverez de la passion, de l'esprit et du sublime dans les lieux les plus inattendus de cette ville qui est une oeuvre d'art sauvage. Vous constaterez qu'une telle ville n'a ni morale ni message. Quelque chose de neuf va éclore en vous et vous submerger. Entrez dans Manhattan et soudain, par votre seule présence entre ces murs gigantesques, vous serez un citoyen définitif de New York, un rameau du Grand Pommier. Symbole d'une anarchie qui semble contenir les terreurs et les aspirations, toute la grandeur de notre siècle, New York est un mélange unique de créativité individuelle et de partage de la solitude.

Voici donc la troisième édition du *Petit Futé de New York.* Cette nouvelle édition explore et enrichit les domaines les plus sensibles et les plus pratiques de la ville : la sécurité, l'histoire, le climat, les restaurants, les boutiques, les hôtels, la nuit, les musées, les galeries, les parcs, les balades sur terre, sur l'eau, dans l'air, dans le rêve et la réalité à n'y pas croire.

New York change. L'hiver 94 a été terrible. L'élection d'un nouveau maire a laissé de l'amertume dans la communauté noire. La crise économique semble passée. La violence est toujours à l'ordre du jour et l'"Amérique, comme jamais, rebondit. Gageons que ceux qui connaissent la ville y dénicheront de l'inconnu. Pour les autres, nous n'avons pas craint de nous montrer pédagogue, d'expliquer longuement. Résolument, comme pour les éditions précédentes, nous avons opté pour la sélection qui permet d'aplanir le terrain, de désigner les repères. Nous avons fait l'état de lieux. Car New York est une ville dérangeante, voir perturbante pour ceux qui n'y ont jamais mis les pieds. Ce guide veut leur faciliter le passage, ouvrir des voies.

Un guide est une oeuvre collective. Depuis le départ, le *Petit Futé de New York* a été conçu avec ceux qui raffollent de leur ville, en l'occurence les New-Yorkais eux-mêmes, qu'ils soient natifs ou d'adoption. Mais cette édition, comme tous les titres de la collection des "country guides", s'enrichit des témoignages des lecteurs qui nous ont écrit pour confirmer, nuancer, préciser, mettre en garde. Vous trouverez des extraits de leurs lettres dans l'ouvrage. Guide de voyage, manuel de survie, mode d'emploi de vagabondage, voilà ce qu'est le *Petit Futé.* Le reste est affaire de découverte personnelle.

L'édition 94 du Petit Futé de New York *a été réalisée avec l'aide de Colombe Schneck et Nora Grundman, et le concours de Bruno Schlemmer.*
L'édition 93 avait été réalisée avec le concours de Myriam Bin, Marc Furstenberg, Corinne Henry, Dana Philp, Paco Valencia et Odile Weltert.
Nous remercions les lecteurs qui nous écrit : Pascal Menard, Thierry Lefebvre, J.-P. Lefevre, Sandrine Mercier, Isabelle Harvey, Betty Bellato, J.-P. Saada, Carlos Faucon, Claude Sedoni, Eric Nassau, Laurent Lecrest, J.-P. Peyrard, Anne Elain, Myriam Leempoel, Marjeleaine Hébert, Arnaud Salembier, Yousoof Coojberrharry, Brigitte Christophe.

TABLE DES MATIERES

TABLE DES MATIERES

Tableau des distances entre les villes (en km)

	ALBUQUERQUE	ATLANTA	BOSTON	CHICAGO	CLEVELAND	DALLAS	DENVER	DETROIT	LOS ANGELES	MIAMI	MINNEAPOLIS	NEW ORLEANS	NEW YORK CITY	SAINT LOUIS	SAN FRANCISCO	SEATTLE
ATLANTA	2248		1718	1125	1120	1301	2267	1192	3534	1059	1781	789	1390	896	4069	4419
BOSTON	3608	1718		1589	1037	2907	3182	1150	4691	2474	2245	2507	342	1902	5067	4877
CHICAGO	2080	1125	1589		552	1501	1629	474	3366	1184	656	1538	1352	469	3493	3290
CLEVELAND	2584	1120	1037	552		1912	2134	270	3870	2106	1208	1723	811	893	4026	3842
DALLAS	1046	1301	2907	1501	1912		1258	1859	2250	2123	1518	801	2566	1032	2867	3390
DENVER	672	2267	3182	1629	2134	1258		1253	1786	3326	1355	2059	2933	1371	2022	2152
DETROIT	2518	1192	1150	474	270	1859	1253		3800	2251	1130	1766	1064	827	3947	3763
LOS ANGELES	1286	3534	4691	3366	3870	2250	1786	3800		4373	3140	3029	4539	2978	667	1842
MIAMI	3170	1059	2474	1184	2106	2123	3326	2251	4373		2840	1418	2133	1955	4990	5478
MINNEAPOLIS	1998	1781	2245	656	1208	1518	1355	1130	3140	2840		2034	2008	904	3211	2634
NEW ORLEANS	1850	789	2507	1538	1723	801	2059	1766	3029	1418	2034		2166	1130	3669	4192
NEW YORK CITY	3253	1390	342	1352	811	2566	2933	1064	4539	2133	2008	2166		1562	4826	4586
SAINT LOUIS	1691	896	1902	469	893	1032	1371	827	2978	1955	904	1130	1562		3384	3478
SAN FRANCISCO	1821	4069	5067	3493	4026	2867	2022	3947	667	4990	3211	3669	4826	3384		1330
SEATTLE	2344	4419	4877	3290	3842	3390	2152	3763	1842	5478	2634	4192	4586	3478	1330	
WASHINGTON DC	3006	1010	708	1118	578	2198	2707	830	4293	1765	1774	1798	368	1336	4592	4408

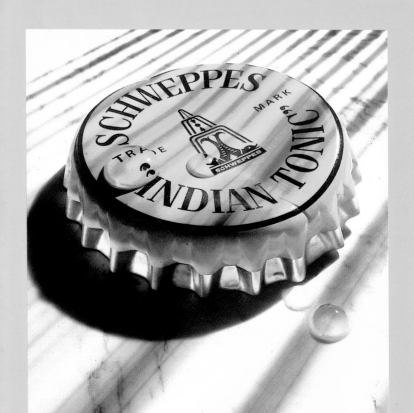

Réveillez votre côté Schhh...

Le Petit Futé vu par la presse

"Ni "baba" ni "pépère", il s'adresse aux nouveaux voyageurs pour lesquels il déjoue tous les pièges à touristes. Des livres-copains rédigés dans un style vivant."

LIRE

"Humour, vivacité du style, sens de la synthèse. Et de l'économie".

L'Evénement du Jeudi

"L'excellente nouvelle collection des country guides. Ou comment découvrir un pays dans sa réalité propre."

France Soir

"Chacun de ces guides est une roue de secours pour les aventuriers, qu'ils conçoivent leur voyage comme la gestion de l'imprévu ou le parcours d'une piste balisée."

Terre Sauvage

"Des guides "boussoles" pour voyager malin et ne jamais perdre le nord."

L'Express

"Et sachez que lorsqu'un guide est bouclé, il faut déjà se remettre à l'ouvrage. Car un bon "Petit Futé" doit être réédité tous les ans, ou au pire tous les deux ans."

L'étudiant

"Un traitement thématique des villes, truffé de renseignements utiles, et toutes les possibilités d'escapades autour."

Le Nouvel Economiste

"Mélange de culture, d'évasion et d'informations pratiques, la collection s'adresse à un public épris d'authenticité."

Le Dauphiné Libéré

"Ils sont bien écrits - un ton vif, incisif, qui plaît au lecteur. Pointus surtout. Leurs sélections ciblées, réalistes, correspondent aux possibilités de la majorité des voyageurs et sont, osons-le dire, "branchées". On y trouve, notamment, des informations pratiques, culturelles et un itinéraire détaillé à travers le pays. Ce qui donne des guides très informés aux rubriques inédites : Who's Who, vocabulaire, présentation des médias s'ajoutent aux bonnes adresses en tout genre."

Le Monde

L'anglais tout de suite !

**Pour être opérationnel
en deux à trois semaines**

anglais

australie

POUR COMPRENDRE
NOTRE NOUVELLE PHILOSOPHIE,
IL SUFFIT
DE LIRE NOTRE SIGNATURE.

TO UNDERSTAND
OUR NEW PHILOSOPHY, JUST LOOK AT
OUR BOTTOM LINE.

280 hôtels accueillants - le sourire aux lèvres - des restaurants côté jardin - plein de petites attentions - se retrouver dans un cadre familier - des prix réajustés - de grands espaces - la quiétude... Soyez chez vous dans 49 pays.
Renseignements et réservations : tél. 33 (1) 60.77.51.51 ou par minitel 3615 NOVOTEL.

280 congenial hotels - cordial smiles - restaurants overlooking a garden - attentive service - familiar surroundings - readjusted prices - space - tranquility...
Come home to Novotel in 49 countries. For information and reservations call 33-1 60.77.51.51 or by Minitel in France 3615 NOVOTEL.

BIENVENUE, VOUS ÊTES CHEZ VOUS.
WELCOME HOME.

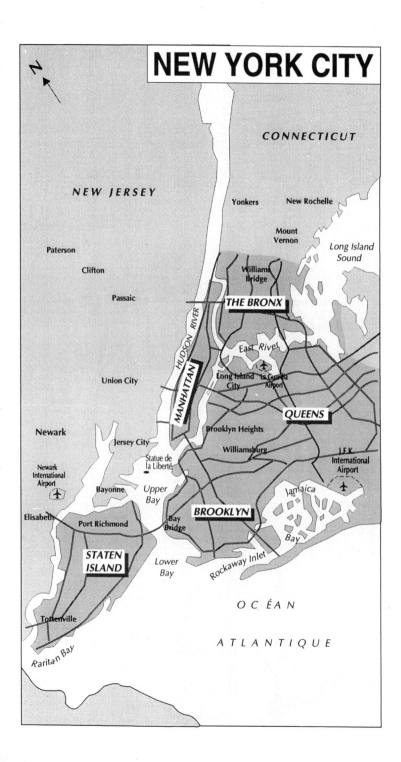

NEW YORK CITY

CONNECTICUT

NEW JERSEY

Yonkers   New Rochelle

Mount
Vernon   Long Island
                Sound

Paterson

Clifton   Williams
                Bridge

Passaic   **THE BRONX**

                HUDSON RIVER

                East River

Union City   Long Island   La Guardia
                 City   Airport   **QUEENS**

                                MANHATTAN

Newark   Brooklyn Heights

        Jersey City   Williamsburg   J.F.K.
                                                    International
        Statue de   Airport
Newark la Liberté
International
Airport   Upper
                 Bay   Jamaica

Bayonne   Bay

Elisabeth   Port Richmond   Bay   **BROOKLYN**
                                 Bridge
                                                    Bay

                 STATEN   Lower   Rockaway Inlet
                 ISLAND   Bay

                                 OCÉAN

Tottenville   ATLANTIQUE

Raritan Bay

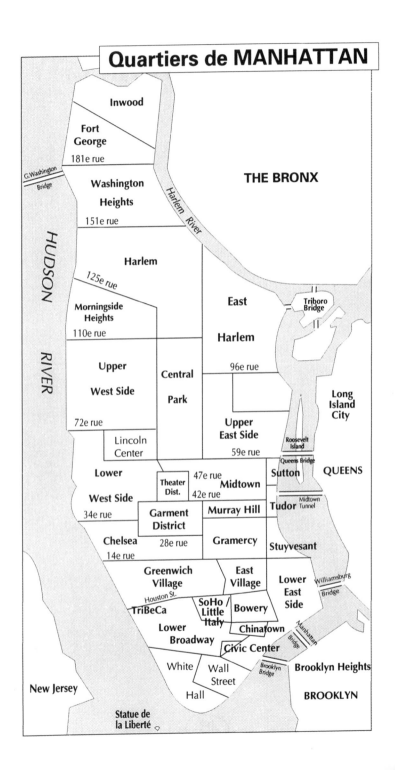

Quartiers de MANHATTAN

Inwood

Fort George

181e rue

G.Washington Bridge

THE BRONX

Washington Heights

Harlem River

151e rue

Harlem

125e rue

Morningside Heights

110e rue

East Harlem

Triboro Bridge

HUDSON RIVER

Upper West Side

Central Park

96e rue

Long Island City

72e rue

Upper East Side

Lincoln Center

59e rue

Roosevelt Island

Lower West Side

Theater Dist.

47e rue

Midtown

Queens Bridge

Sutton

QUEENS

42e rue

34e rue

Garment District

Murray Hill

Tudor

Midtown Tunnel

Chelsea

28e rue

Gramercy

Stuyvesant

14e rue

Greenwich Village

East Village

Lower East Side

Williamsburg Bridge

Houston St.

TriBeCa

SoHo / Little Italy

Bowery

Lower Broadway

Chinatown

Manhattan Bridge

White

Wall Street

Civic Center

Brooklyn Bridge

Brooklyn Heights

New Jersey

Hall

Statue de la Liberté

BROOKLYN

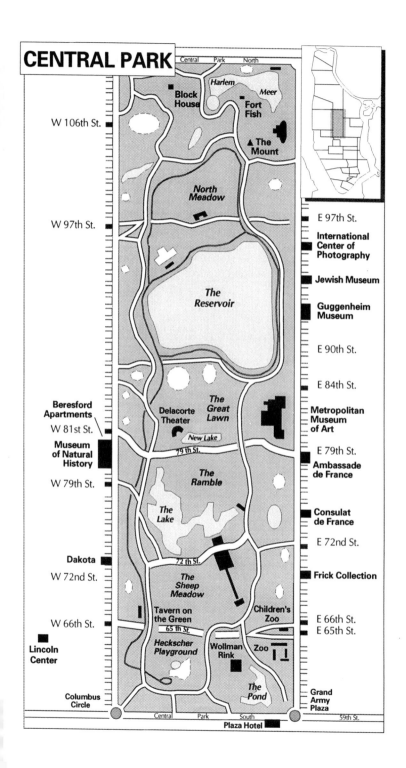

CENTRAL PARK

Central Park North

Harlem
Meer

Block House

Fort Fish

▲ The Mount

W 106th St.

North Meadow

W 97th St.

E 97th St.

International Center of Photography

Jewish Museum

Guggenheim Museum

The Reservoir

E 90th St.

E 84th St.

Beresford Apartments

The Great Lawn

Delacorte Theater

New Lake

79th St.

Metropolitan Museum of Art

W 81st St.

Museum of Natural History

E 79th St.

Ambassade de France

W 79th St.

The Ramble

The Lake

Consulat de France

E 72nd St.

72th St.

Dakota

The Sheep Meadow

W 72nd St.

Frick Collection

W 66th St.

Tavern on the Green

65 th St.

Children's Zoo

E 66th St.
E 65th St.

Lincoln Center

Heckscher Playground

Wollman Rink

Zoo

The Pond

Grand Army Plaza

Columbus Circle

Central Park South

59th St.

Plaza Hotel

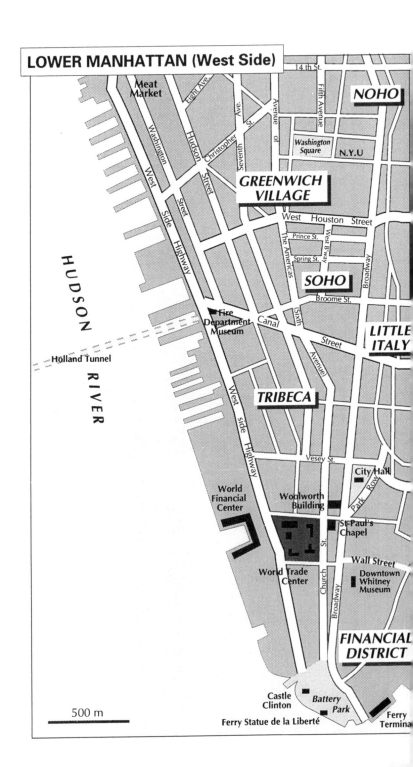

LOWER MANHATTAN (West Side)

14 th St.

NOHO

Meat Market

Eighth Ave.

Hudson Street

Christopher St.

Seventh Ave.

Avenue of

Fifth Avenue

Washington Square

N.Y.U

Washington Street

West Side Highway

GREENWICH VILLAGE

West   Houston   Street

Prince St.

The Americas

West B'way

Spring St.

Broadway

SOHO

Broome St.

Fire Department Museum

Canal

Sixth

Street

LITTLE ITALY

Avenue

HUDSON

Holland Tunnel

RIVER

West side Highway

TRIBECA

Vesey St.

City Hall

Park Row

World Financial Center

Woolworth Building

St. Paul's Chapel

World Trade Center

Church St.

Wall Street

Downtown Whitney Museum

Broadway

FINANCIAL DISTRICT

Castle Clinton

Battery Park

Ferry Terminal

Ferry Statue de la Liberté

500 m

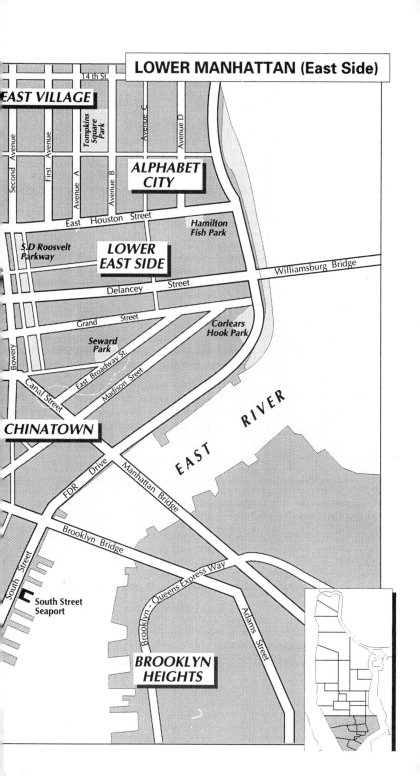

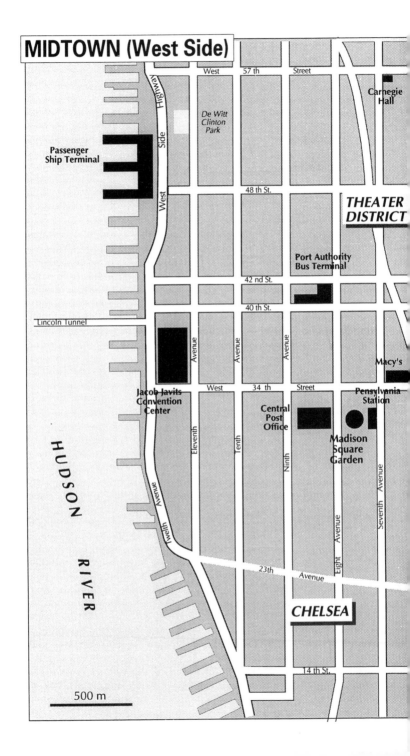

MIDTOWN (West Side)

Carnegie Hall

West 57 th Street

De Witt Clinton Park

Passenger Ship Terminal

48th St.

THEATER DISTRICT

Port Authority Bus Terminal

42 nd St.

40th St.

Lincoln Tunnel

Avenue

Avenue

Avenue

Macy's

Jacob Javits Convention Center

West 34 th Street

Pensylvania Station

Central Post Office

Eleventh

Tenth

Ninth

Madison Square Garden

Seventh Avenue

H U D S O N

Twelfth Avenue

Eight Avenue

R I V E R

23th Avenue

CHELSEA

14 th St.

500 m

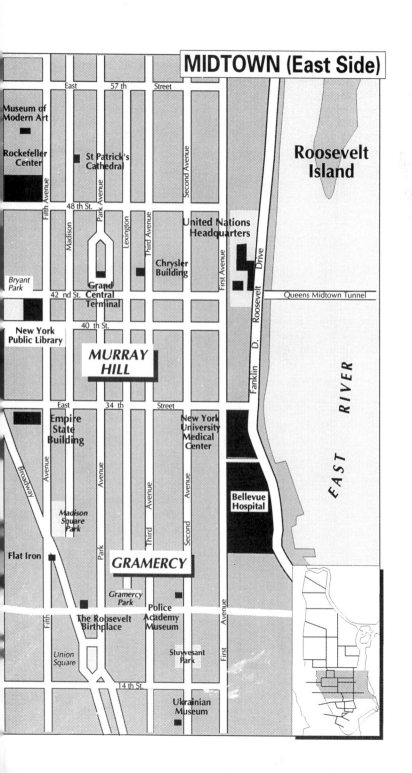

MIDTOWN (East Side)

Museum of
Modern Art

Rockefeller
Center

St Patrick's
Cathedral

East 57 th Street

Fifth Avenue

Park Avenue

Madison

Lexington

Third Avenue

Second Avenue

First Avenue

48 th St.

Bryant
Park

Grand
Central
Terminal

42 nd St.

40 th St.

Chrysler
Building

United Nations
Headquarters

Roosevelt
Island

Queens Midtown Tunnel

New York
Public Library

MURRAY
HILL

Franklin D. Roosevelt Drive

Empire
State
Building

Broadway

Avenue

Avenue

Third Avenue

Second Avenue

New York
University
Medical
Center

Bellevue
Hospital

EAST RIVER

East 34 th Street

Madison
Square
Park

Flat Iron

GRAMERCY

Park Avenue

Third Avenue

Second Avenue

First Avenue

Gramercy
Park

The Roosevelt
Birthplace

Police
Academy
Museum

Fifth

Union
Square

Stuyvesant
Park

14 th St.

Ukrainian
Museum

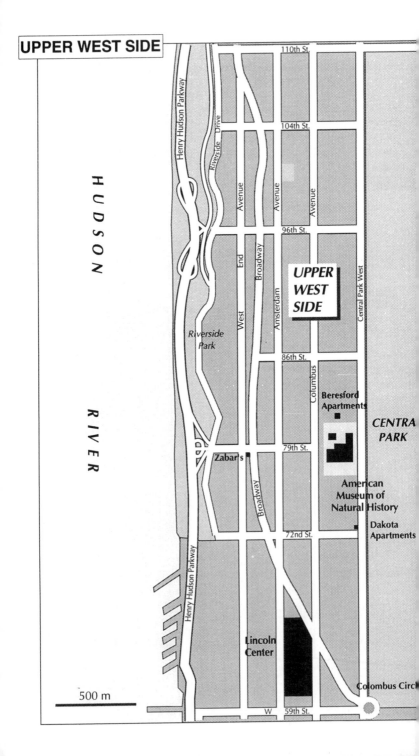

UPPER WEST SIDE

HUDSON

RIVER

Henry Hudson Parkway

Riverside Drive

Riverside Park

Zabar's

Henry Hudson Parkway

500 m

110th St.

104th St.

Avenue

Avenue

Avenue

96th St.

End

Broadway

West

Amsterdam

Columbus

Central Park West

86th St.

79th St.

Broadway

72nd St.

W 59th St.

UPPER WEST SIDE

Beresford Apartments

CENTRA PARK

American Museum of Natural History

Dakota Apartments

Lincoln Center

Colombus Circ

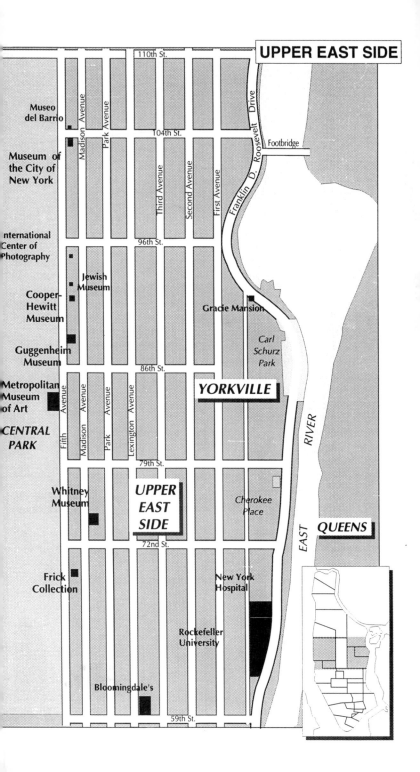

110th St.

Museo del Barrio

Madison Avenue

Park Avenue

104th St.

Museum of the City of New York

Footbridge

Third Avenue

Second Avenue

First Avenue

Franklin D. Roosevelt Drive

International Center of Photography

96th St.

Jewish Museum

Cooper-Hewitt Museum

Gracie Mansion

Carl Schurz Park

Guggenheim Museum

86th St.

Metropolitan Museum of Art

YORKVILLE

Fifth Avenue

Madison Avenue

Park Avenue

Lexington Avenue

CENTRAL PARK

79th St.

Whitney Museum

UPPER EAST SIDE

Cherokee Place

EAST RIVER

QUEENS

72nd St.

Frick Collection

New York Hospital

Rockefeller University

Bloomingdale's

59th St.

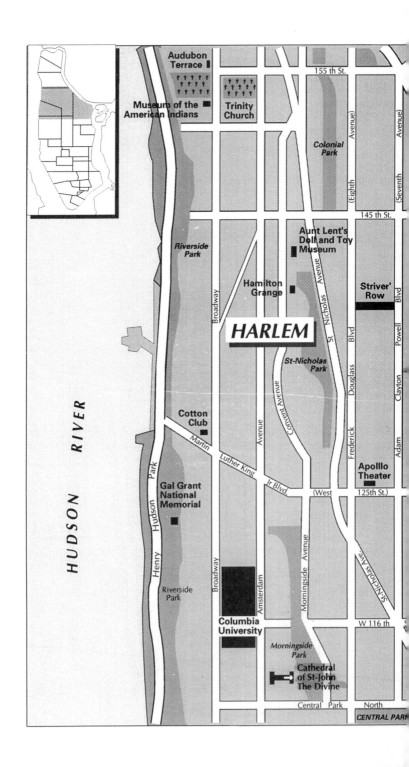

Audubon
Terrace

155 th St.

Museum of the
American Indians

Trinity
Church

Colonial
Park

145 th St.

Aunt Lent's
Doll and Toy
Museum

Riverside
Park

Hamilton
Grange

Striver'
Row

HARLEM

St-Nicholas
Park

Cotton
Club

Apollo
Theater

125th St.)

Gal Grant
National
Memorial

(West

HUDSON RIVER

Broadway

Martin

Luther King

Ir Blvd.

Avenue

Convent Avenue

St Nicholas

Eighth

Seventh

Avenue

Avenue

Blvd

Douglass

Powell

Clayton

Blvd

Frederick

Adam

Henry Hudson Park

Riverside
Park

Morningside Avenue

St-Nicholas Ave.

W 116 th

Broadway

Amsterdam

Columbia
University

Morningside
Park

Cathedral
of St-John
The Divine

Central Park

North

CENTRAL PARK

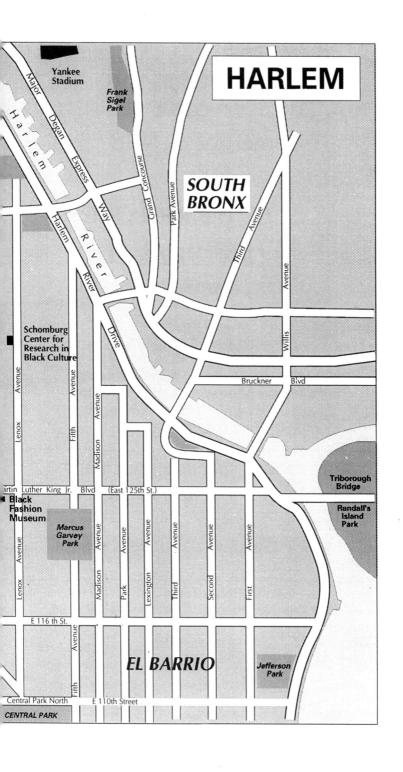

L'Amérique du Nord
"à la carte"

Vols transatlantiques
à prix charter

vols quotidiens vers l'Ouest
départ Paris et province

**Forfaits bus/train/avion
hébergements YMCA, hôtel
location d'autos/motorhomes/motots
Brefs séjours hôtel+visites, YMCA+visites
Circuits auto+hôtel/minibus+camping
Carte téléphone AT&T-Council**

Tarifs aériens spéciaux pour jeunes
et étudiants vers le monde entier

"Jobs" d'été aux USA et Canada (étudiants bac+1) • Stages
en entreprise • Cours en universités : anglais intensif ou
spécialisé (médical, juridique, commercial) "Summer sessions"

COUNCIL TRAVEL

16, rue de Vaugirard - Paris 6e	Tél. : (1) 46 34 02 90
22, rue des Pyramides - Paris 1er	Tél. : (1) 44 55 55 44

numéro vert : 05.148.148

Aix-en-Prov. - 12, r. Victor-Leydet	Tél. : 42 38 58 82
Lyon 2e - 36, quai Gailleton	Tél. : 78 37 09 56
Montpellier - 20, rue de l'Université	Tél. : 67 60 89 29
Nice - 37 bis, rue d'Angleterre	Tél. : 93 82 23 33

Minitel : 3615 Council

S'Y RENDRE

COMPAGNIES AERIENNES ———————

AIR FRANCE   44 08 22 22
Pensez aux tarifs "coup de cœur".

DELTA AIRLINES. 23, bd des Capucines 75009 Paris   47 68 92 92
Nombreux vols directs.

NORTHWEST . 16, rue Chauveau Lagarde 75008 Paris   42 66 90 00

TWA. 6, rue Christophe Colomb 75008 Paris   49 19 20 00

UNITED AIRLINES   48 97 82 82

CONTINENTAL AIRLINES. 92, Champs Elysées 75008 Paris 42 99 09 09

US AIR   49 10 29 00
1 vol quotidien via Philadelphie.

ICELANDAIR. 9, bd des Capucines 75009 Paris   47 42 52 26
Via Reykjavik...

TOURS OPERATORS ————————————

LOOK CHARTER   44 58 59 60 ou 36 15 Promovol
Vols à prix très attractifs.

COUNCIL TRAVEL. 16 rue de Vaugirard 75006 Paris   46 34 02 90
22 rue des Pyramides 75001 Paris   44 55 55 44 - N° vert 05 148 148
L'Amérique du Nord à la carte. Vols à prix charters et toutes sortes de
prestations : hôtels, location de voitures....
Pour les jeunes et les étudiants : tarifs aériens spéciaux et nombreuses
possibilitées de jobs, stages, cours aux USA.

VOYAG'AIR. 55 rue Hermel 75 018 Paris   42 62 20 20
... Et dans toutes les agences de voyages. Un très grand choix de vols réguliers
et charters.

DISCOVER AMERICA MARKETING   45 77 10 74
85, avenue Emile Zola 75015 Paris
Idéal pour organiser son circuit en indépendant. Et aussi la carte téléphone
Telekey qui permet d'appeler facilement des Etats-Unis, mais surtout de
recevoir des messages téléphoniques en Amérique !

VACANCES FABULEUSES. 6, rue de la Chaussée d'Antin 75009 Paris   45 23 55 77
2, rue de Rivoli 06000 Nice   93 16 01 16
Choix infini de formules aux meilleurs prix. Par exemple, location de voiture en
kilométrage illimité avec 7 nuits d'hôtel.

FORUM VOYAGES   **47 27 36 37**

Pour connaitre l'agence la plus proche ou obtenir des informations 24h/24, appeler le numéro ci-dessus. Vols réguliers quotidiens à prix discount et circuits.

36 15 AIRWAY

Le plus grand choix de vols réguliers et de charters. Hôtels, excursions à des prix d'amis. Devis gratuit.

MAISON DES AMERIQUES   **45 41 52 58**
34, avenue Géneral leclerc 75014 Paris

ALEK'S TRAVEL   **Uniquement par fax : 19 -1-305 462 8691**

Une formule originale : achetez votre billet en dollars auprès d'Alek's Travel aux U.S.A. Le service est en français et la réponse par fax est immédiate

OTU. 39, avenue Georges Bernanos 75005 Paris   **Tél. 44 41 38 50**

Ouvert le samedi. Tarifs intéressants pour les étudiants et les autres...

GO Voyages.   **Réservations 49 23 88 88 ou 49 23 27 00**
Et dans toutes les agences de voyages.

Et aussi : Campus Voyages, New America, Deserts, Go voyage, Jet Tour, Déclic, Cybele, El Condor, Camelia, Fram, Club Méditérranée, Voyageurs aux Etats Unis, Flâneries américaines, Vacances Air Transat...

BOTTIN FUTE ─────────────────

■ A Paris

Ambassade des Etats-Unis. 2, avenue Gabriel 75008 Paris   **42 96 12 02**
Service des visas : 2 rue St-Florentin 75008 Paris (métro Concorde)   **42 96 14 88**
Information : ambassade des Etats-Unis 75382 Paris Cedex 08   **42 60 57 15**
Du lundi au vendredi de 13h à 17h.

■ à New York

Consulat Général de France : 934 Fifth Ave New York, N.Y. 10021   **(212) 606 3600**

Services culturels de l'Ambassade de France :
972 Fifth Avenue New York, N.Y. 10021   **439 14 00**

AIR FRANCE

Renseignements
44 08 24 24

Réservations **44 08 22 22**

HISTOIRE

La première reconnaissance du site qui abrite aujourd'hui New York est menée en 1524 par Giovanni de Verrazano, un marin italien qui navigue pour le compte du roi de France, François Ier. Verrazano pénètre dans la baie de New York, mais se contente d'en faire le tour, peut-être parce qu'il craint d'être attaqué par les indiens Algonquins. Puis le silence retombe et on n'entend plus parler du site pendant près d'un siècle. En 1609 (un an après la fondation de Québec), Henry Hudson, un navigateur anglais au service de la Dutch India West Company retrouve la baie et la remonte vers le nord. Hudson, qui est à la recherche d'un passage pour l'Orient, découvre que le fleuve qui porte aujourd'hui son nom est navigable sur 200 km (jusqu'à l'actuelle Albany) et que sa vallée contient des richesses prometteuses en fourrures.

Pour exploiter ce commerce, la Dutch West India Company décide d'établir Fort Amsterdam à l'extrémité sud de l'île de Manhattan. Selon une des plus vieilles légendes de New York, le nouveau gouverneur, Peter Minuit, acheta la totalité de l'île pour 60 guinées (24$). Selon une autre légende, typiquement new-yorkaise, il l'acheta à des Indiens, les Canarsie, auxquels elle n'appartenait pas. Quoiqu'il en soit, Manhattan, dont le nom signifie "*le lieu des collines rocheuses*", est à l'époque strictement utilisé comme réserve de chasse par les Indiens.

Hollandais et Anglais

New York a toujours été considérée comme un "*melting pot*". Le fait est qu'en 1643, les 4 500 habitants qui occupent le bas de l'île parlent 18 langues. Un certain William Kieft, gouverneur de la place, tente de faire payer aux Algonquins un impôt. La réponse ne se fait pas attendre : les postes avancés de la colonie sont détruits, le commerce s'effondre. En 1647, avec la nomination de Peter Stuyvesant au poste de gouverneur, la prospérité revient. La ville de New Amsterdam est officiellement fondée.

A cette même période où la Hollande réclame toute la côte comprise entre Cape Cod et le fleuve Delaware, Stuyvesant part en guerre contre les colonies suédoises implantées dans le Delaware. Puis les Anglais et les Hollandais se déclarent la guerre. En 1653, les pionniers de New Amsterdam érigent un mur de protection sur la limite nord du Settlement. Ce mur suivait le tracé de l'actuelle Wall Street. Alors que les Anglais se préparent à attaquer la colonie, la paix est déclarée.

Les relations entre les habitants de New Amsterdam et la Dutch West India Company n'ont jamais été bonnes : les impôts sont élevés et les conditions de vie sur les lieux sont mauvaises. En 1664, une flotte anglaise commandée par le duc d'York fait le blocus de la cité. Le 8 septembre, grâce à la complicité de ses habitants, les Anglais s'emparent de New Amsterdam et la rebaptisent New York. Le 30 juillet 1673, les Hollandais reprennent la ville. Ils seront contraints de l'abandonner définitivement en novembre 1674.

New York, bénéficiant du Long Island Sound (*sound = chenal*), lui-même relié à la côte sud de la Nouvelle-Angleterre, va largement profiter du commerce.

Pirates et esclaves

A la fin des années 1690, les pirates y trouvent refuge et approvisionnement. 1724 marque le début de l'importation des esclaves africains. Ils sont si prisés comme domestiques que bientôt la population noire de la ville dépasse la population blanche. 1741 est marqué par une série d'incendies d'origine suspecte. Une récompense de 100 livres est offerte à qui dénoncera le coupable. Une jeune servante en apprentissage dénonce son maître, des domestiques de la maison, et des Noirs. Quatre Blancs sont exécutés, quatorze Noirs sont brûlés sur le bûcher, vingt autres sont pendus, soixante et onze sont déportés. Tout récemment, la recherche historique sur les Noirs (African Americans) de New York a connu un regain de vie à la suite de l'exhumation de plusieurs cimetières dans le Lower Manhattan.

Le premier journal de New York, la progouvernementale (pro-anglaise) *The Gazette*, est lancé en 1725. En 1733 paraît l'antigouvernemental *Weekly Journal*. Les deux journaux ne vont pas tarder à diviser l'opinion entre un parti de la Cour ("*Court Party*") et un parti "populaire". En novembre 1734, John Peter Zengler, propriétaire du *Weekly Journal*, s'en prend violemment au gouvernement anglais. Arrêté, il est conduit devant la Justice en août 1735 pour répondre de l'accusation de diffamation. Son défenseur est Andrew Hamilton, speaker de l'Assemblée de Pennsylvanie et père d'Alexander Hamilton. Zenger est acquitté, et à travers lui l'idée de la liberté de la presse s'impose. Le procès est à l'origine de l'expression "*Philadelphia Lawyer*" (ce qui désigne un avocat particulièrement habile et procédurier).

Loyalistes et Indépendantistes

Après le succès des Anglais dans leur guerre contre les Français et leurs alliés indiens (*French and Indian War*), le Parlement anglais décide de faire payer le coût de la guerre à la colonie américaine en lui imposant un timbre de taxe (*Stamp Tax*). En 1765, le Congrès se réunit spécialement à New York pour en débattre (Stamp Act Congress). Au cours de la séance, deux partis se forment : derrière de Lancey s'aligne le Parti de la Cour ; derrière Livingstone se met en place le Parti des Fils de la Liberté (*Sons of Liberty*) dont les membres sont recrutés parmi les artisans et les artisans-ouvriers privés de droit de représentation. La majorité de l'assemblée de New York se déclare hostile au timbre de taxe.

Les dés sont jetés. Alors que le Stamp Act a été rejeté par la colonie, en 1766 une nouvelle loi, le *Townsend Act*, est votée à Londres : elle impose un impôt sur le verre, le papier, le plomb, la peinture et le thé. Par ailleurs, la Couronne exige de la colonie qu'elle prenne en charge le ravitaillement des troupes d'occupation. Finalement, toutes les taxes (à l'exception de celle sur le thé) seront annulées en 1760.

A cette période, la majorité des marchands conservateurs de New York se rangent du côté du Parti loyaliste (*Loyalist Party*), nouvelle appellation du Court Party, tandis qu'une minorité de New-Yorkais appuie les *Sons of Liberty*, ainsi que le Congrès Continental qui a lieu en janvier 1775. Mais les événements vont évoluer très vite : en mai 1775, à l'ouverture de la guerre entre l'Angleterre et sa colonie, il est clair que New York va jouer un rôle pivot.

Anglais et Américains

La ville est doublement vulnérable : à la flotte britannique par le sud, et à une invasion de l'armée anglaise au Canada par le nord. Les Anglais ont prévu de s'emparer de New York et de diviser les colonies. Ils débarquent à Long Island et attaquent l'armée de Washington dans la plaine qui s'appelle aujourd'hui Brooklyn. La bataille de Long Island, en août 1776, sera la plus importante et la plus sanglante de la Révolution américaine. Washington doit se retirer à Manhattan et se réfugier derrière les fortifications de Harlem Heights (aujourd'hui *Morningside Heights*).

D'importants travaux de défense sont entrepris. Fort Washington (*Washington Heights*) est relié à Fort Lee, sur l'autre rive de l'Hudson (à la hauteur de l'actuel *George Washington Bridge*), par une barrière de vaisseaux destinée à bloquer l'accès de l'Hudson à la flotte anglaise. Grand Street est fortifiée. Fort Independance, dans le Bronx, et Fort George à l'emplacement actuel des Cloisters, à l'extrémité nord de Manhattan, sont bâtis à la hâte. Un instituteur, Nathan Hale, qui épie les mouvements de l'armée britannique pour le compte des révolutionnaires, est capturé. Au moment d'être pendu (à l'emplacement du *Bowling Green*), il annonce - la phrase est restée célèbre en Amérique - qu'il regrette de n'avoir qu'une vie à offrir à sa patrie.

Craignant une attaque par l'arrière, Washington abandonne Harlem, à l'exception de Fort Washington, et se cantonne sur une ligne délimitée par la rive nord de la *Bronx River*. Puis il engage la bataille de *White Plains* qu'il va perdre, comme la plupart de ses autres batailles.

Après la retraite du général américain et de ses troupes dans le New Jersey, les Anglais s'emparent de New York : ils vont occuper la ville pendant le reste de la guerre, lisant de vieux navires vermoulus comme prisons. Bien que New York soit un ..ef des Loyalistes, les soldats britanniques pillent et maltraitent ses habitants. Les Anglais ont brûlé un quart de la ville. En 1778, un incendie achève de dévaster la cité. Au moment du retrait définitif des Anglais, en novembre 1783, l'économie de New York est détruite.

Deux mariages et une Révolution

Pourtant, quelques mois seulement après la fin de la guerre d'Indépendance, New York envoie des navires marchands en Chine. En 1788, plus de 100 vaisseaux sont à l'ancre dans le port. Alexander Hamilton et John Jay, figures de proue de la ville, sont les garants intellectuels de la nouvelle Constitution Fédérale qui est approuvée en 1789. En 1790, New York, capitale de la province sous les Anglais, devient la première capitale fédérale. Puis le Capitole est transféré à Philadelphie avant d'être établi de façon permanente dans le district de Columbia, sur le Potomac, entre les Etats du Maryland et de la Virginie. En 1797, Albany est nommée capitale de l'Etat de New York, ce qu'elle est toujours.

A cette période, trois grandes familles luttent pour le pouvoir sur la ville et sur l'Etat : les Clinton, les Livingston et les Schuyler. Alexandre Hamilton épouse une Schuyler, John Jay convole avec une Livingston. Mais la puissance et la richesse combinées des Schuyler et des Livingston ne réussissent pas à abattre le pouvoir des Clinton. George Clinton est élu gouverneur de l'Etat de New York sept fois de suite. Son neveu, De Witt Clinton, sera sénateur puis gouverneur.

Plus tard, les Livingstone et les Clinton font alliance. Robert Livingston, qui a le droit exclusif de naviguer sur les eaux de l'Etat, finance un bateau à vapeur, *The Clermont*, le premier steamer à faire l'aller-retour entre New York et Albany sur l'Hudson.

L'architecte de ce bateau, Robert Fulton, est un personnage intéressant. Fils d'une famille pauvre de Pennsylvanie, lui qui voulait devenir peintre partira en Angleterre pour étudier avec Benjamin West. En fait, il sera ingénieur. En 1801, Fulton construit un sous-marin, *The Nautilus*, et en fait la démonstration dans le port de Brest devant Napoléon, coulant une petite embarcation avec une torpille. (Fulton perfectionnera aussi son bateau à vapeur à Paris.)

Durant la guerre anglo-américaine qui commence en 1812 (l'année même de la Retraite de Russie), New York menace d'être envahie et Fulton fait construire un vapeur de 38 tonnes entièrement blindé et fortement armé, le premier navire de guerre moderne. Ce cuirassier ne sera pas achevé avant la fin du conflit, en 1814.

Un canal et deux Océans

La ville de New York devient le centre du commerce transatlantique à l'époque où l'Etat de New York entreprend la construction du canal Erie. Ouvert en 1825 par De Witt, en reliant Albany au lac Erie, ce canal permet aux transports fluviaux d'aller vers l'Ouest aussi loin que jusqu'au Minnesota, c'est-à-dire près de la source du Mississippi. Ainsi, tandis que le commerce transatlantique augmente et que l'ouverture de l'Amérique sur la côte Ouest s'affirme, la position de New York lui fait occuper une place de plus en plus prédominante dans le monde.

La politique de la ville a vite été contrôlée par les survivants du Parti populaire. En 1789, les *Sons of Liberty* ont fondé Tammany Hall (Tammany est le nom d'une tribu d'Indiens fictifs). Le nouveau parti se fait le champion des immigrants privés de droits civiques, se bat pour le suffrage universel (pour les hommes) et pour une administration locale largement élue. Tammanay, fondé et dirigé par Aaron Burr, ainsi que les Démocrates prennent le pouvoir pour la première fois en 1800. (Depuis, sauf en de rares occasions, la ville a toujours voté démocrate.) La dernière obligation - être propriétaire pour voter - est annulée en 1842. Mais Tammany, fort de l'appui fidèle des immigrants, devient de plus en plus corrompu.

A cette époque, New York est dirigée par un pouvoir tellement corrompu et si peu intéressé par la sécurité et la santé publiques, que des émeutes et des épidémies éclatent. C'est ainsi que des milliers d'habitants meurent de la fièvre jaune en 1795, 1798, 1822 et 23, et du choléra en 1832, 1834 et 1849. Pour assainir la situation, un canal d'eau souterrain, le *Water Tunnel Number One*, est construit entre Croton et la ville. Une énorme citerne destinée à recevoir l'eau venue du nord de l'Etat occupe le site actuellement investi par la *Public Library* et le *Bryant Park* (angle 5th Ave. et 42nd Street).

Le Sud et la raison

Abraham Lincoln a choisi New York pour annoncer sa candidature à la présidence des Etats-Unis dans un discours qu'il a tenu au Cooper Union, sur *Astor Place*, en 1858, mais New York est antiabolitionniste. (*Astor Place* fait alors partie du quartier des théâtres. Le bâtiment, qu'on peut toujours voir à l'entrée du *East Village*, sera le lieu d'élection d'émeutes terrifiantes entre les partisans de deux célèbres acteurs tragiques, Booth et Forrest.)

Oui, à la différence du reste de l'Etat, New York s'oppose à l'abolition de l'esclavage parce qu'une part essentielle de sa prospérité provient du commerce avec le Sud. On a pu dire que l'accent typiquement *"Brooklyn"* de nombreux New-Yorkais de souche était une altération de l'accent du Sud, importé par les relations maritimes entre *Brooklyn* et *Charleston* (Caroline du Sud) et la *Nouvelle-Orléans* (Louisiane).

A cette même période, Manhattan, de concert avec Staten Island et Long Island, tente de créer une ville-Etat qui serait composée des trois îles. La ville aurait été nommée Tri-Insula. La déclaration de guerre entre le Sud et le Nord à Fort Sumpter met un terme à ces velléités d'indépendance. New York rejoint finalement le clan des hostilités du côté du Nord.

La majorité des habitants de la ville s'est volontairement engagée, et ceux qui restent sont vite soumis à la conscription. Mais le vote d'une loi va mettre le feu aux poudres. Cette loi exempte de toute obligation militaire ceux qui peuvent payer 300$ au gouvernement, ou trouver et payer la même somme à un substitut. Les pauvres réagissent et protestent : des Noirs sont lynchés ou battus à mort dans les rues, 50 immeubles sont incendiés, les émeutes durent cinq jours. Plusieurs régiments doivent quitter le front de toute urgence. Pour que le calme revienne, l'armée tue 500 émeutiers.

En 1871, une nouvelle émeute éclate. Les *Orangistes* (protestants) manifestent leur intention de parader dans les rues pour fêter la bataille de la Boyne. Les catholiques s'opposent à ce rassemblement. Il est fait appel à la milice pour protéger les marcheurs. En une seule salve, 51 catholiques sont tués.

Les ânes, les éléphants et Santa Claus

Après la guerre, *"Tweed Ring"* prend le contrôle de Tammany, du Parti démocrate et du gouvernement de la cité en généralisant les pots-de-vin. Tweed perd le pouvoir à la suite d'une campagne de presse prolongée et en particulier à cause des dessins satiriques de Thomas Nast.

Nast est l'un des personnages les plus influents de la période. On lui doit les caricatures des démocrates et des républicains sous la forme d'ânes et d'éléphants (durant la Guerre Civile, les démocrates du Nord avaient l'apparence de serpents à sonnettes). Autant d'images saisissantes : elles sont toujours actuelles. Nast crée également l'image moderne définitive du Père Noël (*Santa Claus*). Elle a été apportée à New York par les Hollandais mais c'est le New-Yorkais Clement Moore (dont la famille était propriétaire d'une grande partie de l'actuel Chelsea, entre 19th et 24th St. et de 8th Avenue à l'Hudson) qui l'a immortalisée dans son *"A Visit from St. Nickolas"* (1822).

La situation ne va guère s'améliorer après l'emprisonnement de Tweed. On découvre que le contrat du tramway de Broadway, qui aurait dû rapporter des millions de dollars aux finances de la ville, a été conclu aux dépens de la municipalité par les politiciens de Tammany qui ont été achetés. (Les tramways, actionné par des câbles souterrains, fonctionnaient dans le bas de Manhattan, à partir du Cable Building, à l'angle de Broadway et de Houston Street).

Une ville, trois îles, un pont

A cette époque, New York proprement dit consiste seulement en l'île de Manhattan (ou New York County). Afin de briser le contrôle de Tammany sur la ville et de limiter l'exode de la classe moyenne vers les banlieues, en 1874 la ville déborde la *Harlem River* et annexe ce qu'on appelle alors le *North End* (aujourd'hui le *West Bronx*).

Le *East Bronx* est le siège du *Westchester County*. En 1895, la totalité du Bronx jusqu'à sa frontière nord actuelle est annexée, tandis que *Brooklyn* (*Kings County*), une grande ville indépendante, est incorporé en 1898, de même que *Staten Island* (*Richmond County*) et une partie du *Queens County*.

L'invention du pont suspendu a rendu possible cette expansion. En reliant Brooklyn à Manhattan en 1883, le *Brooklyn Bridge* sera le premier pont jeté au-dessus de l'*East River*. Rapidement, d'autres pont vont enjamber la *Harlem River* et relier Manhattan au Bronx, seule partie de la ville de New York située sur la terre ferme.

Pendant les cinquante années qui ont suivi la fin de la Guerre Civile, le pays a connu une rapide et intense industrialisation. A la fin du XIXe siècle, la frontière des Etats-Unis est officiellement tracée. La nation est constituée d'un océan à l'autre, et le pays se dit prêt à devenir un empire. Quant à New York, la ville a toujours su capitaliser ses dons naturels en se tenant à l'avant-garde du développement technologique. D'abord est venu le bateau à vapeur, et plus tard le canal Erie. Maintenant les inventions se multiplient : le télégraphe, le chemin de fer, la rotogravure, l'éclairage électrique, le téléphone, l'ascenseur, le gratte-ciel à armature d'acier, la machine à écrire, le grand magasin (*Department Store*), l'imprimé, le vaudeville, le cinéma, l'automobile, l'aviation...

New York devient le centre des banques et de la finance internationale, du commerce, des affaires, des communications, des transports, de l'industrie de pointe... Les immigrants russes Juifs y seront à l'origine d'une industrie de la mode.

Mr Otis et l'Urban Boom

Pour satisfaire toutes ces activités, il faut du monde. Bientôt la densité de la population new-yorkaise atteint des proportions alarmantes ; le crime est omniprésent et les maladies latentes. Même selon les standards de ce début de siècle, les conditions de vie sont extrêmement précaires. Autre problème : la population doit vivre à une distance raisonnable du lieu de travail, ce qui limite sévèrement l'espace. La solution se trouve donc dans les transports publics.

D'abord viennent les trams tirés par des chevaux, puis par des câbles ; ensuite sont construites des voies de chemin de fer aériennes et des locomotives actionnées par la vapeur puis par l'électricité. Enfin, les voies aériennes sont enterrées. Ainsi naît le "*subway*", le premier métro du monde. Dès lors, New York croît et peut atteindre sa taille actuelle. Les quartiers résidentiels ne sont plus qu'à une heure du centre-ville, quand il aurait fallu une demi-journée de voyage à l'époque coloniale.

Un certain Mr. Otis inventeur de l'ascenseur, s'installe dans le Yonkers pour construire sa machine magique qui va révolutionner la ville et le monde. Il n'en fallait pas davantage pour que New York se mette à bâtir des immeubles de largement plus de 6 étages et à gagner en hauteur l'espace qui lui fait tant défaut. Les premiers modèles d'ascenseurs sont actionnés par de bizarres systèmes hydrauliques (il en existe toujours dans certains immeubles du *Lower Broadway*, à *SoHo*), puis par l'électricité.

Et quand les Etats-Unis veulent se constituer un empire, New York devient tout naturellement le moteur de l'entreprise. On a dit par exemple que la création de la République de Panama (jusqu'alors partie légitime de la République de Colombie), avait été conçue dans une chambre de l'hôtel *Waldorf Astoria* sur le site (à propos !) de l'*Empire State Building*. Ceci parce que l'Amérique avait besoin d'un canal entre l'Atlantique et le Pacifique.

Le "Commodore", la banane et les juifs

Auparavant, la traversée de la côte Est à la côte Ouest comprenait une voie de chemin de fer à travers l'isthme de Panama et celui du Nicaragua. Le Nicaragua était le chemin préféré entre la côte Est et les mines d'or de Californie avant l'achèvement du chemin de fer transcontinental en 1869. Une route qui continua d'être populaire jusqu'à la construction du canal de Panama.

Toutes ces routes, à la fois celle des vapeurs et celle du chemin de fer, étaient contrôlées par Cornelius Vanderbilt, dont la statue orne Grand Central Station aujourd'hui encore. On l'appelait "*The Commodore*". Vanderbilt était le patriarche de l'une des plus puissantes familles régnantes d'Amérique du Nord, l'une des plus grotesques aussi. Une famille qui s'est offert le luxe ridicule de construire la plus grande maison privée des Etats-Unis. Si disfonctionnelle aussi qu'un rejeton négligé du clan fut forcé de vendre son nom à un fabricant de blue jeans pour continuer de mener le train de vie auquel il - en fait c'était une elle - était habitué.

Vanderbilt qui était un pionnier dans l'organisation des révolutions en Amérique Centrale, appuyait inconditionnellement des flibustiers du genre de William Walker. Ainsi la United Fruit Company dirigeait-elle de nombreux pays latino-américains (d'où l'expression "*république bananière*") pour que les régimes de bananes soient déchargés sur les quais de Brooklyn.

Quand, fuyant les pogroms de la fin du siècle dernier, les juifs russes arrivent à New York en apportant l'idée d'une industrie de la mode, ils ne savent pas que cette industrie va devenir la plus importante de la ville et procurer du travail à la quasi totalité des nouveaux immigrants. Ils arrivent par centaines de milliers d'analphabètes, et pour eux les conditions de travail sont aussi brutales que les gains sont bas. Les ateliers de confection sont connus sous le nom de "*Sweat Shops*" (*sweat = sueur*) et leurs employés sont payés à la pièce.

Les Unions et la force

Inévitablement, des syndicats (*Unions*) se forment pour protéger les travailleurs. Depuis, et aujourd'hui encore, New York est une ville où le syndicalisme est puissant et teinté, de temps à autre, d'idées politiques de gauche.

New York est désormais le plus gros port d'entrée aux Etats-Unis. Les immigrants qui y débarquent passent d'abord par Castle Clinton, près de Battery Park, puis par Ellis Island, plus adapté à la tâche.

En 1913, un atelier de confection situé près de Washington Square, la Triangle Shirt Waist Company, pratique la déplorable habitude de fermer à clef les portes des escaliers d'incendie pour empêcher ses employés, surtout des femmes, de sortir pour se reposer ou échapper si peu que ce soit au rythme du travail. Soudain, le "*Sweat Shop*" prend feu. Bientôt c'est un brasier. Des dizaines de femmes meurent dans les flammes ou s'écrasent dans la rue. Ce désastre fait partie de l'épopée de la ville autant que le blizzard de 1888 ou les pots-de-vin de Tweed Ring.

Le canal de Panama est achevé en 1914, l'année même où la guerre éclate en Europe. L'Amérique sera le financier des Alliés par le biais de la formidable *Maison Morgan*, à Wall Street. Cependant, et quelles que soient les sympathies des Américains, il a été avancé que les Etats-Unis sont entrés en guerre pour couvrir les énormes pertes qu'auraient essuyé la Morgan et Wall Street si les Alliés avaient été battus.

La majeure partie du matériel de guerre et des soldats transitait par New York, la "*Jew Town*" (ville juive) comme l'a nommée le futur président Harry Truman.

New York est aussi le quartier général du show business et la première base du septième art. La compagnie Edison, installée à Brooklyn, fonde l'industrie du cinéma en utilisant la pellicule dont George Eastman a inventé le procédé dans le nord de l'Etat. C'est tout dernièrement, durant les années 80, que les ultimes vestiges des grandes compagnies de distribution - les bureaux directoriaux - ont émigré vers la côte Ouest, suivant et achevant un mouvement commencé 60 ans plus tôt.

Quand la radio et plus tard la télévision voient le jour, leurs quartiers généraux sont à New York. Aujourd'hui encore les grandes chaînes, ABC, NBC, CBS y ont leurs sièges. La ville est le siège des plus grandes agences de publicité mondiales. Les maisons d'édition ont certes toujours été historiquement centrées sur New York, mais il y en avait à Boston, Indianapolis et Chicago : elles sont désormais quasiment toutes concentrées à Manhattan.

La Guardia nous garde !

Durant la dure période des années 20, le processus de dépopulation des zones rurales commence : le nombre des paysans et d'employés agricoles diminue, l'Amérique s'urbanise vraiment ; bientôt, la majorité des travailleurs oeuvre dans l'industrie. New York grandit toujours. Bien que les survivants de la Dépression puissent en douter, la ville est moins affectée par le naufrage économique que le reste du pays.

L'administration de Tammany est provisoirement écartée par un nouveau maire, Fiorello La Guardia. La Guardia, dont le programme consiste à combattre à la fois la corruption et les effets de la dépression économique, se présente - contre les démocrates - comme un candidat de la Fusion, une alliance de républicains, de libéraux et de démocrates progressistes "*anti-machine*" (*anti-Tammeny*).

Bien que Harlem soit considéré comme la capitale des Noirs américains, la nouvelle administration n'éprouve aucune sympathie pour la pauvreté qui y règne et rien n'y sera fait jusqu'à ce qu'une émeute majeure éclate dans le quartier. L'allié de La Guardia est le président Roosevelt (qui, en tant que gouverneur de New York, avait personnellement choisi le prédécesseur de La Guardia !).

Grâce à un soutien financier fédéral, La Guardia entame une série de travaux publics à la fois pour créer des emplois et pour doter la ville d'infrastructures efficaces. L'entrepreneur et entreprenant Robert Moses dresse un plan de bataille : des superautoroutes (déguisées sous le nom de "*Parkways*"), des banlieues pour la classe moyenne et de fortes hausses des loyers immobiliers pour les bas salaires. La primauté de l'automobile est absolue, celle accordée aux transports publics est minimale. Une équipe précédente avait lancé le métro, propriété de la municipalité, l'*Indépendant* (*IND*). Ce qui avait conduit à la fermeture du réseau aérien sur Sixth Ave. et Ninth Ave.

Les Rockefeller, qui utilisent des terrains appartenant à la *Columbia University* et contrôlent une large part de *Midtown Manhattan*, vont profiter de l'élimination du métro aérien sur Sixth Ave. pour accroître la valeur de leurs terrains. Ils font bâtir *Radio City* sur un site compris entre la 6e et la 5e avenue. Le site est désormais célèbre sous le nom de *Rockefeller Center*.

En l'honneur des vastes possessions des Rockefeller en Amérique du Sud (en particulier les champs pétrolifères du Venezuela), la 6e Avenue est rebaptisée *Avenue of the Americas*, mais les vrais New-Yorkais mettent un point d'honneur à ne jamais la nommer autrement que "*Sixth Avenue*". Nelson Rockefeller (le futur gouverneur de l'Etat de New York) fera construire à Albany, avec l'argent de l'Etat, un Rockefeller Center aussi futuriste qu'inutile (imaginez La Défense dans le Jura). Le même homme était chargé des relations inter-américaines durant la Deuxième Guerre mondiale et fut le premier à promouvoir le nom de l'avenue.

Rockefeller, qui deviendra brièvement vice-président des Etats-Unis dans les années 70, fera don du morceau de terrain sur lequel a été élevé le Quartier général de l'O.N.U., assurant ainsi aux Etats-Unis une prédominance mondiale.

Un monde pour demain

De nombreux projets gouvernementaux tels que le East River Drive, le Triborough Bridge, les tunnels Lincoln, Midtown et Brooklyn-Battery sont construits. Cette phase d'expansion culmine avec la *Foire Mondiale de New York* en 1939, baptisée "*World of Tomorrow*" (*le Monde de demain*) où sont déjà annoncées la télévision, les superautoroutes, les voitures contrôlées par radio, les cuisines automatiques et les villes sous dômes. La foire est largement promue par Moses. Celui-ci fait drainer un étang et construit des parkways destinés à canaliser le flot des millions de voitures. La foire est inaugurée par le président Roosevelt qui apparaît sur les quelque 2 000 postes de télévision déjà en fonctionnement dans la zone de New York. La réalité de "demain" sera celle de la Seconde Guerre mondiale.

Une guerre très bénéfique pour New York, et qui apporte à ses habitants du travail et de l'argent. Dans une ville bourdonnante comme une ruche, le jazz moderne naît chez Minton's à Harlem et connaît une consécration mondiale dans les clubs de 52nd Street, rebaptisée Swing Street. Avec ce que la guerre a épargné d'énergies, New York remplace Paris comme capitale mondiale de l'art. Conséquence du civisme de La Guardia et de la prospérité apportée par le conflit, New York, dans les années 50, est à l'apogée de la civilisation.

Le prix de la corruption

Mais La Guardia a perdu son siège et la mafia devient un mal incontournable de la vie new-yorkaise. Son pouvoir politique commence à remodeler le visage de la ville. Parallèlement, les autoroutes de Moses ont dévasté de nombreux secteurs de la métropole, tel le Bronx, tout en mettant à la portée de Manhattan des banlieues aussi lointaines que Westchester et le Connecticut. Un Cross Manhattan Expressway a été évité de justesse. Sa construction aurait signifié la destruction totale du quartier aujourd'hui connu sous le nom de SoHo.

Toutefois, les effets conjugués d'une corruption aussi organisée que répandue, et d'une planification régionale aussi mal guidée qu'ignorante, ne se feront pas sentir avant la fin des années 60. A cette date, alors que l'ampleur de la débâcle devient évidente et au moment où un nouveau candidat du Parti de la Fusion est élu, il faut *le scandale Serpico* · un flic qui dénonce d'autres flics · pour que le Police Department accepte de laver son linge sale autrement qu'en famille. Ailleurs, on abuse allègrement de la politique sociale libérale de l'administration. Ailleurs encore, des contrats extravagants sont conclus entre la ville et des syndicats contrôlés par la mafia. La corruption entraîne les finances publiques au bord de la banqueroute. Il faudra des mesures d'austérité draconiennes, et l'appui des banques internationales pour redresser la situation.

Cependant, la ville s'est remise. Elle a même prospéré et les spéculations sont allé bon train durant les années 80. C'est l'époque où des ambitieux de tout calibre envahissent New York, où les prix de l'immobilier flambent, où des fortunes se font en l'espace d'une nuit. C'est l'époque où, loin de la cacher, il fallait afficher ouvertement son avidité. Un mot est né pour décrire les nouveaux immigrants de la cité : *Yuppies* (*Young Upwardly Mobile Professionals*, ou pour être plus poli *Young Urban Professionals*). Tout cela va s'écraser sur le pavé des rêves un certain jour d'octobre 87 avec le crash de la Bourse. Brusquement des couples qui se partageaient 4 000$ par semaine ont réalisé qu'ils n'avaient plus que deux chèques devant eux avant de se retrouver à la rue.

Le grand nettoyage

Alors va commencer le grand nettoyage. Des institutions financières licencient leurs employés par milliers, quand elles ne se mettent pas en faillite elles-mêmes. Mais les Yuppies disparus, il ne reste plus personne pour acheter des tableaux modernes qui se vendaient 4 000$ la veille. En quelques jours, les galeries à la mode du East Village ferment. En quelques mois, les grandes galeries de SoHo, du moins celles qui ont résisté à l'attraction du vide, émigrent vers le *Lower Broadway*. Les espaces d'exposition qu'elles occupent avec d'autres galeries n'ont plus rien à voir avec les lofts gigantesques de la période dorée.

Et les gens commencent à quitter la ville. Les jeunes provinciaux surtout rentrent chez eux avec des histoires de cocaïne et de haut train de vie. Ils se remettent au goût du jour, transformant leurs diplômes de gestionnaires en diplômes de travailleurs sociaux puisque le *Public Welfare* est la seule industrie qui continue d'embaucher en Amérique

New York, assailli par des vagues d'immigrants désespérément pauvres, devient un vaste Bowery. Les homeless y sont un mal endémique. Le phénomène a commencé dans les années 70 et 80, quand les spéculateurs ont chassé les bas loyers pour répondre aux besoins des Yuppies ; il ne fait qu'empirer avec la crise boursière. Les années 80 voient la montée explosive du SIDA qui connaît à New York son bilan le plus lourd (en nombre de cas et de morts). Les effets combinés du SIDA et d'une immigration récente ont d'ailleurs conduit à la réapparition d'une peste nommée tuberculose.

Cependant, le plus grand défi que doive relever New York est le conflit racial. En 1989, la ville a élu son premier maire noir. Alors qu'il était un puissant symbole et pouvait agir comme un émollient dans des périodes troubles, le "*mayor Dinkins*" s'est révélé inefficace dans des domaines vraiment pratiques. S'il pouvait se ruer sur le terrain dès qu'éclatait une situation de crise, et garder le contrôle, il s'est montré incapable de tenir un rôle de leader en s'abstenant de planifier des actions particulièrement constructives pour l'avenir.

Au cours d'une élection décisive pour l'avenir des relations raciales, le maire Dinkins a perdu son siège au profit d'un politicien qui se réclame, une fois encore, du parti de la Fusion. Mais cette fois la Fusion est une alliance bizarre d'opportunistes qui ne prédisent que des maux à la ville tandis qu'elle se prépare à entrer dans le XXIe siècle.

Le flambeau ou la zone

Entre-temps, de vastes portions du Bronx, de Brooklyn, de Queens et même de Manhattan sont devenues des *zones interdites*, des "*no go zones*" où 20% des étudiants et collégiens vont armés, où la police est corrompue, où la loi de la jungle est la seule règle, où le meurtre est la cause principale de la mortalité, où plus de Noirs vont en prison qu'au collège. La future politique de la nouvelle administration consiste simplement à garder le contrôle dans les quartiers dangereux et à éviter que l'anarchie ne se répande dans des banlieues habitées par la classe moyenne et hantée par la peur des crimes violents que pourraient perpétrer les jeunes des ghettos. Des jeunes armés de calibres 9 mm, bourrés de crack, imprégnés de musique rap et lâchés dans la nature pour prendre tout ce qu'il y a à prendre.

En d'autres mots, New York devrait sombrer, et vite, en tant que capitale du monde, mais comme les artistes les premiers l'ont découvert, il ne semble pas qu'une autre ville puisse prétendre à sa place au titre de capitale mondiale. Ni Berlin ni Londres, ni Rio et Sao Paulo, ni Tokyo ni Paris. Los Angeles qui depuis la fin de la guerre froide a perdu l'industrie de la défense, ne peut canaliser tous les talents du monde, et semble être confronté à des problèmes de races, d'immigration et d'environnement quasi insurmontables.

New York réussit encore à donner, fût-ce dans l'insécurité, quelque chose d'unique, et une majorité de ses habitants voudrait voir la ville débarrassée de son enfer. Ce qui est possible à New York ne le paraît nulle part ailleurs. Quelle autre ville au monde pourrait reprendre le flambeau, lui ravir sa torche? Les New-Yorkais ne sont pas les seuls à se poser la question.

VOYAG AIR

B A L A D A I R

Vols aller/retour
sur + de 350 destinations à des prix
qui vous font tourner la terre...

PROMOS DISPOS
42 62 20 20

VOL ALLER/RETOUR
PARIS/
NEW YORK
SUR CIE. REGULIERE

1890F

PRIX PAR PERSONNE, À PARTIR DE :

PRESTATIONS TERRESTRES
"A LA CARTE"

**GRAND CHOIX D'HOTELS
DE CATEGORIE ** ET ***
FORMULES 4 JOURS/3 NUITS
SURVOL DE MANHATTAN EN HELICOPTERE
MESSE GOSPEL, SOIREE JAZZ A HARLEM,
SHOW A BROADWAY**

A PETITS PRIX...

LE CLIMAT

Au XVIIIe siècle, à une époque où le grand ennemi de la santé s'appelait miasmes et mauvais air, le climat de New York était réputé pour sa salubrité. La ville, située sur le parcours du Gulf Stream, jouissait d'une brise quasi permanente qui lui arrivait le plus souvent de l'ouest. Le vent de l'ouest généralement sec, l'air frais et les zones de haute pression apportent à New York des cieux incroyablement bleus. A l'opposé, le vent du sud, souvent chargé de l'odeur marine de l'Océan, transporte un air chaud et moite. Selon les saisons, l'effet du Gulf-Stream peut être très différent.

L'HIVER

En règle générale, en hiver le vent dominant souffle ouest-est. Il naît dans l'Arctique, il traverse en mugissant l'Alberta, dans le nord-ouest du Canada (où on l'appelle l'Alberta Clipper), il plonge vers les Grands Lacs et se fraie un chemin au-dessus des monts Allegheny avant de passer au nord de la ville. D'autres fois, il s'en va d'abord rugir droit vers le sud et court aussi loin que le nord du Texas jusqu'à ce que, sans que rien n'ait entravé sa course, il rencontre l'air dense venu du Gulf Stream. Il oblique alors vers le nord. Et s'il est balayé au passage par l'air moite du Gulf Stream, il s'en va déverser des quantités considérables de neige humide sur New York. Selon un autre scénario, la neige peut venir du choc de la rencontre entre une énorme masse d'air tiède stagnant au-dessus du nord-est et une importante dépression se dirigeant vers la côte Est. Ce phénomène explique que quelques unes des plus importantes chutes de neige qu'ait connues New York soient survenues après des températures hivernales exceptionnellement douces.

Une forte chute de neige sur New York peut être une source d'émerveillement. Si elle est assez importante, toute circulation s'arrête. Les blessures de la rue et les bosses des voitures : tout est immédiatement recouvert d'une sorte de perfection blanche. Les clochards restent enfermés dans leurs pitoyables abris et seuls les gens sérieux vaquent encore dehors. Le silence est assourdissant. Tout ce que vous entendez est le bruit de votre propre respiration et le crissement de vos pas dans la neige. L'air est d'une pureté cristalline. S'il a suffisamment neigé, les écoles ferment pour la plus grande joie d'un million d'écoliers. Les amateurs de ski de fond glissent le long des rues désertes, et quand le soleil brille à travers les arbres, on a brièvement l'impression d'être dans une station de sports d'hiver.

Mais bien vite la ville retourne à la normale. Des chasse-neige poussent de grands tas de neige sur le côté. Des bus équipés de chaînes se hasardent sur les avenues. Des taxis pointent leur capot jaune pour transporter leurs clients là où ils doivent aller. Le jour suivant, la neige qu'une épaisse couche de suie a teintée de noir, est réduite à une matière visqueuse et glacée, le "slush". Les sacs d'ordures ignorés par les éboueurs trop occupés à enlever la neige s'imprègnent de ce "slush" qui les fige la nuit quand tout gèle à nouveau. Après que les ordures ont été enlevées, la neige, ou ce qu'il en reste, est abandonnée à elle-même. D'ordinaire, une nouvelle zone dépressionnaire venue de l'Atlantique se charge du travail, et une pluie tiède nettoie toute trace de cette féerie.

La plus terrible et la plus célèbre tempête de neige qui se soit abattue sur New York fut le blizzard de 1888. La tourmente éclata au mois de mars et fut précédée et suivie de températures très douces. Mais la chute brutale de la température de près de 30°C fut la cause de plusieurs centaines de morts. La dépression dura plusieurs heures. On retrouva des chevaux gelés dans les rues où la neige s'empilait en congères de près de 10 mètres de haut. A ce jour, la plus grosse tempête de neige du XXe siècle a eu lieu en décembre 1947.

Les années 50 ont été la décade d'un temps extrême. A peu près chaque hiver, plusieurs hurricanes atteignaient la ville, accompagnés d'importantes chutes de neige. Les hurricanes causent peu de dommages à Manhattan. Seuls les quartiers exposés à la mer à Brooklyn et à Queens peuvent subir des dégâts importants. En, fait, le pire des intempéries est absorbé par Long Island, le long de la côte entre les Hamptons et Fire Island.

Plus dangereux à certains égards est le "nor'easter". Soufflant de l'est ou du nord-est, ce vent n'augure jamais rien de bon. Il peut apporter un gigantesque nuage noir chargé de grêle glacée même en plein été, des vents de la puissance d'un hurricane, de fortes marées et une mer dangereuse. Au mois de décembre 1992, un "nor'easter" a causé des dégâts considérables sur la côte nord de Long Island.

L'ETE

La direction du vent dominant en été est un élément critique pour le climat. S'il suit son cours normal, il doit cantonner au sud une poussée d'air chaud et sec venu du désert. Mais s'il s'oriente vers le nord, l'air du désert peut atteindre la ville, lui apportant un temps très chaud mais sec, et supportable.

Beaucoup plus typique, et bien plus dévastateur, est l'air chaud et moite venu du sud-est. A New York, on vous dira que ce n'est pas la chaleur qui est redoutable, mais l'humidité. Le vent dominant s'oriente vers le nord, et une zone de haute pression large et plate roule lentement de la mer vers New York, qui se met à transpirer. Le jour, c'est comme si on voyait physiquement l'air. La nuit, il semble que la lumière scintille et oscille comme la flamme d'une bougie géante. La ville se transforme en un sauna géant. L'humidité monte à 90%, la température peut atteindre 40°. L'air stagne et seul échappe à l'atmosphère d'éponge le brame permanent des ambulances qui rappelle que pendant la canicule, les New-Yorkais s'entre-tuent plus facilement.

A ce stade, les étrangers se mettent à espérer une bonne averse pour rafraîchir l'atmosphère. Mais les vrais new-yorkais savent qu'après quelques jours de hautes températures, le bitume a absorbé une telle quantité de chaleur que s'il pleut, l'eau se transformera presque immédiatement en vapeur. C'est comme jeter de l'eau froide sur les pierres brûlantes d'un sauna.

LE PRINTEMPS

Saison ambiguë, le printemps peut décevoir ceux qui espèrent une transition agréable entre les rigueurs de l'hiver et l'inconfort de l'été. Mais il semble souvent que New York ne connaisse pas le printemps.

D'abord vous attendez avec une impatience extrême que les arbres nus fassent leurs premiers bourgeons, puis vous avez l'impression désagréable qu'avant que ces bourgeons aient déplié leurs feuilles, il s'est passé une éternité. Mais alors que les arbres viennent à peine de développer leur voûte de verdure, l'été est déjà là, torride et humide comme un pain tibétain à la vapeur.

L'AUTOMNE

C'est pourquoi la plus glorieuse, la plus consistante des saisons de New York est l'automne. Même s'il fait encore chaud, la première semaine de septembre apporte déjà une petite morsure d'air venu du nord. Le temps modérément chaud se poursuit durant tout septembre (et jusqu'en octobre), mais la diminution puis la disparition de l'humidité réussissent à rendre l'air clair comme un cristal. Le bleu du ciel semble être fixé pour l'éternité. A cette période, les arbres commencent à changer de couleur, d'abord au loin, au Québec, plus de plus en plus près de la ville. Si vous ne pouvez assister au grand spectacle des couleurs en pleine nature, la ville vous l'apportera à domicile, à Central Park.

Autres phénomènes réguliers, le faux printemps. On peut l'observer brièvement fin janvier ou début février, et le froid tranchant du mois précédent rend le redoux plus intense. Et puis, le fameux été indien de New York. Ce n'est pas que la chaleur du mois d'octobre se prolonge, il s'agit d'un sursaut de temps chaud au milieu de novembre, et qui contraste singulièrement avec les premières gelées qui le précèdent.

TEMPERATURES MOYENNES (en °F/en °C) :

Janvier : 37°/3°	Mai : 70°/22°	Septembre : 77°/25°
Février : 40°/4°	Juin : 80°/27°	Octobre : 65°/ 19°
Mars : 48°/9°	Juillet : 85°/29°	Novembre : 54°/ 12°
Avril : 61°/ 16°	Août : 83°/28°	Décembre : 42°/5°

LES COUNTRY GUIDES DU PETIT FUTE

Allemagne, Australie, Baléares, Belgique, Californie, Canada, Cuba, Danemark, Egypte, Espagne, Grande-Bretagne, France, Grèce, Indonésie, Irlande, Italie, Londres, Mexique, Miami-New Orleans, New York, Norvège, Océan Indien, Portugal, Rép. dominicaine, Rép. tchèque, Russie, Singapour, Suède, Thaïlande, Vietnam...

Des guides drôlement débrouillards

Laissez-vous transporter par vos passions.

**CÔTE EST
5 110 F***
SÉJOUR
8 JOURS / 6 NUITS
HÔTEL PARAMOUNT

F☉RUM VOYAGES
LE LUXE MOINS CHER.

Vols réguliers
quotidiens à prix discount :

New York	1930 F AR*
Miami	2740 F AR*
Orlando	2965 F AR*
Boston	2500 F AR*
Philadelphie	2735 F AR*
Chicago	3065 F AR*
New Orléans	3420 F AR*

* Prix au 1er octobre 93, par personne, au départ de Paris, à partir de.

Faure Vadon Forest

GEOGRAPHIE

New York est composé de cinq *boroughs* (districts) mais le nom New York désigne très précisément Manhattan, que les New-Yorkais nomment "The City" par opposition aux boroughs de Brooklyn, Bronx et Queens (baptisés avec dérision BBQ), qui constituent avec Staten Island le Grand New York. Seul le Bronx fait partie du continent ; les quatre autres boroughs, dont Manhattan, sont des îles. L'eau baigne de toutes parts la ville des années-lumière.

Selon certains, le mot Manhattan signifie originellement "île aux collines roulantes". Les collines sont toujours là, plus ou moins perceptibles. L'île est orientée nord-est-sud-ouest. Elle mesure 14 miles (21 km) en longueur et 2 miles 1/2 (4 km) dans sa partie la plus large, à hauteur de la 14e rue. Manhattan est bordé à l'ouest par l'Hudson River (ou encore North River) qui, à ce stade, n'est plus un fleuve, mais un estuaire. L'Hudson, qui a sa source dans les Adarondack Mountains, dans le lac des Nuages, est navigable sur 200 miles (environ 350 km) entre Albany et New York. A l'est, l'East River sépare Manhattan de Long Island. L'East River et l'Hudson River se rejoignent au sud de Manhattan. Au-delà s'ouvre la baie de New York, considérée comme celle de Sydney, comme l'un des meilleurs ports naturels du monde.

A l'époque de sa plus grande extension, le port de New York montait atteignait la 60e rue côté ouest et la 30e rue côté est. Les quais de Brooklyn s'étendaient de Gowanas Basin à Red Hook ; les quais du New Jersey s'alignaient sur l'Hudson. Staten Island, où les marins aimaient prendre leur retraite, avait aussi ses quais. Les photos du XIXe siècle montrent le Lower Manhattan entouré d'une épaisse forêt de mâts. Plus tard, à l'époque des grands transatlantiques, les paquebots accostaient directement à l'extrémité des principales rues transversales (Midtown Crosstown Streets) : 23e, 34e, 42 et 57e rue.

Les fumées du Queen Mary, du Queen Elizabeth, de l'Ile de France, de l'S.S. United States se sont évanouies. Les navires de croisière sont rares, les vieux quais côté ouest tombent en ruine et les super-trankers vont vider leur cargaison dans le New Jersey, à Port Newark, non loin de l'aéroport du même nom.

Le Brooklyn Navy Yard fut pendant plus d'un siècle le plus grand port de guerre des Etats-Unis. Les ponts enjambant l'East River devaient avoir une certaine hauteur pour que même les plus gros croiseurs puissent naviguer sans danger sous leur tablier d'acier.

A l'heure où Los Angeles vit dans la hantise d'un effondrement de la faille de San Andrea, peu de gens savent qu'une ligne de faille active passe sous New York. Traversant Jamaica Bay, elle sépare Brooklyn et Queens, se faufile sous l'East River, croise la 14e rue jusqu'à Union Square où elle remonte Manhattan le long de Broadway. Toutefois, le danger que cette faille représente pour New York et ses gratte-ciel est minime. A la différence de San Francisco, Tokyo, Mexico et de nombreuses autres villes bâties sur des failles, New York se dresse sur une base rocheuse.

Bien des visiteurs, stupéfaits par le poids des gratte-ciel et inquiets qu'ils puissent enfoncer l'île, seraient surpris d'apprendre que le granite de Manhattan est si dense que les travaux d'extraction de la roche pour faciliter les fondations des grands buildings ont de fait allégé le poids de l'île. En visitant la partie nord de l'île, on peut voir des décharges de rochers.

La frontière nord de Manhattan était jadis faite d'une série de rapides et de chutes d'eau connue sous le nom de Spyten Duvel, une expression hollandaise signifiant " le diable qui crache". Finalement un canal fut construit pour relier l'Hudson et la Harlem River et calmer les eaux. Du côté de Manhattan, le canal longe la Jolie Half Moon Bay, ainsi nommée parce que la bateau dont Hudson débarqua pour explorer Manhattan s'appellait le Half Moon (demi-lune). La Columbia University y a construit son stade d'athlétisme et son club nautique, tandis que sur les hauteur les Rockefeller créaient The Cloisters dont les éléments espagnols et français constituent la section médiévale du Metropolitan Museum. En face, sur la rive nord, c'est à dire dans le Bronx, un mur taillé à vif dans la roche indique toujours le tracé du canal. En été, les enfants du voisinage plongent dans le fleuve. Ce n'est pas Acapulco, mais ces gosses des ghettos auquel nul touriste ne rend visite identifient les corniches par les noms de ceux qui ont osé plonger de ces à-pics dans le fleuve, quand ce n'était pas du haut du pont Henry Hudson.

POPULATION

Actuellement, New York City (les cinq boroughs) compte officiellement 7 322 564 habitants. 7 730 188 habitants vivent à la périphérie du colosse urbain dans le New Jersey, et 3 287 116 dans l'état du Connecticut. L'état de New York (New York City comprise) compte 17 990 455 habitants. La population oscille en fait entre 14 et 22 millions selon les statistiques utilisées pour définir la zone métropolitaine de New York. Les états-Unis sont peuplés d'un peu plus de 250 millions d'habitants.

REPERES

A l'exception de Greenwich Village, dont l'entrelacs des rues évoque la complexité des villes européennes, Manhattan offre l'aspect d'un damier urbain commun aux villes américaines. Mais ici le modèle est très particulier. Compte tenu de la topologie de l'île, New York ressemble à un corridor urbain où les avenues tracent de vertigineuses perpendiculaires traversées à angle droit par les parallèles des rues (dans les rues aux numéros pairs, la circulation se fait d'ouest en est, et d'est en ouest dans les rues aux numéros impairs).

Les New-Yorkais ne disent pas "nord" ou "sud" pour donner une direction ou fixer un repère, mais se réfèrent à "Uptown" et à "Downtown" : Downtown fait référence à ce qui se situe sous de la 23e rue ; Midtown est compris entre la 34e et la 59e rues ; Uptown commence au-delà et se divise, de part en part de Central Park, entre le Upper East Side (le quartier est, jusqu'à la 96e rue) et le Upper West Side (le quartier ouest, dont la limite est la 110e rue). La référence à l'est ou à l'ouest s'exprime par les expressions "East side" ou "West side".

Onze avenues délimitent la ville dans le sens vertical, et 207 rues la grillagent dans le sens horizontal. La 5e avenue sert de frontière entre l'est et l'ouest.

A l'est, se trouvent la première (First), la seconde (Second) et la troisième (Third) avenues, Lexington Avenue, Park Avenue et Madison Avenue ; côté ouest, on passe successivement de la 6e (Sixth) avenue (appelée aussi Avenue of the Americas mais Jamais nommée ainsi par les New-Yorkais) à la 7e (Seventh) Avenue , la 8e (Height), la 9e (Ninth), la 10e (Tenth) et la 11e (Eleventh) Avenue. Les choses se compliquent à mesure qu'on monte vers le nord, où les avenues changent de nom. C'est ainsi que la 6e Avenue devient Lenox Avenue dans Harlem, que la 8e Avenue est baptisée Central Park West sur le flanc ouest de Central Park, et qu'à partir de la 57e rue, la 9e Avenue devient Columbus Avenue, la 10e Amsterdam Avenue, tandis que la 11e se transmue en West End Avenue.

Faisant figure d'outsider dans cette géographie de l'angle droit, Broadway traverse Manhattan en un immense zigzag qui naît à hauteur de la 207e rue et s'achève au New York Plaza, près de Battery Park, à l'extrémité sud de l'île, face à la baie de l'Hudson.

Pour se repérer dans New York, un numéro d'immeuble dans une rue ou avenue n'est pas suffisant. Il convient de connaître l'intersection. On est sur la 22e rue entre la 8e et la 9e Avenue. Ou sur la 7e Avenue entre la 55e et la 56e rue. Un "bloc" représente l'espace qui sépare deux intersections, entre deux rues, deux avenues ou une rue et une avenue (à peu près 100 mètres). Les blocs séparant les avenues sont plus larges que les blocs séparant les rues. On peut dire que d'un bloc à l'autre, on passe d'une ville à l'autre, chacun d'eux représentant un mini-quartier dans le quartier, chaque quartier étant une ville dans la ville. Ainsi se trouve pulvérisée l'idée de ville.

Cet émiettement géographique correspond en outre à un éclatement humain : aucune autre ville au monde n'évoque et ne respire une telle multiplicité de quartiers avec ce que cela comporte de Juxtapositions de races, de cultures, de standings, de statuts. New York est un labyrinthe infini où, de bloc en bloc, la ville se reproduit dans une diversité illimitée.

Mais les rues, comme les avenues, connaissent une hiérarchie d'ailleurs définie selon leur rapport aux avenues. Downtown, en dessous de la 23e rue, les rues les plus importantes sont Vesey, Chambers, Grand, Broome, Houston, Canal, Prince, Spring, Christopher. Ensuite viennent la 14e et la 23e rue ; puis, dans Midtown, les 34e, 42e, 57e rues ; dans Uptown signalons les 72e, 79e, 86e, 96e et 110e rues - limite de Harlem - et au-delà les 125e, 135e, 145e et 155e rues. Ces rues sont à doubles sens, et permettent d'aller "crosstown" : elles sont les principales voies d'accès d'est en ouest ou vice versa. Tout autour de l'île, il ne reste plus rien des paysages bucoliques qu'on peut voir sur les peintures du XVIIIe et du XIXe siècle représentant Manhattann : aujourd'hui l'île est ceinturée par des boulevards autoroutiers. A l'ouest, le Riverside Drive et le Henry Hudson Parkway ; au nord, le Harlem River Drive ; à l'est, le Franklin Delano Roosevelt Drive.

TUNNELS ET PONTS

Plusieurs tunnels autoroutiers relient Manhattan au continent ou aux autres boroughs : le Lincoln Tunnel et le Holland Tunnel (entre le New Jersey et la Rive Ouest). Le Queens Midtown Tunnel (entre Queens et la rive est) et le Brooklyn Battery Tunnel (entre Manhattan et Brooklyn) servent de pipe line au flot de voitures qui envahissent chaque Jour "The City".

Il y a aussi, bien entendu, une série de ponts (leur mauvais état fait régulièrement l'objet d'articles alarmistes dans la presse). Les plus connus sont le Brooklyn Bridge, le Manhattan Bridge, le Queensboro Bridge, le Williamsburg Bridge, le Triborough Bridge (entre Queens, le Bronx et Manhattan), le George Washington Bridge (entre le New Jersey et le Upper West Side), et, tout au sud, le Verrazano Bridge qui relie Brooklyn à Staten Island. New York City compte en fait des dizaines de ponts.

BOROUGHS

BROOKLYN

Avec 2 300 664 habitants recensés en 1990, c'est le plus peuplé des boroughs de New York City. En fait, si Brooklyn ne faisait pas partie de New York City, comme ne manquent pas de le signaler ses vieux habitants, Brooklyn serait la quatrième plus grande ville des Etats-Unis. Un Américain sur sept aurait ses racines à Brooklyn ! Une chose semble sûre : les Brooklynites n'oublient jamais leurs origines, ils sont fiers d'appartenir à ce quartier et, pour beaucoup, ils ne voudraient pas vivre ailleurs. Bien sûr il y a des exceptions, telle Mae West, qui après 50 ans de succès à Hollywood, est retournée dans son quartier natal pour être enterrée au cimetière de Cypres Hill, ou Woody Allen, autre Brooklynite célèbre dont on sait qu'il ne jure que par Manhattan, ou encore Mel Brooks, Barbra Streisand ou Mickey Rooney, qui sont de Brooklyn à part entière comme Rita Hayworth, Lena Horne, George Gershwin ou Veronica Lake...

Bien qu'il y ait quelques ondulations à son extrémité occidentale, l'ensemble de Brooklyn est plat (d'où les noms Flatbush ou Flatlands). South Brooklyn constitue en fait la partie nord du borough et se situe juste au sud du vieux quartier des affaires, ou Downtown Brooklyn. Au sud-ouest, Brooklyn borde le port de New York, du Gowanas Canal à Red Hook et Fort Hamilton. La partie la plus au sud donne directement sur l'Atlantique.

Hasard de la géographie et nécessité de l'histoire, Brooklyn a été rattaché à New York City en 1898. Le borough, d'abord établi à Brooklyn Heights, situé en face de Manhattan et accessible par le ferry de South Street Seaport, connaîtra un important essor grâce à l'ouverture du Brooklyn Bridge qui drainera vers les grands espaces vierges de Brooklyn une abondante main-d'oeuvre immigrée.

Aujourd'hui, Brooklyn a son accent et son mode de vie, son identité faite de diversités : quoi de commun entre Bedford-Stuyvesant, l'un des pires ghettos noirs de New York, et les alignements aristocratiques des maisons particulières du côté de Flushing, où se tient la maison qui servit de décor au film "Le Choix de Sophie" ? Que partagent les Coréens et les Noirs (fréquemment opposés dans de virulents conflits économiques et raciaux), les Juifs hassidiques, les Portoricains, les Italiens, les Dominicains, les Russes, sinon une appartenance commune à Brooklyn ?

Brooklyn se divise entre Brooklyn Downtown (Brooklyn Heights, Atlantic City et le sud), Central Brooklyn (Park Slope, Prospect Park) et South Brooklyn (Coney Island, Brighton Beach).

C'est très vraisemblablement à Downtown Brooklyn que vous irez en métro ou en bus - pour Brooklyn Heights ou pour le Brooklyn Museum et le Botanical Garden mitoyen, la Brooklyn Academy of Music, Park Slope, Prospect Park et Flatbush où vous retrouverez les studios de la Vitagraph qui ont joué un rôle si important dans l'essor du cinéma américain. A moins que vous ne poussiez jusqu'à Coney Island et Brighton Beach qu'on atteint par des lignes de métro B, D, F ou N. Deux quartiers bien distincts du reste de Brooklyn avec leurs plages, leur passé et leur présent : malgré la présence du New York Aquarium, qui attire les foules, Coney Island n'est plus que le fantôme de la villégiature qu'elle fut, quand les New-Yorkais découvraient les plaisirs de l'Océan et les premiers hot-dogs ; la misère et le chômage en rendent éventuellement l'accès dangereux. L'été, cependant, durant les week-ends, Coney Island est un lieu très populaire où on peut se plonger dans un grand bain de foule et découvrir une Amérique à n'y pas croire. Plus accueillant, plus prospère, Brighton Beach est aussi plus propice à une balade dans "Little Odessa" (métro lignes D et Q) où vous retrouverez une atmosphère slave sur le bord, non de la mer Noire, mais de l'Atlantique. Surprise garantie avec de nombreux restaurants typiques, des accents roulants, de fortes effluves de vodka et la chaleur d'une importante communauté d'immigrés.

BRONX

Séparé de Manhattan par la Harlem River, le Bronx est l'un des deux lieux en Amérique à être précédé de l'article défini the. On dit THE Bronx et on voudrait dire que tout est dit. Un bras de l'Hudson a laissé la trace d'une vallée sur ce vaste territoire qui fait partie du continent. Le West Bronx est tout entier composé de collines verdoyantes se terminant abruptement sur l'Hudson par trois fortes déclivités : High Bridge, Morris Heights et University Heights. Vers l'est, le Bronx est absolument plat, traversé par deux rivières, la Hutchinson River et la Bronx River qui coulent vers le sud. Le East Bronx côtoie le Long Island Sound. A sa partie la plus au nord, City Island abritait jadis un village de pêcheurs à la baleine.

La partie ouest du Bronx était connue simplement comme la North End. C'était, quand elle fut annexée à New York, une zone essentiellement rurale. Certaines écoles ont encore des cloches sur le toit pour appeler les élèves. La partie est fut finalement annexées à son tour et les deux constituèrent le Bronx County.

Peuplé de 1 203 785 habitants au dernier recensement, le Bronx doit son nom à un propriétaire terrien hollandais du nom de Jonas Bronk (ou Bronek), qui s'établit au nord de Manhattan au XVIIe siècle. Longtemps peuplé d'immigrants irlandais et de Juifs russes, le Bronx, quartier cossu au XIXe siècle, connaît depuis les années 60 un appauvrissement général et continu, encore qu'il subsiste des poches de richesse surtout au nord-ouest, dans le quartier de Riverdale. Dans la mythologie américaine contemporaine, le Bronx évoque désormais les voyages au bout de la nuit citadine et les paysages de la désolation urbaine. Les larges étendues brûlées du South Bronx, siège du 44e "precinct" de New York (ce commissariat de police surnommé "Fort Apache"), les carcasses brûlées des immeubles fantomatiques du West Bronx restent le symbole d'une Amérique qui connaît le feu de la destruction. Peupler le Bronx de criminels serait faire offense aux centaines de milliers de "decent people" qui s'évertuent à vivre honorablement dans le contexte hallucinant de violence absurde des ghettos. Mais la vérité est que pour le touriste le Bronx n'offre guère d'attraits.

Le Bronx est toutefois le siège du plus grand zoo du monde (splendide Jardin botanique attenant). Les passionnés de sport pourront aller s'initier aux règles du base-ball et du footbal américain au Yankee Stadium. En dépit des merveilles architecturales Art déco qui ornent Grand Concourse, ces Champs-Elysées de naguère, le Bronx n'est pas un quartier propice aux promenades nonchalantes. Si vous n'allez pas au Bronx, le Bronx n'ira pas à vous... Si, nonobstant, Edgar Poe et le Bronx évoquent pour vous de mystérieuses affinités, sachez que la maison où le poète maudit de l'Amérique vécut les trois dernières années de sa vie avant de mourir fou en 1850, à Baltimore, se dresse toujours au 2460 Grand Concourse, à la sortie du New York City Botanical Garden, et qu'on peut la visiter (le dimanche, 13h-17h). Mais attention, le quartier est dangereux. Vous aurez à vivre avec cette donnée.

QUEENS

Ainsi nommé en honneur de la reine Henrietta-Marie de Bragance, femme de Charles II d'Angleterre, un peu moins peuplé que Brooklyn (1 951 598 habitants), beaucoup plus sûr que le Bronx, Queens est par sa taille le plus grand borough de New York (1/3 de la superficie totale de la ville). C'est la quintessence du quartier dortoir. Si vous n'avez ni ami ni petit amie, ni famille à "visiter", comme disent les Américains, l'intérêt que vous éprouverez à découvrir cette énormité banlieusarde est pratiquement nul, à l'exception de quelques points de logistique touristique. Queens se refuse aux balades incertaines et sans objectifs. Vous en aurez eu d'ailleurs un aperçu en quittant Kennedy Airport puisque JFK et l'aéroport de La Guardia sont implanté à Queens. Ce borough abrite la plus grande communauté grecque à l'étranger (dans le quartier d'Astoria), la plus épouvantable prison de New York (Riker's Island), le plus grand stade de la Grosse Pomme (Shea Stadium), le plus grand complexe de tennis (Flushing Meadow), le premier et le plus grand musée américain consacré à l'histoire du cinéma (The Museum of the Moving Image). Queens, qui fut le berceau du cinéma avant Hollywood, donnait aussi dans la musique : les pianos Steinway étaient fabriqués dans les usines au bord de l'East River. Bien que des communautés d'Italiens, d'Argentins et de Colombiens lui apportent leur animation particulière, Queens reste le royaume des classes moyennes avec des poches de richesse, Forest Hill et Kew Gardens, récemment investies par les yuppies ; ces enclaves sont doublées de terrains de golf et de clubs d'équitation, préludes à Long Island.

STATEN ISLAND

Après la Révolution, comme l'Etat du New Jersey et l'Etat de New York convoitaient tous deux Staten Island, en vérité plus proche du second que du premier, il fut décidé qu'une course de bateaux déterminerait le choix de l'heureux propriétaire de l'île. New York gagna et Staten Island demeura dans son giron.

Il n'en coûte que 50 cents aller-retour pour faire le voyage en ferry jusqu'à Staten Island (environ 20 minutes), et le spectacle est incomparable en rapport beauté/prix. Vous ne serez pas seul, mais le ferry permet une aventure très recommandable pour qui veut traverser les grandes eaux de la baie de l'Hudson et admirer de loin la Statue de la Liberté.

Avec quelque 380 000 habitants, Staten Island est le moins peuplé des boroughs de New York City. L'île est plus vaste que Manhattan. Elle est couverte de collines et Tottenville est le point le plus élevé de New York City. Deux plages au nord, Kull van Kill et Arthur Kill sont bordées par les eaux les plus polluées du monde, puisqu'une grande partie des ordures de la ville sont transportées dans cette zone. Staten Island fut longtemps le borough plus sûr de New York City : on n'y accédait que par le ferry de Manhattan et de Brooklyn. Le cliché était que l'île était habitée essentiellement par des capitaines et des policiers à la retraite. La construction du Verrazano Bridge a changé radicalement les données. De nombreux nouveaux venus s'y sont installés pour fuir les quartiers en voie de ghettoisation de Brooklyn. Certains des maffieux les plus notoires et les plus puissants de la ville y ont leurs propriétés privées.

En débarquant du ferry, il est possible que vous repreniez le bateau suivant, satisfait de la seule traversée et de son spectacle incomparable (il y a des départs toutes les demi-heures à partir du Terminal dévasté par le feu en août 91 et rénové depuis, et toutes les heures la nuit : ce transport public fonctionne 24h/24).

Quelques curiosités vous attendent sur l'île, dont la découverte n'est pas rendue aisée par des transports assez rudimentaires : le Jacques Marchais Center of Tibetan Arts (338 Lighthouse Avenue, tél. 987 34 78) est un intéressant petit musée avec une vraie pagode et une impressionnante collection d'objets mystérieux. (Jacques Marchais est le pseudonyme d'un collectionneur américain qui trouva plus chic et plus crédible de prendre un nom français.) L'endroit mérite une visite et permet ainsi d'avoir un aperçu de la "vraie" Amérique, celle des suburbs : maisons particulières, voitures particulières et grosses distances. La population est majoritairement blanche, familiale, et républicaine.

On visitera éventuellement le Richmondstown Restoration (Richmond Avenue), un site de 26 bâtiments historiques ; le quartier Saint-George où jadis vivaient les marins à la retraite ; ou encore le Snug Harbor Cultural Center, l'un des centres artistiques les plus récents de New York. Quoi que vous décidiez, Staten Island est le lieu où échapper, au fil de l'eau, au stress de Manhattan. Il faut prendre le ferry au moins une fois. La lumineuse splendeur de Wall Sreet reflétée au crépuscule dans la baie de l'Hudson est un incomparable et inoubliable souvenir.

LES PETITES ILES

Elles sont une poignée dans l'Upper New York Bay. Governor's Island, atteignable uniquement par le ferry de Battery, est entièrement occupéee par le gouvernement fédéral et utilisée comme base des gardes-côtes et et quartier général de la Première Armée. Il faut une permission spéciale pour prendre le ferry. Vous verrez Governor's Island sur votre gauche, en allant vers Staten Island.

Liberty Island, autrefois Bedloes Island, est le site choisi pour la Statue de la Liberté.

Ellis Island, sa voisine, abrite désormais le Musée de l'Immigration.

Sur l'East River, entre Manhattan et Queens, Roosevelt Island est l'ancienne Welfare Island, anciennement Blackwells Island. Compte tenu de son relatif isolement, en particulier à l'époque où l'East Side de Manhattan était un quartier de taudis, d'entrepôts de gaz et de brasseries, l'île servit de prison et d'hôpital pour les tuberculeux. La prison fut transportée ailleurs, de nouvelles administrations s'installèrent et l'île fut baptisée Welfare Island. Puis vinrent les promoteurs qui en ont fait une petite ville de tours à part entière, une cité monolithique dont le seul intérêt sont les grands appartements qu'elle abrite et la vue qu'on en a sur l'East Side. En voiture, il faut prendre le Queesborough Bridge pour entrer dans Manhattan. Sinon on emprunte le téléphérique, toujours en usage malgré quelques accidents spectaculaires. Une station de métro a été construite avec, dit-on, d'énormes quantités de ciment vendues par la mafia, mais elle est mal reliée au réseau général et peu utilisée. La pression populaire a sauvé le téléphérique.

Plus haut sur l'East River, Randall's Island fait face à la 125e rue. L'île abrite un grand stade et des installations sportives, et est le point de rencontre des eaux du Long Island Sound, de l'East River et de la Harlem River. Ce passage tumultueux et excessivement dangereux, connu sous le nom de Hell's Gate (Porte de l'Enfer), fut le théâtre du naufrage dramatique du General Slocum, un bateau chargé de pique-niqueurs qui prit feu et sombra. Des centaines de passagers trouvèrent la mort.

Parmi les autres îles qui se succèdent entre le Bronx et Queens, citons Rikers Island, la plus grande prison de la ville, et Brother Island, le cimetière des pauvres où des cercueils anonymes sont enterrés à six pieds sous terre par des prisonniers de l'île voisine et des homeless.

MANHATTAN

Manhattan est assez grand (dans l'espace limité de son île) pour occuper une semaine, un mois, une année ou une vie de découvertes : Manhattan est un lieu où l'espace se décuple à la mesure du temps new-yorkais. Cependant les New-Yorkais (sauf pour leur travail qui les oblige à des migrations quotidiennes) sont d'invétérés sédentaires, qui ne sortent guère de leur quartier et n'aiment rien tant qu'explorer leur jardin urbain particulier. Un Manhattanite qui se respecte habite Midtown ou Downtown et ne dépasse qu'avec une certaine répugnance les limites géographiques, sinon mentales de son quartier : la ville est trop grande et trop intense pour se livrer à des découvertes sans fin. Chacun chez soi et ainsi en va-t-il pour les habitants des autres boroughs, Brooklyn, Bronx, Queens et Staten Island : de même qu'un habitant de Chelsea ne se sent aucune raison de se rendre dans l'Upper West Side (et vice versa), de même un indigène de Queens ne se rendra dans le Bronx que pour des raisons impératives et à Manhattan que pour son travail ou la traditionnelle sortie nocturne du week-end. Vous risquez de faire comme les manhattanites et de vous limiter à la "City". Cependant, si Manhattan n'a pas épuisé votre énergie ou votre boulimie, les quatre autres boroughs de New York City s'offrent à votre curiosité et à votre esprit d'aventure.

Mais attention ! ici l'espace reprend ses droits, vous entrez dans la réalité des villes américaines, immenses, monotones. Les trajets sont longs. Vous risquez non seulement de vous sentir en terre étrangère, mais de vous perdre.

Manhattan a trente quartiers (neighborhoods) parmi lesquels certains offrent un caractère très remarquable :

• dans le Financial District (Wall Street), le prix du logement au mètre carré (bureaux essentiellement) est le plus cher du monde ;

• dans le Fur District (quartier de la fourrure, entre la 28e et la 30e rue et la 6e et 8e avenue), 90 % des fourrures vendues aux Etats-Unis sont fabriquées ici. Ou plutôt étaient : les mouvements écologiques ont eu raison de cette mode ;

• le Flower Market (marché aux fleurs), sur la 28e rue et la 6e avenue) compte mille fleuristes et marchands de plantes et arbres tropicaux ;

• dans le Garment District (quartier des vêtements) est fabriqué le tiers des habits portés aux Etats-Unis ;

• dans le Diamond Center, sur un seul bloc de la 47e rue, entre la 5e et la 6e avenue, sont vendus, importés ou échangés 80 % des diamants américains ;

• l'Antique District qui s'étend entre la 45e et la 98e rues sur l'East Side, compte 600 boutiques d'antiquaires.

Nous avons adopté un découpage géographique traditionnellement utilisé par les New-Yorkais, et qui privilégie les entités. On aurait pu utiliser un autre découpage, du nord au sud, privilégiant le quadrillage par blocs en fonction de l'avenue médiane, Fifth Avenue. Ce qui aurait donné la géographie new-yorkaise suivante :

East 80 et au-delà vers le nord (Est de Fifth Avenue)

East 70 (Est de Fifth Avenue)

East 60 (Est de Fifth Avenue)

East 50 (Est de Fifth Avenue)

East 40 (Est de Fifth Avenue)

West 70 et au-delà vers le nord (Ouest de Fifth Avenue)

West 60 (Ouest de Fifth Avenue)

West 50 (Ouest de Fifth Avenue)

West 40 (Ouest de Fifth Avenue, y compris le Theater District)

Murray Hill-Gramercy Park (40th-14th Streets, Est de Fifth Avenue)

Garment District-Chelsea (40th-14th Streets, Ouest de Fifth Avenue)

Greenwich Village (14th-Houston Street, Ouest of Third Avenue)

East Village (14th-Houston Street, Est de Thrid Avenue)

SoHo-Litle Italy (Houston-Canal Streets, Ouest du Bowery)

Chinatown

TriBeCa-Downtown (Sud de Canal Street, y compris la zone Wall Street)

WALL STREET - CITY HALL PARK - CIVIC CENTER

Cette célèbre crête de gratte-ciel entassés les uns sur les autres à l'extrémité sud de Manhattan, face à la monumentale baie de l'Hudson, représente la quintessence visuelle de New York : l'image se confond avec la ville et elle a fait le tour du monde. Ici, en 1624, a été fondé le comptoir hollandais de Nieuw Amsterdam qui allait, quelques années plus tard, sous la domination anglaise, changer de nom et devenir New York, en l'honneur du Duke of York and Albany.

Ici est née la plus grande ville du continent nord-américain et avec elle a commencé l'histoire de l'Amérique. Ici respire l'outrance du capitalisme. L'animation y est formidable en semaine aux heures ouvrables (9h-17h). La nuit et le week-end, le vide qui donne à ces rues étroites et ventées une allure fantomatique dans l'ombre des monstres bureaucratiques, n'est pas moins impressionnant.

Le quartier de Wall Street mérite amplement la visite pour son ambiance, pour ses monuments aux érections mégalomaniaques ou encore pour sa promenade le long de l'Hudson, au sud du Financial District.

Ici s'entassent une poignée de bâtiments historiques : le Federal Hall National Memorial ; la Trinity Church qui, jusqu'en 1896, fut le plus haut immeuble (néo-gothique) de New York ; le Morgan Guaranty Trust Building ; la sévère Federal Reserve Bank, qu'on peut visiter; le Bowling Green où le premier gouverneur de la colonie anglaise acheta aux Indiens l'île de Manhattan pour 25$; Battery Park où Madonna recherchait désespérément Susan, point de départ des navettes pour la statue de la Liberté et Ellis Island ; la Fraunces Tavern à l'architecture georgienne, si intimement liée à l'histoire de la Révolution américaine ; l'US Customs House, les anciennes douanes où, au soir de sa vie, travaillait un inspecteur nommé Herman Melville ; St Paul's Chapel, la plus vieille église de New York ; le Staten Island Terminal, d'où partent les ferries pour le cinquième et plus isolé borough de New York City ; le Woolworth Building, le plus vieux gratte-ciel de Manhattan, surnommé jadis la "cathédrale du commerce" ; la mairie, le City Hall, siège de l'actuel maire noir de New York, le Mayor Dinkins ; la Cour de Justice au fronton à colonnades solennelles comme il se doit; le bâtiment ultra-moderne du New York Police Department ; le quartier historique rénové de South Street Seaport ; les célèbres tours jumelles du World Trade Center doublées du Financial Center, un nouveau venu. Le tout dans un mouchoir de poche à la taille du poumon du capitalisme.

LITTLE ITALY - CHINATOWN

Curieusement accolées par les hasards de l'histoire et de la géographie, l'enclave italienne et l'enclave chinoise ont réussi à cohabiter avec plus ou moins de succès pendant plusieurs décennies. Mais voilà que la situation est en train de changer au profit de Chinatown dont l'expansion menace désormais les limites mêmes de Little Italy, le plus vieux quartier ethnique de New York.

Situé entre Houston Street et Canal Street, d'une part, entre Broadway et Bowery de l'autre, Little Italy est assurément un très joli quartier, réputé être le plus sûr de Manhattan, parce que gardé par la Mafia. Mais les jeunes générations d'Italiens sont allées prospérer ailleurs, les "parrains" habitent au sud-ouest de Brooklyn, et même si les familles se retrouvent réunies dans l'enclave historique pour les grandes occasions, noces, baptêmes et enterrements, Little Italy semble devenir de plus en plus un musée avec ses petites boutiques, sa vieille cathédrale St-Patrick, l'ancien Q.G. de la police (admirable édifice d'architecture néo-classique, transformé en appartements privés) et ses rues, Mulberry, Grand et Broome, bordées de restaurants célèbres, de cafés, de pâtisseries. A sa manière, Little Italy est le Montmartre de New York.

Tandis que Little Italy débouche sur SoHo, au nord, au sud s'étend Chinatown, immédiatement repérable. Avec une population estimée à 120 000 résidents, plusieurs journaux, quelque 300 ateliers de confection, deux ou trois centaines de restaurants qui sont parmi les meilleurs et les moins chers de New York, et une impressionnante série de banques, Chinatown, en dépit de son identité affichée, dissimule soigneusement sa réalité profonde derrière sa façade de prospérité laborieuse et son exotisme garanti. Moins grand que le Chinatown de San Francisco, Chinatown est, avec Harlem, la seule enclave ethnique authentique de New York et il est, de ce fait, difficile, voire impossible d'y pénétrer. La langue aidant, tout est affaire de famille, et le mystère n'est pas prêt de s'éclaircir avec l'afflux d'immigrants venus de Hong Kong, de Corée, de Chine et du Viêt-nam dont les rivalités sanglantes sous forme de gangs, de rackets, de maisons de jeux et de prostitution sont en train de brouiller les pistes de la police (dont le nouveau Quartier Général n'est pas éloigné) et de défrayer la chronique.

C'est ici, dans la foulée des immigrants irlandais, allemands, juifs puis italiens que sont arrivés les premiers Chinois. Ils venaient de l'ouest, où ils avaient travaillé dans la construction des chemins de fer ou dans les mines d'or, et ne souhaitaient que gagner vite de l'argent pour rentrer au pays. Ils sont restés... Après des décennies de violence et de discrimination, la communauté chinoise a réussi à se regrouper et à fructifier. Chinatown offre le visage d'une Asie prospère. Canal Street est la seule rue de Manhattan qui ressemble à un marché aux puces permanent, encore qu'on y vende moins des fripes que tout ce qui fait un heureux monde moderne, gadgets, électronique, bijoux, or, vêtements. Chinatown est un vrai voyage, l'exploration y est sans risques (sauf à tomber sur un règlement de compte en pleine rue) et le touriste bienvenu.

Little Italy et Chinatown ont en commun d'offrir aux New-Yorkais deux fêtes qui sont parmi les plus colorées et les plus courues de Manhattan : la Festa di San Gennaro a lieu en septembre, et le festival du Nouvel An chinois durant la première pleine lune après le 21 janvier, avec feux d'artifice, serpentins de pétards (dont il faut se méfier) et le passage d'un dragon géant sur Mott Street.

TRIBECA

Plus secret, plus excentré, Tribeca (pour TRIangle BEtween CAnal) étend son triangle orienté vers le nord entre Canal et Chambers d'une part, West Street (le long de l'Hudson) et Broadway de l'autre. Tribeca partage avec SoHo le privilège (plus tardivement obtenu) d'avoir fait l'objet d'une rénovation majeure qui l'a catapulté sur le devant de la scène artistique, gastronomique et immobilière.

Aujourd'hui, pour ses logements spacieux et pour ses restaurants très prisés de Wall Street à midi et des dîneurs mondains le soir, Tribeca est définitivement un quartier "in", inscrivant ses grands bâtiments (guère différents de ceux de SoHo) dans une atmosphère encore secrète et pour tout dire privilégiée.

LOWER EAST SIDE, ALPHABET CITY, EAST VILLAGE

Pour des générations de New-Yorkais, le Lower East Side évoque un passé de pleurs et de fous rires, d'espoirs et de déceptions - l'époque où leurs ancêtres fraîchement débarqués des ghettos d'Europe de l'Est et de Russie découvraient les réalités de l'Eldorado américain. Il est difficile d'imaginer que, dans ce quartier toujours déshérité et qui abritait jadis plus de 500 synagogues, entre 1880 et 1920, par vagues successives, s'entassèrent des millions d'immigrants auxquels, pour se loger après le passage par Ellis Island, New York n'offrait que de petits immeubles alignés en des rangées si monotonement semblables qu'on dénommait ces habitations peu attrayantes les "railroad flats" (les appartements-chemin de fer). De même, l'imagination peine à évoquer le passé du Bowery, désormais abandonné aux "homeless" (les sans-domicile), quand cette large rue était bordée de restaurants, d'hôtels, de music-halls et de théâtres où venaient se divertir en foule les habitants plus chanceux de Manhattan.

Aujourd'hui, le Lower East Side est le deuxième quartier "latino" ou "hispanique" de Manhattan après East Harlem et les églises portoricaines ont remplacé les synagogues. Bien que moins impressionnants que dans le Bronx, les ravages de la pauvreté n'en sont pas moins flagrants. Le Lower East Side n'est définitivement pas un quartier facile, et on ne saurait trop conseiller de ne s'y aventurer, le jour de préférence, qu'en toute connaissance de risques, sans naïveté et sans trop, si possible, ressembler à un touriste, surtout dans le périmètre des avenues A, B, C, D, connu sous le nom d'Alphabet City (ou Loisada pour les Portoricains).

Bordé au nord par l'East Village, contenu, à l'ouest, par la 2e Avenue et le Bowery, à l'est par l'East River et le Williamsburg Bridge, refuge des clochards, le Lower East Side comprend deux territoires, l'un, au sud, avec encore une forte influence juive, l'autre, au nord, avec sa population latine, noire, ouvrière et/ou marginale. (L'East Houston Street sert de frontière à ces deux entités.)

Qu'y faire et que voir ? La visite de Orchard Street aux innombrables boutiques à prix réduits (vêtements essentiellement) est certainement digne d'intérêt, surtout le dimanche matin. Dans la foulée, la dégustation - gratuite - de vin et d'alcool kasher à la Schapiro's Winery (124 Rivington St., entre 11h et 16h) peut être une expérience intéressante. On n'oubliera pas d'aller manger les spécialités juives du quartier, chez Kat'z (205 East Houston), ni de visiter la synagogue de Eldridge Street, ou d'entrer, en semaine, dans la superbe Bowery Saving Bank, sur Grand Street.

On peut traverser Alphabet City (ainsi nommée pour ses avenues A, B, C et D). Malgré sa dureté, le quartier est excitant. Il suffit de savoir que plus on va vers l'est, plus on entre dans un no man's land avec ses risques et ses surprises. Ici plus qu'ailleurs la différence entre les blocs est marquée (il faut une sérieuse connaissance du quartier pour savoir lesquels sont dangereux ou sûrs) et la vie nocturne très marginale. Les communautés s'organisent comme elles peuvent, créant des jardins publics qui semblent être autant de créations des héritiers du Facteur Cheval, voire des potagers. Alphabet City est sur la marge de la ville et elle a ses lois propres.

Assez différent de ces espaces incertains, l'East Village est le quartier de tous les mélanges : familles laborieuses, vieux Ukrainiens, jeunes non-conformistes, cuirs purs et durs, Hell's Angels, étudiants... Ici a vécu le dramaturge W. H. Auden, ici écrivaient et se saoûlaient les papes de la Beat Generation, J.Kerouac, A. Ginsberg, W. Burroughs... Ici (c'était dans les années 60 et ça se passait autour du Tompkins Square) un certain Abbie Hoffman lança les premiers cris de la contestation radicale. Ici Andy Warhol lança le Velvet Underground... Les arts, la littérature et la politique (Trotsky résida brièvement dans le quartier) ont toujours été les signes de ralliement de l'East Village. Il en reste des souvenirs, un certain état d'esprit, individualiste et passionné. Avec sa rue principale, St Mark's Place, et son souk permanent, ses boutiques créatives, ses boîtes, ses bars, ses restaurants bon marché kasher, indiens, ukrainiens, italiens, allemands, polonais, japonais, ses théâtres, avec ses excentriques et ses dérives, son imagination de tous les jours et ses ambiguïtés de toutes les nuits, l'East Village reste le plus chaleureux et le plus vivant, le plus fortement étonnant des quartiers de New York. Lequel des richissimes New-Yorkais qui, dans les années 1830, avaient fait de la toute voisine Astor Place le haut lieu du bon goût de Manhattan, aurait pu prévoir cette transfiguration ?

SOHO

SoHo (pour SOuth of HOuston) s'étend entre la 6e avenue, à l'ouest, Canal Street au sud, Broadway à l'est et Houston Street au nord. SoHo, où la fête de l'art épouse les rêves du business, est souvent comparé à la rive gauche de Paris pour son atmosphère créative. SoHo était jadis connu sous le nom de Cast-Iron District (Cast Iron = fonte). La fonte était, en effet, le matériau de base économique et résistant qui servit à la construction de ces dizaines d'usines et d'entrepôts dont les belles et audacieuses façades, désormais classées monuments historiques, s'étendent le long de rues plutôt sombres et peu animées, voire inhospitalières la nuit. La fonte permettait de supporter de lourdes charges et autorisait la création de larges espaces. Au lendemain de la guerre, ces immeubles - "loft factories" - étaient inoccupés et SoHo semblait voué à l'abandon, sinon à la destruction, lorsque des artistes, conscients des possibilités inouïes du quartier, s'installèrent subrepticement dans des espaces monumentaux pour y travailler à l'aise et y exposer leurs oeuvres. La bataille contre les propriétaires allait durer plus de dix ans.

En 1968, Paula Cooper, une entreprenante marchande d'art, ouvrait la première galerie de SoHo dans un loft de 1500 mètres carrés. Jusqu'alors, l'art contemporain occupait des poches dans les galeries de la 57è rue. Grâce à Paula Cooper, bientôt suivie par Leo Castelli, le vétéran des "art dealers" new-yorkais, le marché de l'art contemporain se déplaçait Downtown.

En 1971, la municipalité de New York ayant déclaré que les artistes (ils avaient durement lutté) pouvaient travailler dans les lofts sans risques d'expulsion, SoHo devenait rapidement le centre mondial de l'art contemporain. En 1975, il y avait 84 galeries à SoHo. En 1990, on en comptait 200, dont certaines regroupées dans des immeubles collectifs.

Si les années 80 ont été la période faste de SoHo (Wall Street investissait dans la peinture...), aujourd'hui le marché de l'art connaît une crise sérieuse, née de spéculations auxquelles ne sont pas toujours étrangers les propriétaires des galeries eux-mêmes : plusieurs galeries d'importance ont récemment fermé. Après les galeries, les boutiques, les restaurants, les bars. En été, SoHo est un des meilleurs endroits où venir dîner sur une terrasse sans trop souffrir du bruit et de la foule. On est assuré d'y côtoyer des gens beaux, talentueux et friqués.

Enfanté par une folle spéculation commerciale, SoHo est désormais aussi le centre du shopping créatif (toutes les grandes marques y ont pignon sur rue), avec une courbe fortement ascendante le week-end : alors les galeries (certaines ont des gardes privés) voient un défilé de curieux ininterrompu tandis que les magasins de mode et les cafés deviennent des lieux de rendez-vous permanents. Malgré son périmètre réduit, SoHo offre ainsi des possibilités de découvertes illimitées. Le quartier, dont l'artère principale est West Broadway, évoque une Venise moderne bâtie sur la dure réalité de la fonte et du macadam, des rêves et du business. A SoHo, l'art est un business et le business un art.

NOHO

Vous êtes jeune, très jeune, et vous cherchez le quartier le plus branché ? C'est NoHo, la casbah de Manhattan. NoHo (pour NOrth of HOuston) est désormais le nouveau territoire du shopping de masse. NoHo a de qui tenir, qui est sous l'influence de ses trois grands voisins : SoHo, Greenwich Village et l'East Village. Inscrit dans un périmètre minuscule d'environ 10 blocs de long, avec Broadway comme épine dorsale, Houston Street comme limite au sud, Astor Place au nord et Bowery à l'est, NoHo est le "royaume" (parfois dangereux ?) de l'adolescence new-yorkaise toutes ethnies confondues. Dans NoHo, que les New-Yorkais ne reconnaissent pas comme un quartier à part entière mais comme une nouvelle dénomination, cohabitent marchands ambulants, artistes en herbe, "entertainers" tous azimuts vendant leurs créations devant leurs semblables agglutinés sur le trottoir, comme cela se passait dans le Village il y a vingt ans. Le week-end, surtout l'après-midi, NoHo s'étale dans la rue, fleurs de bijoux artisanaux, tee-shirts décorés de messages sauvages, chaussures design, presse underground, objets et gadgets, créations des étudiants du Fashion Institute of Technology, l'école de la mode de New York. On vient à NoHo pour son atmosphère de puces, pour se faire couper les cheveux dans l'invraisemblable sous-sol du salon de coiffure installé sur Astor Place - c'est son nom - (angle sud Broadway), pour voir un film au Angelika Center, une pièce au Public Theater, boire un cocktail au Bayamo ou un capuccino au Blue Willow, mais aussi pour la grande messe de la consommation dans ses grands temples : Tower Records (disques), Tower Books (livres), Conram's Habitat (meubles et objets), Canal Jeans ou Unique Clothing (fringues), deux monstres situés, comme tant d'autres boutiques, sur Broadway où Armani (et ce n'est pas un hasard) avait ouvert une nouvelle annexe à prix discount, depuis transférée plus haut sur la 5e avenue. Jadis, entre 1840 et le début de ce siècle, ce quartier était le bastion de l'aristocratie new-yorkaise, en même temps que le centre du shopping chic. De nombreux immeubles, superbes, ont été conservés. Leurs alignements créent d'étranges perspectives désordonnées, mélange de terre cuite, de fonte, de statues, de caryatides, de fresques, de colonnes, de gargouilles... qu'on tentera de repérer au milieu d'une presse indescriptible et d'un trafic automobile mouvementé.

GREENWICH VILLAGE

Entre la 14e rue au nord et Houston St. (prononcer How-stone) au sud, voilà que la géométrie de Manhattan se brouille : les rues entretiennent les unes avec les autres des rapports confus, elles n'ont plus ces numéros rassurants qui permettent de se repérer à coup sûr, mais des noms, le désordre se généralise, il faut en prendre son parti et encore plus prendre son temps pour découvrir ce quartier mythique, l'un des plus prisés des New-Yorkais.

Compris entre Chelsea et Gramercy au nord, et SoHo et Tribeca au sud, le "Village" n'est pas un : différents villages s'organisent autour de cette entité avec de subtiles frontières.

Même s'il est aujourd'hui plus à la mode d'aller faire son shopping à SoHo, le Village conserve plus que jamais son aura de villégiature urbaine et son cachet d'oasis pour happy few. Le temps de la "bohème" est révolu... Le Village est une atmosphère. Décontractée, excentrique, exhibitionniste, parfois sauvage. C'est le point de concentration d'un nombre inouï de restaurants, de bars, de pubs, de cafés, de clubs de jazz, de boîtes de nuit, de boutiques, de cinémas, de théâtres, de librairies... C'est une ambiance qui n'est jamais calme en semaine et qui devient électrique le week-end, quand ses jolies rues bordées d'arbres et de maisons particulières sont envahies de banlieusards et de touristes.

Le Village, ce sont plusieurs villages. Les hauts immeubles distingués de la 5e Avenue, entre la 8e et la 13e rue ; le quartier de Christopher Street et ses bars gays qui se prolongent jusqu'à l'Hudson ; le West Village entre Hudson St et l'Hudson ; le Meat Market, les halles de la viande, qui ne sont plus en fonctionnement, mais il en reste une ambiance. C'est aussi un parc, le Washington Square, point de départ de la 5e avenue, véritable coeur du quartier à la foule perpétuelle autour duquel se dressent les bâtiments sévères de NYU (la New York University), et les très belles maisons dont l'une abrita Henry James. Comme Saint-Germain, le Village est de plus en plus touristique, tourné vers le commerce, et pourtant on ne voudrait pas vivre ailleurs. Il faut avoir un solide compte en banque aujourd'hui pour habiter ce quartier et on s'en rendra aisément compte en arpentant entre la 5e et la 6e avenues les 10e, 11e et 12e rues, mais aussi Grove St., Bank St. ou 4th St.

Certains mouvements qui ont changé la vie et les moeurs de l'Amérique ont pris naissance ici. Cette disposition pour des remises en cause fondamentales ou des expériences alternatives qui, au départ, sont autant de frondes contre l'ordre établi, remonte à la fin du siècle dernier. Alors, artistes, peintres, écrivains, poètes, journalistes, et leurs égéries venaient s'installer dans le quartier, sans doute parce qu'on pouvait plus aisément qu'ailleurs y sauver ou y perdre son âme, mais surtout parce qu'on y trouvait à louer à bon marché des appartements dont la disposition était d'ailleurs jugée comme une atteinte aux bonnes moeurs par les puritaines classes moyennes : la chambre à coucher attenante au salon n'évoquait-elle pas, en effet, un esprit de libertinage qui faisait passer directement des plaisirs de la chère à ceux de la chair (significativement, on nommait ces appartements "French flats"- les "appartements à la française").

Cette odeur de soufre a-t-elle entièrement disparu ? Jusqu'à la Grande Guerre, le Village fut le repaire d'anticonformistes notoires, la poétesse Edna St-Vincent Millay, légendaire pour ses nombreuses liaisons amoureuses, l'auteur dramatique Eugene O'Neill, l'écrivain-voyageur Mark Twain, le journaliste John Reed, témoin de la révolution bolchévique, le poète maudit Dylan Thomas, mort en pleine crise d'éthylisme devant la White Horse Tavern ? Le Village a été le berceau des gays, et Christopher Street demeure leur centre de ralliement. Atmosphère garantie. On vient toujours au Village pour s'amuser et éventuellement s'encanailler. Le Village draine les appétits de jouissance de la ville toute entière. Ici, l'aventure rayonne aux quatre points cardinaux et fait le tour du cadran solaire. Toutes les surprises sont permises, toutes les tentations sont encouragées.

Aventurez-vous sans crainte dans le Village et n'hésitez pas à pousser vers l'ouest, jusqu'à la rive du fleuve. Découvrez la 12e rue, Perry, Charles, Benthune, et le petit périmètre des 9e et 10e rues compris entre Grenwich Ave et Hudson St. A mesure que vous vous éloignez, l'atmosphère touristique s'évanouit, vous redécouvrez un vrai quartier, d'adorables petits jardins, vous savourez une tranquillité de bon aloi qui vous fait vraiment croire au mot "village".

GRAMERCY, UNION SQUARE, CHELSEA

D'est en ouest et de la 14e à la 23e rues, servant de frontière entre l'East Village, Greenwich Village et Midtown, s'étend un corridor urbain d'un grand intérêt historique, architectural et culturel. Tandis que sur la 14e rue se succèdent les boutiques bon marché de vêtements et d'électronique où viennent s'achalander les familles "hispaniques" (la 14e rue compte aussi deux grands night clubs, Le Palladium et Nell's), à mesure qu'on monte vers le nord s'ouvrent des territoires d'une grande variété qui, cependant, n'ont guère changé depuis un siècle. D'un bloc à l'autre se juxtaposent entrepôts, immeubles historiques (ainsi l'extraordinaire Flat Iron Building, le premier gratte-ciel de Manhattan, ainsi appelé parce que sa forme évoque un fer à repasser aplati, à l'angle de la 5e avenue, au sud de Madison Square). Des parcs et de jolies rues bordées d'arbres et de maisons édouardiennes évoquent quelque quartier londonien. Fait remarquable, malgré sa diversité apparente, l'ensemble de ce couloir citadin, qu'on peut arpenter inlassablement tout en y découvrant de nouveaux recoins, présente une unité profonde, souvenir du XIXe siècle qui y a laissé sa patine et son influence.

Tout à l'est, un grand parc, Stuyvesant Park, mérite une visite pour y saluer la mémoire d'Anton Dvorák qui y vécut et y composa sa célèbre "Symphonie du Nouveau Monde". Beaucoup plus attrayant, Gramercy Park, point de départ de Lexington Avenue entre la 21e et la 22e rue, est bordé d'immeubles très select et de maisons particulières abominablement chères. C'est le seul parc privé de Manhattan : n' y ont accès que les propriétaires pourvus d'une clef (mais on peut regarder !). Cette oasis diffuse sa tranquillité sur l'ensemble du quartier, et les amateurs de calme et de beauté choisiront le smart Gramercy Park Hotel à l'allure "européenne". Autre explication à cette ambiance si peu new-yorkaise : l'absence de métro.

Il en va tout autrement quelques blocs plus bas : Union Square et ses environs, riches en grands espaces, est devenu à la mode au milieu des années 80. Le parc a été "nettoyé" de ses junkies.

Ici se tient l'un des meilleurs marchés de la ville (le mercredi et notamment le samedi). De grands restaurants, des café et des boîtes de nuit à la mode sont disséminés dans les environs. Union Square vit très tard, loin des grandes foules, mais on est sûr d'y rencontrer des "beautiful people" toutes catégories. C'est aussi le quartier des photographes professionnels. De nombreuses boutiques de mode et d'informatique sont installées sur la 5e avenue.

Moins à la mode qu'Union Square, moins chic que Gramercy Park, plus secret, plus mélangé aussi, Chelsea, quartier de la bohème avant le Village, a été tour à tour anglais, espagnol, portugais, français (St-Vincent de Paul, sur la 23e rue, entre la 6e et la 7e avenues, est une jolie église de la communauté française). Ici on trouve des restaurants de quartier, des clubs de jazz, des boîtes, de petits bars portoricains, cubains ou dominicains, des théâtres, des cinémas, le fameux Chelsea Hotel, le General Theological Seminary (sur la 21e rue, entre la 9e et la 10e avenue), les invraisemblables immeubles de la London Terrace et de merveilleuses rues à la tranquille harmonie (notamment la 22e rue entre la 9e et la 10e avenues). Pas très touristique, Chelsea mérite amplement une riche exploration.

MIDTOWN

Ses grandes avenues traçant de gigantesques couloirs de gratte-ciel jusqu'à l'infini de la ville, Midtown est la demesure réalisée de Manhattan. Tout y est plus haut, plus écrasant, plus chaotique que partout ailleurs. Ici la ville se referme sur elle-même dans son climat insulaire. Ici le temps n'est plus le même, la ville explose en mégalopole. Si Central Park représente définitivement la limite nord de Midtown, les avis divergent sur sa frontière sud, située tantôt à hauteur de la 23e rue, tantôt (et plus sûrement) à partir de la 34e rue. L'Empire State Building, Macy's, la bibliothèque publique - la Public Library - et la grande poste sont les principaux points de repères du bas de Midtown.

Tandis que tout à l'est, entre les 30e et 50e rues, les enclaves de Murray Hill, mais surtout Sutton et Tudor, rassemblent ce qu'il y a peut-être de plus fermé et de plus select à New York, le reste de Midtown s'ouvre largement à sa vocation commerciale : Midtown est tout à la fois le centre des affaires de Manhattan et le plus grand magasin du monde. Grands magasins - les "Department stores" -, grandes galeries de peinture, grandes boutiques de mode, grands restaurants, grands hôtels, grandes entreprises internationales, banques, journaux, éditeurs, agences de publicité mondiales se succèdent sur les avenues... Ici les marchands de hot-dogs ne font pas moins partie intégrante du spectacle urbain que les longues limousines aux fenêtres teintées qui glissent sur l'asphalte de Park Avenue ou de la 5e avenue au milieu d'un fleuve de piétons.

D'est en ouest et du sud au nord, Midtown englobe de grands édifices et institutions : l'ONU, Grand Central Terminal, la gare où transitent chaque année 40 millions de voyageurs, le Chrysler Building, le plus beau gratte-ciel de New York, la cathédrale St-Patrick, l'orgueilleux Rockefeller Center, l'énorme Pan Am Building surplombant l'admirable Hemsley Palace, le Museum of Modern Art (MOMA) et, à l'est, au niveau des 48e et 52e rues, une cohorte de géants architecturaux haussant d'un cran la démesure de la ville en direction du ciel, l'AT & T Building, le Citicorps, la Trump Tower...

Si on se déplace franchement vers l'ouest, entre les 45e et 55e rues et entre la 6e et la 8e avenues, Midtown devient une autre ville, avec ses grands immeubles de bureaux, ses énormes hôtels, ses restaurants pour visiteurs, ses bars, ses boutiques de matériel électronique, ses cinémas, ses théâtres de music-hall, ses boutiques pornos, ses boîtes de nuit, ses peep-shows, et ses magasins de souvenirs "I love New York". (Si vous cherchez des petits cadeaux-souvenirs, That's New York, 843 7th Ave vous en propose une multitude. Il y en a une autre en sortant à droite de l'Empire State Building.) Vers la 10e avenue, entre le 34e et la 45e rue, s'étend l'ancien quartier nommé Hell's Kitchen (la cuisine de l'enfer), célèbre pour sa pauvreté, sa violence et sa criminalité au début du siècle, actuellement habité par des familles pauvres et ponctué de bars louches : un quartier où il n'y a pas grand chose à faire et où il n'est pas recommandé de s'aventurer la nuit. Ce tout contradictoire représente New York dans toutes ses passions et ses pulsions. Etrangement, c'est dans ce territoire compris entre le Lincoln Center au nord, le Rockfeller Center à l'est, Times Square au sud (voir plus loin), et à l'ouest le Bus Transit Authority Terminal (zone à haut risque la nuit et point de départ et d'arrivée de toutes les traversées américaines) que descendent la majorité des touristes. On comprend l'inquiétude, sinon l'épouvante, de bien des nouveaux arrivés...

TIMES SQUARE

Symbole universel du vice "à l'américaine", comme Pigalle est le symbole du vice "à la française", Times Square est situé dans la partie ouest de Midtown, à l'intersection de la 42e rue, de la 7e avenue et de Broadway, jadis baptisé le "Great White Way" (le grand chemin blanc) : ainsi désignait-on, à la fin du siècle dernier, cette avenue parée de lumières où les théâtres, les restaurants, les music-halls, les bars (et les bordels) faisaient un mélange détonnant.

Quartier relativement réduit par l'espace qu'il occupe, mais d'une complexité définissant bien la cruauté, la sauvagerie, la corruption, en bref, la "jungle de la ville", Times Square doit son nom au New York Times. C'est en effet sur le côté sud du square qu'en 1904, le prestigieux et vénérable quotidien, alors en pleine jeunesse, (aujourd'hui le Times est situé sur la 43e rue), installait ses bureaux.

Times Square se reconnaît immédiatement à son électricité particulière. Cette ville dans la ville, avec ses lois à part, ses commerces de chair et de drogues, attire en masse visiteurs et curieux. Pourtant, l'endroit est risqué, voire très dangereux aux heures avancées de la nuit, et on ne saurait trop conseiller la prudence, surtout du côté de la Bus Transit Authority et a fortiori au-delà, vers l'Hudson, quartier de prostitution sauvage au milieu des entrepôts. Ici le naïf est vite repéré.

Times Square, ou encore "The Deuce", comme l'appellent ses habitués (faisant référence au bloc situé sur la 42e rue à l'ouest du Square) n'offre guère d'intérêt du point de vue architectural. C'est la ville à l'état brut, sale, bruyante, inhospitalière. Mais on peut plonger dans ses abîmes délirants : havre de chaleur humaine pour les solitaires toutes catégories, avec ses peep-shows, ses cinémas pornos, ses boutiques bon marché, ses fast-foods (les théâtres se situent quelques blocs plus haut, sur Broadway et dans les rues avoisinantes), Times Square est incontestablement une oasis pour tous les spectacles sortant de l'ordinaire.

C'est le centre des boutiques de vente de matériel électronique (ne pas toujours s'y fier), des cinémas où passent les films voués au culte des arts martiaux, du sadisme, de la nymphomanie, du cannibalisme...

C'est le bas-ventre de la ville. C'est une excitation permanente, une anarchie qui rappellent quelque ville d'Extrême-Orient, sur fond de symboles américains.

Voilà que la municipalité s'engage dans une opération de nettoyage et de rénovation afin de redorer le blason de ce quartier qui, tel le Phoenix, semble toujours renaître de ses cendres. Des hôtels, des bureaux, une galerie marchande sont à l'heure de la renaissance et de la nouvelle décence. Neuf théâtres devraient être restaurés pour rappeler la splendeur des années 20, quand John Barrymore jouait ici "Hamlet" et que George M. Cohan, le doyen de Broadway, lançait l'art et l'industrie du music-hall. Etait-il temps, quand, par exemple, de vieux cinémas aux façades historiques ont été rasés pour faire place à l'énorme Marriott Marquis Hotel ? Times Square, qui a toujours été l'enjeu de gros sous, veut redevenir "culturel" : Shakespeare contre Kung Fu ?

CENTRAL PARK

New York ne serait définitivement pas New York sans Central Park, qui est pour les New-Yorkais un objet de fierté, le théâtre de leurs rencontres dominicales, le baromètre des saisons et, pour beaucoup de citadins, le seul point de contact avec la nature.

Rectangle de 330 hectares planté d'environ 4 millions d'arbres, Central Park s'étend en longueur de la 60e à la 110e rue (soit 5 km du haut de Midtown au bas de Harlem) ; sa largeur, comprise entre la 5e et la 8e avenue, représente l'équivalent de quatre longs blocs (environ 1 km).

New York doit cette énormité végétale à un journaliste et poète, William Cullen Bryant, qui en conçut l'idée en 1844. Le parc ne sera achevé qu'en 1876, dressant un paysage ordonné par la main de l'homme là où s'étendaient les marais. Les deux architectes-paysagistes de Central Park, Frederick Olmsted et Calvert Vaux, rêvaient d'un parc démocratique et rural où chacun contribuerait au bonheur de tous. Démocratique, le parc l'est fondamentalement : c'est l'agora du melting-pot new-yorkais. Pour le bonheur collectif, les festivals qui y ont lieu l'été donnent la mesure de sa convivialité. Quant à l'aspect rural, c'est affaire de goût. Une chose est sûre : les moutons ont disparu et, souvenir des élégants attelages de jadis, il reste les équipages qui, à hauteur de l'hôtel Plaza, attendent le client pour des promenades romantiques d'une demi-heure (pour environ 20$).

L'ouverture de Central Park donna lieu à un grand engouement populaire, mais aussi à une flambée des prix telle qu'aujourd'hui encore, les immeubles les plus cotés de New York sont situés en bordure de cet espace plus ou moins bucolique, et désormais ouvert à la circulation (sauf les samedis et dimanches). On peut (presque) tout faire à Central Park : marcher, courir, faire du cerf-volant, du patin, de la barque, de la bicyclette, danser, écouter un opéra, une pièce de Shakespeare, un orchestre de jazz, pique-niquer. Et surtout, regarder : le spectacle est permanent.

Mais attention ! il est dangereux de s'y aventurer de nuit et certains faits-divers dramatiques - notamment le viol collectif d'une jeune joggeuse - ont remis les pendules à l'heure : les lieux isolés que les deux créateurs du parc destinaient à la méditation des citadins de la fin du siècle dernier sont devenus des enfers potentiels pour les visiteurs attardés et les femmes imprudentes. Il y a plusieurs entrées possibles à Central Park : quatre sur Central Park South ; trois sur Central Park North, dix à l'est sur la 5e avenue à hauteur des 60e, 65e, 66e, 72e, 79e, 80e, 84e, 92e, 97e, et 102e rues et enfin dix également sur Central Park West à hauteur des 65e, 66e, 72e, 77e, 81e, 85e, 96e, 97e, 100e et 106e rues.

Central Park se divise en deux parties délimitées par le Réservoir, la partie sud étant la mieux équipée et la plus fréquentée. Il faut plusieurs journées de balades extensives pour en connaître tous les recoins.

Si vous partez de Central Park South, en face de l'hôtel Plaza, vous apercevrez un grand étang, à gauche, le "Pond". A droite, c'est le Central Park Zoo (861 6030), récemment restauré et dirigé par la N.Y. Historical Society, qui s'occupe également du zoo du Bronx.

Au nord-est de l'étang se dresse le Woolman Memorial Skating Rink (517 4800), qui a été rénové par Donald Trump ; on y fait du patin à glace en hiver, et l'endroit et le spectacle sont féériques. (Une autre piste de patinage, le Louise Lasker Skating Rink (397 3156), est située à l'extrémité nord du parc).

A l'ouest du zoo, à hauteur d'East 64th St., The Dairy était jadis une laiterie où les enfants venaient boire un verre de lait. C'est désormais le siège du Bureau d'Information de Central Park (397 3156) qui dispense ses brochures, cartes et renseignements sur les activités et spectacles. L'endroit semble assez pittoresque pour que les nouveaux mariés viennent s'y faire photographier en masse les week- ends.

Vous trouverez dans Central Park un restaurant célèbre, Tavern on the Green (873 3500), à l'entrée de West 67th St., et, plus populaire, le Boathouse, au bord du lac, à hauteur d'East 72nd St. Vous ne pourrez manquer l'immense pelouse nommée Sheep Meadow avec les grands immeubles de Central Park West en arrière-plan, ses joueurs de freesbee, ses familles, ses couples et, tout près, les exhibitions des roller-skaters dont le succès ne se dément pas depuis des années.

Peut-être ferez-vous un tour de barque sur le lac entouré de très beaux arbres ; à son extrémité, vous découvrirez un étrange château médiéval, le Belvedere Castle, qui propose des expositions et organise des randonnées (772 0210). A cette hauteur s'étend un territoire sauvage, The Ramble, notoirement connu pour abriter une faune dangereuse. Tenez-vous sur vos gardes. Dans les Shakespeare Gardens, le Delacorte Theater présente chaque été des mises en scène des pièces du dramaturge anglais jouées par des stars du répertoire shakespearien. Auparavant vous n'aurez pas manqué la fontaine Bethseda avec ses marches monumentales donnant sur le lac, à l'extrémité ouest duquel, dans les Strawberry Fields, une mosaïque baptisée *Imagine* sert de lieu de pèlerinage à la mémoire de John Lennon, qui fut assassiné à l'angle de la 72e rue.

Central Park, c'est aussi des terrains de jeux pour les enfants. Deux d'entre eux, les meilleurs et les plus imaginatifs, se situent sur son flanc est : le Sand Playground, juste au-dessus du Metropolitan Museum, à hauteur d'East 85th St., et le Estée Lauder Adventure Playground, près du zoo, à hauteur d'East 71st St. N'oubliez pas le Children's Zoo (408 0271), entre East 65th et East 66th St.

Sachez enfin, avant de partir à l'aventure, que la Sheep Meadow accueille, l'été, des milliers d'auditeurs pour les concerts (gratuits) de musique classique donnés par le New York Philarmonic. Et que rien ne fait aimer et comprendre l'Amérique comme ces instants musicaux privilégiés partagés avec recueillement dans le plus étonnant des parcs urbains.

UPPER EAST SIDE

L'Upper Manhattan débute à hauteur de l'importantissime 57e rue, le faubourg Saint-Honoré de New York, et se divise de part en part de Central Park, comme les deux bras d'un fleuve urbain, en deux entités énormes : le Upper East Side et le Upper West Side.

Quartier essentiellement résidentiel, le Upper East Side a l'avantage d'abriter, outre "les Riches et Célèbres" qui s'y sont établis il y a un siècle, dix musées d'importance internationale, dont le Metropolitan Museum.

Dans l'Upper East Side, où les avenues sont plus ou moins chic selon un ordre correspondant à leur éloignement par rapport à Central Park, les blocs expriment de ce fait le prestige réel d'une situation. Ici se sont installés dans les années 1880, les Astor, les Carnegie, les Whitney, les Frick, les Morgan, les 400 noms de l'aristocratie new-yorkaise, leurs émules et des outsiders prestigieux. Ici vivent ou ont vécu Greta Garbo (450 East 52nd St.), Paul Newman (230 East 50th st.), Shirley MacLaine (400 East 52nd St.), Lillian Gish (430 East 57th St.), Marylin Monroe (444 East 57th St.), Montgomery Clift (217 East 61st St.), Tallulah Bankhead (230 East 62nd St.), Joan Crawford (2 East 70th St.), Pola Negri (907 Fifth Avenue), Gloria Swanson (920 Fifht Avenue), Marlène Dietrich (993 Park Avenue), Woody Allen, Robert Redford, Liza Minelli et d'autres encore...

Avec ses hôtels particuliers, ses petits immeubles d'habitation select ou ses forteresses bourgeoises dominant la majestueuse Park Avenue, l'équivalent de l'avenue Foch, l'Upper East Side est pour l'œil, un plaisir des formes et des perspectives. Du côté des 60 et 65e rues et Madison, on est à Neuilly ; ailleurs, à hauteur des 90e, à Passy : de jolies maisons particulières bordent des rues ombragées l'été. Depuis les terrasses privilégiées, la vue sur Central Park est sublime.

Tout à l'est, entre les 79e et la 96e rues, s'ordonnent des rues d'immeubles massifs : c'est le quartier de Yorkville à l'influence allemande persistante, ses restaurants, ses pâtisseries, ses fêtes locales fleurant bon la Bavière et Gracie Mansion, la résidence du Maire de New York, sise dans le très joli Carl Schurz Park, à l'extrémité de la 84e rue (jusqu'à la 89e rue) : en été, les bancs du parc, fort tranquille et bien orienté à l'est, sont l'occasion de pique-niques en regardant passer les bateaux sur l'East River.

Le Upper East Side est à la fois le 16e et le 8e arrondissement de New York : sur Madison s'alignent les boutiques les plus chics de la mode américaine, européenne et japonaise, les antiquaires les plus chers, les restaurants les plus fermés, les hôtels les plus secrets, les secrets les mieux gardés. Car l'Upper East Side se montre, il ne se révèle pas. Ce n'est pas un quartier jeune, encore que l'installation des yuppies et des golden boys (Wall Street est sur la ligne directe du métro) ait changé le paysage. En semaine, les dîneurs affluent dans les restaurants qui se succèdent sur les 2e et 3e avenues entre les 70e et 75e rues.

Le week-end, l'intéressante 86e rue sert de point de ralliement aux banlieusards. L'Upper East Side a sa part de bars, de single-bars (bars de drague) et de night clubs. Mais attention, on ne noue pas nécessairement le contact... On vit entre voisins, et en bon voisinage. Les outsiders sont autorisés à venir respirer le bon goût et le parfum de l'argent new-yorkais.

UPPER WEST SIDE

Sans doute le plus complexe mais aussi l'un des plus intéressants et agréables quartiers de New York, l'Upper West Side est un monde à part avec ses fans qui pour rien au monde ne voudraient vivre ailleurs. Ici la notion de "bloc" existe toujours, au point que, d'une rue à l'autre, on peut changer radicalement d'ambiance. Sur ce vaste territoire hybride, le luxe et la pauvreté ne sont jamais très éloignés. Ici cohabitent artistes, écrivains, professions libérales, acteurs (nombreux), musiciens, yuppies, retraités, travailleurs et "homeless" (non moins nombreux).

L'Upper West Side s'étend du Lincoln Center, au sud, au Morningside Park, au nord, du territoire de la Columbia University et de Central Park, sur son flanc est, au Riverside Park, à l'ouest, au-delà de l'énorme West End Avenue. (Pour l'histoire, on rappellera que le Lincoln Center a été bâti sur le site du quartier populaire qui sert de cadre au film West Side Story.)

De tous les bâtiments prestigieux qui flanquent Central Park West, et dont on peut admirer le panorama depuis le parc, le Dakota n'est pas le plus haut, mais c'est le plus ancien. L'immeuble, dont les appartements comptaient originellement jusqu'à 20 chambres, a été construit en 1884. C'est au pied de cette forteresse palatiale de style Renaissance néo-germanique (à l'angle de la 72e rue) qu'a été assassiné John Lennon. Dans cette grande bâtissse sombre en cours de ravalement a été tourné le film Rosemary's Baby. Lauren Bacall et l'ancien maire de New York, John V. Lindsay, ont vécu dans cet immeuble qui, par son glamour, son luxe et ses drames, appartient à la mythologie new-yorkaise.

Au tout début du siècle, vingt ans après la construction du Dakota qui se dressait, solitaire face à Central Park, l'ouverture du métro allait stimuler l'urbanisation de l'Upper West Side. De nombreux Juifs aisés (aujourd'hui encore, l'Upper West Side est le principal quartier juif de Manhattan) se trouvaient à l'étroit dans le Lower East Side et ils restaient persona non grata dans l'Upper East Side, quartier des riches WASP. Ils avaient de l'argent et de l'ambition et s'installèrent à l'ouest de Manhattan, lui donnant un formidable essor économique et s'inspirant pour l'architecture du gothique et du baroque, mais surtout du style haussmannien. Et c'est bien ce qui pourra vous frapper du côté de la 72e rue et de Broadway : la démesure new-yorkaise d'un style familier. C'est pourquoi l'Upper West Side, trop peu visité par les touristes, garde un air si européen. Au début des années 20, Broadway voulait rivaliser avec les Champs Elysées. La mode n'a pas suivi. Désormais, c'est Columbus Avenue, entre les 70e et 80e rues (près du Museum of Natural History) qui tient le haut du pavé, avec ses boutiques, ses restaurants romantiques dans le genre du Village, ses bars et ses cafés pleins de jeunes et d'habitués. Si vous voulez un autre quartier que Downtown, le Upper West Side est définitivement celui que nous vous conseillons.

HARLEM

Harlem est à la fois le symbole du malaise racial en Amérique (comment expliquer la décrépitude de ce magnifique quartier ?) et la frontière géographique et mentale que leur immense majorité les New-Yorkais blancs répugnent à franchir (sinon dans une voiture rapide et surtout pas la nuit comme "Le bûcher aux vanités"). Harlem est la mauvaise conscience de Manhattan et le centre d'une forte communauté noire.

Harlem représente un passé étonnant, un présent toujours difficile et un avenir sans cesse reculé. Harlem est aussi un quartier touristique où, au grand étonnement des Américains, viennent des visiteurs du monde entier, notamment les Japonais et les Européens, et parmi eux les Français. A partir des hauteurs de Morningside, Harlem offre l'apparence d'un monolithe urbain dont seule une exploration minutieuse permet de découvrir la vraie diversité. Mais ici un grand minimum de prudence, de bon sens et de bonne foi s'impose : on ne vient pas à Harlem pour afficher l'épaisseur de son portefeuille (les Harlemites, quand ils sont pauvres, sont vraiment dans la misère), et on est prié de mettre au rencart ses paranoïas.

A moins d'aimer le risque pour le risque, il convient de prendre quelques précautions élémentaires : ne pas s'éloigner des grands axes, ne pas s'aventurer trop avant dans l'inconnu des rues parallèles et ne pas s'attarder la nuit à pied. Sachez aussi que les taxis jaunes ne vous monteront pas à Harlem et que les taxis sont moins nombreux à Harlem qu'ailleurs, car Harlem est un ailleurs : on ne sent plus à Manhattan.

Les week-ends et la journée sont donc les moments les plus propices à une excursion individuelle, mais les visites organisées (voir l'agence Harlem Spirituals) restent d'excellentes occasions de voir ce qui mérite d'être vu, apprécié, aimé et deviné en prenant le risque minimum de se fourvoyer dans ce qui ne mérite pas votre coup d'oeil indiscret.

Harlem s'étend de la 110e rue jusqu'à la 170e rue. Ici les noms changent : la 125e rue - la rue commerçante - s'appelle Martin Luther King Jr Boulevard. Entre la 110e et la 155e rue, la 8e avenue est baptisée Frederick Douglas Boulevard ; la 7e avenue s'appelle Adam Clayton Powell Boulevard.

Le Harlem noir se situe à l'ouest. A l'est, Harlem devient El Barrio, le quartier "hispanique" (avec une forte majorité portoricaine). L'atmosphère n'est pas plus facile, mais le quartier peut-être moins pauvre. Pour les curiosités du Barrio, citons la Marqueta (marché aux légumes et fruits tropicaux) sur Park Avenue, entre la 110e et la 116e rue.

Harlem fut d'abord un petit village hollandais établi en 1658 par Peter Stuyvesant. Puis on n'en entendit plus parler pendant 200 ans : New York s'organisait très loin au sud, à 15 km. Au milieu du XIXe siècle, Harlem, encore agricole, devient un quartier colonial : l'ouverture de la voie ferrée attire de nombreux juifs allemands soucieux de quitter le Lower East Side. Les nouveaux habitants bâtissent de belles et élégantes maisons particulières qui, aujourd'hui encore, font saliver les promoteurs immobiliers : elles sont parmi les plus belles de New York. L'immobilier ayant fructifié à Harlem au point d'offrir des logements en excès (et vides), à la fin du siècle dernier, l'extension du métro favorise l'implantation dans le nord de l'île.

Puis survient l'implantation de Macy's sur son site actuel. Le ghetto noir occupe le site du futur grand magasin. Les Noirs entendent parler de Harlem et s'y ruent. En l'espace de quelques années, Harlem change de population et devient majoritairement noir (mais il reste aujourd'hui encore des communautés raciales mélangées à l'ouest, sur Convent Avenue et à Sugar Hill).

Au temps de la prohibition et de la naissance du Jazz, entre 1920 et 1930, le quartier concentre la plus grande communauté noire d'Amérique. C'est l'ébullition. Les clubs s'appellent Sugar Cane, Savoy Room, Cotton Club, Joe Louis Bar, Small's Paradise, Connie's Inn, Minton's Playhouse, Alhambra, Lincoln, Lafayette, Apollo... Le public est blanc, les serveurs et les musiciens sont noirs. Les habitants du quartier n'ont pas accès aux établissements.

Au 235 125e rue (entre Powell Boulevard et 8th Avenue), l'Apollo existe toujours. Les plus grandes figures du Jazz, les plus grands chanteurs, comédiens et danseurs noirs y sont passés. Chaque mercredi soir, l'Apollo organise un concours de danse amateur devant une salle bondée, avec une ambiance à la recherche de l'Age d'or.

Cette fameuse 125e rue divise Harlem entre ce qui est au-dessous et au-dessus. Et la vérité est qu'il y a plus à voir en haut qu'en bas : l'Abyssinian Baptist Church, le Schomburg Center et Striver's Row, par exemple. Entre la 138e et la 139e rue (entre Powell et Douglas Boulevard), Striver's Row, avec ses 158 maisons en brique jaune ou orange, est l'un des exemples les plus remarquables d'architecture new-yorkaise du début du siècle. La visite de ces deux rues vides est émouvante et nostalgique, elle évoque la richesse et la joie de vivre d'une époque révolue ; elle semble souligner l'isolement croissant de Harlem...

Religion et politique sont les deux mamelles de Harlem. On laissera la politique à l'appréciation de chacun sur la manière dont l'Amérique règle ses problèmes raciaux et sociaux. Pour la religion, elle est partout présente à Harlem sous la forme de dizaines et dizaines d'églises de toutes les confessions : Mount Oliphet Church (201 Lenox Avenue et 125e rue), St-Martin's (Lenox Avenue et 122è rue), All Saints Roman Catholic Church ou encore Elmendorf Reformed Church, la plus ancienne congrégation de Harlem, qui date de 1900 et se situe à la place d'une église hollandaise établie en 1660. Assister à une messe à Harlem est une expérience inoubliable.

Harlem est une expérience. Si brève soit votre visite, dites-vous que vous en aurez fait plus que l'immense majorité des Américains qui, de leur vie, ne mettront jamais les pieds dans ce ghetto.

A moins de passer par une agence spécialisée, l'expérience commence avec un parfum d'aventure dans le métro, que vous empruntiez les lignes 1 ou 9, locales, ou l'Express A et son voyage au fond de la nuit. Vous risquez d'avoir le coup de foudre pour ce quartier où les choses sont plus brutes, parce que plus vitales, et où les regards peuvent être plus froids, mais aussi plus chaleureux que partout ailleurs. Vous percevrez mieux l'éternelle question qui se pose au salut de Harlem : quel est le meilleur moyen pour changer les choses ? Faut-il bâtir des institutions ou organiser des manifestations ? Travailler à l'intérieur de l'Establishment ou travailler contre ? S'assimiler, se diluer ? Ou créer un solide territoire noir ? Quel est le meilleur moyen de changer Harlem ? Etre Noir en Amérique, et ne pas être, telle est, en effet, la question.

WHO'S WHO

Hier, c'était il y a une éternité. Demain est imprévisible. Les réputations à New York se font et se défont à un rythme frénétique. Avec ses enfants prodiges, ses mauvais garçons et ses célébrités du monde de la politique, du travail, du clergé, de la littérature et des arts, voici de quoi faire un petit tour (irrévérencieux) dans le bottin mondain new-yorkais. Pour ne pas rester en panne d'information et pour éventuellement relancer la conversation...

POLITIQUE LOCALE

RUDOLPH GIULIANI

107e maire de la ville de New York, le républicain Rudolph Giuliani a été élu en décembre 93. Il succède ainsi au maire démocrate sortant, David Dinkins. Certains craignent qu'on ne puisse déjà le comparer à un autre désastre de ce siècle, et ajoutent que ce Titanic est à la recherche d'un iceberg. Giuliani, qui était un apparatchik du Département de la Justice sous l'administration Reagan, avait été nommé Federal Prosecutor à New York en reconnaissance de ses bons et loyaux services. Il a réussi à faire comparaître trois fois le "parrain" John Gotti sans le faire condamner (ce qui a valu à Gotti le surnom de "Don Teflon"). Si Gotti a été finalement condamné à la réclusion à perpétuité pour le meurtre de son prédécesseur, Giuliani ne peut être tenu pour responsable de ce succès de la justice contre la mafia. La majorité des New-Yorkais pensent le contraire, mais ils seraient incapables de nommer le procureur qui s'est effectivement chargé de l'affaire. Ceci explique les qualités médiatiques de Giuliani qui, à son poste antérieur, dirigeait son bureau comme une conférence de presse perpétuelle. Une politique, n'en doutons pas, qui se poursuivra avec acharnement. Au cours du terrible hiver 94, comme de vieilles canalisations avaient éclaté dans un quartier de Brooklyn, sinistrant un périmètre de quatre blocks carrés, certains doutes se sont élevés sur les infrastructures de la ville. Que croyez-vous qu'il arriva ? Le nouveau maire s'est fait filmer en train de sauver une vieille dame de 92 ans. Les habitants, eux, ont dû attendre des jours avant que l'eau et le gaz ne reviennent (il faisait - 20°).

A l'époque où il vivait à Washington, Giuliani s'était montré l'un des plus fort opposants à l'avortement, un droit pourtant reconnu par la Cour Suprême. Quand il a posé sa candidature pour la mairie de New York, il a fait un virage à 180° en faveur du droit des femmes. Il est vrai qu'aucun politicien hostile à l'avortement ne pourrait être élu à New York, sauf à Straten Island.

La raison du succès de Giuliani tient en un seul mot : race. Lors des dernières élections de 1990 contre le candidat démocrate David Dinkins, il avait presque gagné alors qu'il n'avait ni programme ni idées. Mais Dinkins avait réuni sur sa personne les votes des Noirs de New York et d'un nombre suffisant de Blancs. Ce qui lui avait fait gagner son siège. Cette fois, un petit pourcentage de Blancs s'est abstenu ou a voté contre l'ancien maire noir de New York.

Le vote pour Giuliani a été fondamentalement un vote contre Dinkins et contre la minorité noire, que les Blancs accusent d'être la cause de la détérioration de la "qualité de la vie" à New York. Quand Rudy, comme on surnomme Giuliani qui porte une longue mèche pour cacher sa calvitie, a prêté serment, c'est vers son fils de huit ans qu'il a adressé son discours inaugural. C'était charmant pour certains, mais la majorité des New-Yorkais ont été écœurés qu'en une période aussi difficile pour la ville, avec une épée de Damoclès suspendue en permanence au-dessus de leurs têtes, le nouveau maire fasse son show personnel tout en propageant des idées que n'auraient pas répudié le général Franco. Travail, Famille, Eglise et Racisme pourrait bien en effet être son slogan.

Ainsi Giuliani a-t-il décidé de s'attaquer au crime en utilisant les grands moyens. Pour commencer, il a lâché ses troupes contre les "squeegee men", ces malheureux qui, armés d'un baquet d'eau souvent sale et d'un chiffon souvent graisseux, hantent les coins de rues pour nettoyer les pare-brise des voitures arrêtées au feu rouge. Les mendiants dans le métro ont constitué la cible suivante. Mais le pire est à venir dans une ville où les tensions raciales ne manqueront pas de s'accentuer si la nouvelle administration jette de l'huile sur le feu. Quelques semaines après l'élection de Giuliani, la police est entrée dans la mosquée de Harlem et s'est trouvée impliquée dans une fusillade. Deux jours plus tard, les forces de l'ordre pénétraient dans la maison d'un des plus importants imams de la communauté musulmane de la ville et tuaient le fils du chef religieux, pourtant non armé.

Il semble clair que la police de New York ait déclenché avec des techniques que ne renierait pas le FBI une guerre non-déclarée aux Noirs musulmans, qui jouent un rôle important dans leur communauté. Ces incidents ne sont pas seulement les premiers pas vers un conflit racial plus étendu, mais une invitation ouverte à l'Intifada. Il n'a échappé à personne (voir l'attentat contre le World Trade Center) que des groupes extrémistes, Hamas ou Hezbollah, ont choisi New York comme symbole du "Grand Satan". Les choses ne s'arrêteront pas là si les musulmans noirs américains sont victimes de leur adhésion à l'islam. En bref, les slogans sont déjà sur les murs, et les gros titres de la presse ne sont pas loin.

EDWARD KOCH

Trois fois maire de New York (12 ans de mandat), il est considéré comme la quintessence du New-Yorkais. D'une ethnie identifiable (Koch est Juif), il fut un maire impétueux, agressif, dogmatique qui ne renonçait jamais à faire entendre son opinion à qui voulait l'écouter. En fait, comme la plupart des New-Yorkais, Koch est né ailleurs, dans son cas de l'autre côté de l'Hudson, à Newark (New Jersey). Jeune avocat au début des années 60, il s'installe à Manhattan et devient conseiller du Club réformiste démocrate de Greenwich Village. Une ascension rapide : il devient un personnage-clef dans la lutte engagée par les nouveaux démocrates contre l'ancien système de la machine électorale démocrate, le très corrompu Tammany Hall, qui dirigeait la ville depuis des lustres. Koch a été élu membre du Congrès avant d'être maire. S'il a perdu les élections au poste de gouverneur de l'Etat de New York, il s'est consolé en affirmant qu'il n'y avait pas de bons restaurants chinois - sa passion - à Albany, la capitale de l'Etat ! Son mandat a pris fin au milieu des années 80, laissant à la ville une structure politique figée tout aussi corrompue que la précédente. Koch a été vaincu par une coalition de gens plus réformateurs que lui et par la machine électorale noire qui avait le vent en poupe.

Actuellement à la retraite, l'ancien maire de New York vit dans un appartement sur Washington Square et écrit des critiques de cinéma pour un hebdomadaire de niveau très moyen. Il reste néanmoins célèbre et sa photo est généreusement affichée dans de nombreux restaurants chinois de la ville.

DAVID DINKINS

Le 106ème maire de New York était noir. Ce n'est pas ce qu'on lui reprochait, ni de gagner 130 000$ par an, mais d'être un homme de belle prestance ayant une tendance prononcée pour des discours mielleux, voire doucereux, qui n'étaient pas suivis d'effets et ne suffisaient pas à relever les défis complexes auxquels est confrontée une ville tentaculaire qui se disloque rapidement. La solide structure du cabinet de David Dinkins aura tenté sans succès d'apaiser des flots de plus en plus agités. L'homme avait été placé sous les feux de la rampe par la machine politique noire dirigée par Basil Paterson et Percy Sutton. Ce qui eut pour effet de transférer le pouvoir politique, naguère aux mains des Juifs, des Italiens, des Irlandais et des soi-disant "nativistes" - tous chapeautés par le Tammany Hall - dans celles de la communauté noire. Les Noirs en ont tiré sans doute beaucoup d'orgueil mais guère d'avantages sociaux. Face à la crise qui se développait avec la récession, on ne s'attendait pas à ce que Dinkins restât longtemps au pouvoir. Il l'a perdu. Ce n'est pas que sa philosophie politique était inférieure à celle de Giuliani. Simplement, Dinkins a commis l'erreur de décevoir un à un ses supporters, contraints à s'abstenir, voire à voter contre lui. A ce titre, il est l'exemple du politicien moderne doué pour se faire élire, mais trop paresseux ou timoré pour changer les choses. Dinkins était au meilleur de lui-même en période de crise, mais s'il réussissait à calmer le jeu, il était incapable de prévenir la crise. Ces rendez-vous avec l'opinion publique étaient en général de qualité, mais il ne semble pas que ses échecs l'aient empêché de dormir. Trop souvent, Dinkins ne faisait rien. Il était passif d'une manière qui ne lui aliénait pas tout un pan de votants (une fissure réparable), mais des individus. Dinkins consacrait en fait sa plus grande énergie à sa plus grande passion, le tennis. C'est ainsi qu'il a accordé à la US Lawn Tennis Association un énorme terrain pour de nouvelle infrastructures, en échange de la promesse que New York abriterait l'Open américain pendant le XXIe siècle. Dinkins doit aujourd'hui regretter de n'être pas resté maire assez longtemps pour donner le nom de son héros, Arthur Ashe, aux nouvelles infrastructures sportives. On ne peut s'empêcher de penser que s'il s'était montré aussi vigoureux à diriger la ville qu'à courtiser l'Open américain, il serait toujours maire de New York;

MARK GREEN

Peut-être le seul rayon de soleil dans la nuit politique où s'enfonce New York. Ce libéral a brigué, en vain, le poste de sénateur contre le glorieusement corrompu Al D'Motto. Puis il a dirigé pendant quatre excellentes années le Department of Consumer's Affairs (l'office municipal de défense des consommateurs). Il vient d'être élu au poste de Public Advocate. Personne ne sait vraiment de quoi il s'agit puisque ce poste était jadis occupé par le président du City Council, un rôle qui consistait essentiellement à préparer une plate-forme électorale harmonieuse. Ce qui voulait dire trouver un Juif, un Italien et un Irlandais pour diriger les trois principales administrations de la ville.

Ce poste a été supprimé et remplacé par celui de Public Advocate avec un budget réduit de 60%. Ce qui n'a pas empêché Green de partir bravement à l'attaque contre le cartel des camionneurs. Green pourrait être élu maire un jour, mais cette possibilité se réduit compte tenu que les organisations noires ne sont pas prêtes à voter pour un Blanc.

ROBERT WAGNER

Successeur potentiel du maire Dinkins, il a été tout à la fois le plus jeune responsable du bureau de l'éducation (Board of Education) de la ville, le fils de l'ex-maire Wagner de New York, et le petit-fils d'un honorable sénateur qui fut le premier à promouvoir des lois progressistes sur le travail. Son père, le maire Wagner, fut à l'origine d'une stratégie électorale fondée sur l'implantation et la dissémination de clubs démocrates dans chaque quartier de New York. Le Club de Greenwich Village était le plus puissant parce qu'il incluait Little Italy. Le personnage qui le présidait à l'époque de Wagner, Carmine de Sapio, était l'homme de paille de Frank Castello, connu comme premier ministre et porte-parole du roi de la mafia, Charles "Lucky" Luciano. Durant le mandat Wagner, le contrôle de l'enlèvement des ordures fut confié à la mafia, tandis que la municipalité mettait en berne le drapeau des transports publics. Wagner ayant été contraint de se désolidariser publiquement de Sapio, la rupture qui s'ensuivit au sein du parti démocrate permit une coalition d'un type rarissime : une alliance temporaire entre les dissidents républicains et les démocrates. Wagner était essentiellement une "non-entité" politique, mais sa personnalité chaleureuse et séduisante brillait en société. Il entretenait des rapports particulièrement étroits avec l'église à une période où le pouvoir politique se trouvait entre les mains des Italiens et des Irlandais, bons chrétiens comme on sait. Robert Wagner est mort précocement. Après son enterrement, un cercle étroit de politiciens qui le considéraient comme la conscience de la ville se sont rassemblés en son honneur dans un restaurant très à la mode, Il Cantinori, sur East 10th St.

ANDREW STEIN

Comme Robert Wagner, c'est un peu le fils du "seigneur du château", entendez par là un "fils à papa". Mr. Stein Senior a fait fortune en publiant un journal dont la seule fonction est d'imprimer des annonces légales payantes, comme l'exige la municipalité. Stein, qui porte une perruque non seulement visible mais fort volumineuse, a dirigé plusieurs clubs démocrates de quartier à partir desquels il a pu lancer diverses croisades inextricablement mêlées à des opérations d'auto-publicité. Après des années de "service public", il n'a pas réussi à constituer des réseau d'appui et n'a guère de partisans. En revanche il a des obligés et le soutien de célébrités, telle Shirley McLaine qui pour l'aider, a déclaré avoir été sa femme... dans une vie antérieure. Andrew Stein a occupé le poste insignifiant de président du Conseil municipal (105 000$) et on l'a vu à la télévision comme médiateur officiel de la ville, mais il n'y a pas mille personnes dans la ville qui le connaissent. De toute manière, il est actuellement "mort" politiquement.

3615 FUTE

Voyager moins cher avec le Petit Futé

ELISABETH HOLTZMAN

Cette apparatchik de la période Koch a occupé un certain nombre de postes choisis où il semble qu'elle se soit révélée inefficace, y compris dans son rôle (célèbre) de District Attorney de Brooklyn (fonction qu'on l'a publiquement accusée de tenir à des fins strictement personnelles). Ses principaux soutiens électoraux sont les féministes et les homosexuels, ce qui lui offre la possibilité de former différentes alliances avec d'autres minorités. Au-delà de ses sempiternelles déclarations enjouées ("Feel good, aren't we great ?" en bref : "On est les meilleurs !"), elle ne semblait pas avoir d'autre programme spécifique que celui de se faire élire. Après avoir été sous l'administration Dinkins Commissaire aux comptes de la ville (105 000$), un beau titre à rajouter sur ses cartes de visite, elle est elle aussi "morte" politiquement.

RUTH MESSINGER

Elle occupait le poste de présidente du borough de Manhattan (l'ancien poste du maire Dinkins : 95 000$). Elle représente la femme politique honorable et progressiste.

CLAIRE SHULMAN

Mère d'un astronaute, elle est devenue présidente du borough de Queens après que son prédécesseur se soit suicidé en se plongeant un couteau de cuisine dans le coeur à la suite de malversations publiquement dénoncées qui ont valu à plusieurs personnes d'être mises en accusation et assignées à comparaître devant un Grand Jury. Ce n'est un secret pour personne à New York que le borough de Queens, récemment mêlé à des scandales majeurs impliquant des procureurs généraux, des avocats et des policiers, est devenu l'arène américaine de la guerre de la drogue colombienne.

JOHN LINDSAY

Il fut maire de New York durant 8 ans (deux mandats) et représentait, au début des années 60, l'espoir de la communauté blanche. Il avait du charisme, une belle prestance à la Kennedy et une intelligente confiance en lui-même. Son engagement humain, sa foi dans les idées libérales s'appuyaient sur une vieille tradition capitaliste de savoir-vivre et de républicanisme. Lindsay arriva sur le devant de la scène au moment où des conflits de toutes sortes (syndicaux et raciaux) secouaient une ville lasse des corruptions de l'ancien régime. Tout comme les années 90 à la faible croissance risquent d'être la conséquence du haut niveau de vie des années 80, les années 60 ont payé pour les péchés des années 50. La période Lindsay correspond à un tournant de la vie à New York marqué par le départ des classes moyennes vers les banlieues et par une faillite généralisée des services publics, dont l'essentiel passe aux mains de la mafia, tandis qu'une politique d'aide sociale relativement généreuse et ouverte conduit à une prise en charge permanente et dispendieuse des couches les plus démunies.

FELIX ROHATEN

Au début des années 70, New York est sauvée par Wall Street selon les mêmes méthodes que celles du FMI avec le tiers-monde. Les banques et les hommes d'affaires confient le destin financier de la ville à Lazaerd Frers, une banque appartenant à Felix Rohaten. Un nouveau maire, Abraham Beame, est élu pour jouer le rôle d'homme de paille. Les déductions d'impôts ont beau être élargies, le système ne fonctionne pas. Secouée par des tensions raciales, minée par l'effondrement des infrastructures des transports collectifs, New York est pour la décennie à venir une ville isolée.

WILLIAM SHEA

Cet avocat s'est rendu célèbre pour n'avoir jamais mis les pieds dans un tribunal. La plupart des villes américaines ont des stades nommés d'après leurs équipes sportives. Le grand stade de New York, le Shea Stadium, a été baptisé du nom d'un avocat dont personne n'avait jamais entendu parler ! Etrangeté des coulisses de l'industrie du sport et des affaires...

WILLIAM KUNSTLER

Les affaires dont hérite cet avocat tendent à devenir des causes populaires, du procès du Chicago 7, un Noir soupçonné de meurtre, à celui de l'assassin de Meyer Kahane. Récemment, Kunstler a renoué avec son ancien associé, Jerry Lefcourt, pour s'occuper de la défense de John Gotti, sur la base des droits civils de l'accusé.

BRUCE CUTLER

Les tactiques de ce conseiller légal ont permis à son célèbre client, Gotti, d'échapper à une série de poursuites judiciaires, ce qui a valu au fameux maffioso le surnom de "Don Teflon" : Gotti, jusque récemment, glissait sur les accusations comme du beurre sur une poêle en teflon... Avec sa bouille ronde, Cutler fut procureur avant de changer de camp, un trajet rappelant le brillant cas de William Fallon, le soi-disant "grand porte-parole" des années 20 qui fut, avec William Powell et quelques autres, le modèle des avocats qu'on voit dans les films noirs des années 30. Par rapport à ses prédécesseurs, Cutler est une personnalité relativement effacée en dehors d'une salle de tribunal. Ses traits inexpressifs correspondent plus à ceux d'un "conseiller" dans la série des films du "Parrain".

MONDE DU TRAVAIL

ALBERT SHANKER

Quand Woody Allen se réveille en plein futur dans le *Dormeur* (*Sleeper*), il pense à l'époque qu'il vient de manquer, celle où s'est déroulée une guerre nucléaire dont personne ne sait rien, sinon qu'elle a éclaté *"au moment où un dénommé Albert Shanker s'est emparé de la bombe"*. Récemment, Albert Shanker (le vrai) était le patron de la Fédération unie des enseignants (United Federation of Teachers). Sa politique d'augmentations continuelles des salaires lui a valu d'être accusé de vouloir rançonner la ville. Mais les travailleurs sont aussi des électeurs qu'il faut ménager : les tentatives pour stopper l'action des syndicats ont échoué jusqu'à ce que le vase déborde.

VICTOR GOTBAUM

Responsable du district 37, le syndicat des employés municipaux, il a soutenu Albert Shanker dans ses positions. Bien que retraité, (il est devenu banquier d'affaires !), on le considère toujours comme l'éminence grise présente derrière toutes les négociations entre la municipalité et les syndicats du service public, lesquels constituent une composante majeure dans la coalition de l'actuel maire de New York. Sa fille Betsy est commissaire des parcs de la ville, un poste qui inclut un gros salaire (110 000$), une voiture avec chauffeur et le droit de se garer gratuitement en contrepartie de brèves apparitions en public et du lancement d'une campagne de collecte de fonds pour la réélection du maire.

CULTURE

TOM WOLFE

Célébrissime, non seulement pour son oeuvre mais pour ses costumes blanc crème et ses chapeaux qui le font remarquer dans les réunions mondaines, ce romancier venu du journalisme a écrit une série de best-sellers, notamment *Acid Test*, *L'étoffe des héros* ou *Le Bûcher des vanités*. Bien que ses commentaires impertinent⌐ sur la culture populaire lui aient valu la réputation d'un activiste typique des années 60, une chose est vite devenue claire : Tom Wolfe est un dandy qui s'est volontairement qualifié de réactionnaire pour épingler la décadence des riches et tourner en dérision les gauches imitations des nouveaux riches.

NORMAN MAILER

Il est devenu célèbre dans les années 40 pour son grand roman de guerre, *Les Nus et les morts* dont l'une des audaces consistait à employer le mot "fuck". Après trois décennies de travail pour survivre à sa réputation, sans oublier deux tentatives de mises en scène pour le cinéma, c'est aujourd'hui un auteur de référence traitant de sujets de plus en plus abstraits. Dans les années 80, il a pris le contrôle du Pen Club, transformé en un must du tourbillon social des nouveaux riches (fortunes de l'immobilier). Chaque année, un écrivain était choisi pour venir recevoir à New York et à grands frais, au cours d'un dîner de gala, un prix pour lequel on remerciait tous ces formidables milliardaires qui avaient rendu possible tant de festivités. Avec le temps, le Pen Club s'est transformé essentiellement en un organisme de collecte de fonds. Quand une réunion eut lieu durant la crise Salman Rushdie, les écrivains furent jetés à la rue tandis que le gratin occupait le terrain. Leur réponse au défi intégriste fut une nouvelle collecte de fonds. Avec la chute vertigineuse des valeurs immobilières et la mauvaise publicité faite autour des "social lions", les démocrates à tendance sociale, le Pen Club est retourné à son obscurité antérieure. Pendant ce temps, Mailer s'est mis à ressembler de plus en plus à un vieil homme d'Etat qu'on approche pour connaître son opinion sur tous les sujets du jour et dont les réponses ne vont jamais au but.

KURT VONNEGUT

Il a élevé dix enfants et travaillé à plein temps pour publier un roman par an. A son arrivée à New York, il lui fallut se mettre sérieusement sous pression pour sortir quelques minces et excellents romans en une dizaine d'années : les tentations qui menacent un écrivain new-yorkais sont innombrables. Son dernier livre raconte l'histoire d'un homme qui visite les prisons pour apprendre à lire aux analphabètes et découvre avec stupéfaction que le premier livre dans lequel les prisonniers se plongent est *Le Protocole des sages de Sion*. Le roman décrit la guerre du Golfe comme une magnifique soirée traînant en longueur tandis que se dégagent des odeurs pestilentielles que les invités feignent d'ignorer. Kurt Vonnegut est une conscience solitaire dans les brumes chromées du New York jazzy du monde des Lettres.

WOODY ALLEN

Pour des millions d'individus de par le monde, il représente le New-Yorkais par excellence, un citadin névrosé membre d'une ethnie particulière qui met en images et en mots les maux de la vie urbaine. Il a la réputation de ne jamais quitter New York et vit sur la Cinquième avenue dans lourdes boiseries d'un penthouse de luxe dont les terrasses dominent Central Park. Ses "parties" du Nouvel An sont parmi les plus courues de la ville. Encore enfant, Woody a commencé sa carrière à Brooklyn, en expédiant des blagues d'une ligne à des "columnists" de la presse, des chroniqueurs du genre d'Earl Wilson, avec pour résultat d'être payé le double de la somme annoncée ! Comme tout le monde il a des ennuis, notamment des amendes pour excès de vitesse et, dernièrement, une rupture fracassante avec la compagne de sa vie, Mia Farrow.

MADONNA

Que dire d'elle que vous ne sachiez déjà ? Elle vit au bord de Central Park West et représente pour l'Amérique profonde un mélange de gouaille populaire doublée de critique sociale. Fondamentalement, Madonna est une femme d'affaires, un "entrepreneur", au sens américain du terme, qui homogénise et commercialise le sexe d'une manière toute aussi américaine, c'est-à-dire détachée et sans émotion. Elle pourrait vendre Sade sous le label "safe sex". Son prochain coup médiatique consistera à utiliser l'image de Betty Page, figure-culte des années 50, pour vendre un vieux cliché, celui de la femme esclave et dominée : attendez-vous à la voir attachée avec des cordes, sa superbe poitrine ronde tendue sous le cuir et le latex lacérés pour mettre en valeur la nudité de sa chair, les talons aiguilles en prime. On la voit peu dehors, la rumeur citant parfois les restaurants (végétariens) où elle dîne, mais elle a quand même fait une apparition discrète récemment. Presque seule un vendredi en fin d'après-midi au musée d'Art moderne, elle regardait l'exposition consacrée à Francis Bacon. Avec ses cheveux courts abîmés par de multiples décolorations, un vieux manteau jeté sur les épaules, elle aurait pu être n'importe qui et non pas la société commerciale internationale qui porte son nom.

PHILIPPE DE MONTEBELLO ·

Tel est l'état de la haute culture à New York qu'il ne reste vraiment plus de personnalités notables. Dans les musées, des érudits enthousiastes ont été remplacés par des gérants professionnels ou par des collecteurs de fonds. Du côté des investissements, la situation est loin d'être favorable puisque les changements de lois fiscales ont découragé les contributions, opérant un ralentissement du marché de l'art auquel n'est pas étrangère l'inflation. Avec la récession, les fortunes fastueuses nées des plus-values immobilères se sont asséchées : le vrai pouvoir de la culture est revenu entre les mains d'anciens hommes d'affaires. Philippe de Montebello, conservateur du Metropolitan Museum, est un personnage de transition : il a une allure aristocratique, porte des costumes classiques bien coupés et de sa voix parfaitement modulée commente de façon monotone le tour des salles d'exposition sur de petits magnétophones portatifs que les visiteurs peuvent louer. D'autres musées ont déjà mis en place le système du gérant sans visage, alors profitez des subtilités modérées du haut style Wasp (White Anglo-Saxon Protestant) tant qu'il dure.

L'EGLISE

CALVIN BUTTS

Il est le pasteur de l'église baptiste abyssine, la plus importante congrégation protestante des états-Unis. Son soutien aux tentatives du maire de New York pour empêcher la marmite raciale d'exploser est total. Il lui aura fallu beaucoup d'efforts et de persévérance pour se frayer un chemin dans la communauté noire. Parti en croisade contre les compagnies de tabac et d'alcool qui ont fait de la communauté noire une cible particulière, il a été vu à Harlem en train de barbouiller de grands panneaux d'affichage promouvant ces produits avec une connotation raciale. Son autorité morale le place hors de toute contestation.

JOHN CARDINAL O'CONNOR

Cardinal du diocèse de New York, il est véritablement un prince de l'église. Il y a un cardinal à Brooklyn, et d'autres encore dans le New Jersey, mais c'est au siège de New York que le pape a nommé cet ultra-conservateur, défenseur agressif et inébranlable de la politique intransigeante de l'église. O'Connor applique une ligne dure sur les sujets les plus brûlants : l'avortement, le contrôle des naissances, le divorce, le mariage des prêtres et l'homosexualité. Son poste est essentiellement politique, l'évêque de New York ayant toujours fait et défait les rois dans les élections municipales ou nationales. Un prédécesseur d'O'Connor, le cardinal Spellman, faisait partie des groupes de pression qui ont conduit les états-Unis à s'engager dans la guerre du Viêt-nam. Dans les années 50, années viscéralement anti-communistes, le pouvoir de l'église était tel qu'un auteur dramatique, Lenny Bruce, fut arrêté à plusieurs reprises pour avoir révélé de façon détournée, dans une petite pièce de théâtre, *Le Christ et Moïse descendent sur terre et visitent la cathédrale St. Patrick*, que le cardinal pouvait être un homosexuel. Il semble, selon une opinion assez répandue, que son successeur et ancien trésorier, le cardinal Cooke, soit mort du sida. L'Hospice du sida ouvert par l'église porte d'ailleurs son nom. L'église, plus spécifiquement la cathédrale du cardinal, abrite régulièrement des manifestations d'homosexuels et de groupuscules féministes. Le cardinal a menacé d'excommunion un certain nombre d'hommes politiques, entre autres le gouverneur de New York, Mario Cumo, qui soutient le droit à l'avortement.

AL SHARPTON

De ce pasteur on pourrait dire qu'il est une grande gueule qui s'exprime pour son compte et dont la manie consiste à se placer le plus près possible d'une ambulance dès qu'éclate un incident dans la guerre raciale latente qui menace New York. On le voit alors apparaître quelques minutes à la télévision pour imposer sa coiffure ridicule, sa corpulence considérable et ses énormes bijoux en or, au détriment des familles plongées dans le deuil. Les New-Yorkais racontent l'histoire d'un individu peu recommandable qui avait l'habitude de se placer à un coin de rue près du cortège d'une manifestation et qui engageait un débat impromptu avec un manifestant. Peu lui importait le camp, sa tactique consistait à mettre hors de lui son "interlocuteur" pour se faire frapper. Alors il le faisait arrêter et poursuivre. Il gagnait sa vie comme ça. Le pasteur Sharpton opère d'une manière guère différente : il vient d'emménager dans une grande maison de banlieue. Ces derniers temps, on n'a pas beaucoup entendu parler de lui, mais nul ne peut dire s'il s'agit d'un relâchement de la tension raciale ou d'une mauvaise saison pour les crabes.

MAFIA

JOHN GOTTI

Le patron. Le "parrain". Ce grand homme corpulent dont les apparitions dans des costumes impeccables lui ont valu le premier surnom de "Mec Pimpant" (The Dapper Dan) est à la tête de la plus puissante famille de la mafia new-yorkaise, les Gambinos. A l'opposé des modèles cinématographiques qui sont plutôt "souples" en la matière, Gotti est l'image personnifiée d'un leader maffioso. On dit qu'il a répété l'exploit d'Al Capone en battant un homme avec une batte de base-ball jusqu'à ce que mort s'ensuive. Quant à l'un de ses voisins d'Howard Beach, qui a tué accidentellement l'un des fils de Gotti en le renversant avec sa voiture, il a disparu. Gotti est arrivé au pouvoir en faisant éliminer Paul Castellano, le chef de la famille Gambino, qui fut tué à coups de revolver à la sortie d'un Steakhouse à Manhattan. Les Gambinos contrôlent, entre autres, tout le transport dans le domaine du vêtement : dans le prix de chaque robe vendue à New York il y a une taxe de la mafia. Pendant des années, le gouvernement a essayé de retirer de la circulation John Gotti, son frère Bruce et son fils cadet, mais, grâce aux compétences de leur avocat, Bruce Cutler, les Gotti ont gagné tous leurs procès, dont l'un, une tentative ratée de meurtre, était lourdement défavorable puisque l'accusation avait pu produire les témoignages d'un tueur et de sa cible.

PRATIQUE

L'ARRIVEE A NEW YORK ─────────────

Le passage de l'immigration

Il faut vous y faire et c'est moins traumatisant qu'au temps d'Ellis Island. Surtout ne confondez pas la file d'attente des citoyens américains (Citizens only) et celle des étrangers. Attendez patiemment votre tour. Cela peut durer une petite heure au milieu de l'été quand 10 Boeing arrivent en même temps, mais c'est beaucoup plus rapide que jadis. Les agents de l'immigration vous orientent vers des guichets numérotés. Soyez docile. Mettez-vous dans le moule : la liberté dans le règlement ! L'Amérique est un pays discipliné. Vous retrouverez les files d'attente dans les bureaux de poste et à la porte des restaurants. Ne franchissez pas la ligne jaune avant que le touriste qui vous précède ait eu son passeport visé. Quand l'agent de l'immigration lance un tonitruant "next !", c'est votre tour de franchir le Rubicon.

C'est une évidence mais avez-vous le visa qui correspond à votre voyage ? Les agents de l'immigration américains sont très stricts et n'hésitent pas à refouler tout contrevenant.

Touriste, pour un voyage limité à 3 mois, vous n'avez pas besoin de visa mais assurez-vous d'avoir un billet de retour daté. Sinon gare à l'interview serrée. Prévoyez aussi des difficultés de retour aux USA si vous allez vagabonder au Canada, aux Caraïbes ou en Amérique latine.

Si vous venez poursuivre des études ou faire un stage, il vous faut un visa spécifique, même si vous envisagez de rester aux Etats-Unis pour une période inférieure à 3 mois.

Avant votre départ, passez un coup de fil au Consulat des Etats-Unis de votre ville (à Paris 42 96 14 88).

Le passage des douanes

Ce n'est pas la peine d'apporter du fromage ou une boîte de foie gras à vos amis américains, tout vous sera confisqué. Si vous n'avez rien à déclarer, passez par la flèche verte ("Nothing to Declare"), non sans remettre au douanier votre déclaration de douane.

LE TRANSPORT VERS MANHATTAN ─────────

■ TAXIS

Gare aux personnes qui vous demanderont gentiment si vous avez besoin d'un taxi pour vous rendre en ville, ceux ne sont pas des taxis mais des Gypsie cabs, plus chers et parfois dangereux. Les taxis jaunes sont indiqués clairement. Un agent de l'aéroport les répartit et vous donne le prix de la course. Il vous en coûtera, 35$ environ de Newark, 30$ de Kennedy et 20$ de La Guardia.

"Je suis parti à New York en compagnie de ma sœur et nous sommes restés dix jours à Manhattan. Nous avons fait le voyage avec Charters & Co et avons été très satisfaits de leurs services. De plus, leurs prix sont intéressants. En sortant de l'aéroport de New York, il faut faire attention, surtout lorsqu'on ne connait pas encore les U.S.A., aux taxis. En effet, un homme se disant chauffeur de taxi est venu nous proposer ses services. Nous étions intéressés et je lui ai demandé un ordre de prix. Il nous a proposé de le suivre jusqu'à son véhicule. Son "taxi" n'était rien d'autre qu'une voiture banale sans inscription ni compteur. Je trouvais ça louche. L'homme m'a montré un guide avec des adresses et des tarifs et m'a annoncé que pour aller au centre de Manhattan il fallait compter $65 par personne. Quelle surprise ! Nous avons renoncé, même s'il nous proposait $60 par personne et avons alors trouvé un taxi plus honnête, un de ces fameux taxis jaunes, qui a pris $35 pour deux. Quelle différence !" A. Salembier, Pailhes.

■ BUS

Deux compagnies, Carey et Olympia, se partagent le marché. Un agent du comptoir d'information "Transportation" situé juste avant la sortie à Kennedy et en sous-sol à Newark, donne les horaires (un départ toutes les 20 à 30 minutes) et vend les tickets.

Les bus vous conduisent soit à Grand Station (43 rue et Park Avenue) à l'est, soit à Penn Station (33 rue et 8e Avenue) à l'ouest de Manhattant.

Le prix du ticket et de 11$ de Newark et 11$ de Kennedy.

"Nous décollons 453 fois par jour !" affirme le transporteur Carey, qui assure la liaison par bus entre Midtown Manhattan et les principaux aéroports new-yorkais. A JFK, le bus fait le tour des terminaux pour cueillir les passagers, qui sont déposés au terminal sur Park Avenue (et 42nd Street), en face de Grand Central. Le mieux est alors de prendre un taxi pour se rendre à son adresse. Le voyage JFK/Manhattan dure en moyenne 3/4 d'heure/1 heure. Les départs ont lieu toutes les 20 minutes ou toutes les demi-heures de 5h45 à 1h du matin. Prix du billet : 11$ (février 94).

Les départ des bus Carey à destination des aéroports ont lieu à partir de cinq points situés dans Manhattan : Sheraton Hotel, Marrriott Marquis, Hilton Hotel, Port Authority Bus Terminal (9e Avenue et 42nd St.) et 125 Park Avenue (et 42nd St.)

Renseignements horaires : CAREY	**1 800 632 0500**
Olympia :	**(212) 964 62 33**

■ LIMOS

Une solution éventuellement plus économique que le taxi. Les "limos" sont de grosses voitures avec chauffeur. Pas forcément luxueuses, mais il faut s'y prendre un peu à l'avance pour la réservation (le matin même ou, mieux, la veille pour un départ dans l'après-midi). Il suffit de donner ses coordonnées, sa direction et l'heure du "pick-up". Une bonne idée si à l'arrivée vous êtes plusieurs et chargés. Plus vraisemblablement, vous réserverez une limo pour le retour. Les prix pour JFK sont de 25$ à 35$ selon le type de véhicule.

Les agences de location de limousines abondent (consulter les "yellow pages" du "New York Telephone Book"). En voici quelques unes, excellentes pour leurs prix :

MinuteMen	**(718) 457 4881**
Masada	**(212) 678 0606**
Tel Aviv	**(212) 777 77 77**
Carmel	**(212) 667 22 22**
Sabra	**(212) 777 71 71**
Allstate Car & Limousine Service Inc.	**741 7440 - Fax 727 2391**

LES TRANSPORTS EN COMMUN A MANHATTAN —

■ LE METRO

Symbole universel de la démesure de New York, "the subway" est géré par la New York Transit Authority qui roule de jour comme de nuit au long de ses 300 miles (480 km) de rails électrifiés. Largement aérien jusque dans les années 50, le métro a été enterré sous Manhattan. (La station de la 125e rue, à Harlem, lignes 1 & 9, est un exemple remarquable d'architecture de pont.) C'est ailleurs, dans le Bronx, à Queens ou à Brooklyn, qu'on voit encore les massifs piliers du métro aérien entre lesquels s'agitent les ombres des vendeurs de drogue et filent en hurlant les voitures de police...

C'est le premier métro du monde, en âge, en étendue et en réputation. Le plus bruyant, le plus inquiétant, le plus problématique. Vous devez l'essayer au moins une fois : il fait partie d'un itinéraire touristique au même titre que la Statue de la Liberté. Prendre le métro de New York est une expérience marquante à toute heure et à tout âge. C'est l'humanité entière en transhumance.

Vous trouverez une carte des lignes au début de notre guide. Etudiez-la soigneusement, mémorisez-la autant que possible. A New York, procurez-vous d'urgence un plan gratuit du métro. Vous en trouverez un dans tous les guichets.

Il a été rénové, nettoyé, modernisé ; les rames les plus récentes sont vierges de graffitis ; elles ont l'air conditionné en été et le chauffage en hiver ; il y a même - suprême attention envers les usagers ! - un plan du métro (naguère, ça manquait sacrément). Et pourtant, malgré cet aspect clean, le labyrinthe des tunnels, des couloirs bruts de béton, les quais immenses, les voûtes, les pylônes de fonte évoquent quelque descente aux Enfers. Impression confirmée quand, dans un vacarme assourdissant, quatre train passent en même temps : certaines stations ont en effet quatre lignes, les deux centrales étant réservées aux trains express.

Vous avez vu le métro dans les films américains, vous le reconnaîtrez. Maintenant, voici quelques conseils pratiques (mais il faut une existence pour connaître les subtilités des changements et les lubies de ce monstre tellement imprévisible qu'il fait perdre la raison aux New-Yorkais les plus chevronnés).

D'abord, ne prenez pas le métro pour la première fois à la station Times Square (la plus sinistre et la plus dangereuse) ou à Grand Central (la plus vaste et la plus encombrée). Choisissez-vous une petite station avec seulement deux lignes, et ne vous aventurez pas sur un trop long trajet si vous n'êtes pas du genre aventureux. Humez l'atmosphère. Si vous vous sentez d'humeur claustrophobe ou paranoïaque, remontez à la surface.

Souvenez-vous que, quelle que soit votre ligne à Manhattan, vous irez soit "Downtown" soit "Uptown". Suivez donc la flèche qui vous mène à la plate-forme correspondant à votre direction principale. Auparavant, vous aurez acheté un jeton (a token) ou un sachet de 10 jeton (a pack of tokens)) 1,25$ l'unité, au guichet ou dans l'un des 200 distributeurs automatiques.

Si vous avez une hésitation (et vous en aurez...), avant de glisser votre jeton dans la fente du portillon, jetez un dernier coup d'oeil sur le plan général du métro affiché près du guichet (au-delà, il n'y a plus rien : il n'y a pas de plan sur les quais).

Sur chaque quai, des panneaux face aux rails indiquent le n° des lignes desservies (chacune dans son rond de couleur), les stations ultimes et la fréquence des trains selon les "rush hours". Cela risque surtout de vous évoquer une langue inconnue... Un train arrive enfin. Regardez attentivement la numéro de la ligne inscrit en tête du premier wagon. En cas de doute, interrogez autour de vous : on vous répondra immédiatement. Ceci est d'importance : le "local" s'arrête à chaque arrêt. L'"express" brûle les étapes. (Sur le plan, à chaque station sont indiqués les numéros des lignes qui y font un arrêt. Si le numéro n'y est pas, c'est que le train ne s'arrête pas.) Mieux vaut être informé que de se retrouver, plutôt que dans un "local", dans un "express" qui va vous véhiculer 40 blocks plus haut que prévu, à Harlem, dans le Bronx ou à Brooklyn, à un rythme d'enfer. Durant votre trajet, écoutez attentivement la voix du conducteur : il donne des informations sur les prochains arrêts et les transferts. Hélas, c'est loin d'être aisément compréhensible.

Le métro est vaste et rapide, mais l'attente entre deux trains peut être interminable (20 minutes ou plus), surtout après 20h. Les changements sont de l'ordre du kafkaïen dans les grandes stations et les panneaux indicateurs singulièrement discrets.

Pour la sécurité, sachez que les New-Yorkais les plus maladivement prudents ne le prennent jamais ; que les plus obstinément prudents ne le prennent plus à partir de 18h ; que des gens comme vous et moi doivent pouvoir le prendre jusqu'à minuit. Au-delà, l'atmosphère change du tout au tout, il y a surtout des hommes, l'ambiance est glauque et tendue, surtout évitez le "eye contact", on a l'impression que tout peut arriver, et comme le passage est possible d'un wagon à l'autre, on s'attend à chaque moment à voir surgir un groupe d'ados prêts à tout ou un groupe, non moins stressant, de Guardian Angels chargés d'assurer la sécurité.

A la nuit tombée, prenez quelques précautions : ne vous aventurez jamais seul(e) à l'extrémité des quais (les trains font 8 wagons et les quais sont vraiment longs). Restez près du guichet ou, au-delà du tourniquet, dans la zone dite "Waiting area". Ne montez jamais dans un wagon désert, choisissez au contraire celui où il y a le maximum de passagers. A partir de minuit (le métro fonctionne 24h/24), sur les lignes 5, 6, 7, 8, C, H, J, M, les trains sont plus courts pour des raisons d'économie et de sécurité. Plus tard encore, surtout le week-end, si vous êtes dans le subway, c'est que vous êtes prêt à faire un pari sur votre mort.

Renseignements
44 08 24 24

■ BUS

Nombreux mais lents, ils sont l'un des meilleurs moyens de visiter New York tout en ne ratant rien du spectacle des rues. Ventrus et gris, avec air conditionné en été, ils montent et descendent Manhattan au long des avenues, s'arrêtant environ tous les 2 ou 3 blocks, d'où leur rythme peu adapté à la frénésie ambiante. Ils traversent aussi Manhattan d'est en ouest en empruntant les principales transversales (14e,23,34e,42e,57e,72e, 82e...)

Vous pouvez demander un plan des bus dans les guichets du métro. Là encore, imprégnez-vous du tracé des lignes des bus.

Prenez un bus qui aille Uptown ; descendez où vous voulez ; prenez le bus "Downtown" sur l'avenue suivante. Rien n'est plus fascinant que d'observer les transformations de la ville au long d'une droite constante. En outre, il y a souvent une bonne ambiance dans les bus.

Ayez toujours un "token" sur vous ou la somme exacte (1,25$) car le chauffeur ne rend pas la monnaie. Si vous voulez utiliser deux bus, et passer par exemple du East Side au West Side après être monté, par exemple, du East Village à la 57e rue, demandez au chauffeur un "transfer". Il vous remettra un coupon de papier valable pour votre trajet. Vous descendez du bus sur la 57e rue et prenez le bus qui se rend sur la rive ouest. En montant dans ce bus, vous tendez votre "transfer".

■ TAXIS

Les "cab drivers" de New York travaillent dur, douze heures par jour, et dans des conditions stressantes et dangereuses. Leur métier est l'un des plus exposés qui soient (d'où la fameuse vitre de protection). C'est à eux que vous aurez affaire si vous rentrez tard. N'hésitez pas à prendre un taxi new-yorkais : grâce à eux, vous risquez de faire vos meilleures expériences de la ville. Et n'oubliez pas d'être généreux : pour une course de 10$, donnez 1,50$ (15%).

A titre d'indication, une course devrait vous coûter (en prenant pour point de départ Midtwon) :

• de 3 à 5$ pour le quartier des théâtres ;

• de 4 à 6$ pour les musées du Upper East Side ;

• de 6 à 8$ pour le Village ;

• de 20 à 25$ pour l'aéroport de La Guardia ;

• de 30 à 35$ pour JFK et Newark.

Prendre un taxi à New York est un plaisir parce qu'ils sont si nombreux. Vous n'en verrez autant qu'à Bombay, Buenos Aires, le Caire et Mexico City. Il suffit de lever la main et il y en a trois pour vous ! C'est la fameuse société des services à l'américaine, qui rend l'usage des taxis parisiens si laborieux. En outre, un peu comme à Londres, les taxi drivers sont souvent sympathiques. Et si vous tombez sur un Haïtien, vous pourrez discuter en français.

Choisissez les taxis jaunes portant les lettres "NYC Taxi" sur les portières. A l'intérieur, une plaque indique le nom et le numéro de référence de votre conducteur. Mémorisez-les en cas de perte ou de litige (tél. 221 TAXI). Le panneau lumineux sur le toit du véhicule indique si le taxi est occupé (panneau éteint) ou libre (panneau allumé). Un taxi jaune vous mènera n'importe où dans Manhattan... Jusqu'aux limites de Harlem. Au-delà, c'est une autre histoire : vous aurez à faire aux (parfois dangereux) "gipsy cabs".

Vous n'avez rien à payer pour le port de vos bagages. Une fois installé, indiquez votre direction en tâchant de donner l'intersection exacte (6th Avenue, between 55th and 56th ; 23rd Street, between Lexington and Park). Autrement, votre chauffeur devra chercher, et cela vous coûtera plus cher. Si vous avez un itinéraire à proposer, n'hésitez pas à en faire part : le rôle de votre chauffeur est de vous emmener où vous le souhaitez, comme vous le souhaitez.

En venant de JFK, votre taxi pourra prendre le Lincoln Tunnel, au centre, ou le Triboro Bridge. Le Lincoln Tunnel entre directement dans Midtown Manhattan. Le Triboro Bridge fait remonter très largement au nord, vers la 140e rue, mais la voie est souvent plus rapide. Les chauffeurs trichent souvent sur l'itinéraire, mais à moins de savoir exactement où on va et comment on y va, il est difficile de leur contester ce privilège. Il risque de vous coûter 10$ de plus...

Votre prise en charge, quel que soit le nombre de passagers (quatre au maximum) est de 1,50$ (avec 50 cents de supplément entre 20h et 6h du matin). Le prix augmente de 25 cents tous les 1/5 de mile ou, dans un trafic ralenti, de 25 cents toutes les 75 secondes. Vous pouvez demander un reçu ("a receipt" - prononcer "ricit").

ARGENT

La monnaie américaine est pratique, mais les billets verts, relativement uniformes, exigent un minimum d'attention. Les coupures se ressemblent à première vue. Elles sont de 1$, 2$ (considéré comme un billet porte-bonheur, mais relativement rare), 5$, 10$, 20$, 50$, 100$, 500$, 1000$. Les pièces sont de 1 cent (ou nickel, en cuivre, guère utilisables mais de plus en plus nombreuses), 5 cents, 10 cents (dime), 25 cents (quarter-dollar, celui qui sert au téléphone) et, pratiquement introuvables, les belles et larges pièces de 1$. Comment procéder avant le départ ? Acheter des dollars et des travellers chèques (American Express, notamment). Sur place on peut utiliser sa carte de crédit et changer des francs. Les travellers offrent une vraie sécurité. Les prendre, si possible, en petites coupures (20$, 50$). Sachez que, si vous êtes à court de liquide, vous pouvez payer avec des travellers dans les boutiques et restaurants, on vous rendra la monnaie en espèces. La transaction est éventuellement plus difficile si vous sortez des travellers de 100$.

CARTES DE PAIEMENT

La "plastic money" est irrévocablement une caractéristique de la société américaine. A tel point qu'on peut se demander pourquoi ils fabriquent encore des billets verts. Utiliser sa carte de crédit (la Carte Bleue Internationale Visa, American Express et MasterCard sont les mieux acceptées) présente tous les avantages pour les paiements de notes et factures. Durant les périodes d'instabilité monétaire, attention aux mauvaises surprises si le dollar monte entre le moment où vous signez votre reçu et celui où votre compte est débité. Une carte de crédit est indispensable si vous voulez faire une réservation dans un hôtel ou louer une voiture. Pour retirer des espèces, l'opération a lieu dans les principales banques (ouvertes du lundi au vendredi de 9h à 15h ou 15h30) et ne présente pas de difficultés, sauf si l'ordinateur fait des siennes. Vous devez impérativement être muni de deux pièces d'identité.

Il est possible de retirer du liquide avec une carte Visa dans certains (rares) distributeurs automatiques. Sachez aussi que les centres American Express sont assez flexibles quant au montant des espèces, surtout si vous voulez sortir une sommes importante, de l'ordre de 800 ou 1 000$; certaines agence peuvent diviser la somme entre espèces et travellers, sur lesquels vous perdez une commission.

Pour le change, les organismes spécialisés prennent de larges commissions sur l'achat de vos devises.

EUROCARD MASTERCARD

Réseau très dense de distributeurs de billets (logos MasterCard et/ou Cirrus), de commerçants, d'hôtels et de restaurants affichant le logo MasterCard et acceptant toutes les cartes de la gamme MasterCard. Vous pouvez retirer des devises aux guichets des banques affichant le logo MasterCard.

N'oubliez pas :

L'ASSISTANCE MEDICALE RAPATRIEMENT :

Pour tous les titulaires de la carte Eurocard MasterCard et leur famille.

Partout en France et à l'étranger :

- Rapatriement ou transfert à l'hôpital après l'accord d'Eurocard MasterCard Assistance.

- Prise en charge des frais de visite d'un membre de votre famille en cas d'hospitalisation de plus de 5 jours.

- Prise en charge des frais d'hôtel Jusqu'à 2 000 francs.

Avantages : Avec votre carte Eurocard MasterCard vous bénéficiez du remboursement des frais médicaux et d'hospitalisation (Jusqu'à 70 000 F) dans ce pays, ainsi que de l'assurance accidents de voyage sans franchise kilométrique et de l'assurance solde des paiements.

En cas de perte ou de vol : 24h/24 appelez le **33-(1) 45 67 84 84** en France (PCV accepté) pour faire opposition, faire une déclaration aux autorités de police ou au Consulat, et prévenez votre agence par lettre récommandée.

En cas de perte de tous vos moyens de paiement, le Service Assistance vous assure un Cash Dépannage Jusqu'à 5 000 F.

Important : Vous bénéficiez également de l'Assistance Juridique à l'étranger : Prise en charge des frais d'avocat à concurrence de 5 000 F et avance de la caution pénale Jusqu'à 20 000 F.

Pour plus d'informations, **Minitel 36-15** ou **36-16 EM**.

PETIT LEXIQUE :

• Distributeurs de billets : A.T.M. (Automatic Teller Machine) ou Cash Dispenser.

• Code confidentiel : Pin Code.

• Retrait au guichet d'une banque : Cash Advance.

Dans les distributeurs automatiques de billets :

Après avoir introduit votre carte, suivez les instructions (souvent en anglais) de l'appareil. Si celui-ci propose plusieurs opérations, choisir la touche "Credit Card". Certains offrent la possibilité de taper un code à plus de 4 chiffres : ne vous en préoccupez pas, tapez votre code à **4 chiffres** et validez.

ASSISTANCE JURIDIQUE ————————————

GLEASON & ASSOCIATES. 230 Park Ave   **986 1544 - Fax 986 1379**
Maître John Cleason, aimable avocat parfaitement bilingue, se fera une Joie de vous tirer d'embarras ou de vous conseiller. Il apprécie particulièrement l'Hexagone et ses ressortissant(e)s, et a une antenne à Paris et à Copenhague. Ses compétences lui permettent d'assister autant les particuliers que les entreprises.

Maître Claude KLEEFIELD. 1650 Broadway, suite 807   **246 7766- Fax 489 0021**
Vous souhaitez vous installer à New York, obtenir une "carte verte", monter une affaire, acheter un appartement, négocier un contrat de travail, vous marier avec une Américaine ? Avocat américain installé à New York depuis 1954 et parlant couramment le français, Me Kleefield met son bureau à l'heure de vos démarches. A consulter pour toute information sur l'immigration aux Etats-Unis.

BAGAGES ————————————————

L'idéal reste de voyager léger... Mais si vous souhaitez envoyer aux Etats-Unis des marchandises lourdes et/ou encombrantes (malles, moto, voiture), vous aurez du mal à trouver un transporteur qui s'intéresse à vous car les particuliers ne sont pas leur clientèle de prédilection.

Pour vous, nous avons déniché un transporteur qui s'occupera de vous et vous conseillera pour que cela vous coûte le moins cher possible :

EXCESS BAGAGE   **1 34 80 15 15**

COMMUNAUTE FRANÇAISE ————————

Entre 80 000 et 100 000 Français (dont 35 % d'origine bretonne) vivent à New York. Mais aujourd'hui comme hier et comme demain sans doute, le profil des expatriés reste difficile à évaluer. Quoi de commun entre ceux qui se sont installés à New York à la fin de la Deuxième Guerre mondiale, immédiatement après l'arrivée au pouvoir des socialistes ou au début des années 80 ?

La communauté française est un patchwork faufilé par la seule appartenance à une langue commune. Elle fait cohabiter milliardaires, garçons de café, scientifiques, cadres supérieurs, banquiers, femmes au foyer, étudiants, artistes, aventuriers, oisifs ou "Euro-Trash" (littéralement "Ordure européenne"), comme n'hésite pas à se nommer elle-même toute une jeunesse dorée venue chercher à New York les plaisirs et les difficultés d'une vie privilégiée.

Traditionnellement, on le sait, les Français ont la réputation d'être individualistes. Ils n'offrent donc pas le meilleur exemple d'une communauté soudée et solidaire, à la manière des expatriés des pays de l'Est ou d'Amérique latine. Mais pour peu qu'on s'ancre dans la ville et qu'on ne perde pas le contact avec ses concitoyens, on découvre que New York, c'est comme à Clochemerle.

Une chose sûre, l'importance numérique des Français à New York n'est pas proportionnelle à la renommée dont la France continue de jouir outre-Atlantique, même si les Américains éprouvent des sentiments contradictoires envers cet allié, admiration professée pour un art de vivre qui continue de les séduire, voire de les faire rêver ou désillusion, voire dérision qu'ils manifestent volontiers devant un soi-disant complexe de supériorité gaulois. Et gageons que l'"exception culturelle" revendiquée lors des accords du GATT , et largement reprise par les médias américains, n'a pas dû enrayer une bonne poussée de francophobie.

Quoiqu'il en soit, la France, à New York comme dans les principales villes américaines, continue d'être auscultée quand il y a lieu, parfois quand elle va bien, le plus souvent quand elle va mal. Cela n'empêche pas le pays d'incarner l'idée du luxe, de la légèreté, de la tradition, du charme. Paris is So romantic. Et les French Lovers... Le feu du mythe.

La France est d'abord le symbole du vin, des parfums désormais accessibles à des millions d'acheteurs(euses) et de la mode : sur Madison ou la 5e avenue se succèdent Lanvin, St-Laurent Rive Gauche, Cartier, Balmain, Sonia Rykiel, Agnès B., Charles Jourdan, Rodier, Hermès, la Bagagerie, Lancel, Lalique, Piaget, Pierre d'Alby... Oasis cossues encastrées sur le plus cher trottoir du monde. Ce qui ne veut pas dire que le prêt-à-porter français connaisse encore les jours dorés du début des années quatre-vingt, tant s'en faut.

Les vins français restent la référence en matière d'oenologie, et le cinéma français continue d'être la production européenne la plus distribuée aux USA (elle n'en représente pas moins un chiffre infime). Les New-Yorkais dans le coup (comme les Angéliniens dans les cercles hollywoodiens) suivent avec la plus grande attention La Femme Nikita, Juliette Binoche et Gérard Depardieu est le Belmondo des années 90...

Les films de l'Hexagone ont leurs fans qui pour rien au monde ne voudraient rater les dernières livraisons dans une poignée de cinémas. Non seulement pour les acteurs et les metteurs en scène qu'ils aiment et/ou qui les intriguent, mais aussi pour travailler leur français, cette langue difficile qui garde tout son prestige (la seconde langue étrangère enseignée aux états-Unis après l'espagnol). La télévision française elle aussi intéresse et les infos de France2 ou les "Bouillons de Culture" de Bernard Pivot ont leur clientèle.

Quant aux quelques 750 restaurants français de New York (la moitié sont effectivement tenus par des Français), force est de constater, sans chauvinisme, qu'ils constituent la référence gastronomique suprême dans une ville fertile en cuisine internationale : les meilleurs restaurants de New York sont français et la plupart ont pignon sur rue à de Midtown.

En 1870, Revillon était la première entreprise française à se propulser outre-Atlantique. Aujourd'hui, avec un boom remarquable au cours des dix dernières années, plus de 800 sociétés françaises sont installées sur l'ensemble des U.S.A., avec une prédilection pour New York, Los Angeles, la Floride et le Texas : de Sofitel à l'Aérospatiale, de Péchiney à Elf Aquitaine, de Bouygues au Club Med, de Gaumont à Hachette, de l'Institut Pasteur à Perrier, du croissant à la fusée Ariane... Quant au minitel s'il éblouit, il n'a pas trouvé preneur.

L'ambassade de France est à Washington, mais les services culturels du consulat, sur la 5e Avenue, jouent un rôle important pour la promotion de la culture, pour les échanges universitaires et scientifiques... Il y a également un important Bureau du Livre Français chargé de promotionner la littérature de langue française auprès des éditeurs américains. L'Alliance Française (on compte environ 160 Alliances Françaises sur le territoire américain) a trois services :

French Institute/Alliance Française
22 East 60th St. New York, NY 10022   Tél. 355 6100

La Maison Française Columbia University casa Italiana Columbia University,
New York NY 10027   Tél. 854 4482

La Maison Française New York University
16 Washington Mews New York NY 10003   Tél. 998 8751

Il faut aussi noter une série d'institutions, du comité franco-américain pour la restauration de la Statue de la Liberté à l'Office du tourisme français, en passant par , l'Agence du développement industriel français, la SNCF, le Centre français de la mode et des textiles, le Centre de l'industrie alimentaire française, etc. Les principales banques françaises ont des bureaux à New York et une trentaine de correspondants de presse représentent les principaux médias nationaux.

New York demeure l'attraction n° 1 des candidats à l'expatriation, qui y trouvent un climat européen aux dimensions de l'Amérique tout en jouissant d'une présence française diluée dans l'énormité urbaine, et cependant palpable. Ils y découvrent aussi la francophilie américaine : un nombre non négligeable de New-Yorkais parlent le français, ont séjourné en France, apprécient les Français. Ceux-ci ont une bonne carte à jouer à New York : qu'ils se soient ou non partie prenante de la communauté française, ils doivent se confronter intelligemment au dur jeu du "challenge" américain.

GARDE D'ENFANTS

Le coût de l'heure de garde se situe entre 8 et 12$. Votre hôtel saura sans doute vous proposer une baby-sitter maison. Il existe des agences spécialisées. Il est recommandé d'appeler la veille. Le paiement se fait en espèces.

BARNARD COLLEGE BABYSITTING SERVICE   854 2035
Du lundi au vendredi, 10h-17h.

BABYSITTERS ASSOCIATION 610 Cathédral Parkway   865 9348

BABYSITTERS GUILDE 60 East 42nd St.   682 0227
Ouvert tous les jours jusqu'à 21h.

INFORMATIONS TOURISTIQUES

New York Convention - Visitor's Bureau
2 Columbus Circle (angle Central Park W. et B'way) 397 8222

Autre adresse : 158 42nd St. (entre Brodway et Seventh Ave)
L'Office du tourisme de New York met à la disposition de ses quelque vingt millions de visiteurs, dont un quart d'Européens, un staff polyglotte auquel il est recommandé de poser les questions qui n'ont pas trouvé réponse dans ce guide du "Petit Futé".

Au rez-de-chaussée des locaux de Columbus Circle, on trouve toutes les brochures possibles sur les attractions de New York, des cartes de visites de magasins et des coupons de réduction. A votre hôtel, ne manquez pas "Where", le magazine gratuit. C'est une bonne source d'informations, en anglais (Shopping, Dining, Entertainment, the Arts).

Une bonne carte de New York est indispensable, vous en trouverez de plusieurs types dans les librairies ou chez les marchands de journaux.

Office du Tourisme des états-Unis, USTTA
4, avenue Gabriel 75008 Paris   42 60 57 15

FESTIVALS

L'été, des festivals transforment la ville en une parade d'arts et de talents. Voici une sélection des plaisirs gratuits, que vous offre généreusement la Grosse Pomme.

LINCOLN CENTER OUT-OF-DOORS FESTIVAL   877 2011
Sur l'esplanade du Lincoln Center ou dans les jardins adjacents, ce festival a lieu en général au mois d'août : jazz, gospel, blues, musique de chambre, danse, mime, théâtre pour enfants, etc. Les spectacles (qui attirent chaque année environ 30 000 spectateurs) ont lieu l'après-midi et en début de soirée.

NEW YORK PHILARMONIC FREE PARK CONCERTS   362 6000
Un grand orchestre symphonique pour de grands concerts de musique classique (Strauss ou Verdi, Wagner ou Brahms) : toutes classes mêlées, toutes origines confondues, on se rassemble sur les pelouses des principaux parcs de la ville et on écoute la musique au milieu d'un spectacle de dîneurs champêtres. Les concerts "tournent" à Brooklyn, Queens, dans le Bronx, à Staten Island, mais c'est bien entendu Central Park, et plus particulièrement la grande pelouse, qui a la vedette. Les concerts ont lieu en début de soirée (20h). Mieux vaut s'installer à l'avance avec pour ajouter au plaisir, un pique-nique.

METROPOLITAN OPERA IN THE PARK   362 6000
Entre la mi-juin et début juillet, deux opéras du répertoire sont donnés sur une scène montée sur la grande pelouse de Central Park, avant de partir en tournée dans les autres parcs de New York. Ceux qui aiment l'opéra ne manqueront pas l'occasion.

MUSEUM OF MODERN ART   708 94 00
Concert d'orchestre de chambre tous les vendredis et samedis soirs dans le jardin de sculptures du musée en juillet et Août. Il est conseillé d'amener un petit coussin

SHAKESPEARE IN THE PARK
Delacorte Theater, Central Park West (et 81st St.)   861 PAPP

Public Theater, 425 Lafayette St.   598 7150
Comme le festival d'opéra, mais dans un amphithéâtre, deux pièces du dramaturge anglais ou du répertoire classique sont représentées chaque saison avec de grands acteurs (Kevin Kleine ou Michelle Pfeiffer en ont fait partie), et de très sérieux metteurs en scène. Fondé en 1954, ce festival est actuellement co-produit par le Public Theater.

Une partie des billets est vendue à l'avance, mais la majorité des places est gratuite et disponible à partir de 18h (les représentations commencent à 20h). La file d'attente se forme tôt dans l'après-midi à hauteur du "Box Office" du théâtre.

FETES

Janvier - Commémoration massive du passage de l'année dans la nuit du 31 décembre sur Times Square... Feux d'artifice sur Central Park...

Février - Nouvel An chinois à Chinatown lors de la première pleine lune après le 21 janvier.... Parade sur la 5è avenue pour la naissance de George Washington...

Mars - La plus importante parade de l'année, la St-Patrick's Day Parade, essentiellement irlandaise, sur la 5è avenue, le premier week-end après le 17 mars... Le 25 mars (parfois en avril ou en mai selon le calendrier orthodoxe), sur la même 5è avenue, la Greek Independence Day Parade...

Avril - Easter Parade sur la 5è avenue... Ouverture de la saison de base-ball aux stades Shea et Yankee... Démarrage de la saison du cirque Barnum & Bailey à Madison Square Garden (jusqu'en juin) Exposition d'art floral chez Macy's...

Mai - Le mois des fêtes et des festivals : SoHo Festival sur Prince Street, Washington Art Show dans le Village... Le Ninth Avenue International Festival consacré aux différentes cuisines ethniques... Le 17 mai, le Martin Luther King Jr... Memorial Day sur la 5è avenue...

Juin - Les arts envahissent les rues et les parcs... Fête de la Saint-Antoine à Little Italy... Israel Parade... Puerto-rican Day Parade sur la 5è avenue (le 1er dimanche)... Gay Pride Day Parade sur la 5è avenue (le dernier dimanche)...

Juillet - Le 4 juillet, l'American Independance Day (fête nationale)... American Crafts Festival au Lincoln Center... Golden Memorial Band Concert au Lincoln Center... Washington Square Music Festival... Harlem Week...

Août - Greenwich Village Jazz Festival... Washington Square Art Show : exposition collective d'œuvres d'art contemporain... Ouverture des Championnats de tennis...

Septembre - West-Indian-American Day Parade à Brooklyn... Labor Day Parade... Mayor's Cup Schooner (régates) au South Street Seaport... New York Is a Book Country : exposition géante de livres sur la 5è avenue... Steuben Day Parade : fête allemande (avec costumes et fanfares) sur la 5è avenue... Feast of San Gennaro à Little Italy... Colombus Avenue Festival... Third Avenue Fair : grande fête commerciale sur la 3è avenue...

Octobre - Colombus Day Parade (célébration de la découverte de l'Amérique)... Hispanic Day Parade... Pulaski Day parade : fête polonaise sur la 5è avenue... Second Avenue Autumnal Jubilee... Halloween : une grande fête costumée célébrée le 31 octobre dans le Village... Ouverture de la saison de basket-ball et de hockey à Madison Square Garden...

Novembre - New York City Marathon... Thanksgiving Day, le dernier mercredi de novembre, avec la gigantesque parade organisée par Macy's, qui démarre sur West 79th Street : orchestres, célébrités, ballons géants et une retransmission extensive à la télévision... Début du Christmas Show au Radio City Hall...

Décembre - Illumination de l'arbre de Noël au Rockefeller Center... "Casse-noisettes", de Tchaïkovsky, par le New York Ballet, au Lincoln Center... La 5è avenue prend un air de fête...

"FREES"

C'est une institution : New York n'est certes pas bon marché, mais raffole des spectacles gratuits. Voici une vingtaine de "Frees" en toutes saisons.

Rockefeller Center - Les Channel Gardens, ouverts à tous en toutes saisons : spectacles l'été, patin à glace l'hiver.

Musées - Entrée gratuite le mardi soir : Museum of American Folk Art, Whitney, Guggenheim, Cooper-Hewitt, American Craft Museum et American Museum of Natural History (ce dernier également le samedi soir).

Central Park - Toutes les activités et festivals sont gratuits.

Nations Unies - Accès libre aux Jardins de l'ONU le long de l'East River, et dans la boutique de souvenirs-librairie et la poste interne de l'ONU.

New York Stock Exchange - Visite gratuite de la salle des marchés.

South Street Seaport - Concerts gratuits sur le quai en été, festival de Jazz en hiver.

Lincoln Center - Série de spectacles gratuits aux alentours du bâtiment et dans le parc attenant l'été.

Jardin botanique - Le Brooklyn Botanic Garden, mitoyen du Brooklyn Museum est gratuit.

Snug Harbour Culturel Center, Staten Island - Visite guidée gratuite les samedis et dimanches.

JOURS FERIES

1er et 20 Janvier - 17 février - 4 Juillet (Independance Day) - 7 septembre - 12 octobre - 11 et 26 novembre (Thanksgiving) - 25 décembre.

Ces dates sont des jours effectivement fériés. Il faut leur ajouter toutes les célébrations religieuses, nationales ou ethniques(voir "parades").

LOCATIONS

■ Bicyclettes

On fait généralement du vélo dans Central Park. Un stand situé près du restaurant Boathouse (Central Park Bicycles Rentals, après l'entrée sur la 72e rue, ouvert tous les jours 10h-19h, le week-end 9h-19h, tél. 861 4137, de mars à novembre), loue les précieux deux roues qui vous permettront de faire de grandes balades dans cette forêt. On roule avec tout le monde au milieu des patineurs, des joggeurs, et il n'y a pas de voitures le week-end. Faire du vélo dans Manhattan est un plaisir rare et excitant et c'est un incomparable moyen de visiter la ville tout en évitant le métro. Mais, attention, il faut rouler les yeux bien ouverts et la main sur la poignée de freins enprenant garde aux taxis, qui n'aiment pas les cyclistes.

Les coursiers new-yorkais roulent à vélo et augmentent par leurs fantaisies l'anarchie de la circulation). Louer un vélo est relativement onéreux (6$ l'heure en moyenne). Si vous restez deux semaines ou plus à Manhattan, vous pouvez acheter un vélo d'occasion pour 80-100$ et le revendre à votre départ, si toutefois on ne vous l'a pas subtilisé (chaîne et antivol impératifs). Dans le East Village, la nuit, du côté de la 9e rue se tient un véritable marché aux vélos volés.

14th St. Bicycles (entre First et Second Ave)	228 4344
Sixth Avenue Bicycle (et 15th St.)	255 5100
Midtown Bicyles 360 West 47th St. (et Ninth Ave)	581 4500
Canal St Bicycles **417 Canal St. et Sixth Ave (entre Canal et Grand)**	334 8000
Métro Bicycles 1311 Lexington Ave. (et 88th St.)	427 4450
West Side Bicycles 96th St. et Broadway	663 7531
Cene's 79th St. Discounted Bicycles 242 East 79th St.	249 9218
City Cycles 659 Broadway	254 4757

Location de mars à septembre.

■ Patins à roulettes

Curieusement, dans cette ville où faire du patin est quasiment un moyen de transport comme un autre (qu'on déconseillera formellement aux patineurs non chevronnés, les rues de Manhattan, souvent en mauvais état, étant ponctuées de redoutables nids de poule), les boutiques de location de patins ne sont pas abondantes. Se rendre, à Central Park, au Mineral Springs Pavilion (angle nord-ouest de Sheep Meadow et West 69th St.) Tél. 861 1818 (ouvert lundi/vendredi 10h-17h, samedi et dimanche 10h-17h). Compter 6$ pour la première heure, 2$ par heure supplémentaire. En dehors du parc : US Roller World 160 Fifth Ave, Tél. 691 2680. Ou encore :

Manhattan Sports **2901 Broadway (et West 113rd St.)**	749 1554

Ouvert tous les jours 9h-19h, (location : 15$ la journée).

■ Voitures

Conduire une voiture dans Manhattan n'offre pas grand intérêt. Si, par contre, vous voulez quitter Manhattan pour aller faire une balade à Long Island, dans le Connecticut ou l'état de New York, la voiture est recommandée. L'opération ne sera pas simple si votre anglais n'est pas au top niveau, les opératrices américaines n'ayant pas la réputation d'être patientes ni de s'émouvoir des problèmes de compréhension des touristes. Pour louer un véhicule, il faut avoir un permis international, être âgé de plus de 25 ans (mais ce n'est pas une règle générale) et produire une carte de crédit. (Certaines agences demandent une provision en espèces.) Avant de vous lancer à l'aventure, regardez bien les plans et faites-vous expliquer les points de sortie. Sachez aussi qu'il vaut mieux louer une voiture dans une agence installée si possible le Upper West Side, plus proche des sorties de Manhattan. Sachez enfin que les prix pratiqués par les grandes agences nationales sont plus élevés que ceux des compagnies marginales recommandées par "Le Petit Futé".

Si vous ne trouvez pas voiture à votre goût, regardez les "yellow pages" à la rubrique "Rent a Car" : en la matière comme dans bien d'autres domaines, les "yellow pages" sont une mine de renseignements.

AVIS.   appel gratuit : 1 (800) 331 1212
Dix établissements dans Manhattan.

BUDGET.   appel gratuit : 1 (800) 527 0700

DOLLAR A DAY.   appel gratuit : 1 (800) 421 6868

EZY RENT A CAR. 220 East 9th St., 552 West 38th St.   674 4300
Voitures en tous genres, y compris de sport, au jour, à la semaine, au mois, pour le week-end.

FRIED AND TRUE RENT A CAR.   298 9444

HERTZ.   appel gratuit : 1 (800) 654 313

NATIONAL.   appel gratuit : 1 (800) 328 4567

NEW YORK RENT A CAR = DISCOUNT RENT A CAR
240 East 92nd St.   410 2210

SUNSHINE RENT A CAR & East. 13rd St.   989 7260

SUPERLEASE RENT A CAR. West 62nd St.   1 (807) 8700

THRIFTY RENT A CAR.   appel gratuit : 1 (800) 367 2277

U DRIVE.   221 3118

MEDIAS

La presse s'achète partout. Non seulement chez les marchands de journaux et dans les kiosques (repérables en particulier le samedi quand montent les piles du New York Times dominical comme s'il allait y avoir un siège), mais aussi dans les supermarchés, les drugstores... Grâce à la publicité et à des paginations impressionnantes, la presse quotidienne américaine est exemplairement bon marché (50 cents l'édition du New York Times en semaine, 2$ pour l'édition du week-end).

■ Presse quotidienne

New York Times - Le concurrent du "Washington Post", l'équivalent du "Monde" et de "Libération" réunis, représente la pensée libérale, mais est aussi souvent assez proche de la politique de la Maison Blanche. Publie chaque jour une section d'informations locales "Metropolitan News" et des sections spéciales selon les jours : sports (lundi), sciences (mardi), vie quotidienne (mercredi), "Maison" (jeudi), "Week-end" (vendredi) et, pour l'énorme pavé du dimanche, des rubriques "voyages", "opinion des lecteurs", "résumé de la semaine", "immobilier", plus un supplément sous forme de magazine.

Wall Street Journal - Economie d'abord, mais considéré comme le journal le plus sérieux et le mieux informé du monde.

Daily News - Potins et gros titres à sensation. A aussi son édition du dimanche avec une très bonne sélection sur les activités culturelles et autres. A été frappé par une grève très dure en 91. Le journal populaire de New York.

Amsterdam News - Le seul quotidien noir de New York.

USA Today - Pas particulièrement new-yorkais, puisqu'à vocation américaine, mais assez prisé des banlieusards.Pages couleur. Il a le mérite d'être très clair et facile à lire.

New York Post - A connu son heure de gloire et appartenu à Rupert Murdoch. Reconnu surtout pour ses pages sportives.

Her New York - Un quotidien vue par les femmes pour les femmes.

■ Hebdomadaires

Village Voice - Le meilleur des hebdos. Grand format peu pratique, mais titre bleu célèbre. Des reportages et des enquêtes sur les dessous de la ville et la politique U.S. en général. Toujours critique, très informé sur les événements culturels en ville. Publie la meilleure liste de propositions dans le domaine de l'immobilier (locations, sous-locations, partages), ainsi que des petites annonces personnelles.

Downtown - Le meilleur hebdo gratuit, se trouve Downtown, comme son nom l'indique. Sort le jeudi et joue, sans en avoir les moyens, le rôle d'un Village Voice marginal

New York Magazine - Le plus informé des hebdomadaires new-yorkais. Très lu de tous, très apprécié pour ses annonces pointues. et ses critiques de restaurants.

New Yorker - De grandes plumes du journalisme contemporain (la new-yorkaise Jane Kramer, auteur des Europées, est la correspondante du New Yorker en Europe) des dessins satiriques à l'humour (new-yorkais) pas toujours compréhensible et une liste très pointue : spectacles, expositions, films, concerts... Le New Yorker a connu une véritable révolution en 1992 avec l'arrivée de sa nouvelle rédactrice en chef, Tina Brown, une ancienne de Vanity Fair. Pour certains, elle a tué l'esprit du journal ; pour d'autres, elle l'a sauvé de la mort.

■ Mensuels

Vanity Fair - Un must pour ses photos. La couverture avec Demi Moore enceinte de huit mois a fait un scandale. Enfin, d'excellentes interview.

Interview - Consacré à la mode... avec beaucoup d'interviews !

Spy - Un point de vue satirique.

EGG - Consommation chic.

Vibe - Le nouveau magzine des Noirs branchés et chics.

■ Radios

En FM, une soixantaine de stations se disputent l'antenne, avec de nombreux changements possibles. Pour une liste très à jour, consulter la section "Art and Leisure" du New York Times dominical.

WBAB 102.3 Rock

WBGO 88.3 Jazz

WCBS 101.1 Vieux succès

WCTO 94.3 Musique légère

WCWP 88.1 Classique-Jazz

WDHA 105.5 Rock

WDRE 92.7 Rock progressif

WEZN 99.9 Musique légère

WFMU 91.1 Programmes variés

WHTZ 100.3 Top 40

WHUD 100.7 Musique légère

WKCR 89.9 Programmes Columbia University. Excellent Jazz

WKJY 98.3 Pour adultes

WLTW 106.7 Musique légère/contemporaine

WNLG 92.1 Vieux succès/succès actuels

WNCN 104.3 Musique classique

WNEW 102.7 Rock

WNSR 105.1 Soft rock

WNWK 105.9 Programmes multi-ethniques

WNYC 93.9 Musique classique et excellentes infos le matin (6h-8h30)

WNYE 91.5 Infos locales

WPAT 93.1 Musique légère

WPLJ 95.5 Top 40

WPLR 99.1 Comédies/rock

WPSC 88.7 Top 40

WOCD 101.9 Jazz contemporain

WQHT 97.1 Top 40/infos urbaines

WQQQ 96.7 Vieux succès

WQXR 96.3 Musique classique

WRCN 103.9 Rock

WRKS 98.7 Station très new-yorkaise

WRTN 93.5 Grands orchestres/nostalgie

WXRK 92.3 Rock classique

WYNY 103.5 Country music

WADO 1250 Radio espagnole

WLIB 1190 Musique caraïbe

WNJR 1430 Rythmn and Blues

WNJR 1430 Rythmn and Blues

■ Télévision

La télévision américaine est un spectacle permanent, avec ses grands moments et ses périodes affligeantes. Si vous êtes à l'hôtel vous recevrez les principaux networks : ABC, CBS, NBC et PBS, mais aussi un certain nombre de chaînes câblées - tout dépend des contrats passés par l'hôtel. Pour les programmes, ils sont disponibles dans une série de journaux spécialisés (TV Guide notamment), mais le New York Times reste une excellente référence.

News-Informations :

- Channels 2(CBS) 4 (NBC) et 7 (ABC) : à 7h, 17h, 18h, 19h et 23h
- Infos en français (A2) sur Channel 25 (19h tous les jours)
- Channel 11 (NY1) Information sur New York, 24h sur 24
- Channel 13 (PBS) à 19h30 ; chaîne publique
- Channel 2 : "60 minutes ". Tous les dimanches à 19h. La plus célèbre et la plus ancienne émission de reportages du monde, le modèle du genre
- CNN (channel 27) : News tous les jours, reportages samedi et dimanche
- CNN Headlines News : Informations reactualisées toutes leq 30 minutes.

Autres :

- MTV (Channel 20) : rock, concerts, interviews, films.
- TNT (Channel 21) : 2 000 titres d'archives de MCM, RKO, Warner Bros. Des films à longueur de journée.
- DISNEY CHANNEL (channel 33) : documentaires, nature.
- BRAVO (channel 37) : grands spectacles et films sans publicités.
- WNYC (channel 31) : programmes alternatifs : documents, théâtre, informations.
- HBO (channel 28) : documentaires, films, théâtre 24h/24.
- SPORTS CHANNEL (channel 24 et 36) : tous les sports.
- AMC (Channel 45) : Films des années 30 à 60.

POURBOIRES

Vous ne voulez certainement pas affronter le regard horrifié de vos amis américains ni être traité de radin ("cheap"), l'insulte suprême dans un pays où on aime flamber, parce que vous avez décidé de ne pas obéir à l'usage du pourboire ? Alors faites comme tout le monde et mettez-vous à l'heure du "tip". Les "tips" mettent de l'huile dans l'engrenage social et ils sont acceptés avec dignité. Si vous ne donnez rien, vous n'irez pas en prison mais dans le purgatoire d'un silence lourd de sous-entendus. Pour payer vos pourboires, ayez toujours de la petite monnaie sur vous.

L'Amérique est un pays de services, avec ce résultat que les pourboires constituent 90 % des revenus du personnel. Vous aurez à donner un pourboire dans les restaurants. Si vous payer en liquide, prévoyez de donner 15% du prix total. Si vous réglez en carte de crédit, c'est à vous d'inscrire sur le ticket le montant du pourboire à la rubrique tip et de marquer vous-même le total. N'oubliez surtout pas de conserver le double jaune. Si vous omettiez de remplir la case pourboire, et que vous ayez signé votre coupon de débit, vous pourriez avoir une mauvaise surprise. Dans les bars, si vous prenez un verre au comptoir, l'usage veut qu'on paie aussitôt servi, puis qu'on dépose son pourboire sous son verre ou sous le cendrier. Vous devrez évidemment donner un "tip" si vous acceptez qu'on vous porte vos bagages jusqu'à votre chambre d'hôtel. Enfin, le prix d'une course en taxi s'accompagne nécessairement d'un pourboire légèrement inférieur à ce qui se pratique au restaurant.

SECURITE

C'est évidemment à ça qu'on pense quand on pense New York, surtout si on y va pour la première fois. Et "ça" reste un important sujet de conversation parmi les New-Yorkais eux-mêmes : ils ont toujours une sale histoire à raconter. Cambriolage, attaque à main armée, viol dans un ascenseur, bagarre nocturne... La violence rythme la vie de New York depuis sa fondation, et maintenant que les gangs de jeunes se baladent en ville avec des revolvers, la fièvre paranoïaque monte en flèche. (Durant les émeutes de Los Angeles, plus personne n'a voulu prendre le métro. Les rues étaient noires de piétons.) New York n'est pas une ville candide, mais elle n'est pas au hit parade de la violence urbaine américaine. On peut même s'étonner de la facilité avec laquelle tant d'individus réussissent à cohabiter. Manhattan vous impressionne ? Dites-vous que c'est pire dans le Bronx et dans certains quartiers de Brooklyn. L'ambition de ce guide est de vous introduire au New York des New-Yorkais, avec ce que cela représente d'aventure individuelle. Si donc vous tombez amoureux de la "Grosse pomme", ce ne sera pas un mariage de raison, mais une passion. Raison de plus pour respecter quelques consignes de prudence élémentaire : ce n'est pas en en trois jours que vous réussirez à dissimuler votre état de touriste et à vous déguiser en *"new kid on the block"*.

A propos de block, ce sont eux qui rythment les multiples et subtils changements d'atmosphère. D'un block l'autre, tout change . Les New-Yorkais connaissent les blocks qui ont une mauvaise vibration et ils n'hésitent pas à rallonger leur trajet pour les éviter : New York n'est pas une ville où on la "ramène". On y est vite sur ses gardes. C'est un mode de vie. Il faut prendre son parti de la tension de la ville. Les hurlements des voitures de police, le brâme des camions rouges des pompiers, les aboiements des ambulances font monter la fièvre et le stress. On est dans un milieu imprévisible avec la sensation permanente que tout et n'importe quoi peut arriver. Il ne faut pas montrer son inquiétude (quelqu'un a dit : il ne faut pas avoir peur de la peur), mais au contraire aller résolument de l'avant, surtout si on hésite. Le problème est qu'il faut se repérer : marche-t-on vers le nord ou le sud, l'est ou l'ouest ? Question de feeling, de connaissance. Apprenez à vous orienter. Souvenez-vous que dans les rues impaires, les voitures vont d'est en ouest ; le contraire dans les rues paires. Apprenez le sens de la circulation des avenues. Il est recommandé de ne pas garder les yeux fixés sur le sommet des gratte-ciel : seuls les visiteurs s'étonnent encore de leur hauteur. Marcher la tête en l'air vous désigne comme touriste. A propos de regard, et c'est assez triste à dire, le consensus veut qu'on ne fixe pas les gens dans les yeux, on ne sait jamais à qui on a affaire. Evitez le "eye contact".

Evitez de vous promener avec tout votre argent liquide sur vous. Prévoyez de payer vos repas ou vos dépenses par carte de crédit. Si vous vous baladez avec beaucoup d'espèces, portez-les dans une pochette attachée à la taille, comme le font de plus en plus de New-Yorkais, ou plus discrètement encore. Evitez de sortir trop ostensiblement votre argent, vous ne savez jamais qui vous regarde. C'est particulièrement vrai dans les parcs. Si vous décidez d'aller explorer Harlem ou le Lower East Side, c'est à vos risques et périls. Vous aurez pris soin de confier vos papiers et vos bijoux à la garde de votre hôtel. Vous verrez, l'été, dans le métro, un panneau publicitaire disant : *"This is chain-snatching season again"*, accompagné d'une photo suggestive : *"La saison de l'arrachage des colliers est revenue"*. Tenez en compte. Aucune New-Yorkaise sensée n'étale ses bijoux en public.

Ayez toujours de la monnaie sur vous et quelques billets. Si vous vous faites agresser, à moins d'être ceinture noire de karaté, le conseil est qu'il vaut mieux tendre un billet de 50$ que perdre sa vie. Mais si vous sentez que vous pouvez faire quelque chose (dites-vous que votre agresseur risque d'avoir aussi peur que vous), n'hésitez pas à hurler et à ameuter le voisinage : les "criminels" détestent le bruit.

Evitez de vous aventurer dans des rues à l'écart et dans les coins où vous ne vous sentez pas en sécurité, ne frôlez pas les portes. Ceci est vrai surtout la nuit où il vaut mieux marcher sur la partie extérieure du trottoir, côté circulation. En règle générale, dans des quartiers peu fréquentés, ne quittez pas les grands axes.

Dans certains quartiers, Times Square, l'East Village, Washington Square, Central Park même, des vendeurs de drogue (marijuana ou cocaïne) vous feront des propositions mezza voce. A moins d'être en manque (dans ce cas vous aurez vos propres connexions) ou en manque d'émotions fortes, méfiez-vous : la came est en général infâme, voire dangereuse. Vous risquez, au mieux, de ne sentir aucun effet, au pire de vous retrouver à l'hôpital.

La situation des clochards new-yorkais ne vous échappera pas. Il y a de 50 à 80 000 "homeless" à Manhattan, personne ne sait le nombre exact. Ils viennent de tous les milieux, des ghettos du Bronx, de la guerre du Viêt-nam, du lointain Dakota, d'une faillite familiale ou professionnelle. On peut être licencié du jour au lendemain en Amérique. Dans le meilleur des cas, on a trois mois de protection sociale. (Et avant de toucher son chômage, il se passe plusieurs mois.) Les naufrages individuels vont vite, question de circonstances. Les "homeless" vivent dans la rue, l'hiver sous des abris de carton, l'été sur des bancs, sous les ponts, dans les sous-sols de Grand Central Station, dans le Bowery, à l'Armée du Salut. Certains se sont organisés, vendant leur propre presse, par exemple "Street News". Achetez cette presse (1$), ça ne réglera pas le problème de la misère en Amérique, mais ça permet à beaucoup de tenir le coup et c'est l'occasion de lire des journaux avec un ton autre. Des "homeless" sont devenus des mendiants professionnels, et vous serez sans cesse sollicité, surtout aux guichets de métro. Donner ou pas un dime (10 cents) ou un quarter (25 cents) est une question d'éthique personnelle. On est confronté au même problème au Caire ou en Inde... La comparaison vous étonne ? Où croyez-vous que vous soyez ? Ouvrez bien les yeux. Sous ses érections de capitale du monde occidental, New York cache des bas-fonds dignes de la première mégalopole du tiers monde planétaire.

"Revenant de mon premier séjour (huit jours) à New York, j'en profite pour vous faire part de mes impressions. Il semble clair que l'on peut se promener partout sans problème si on évite les endroit dangereux. Et si on ne ressemble pas à un touriste. Dans le reste de la ville, il y a déjà tellement d'autres touristes qui on l'air de touristes que l'on ne sera certainement pas le premier à être repéré. Parmi les endroits à éviter : Alphabet City : ne jamais y aller. East Village : le jour, pas de problème, on peut y faire ses achats comme un habitué du coin, mais rester discret. Il n'y a presque aucun touriste. Tant mieux. Les boutiques regorgent de fringues design et jeunes. Et les prix sont bas. La nuit, je n'essaierais pas. Hell's Kitchen : environ entre 35e et 45e rue, et entre 8th et 11th Avenue. Certains endroits ne laissent aucun doute sur la dangerosité du lieu. Les prix dans les magasins sont au plus bas. Plus au centre, ne pas s'y aventurer.

Le touriste naïf est attendu autour du Terminal des bus : en sortant, aller directement direction est. Pour aller à l'ouest de la la 42e rue, ne pas être seul. Times Sqaure : il semble difficile de s'y promener plus tard que la sortie des théâtres sans prendre au minimum le risque de se faire aborder par un dealer. Ne pas engager la conversation, même si la police est constamment présente. Et surtout ne pas prendre le métro à Times Square la nuit. Morningside Park : on peu y entendre (éviter de voir) des règlements de compte la nuit. Non loin, sur le territoire de la Columbia University et sur Amsterdam Avenue, pas de problèmes, il y a des taxis. Attention à Broadway entre 95e-100e rue." J.-C. Lebas, La Chaux-de-Fonds, Suisse.

SERVICES D'URGENCES DES HOPITAUX ─────────

Ne vous laissez pas effrayer par les horribles histoires qui circulent sur les services d'urgences des hôpitaux de New York. Contrairement aux rumeurs, on ne vous demande pas votre numéro de compte en banques avant de vous soigner. Une loi, spécifique à l'Etat de New York, oblige en effet les services d'urgences à accepter tout un chacun, quelle que soit son assurance. Conseil : achetez auprès de votre agence de voyage une assurance médicale pour la durée de votre séjour. La Sécurité Sociale française n'a pas signé d'accords de remboursement avec les profesionnels de santé aux Etats-Unis et la facture risque d'être salée.

NEW YORK HOSPITAL505, 1st Avenue.   **Tél. 263 73 00**
L'hôpital de la Cornell Univesity est particulièrement réputé pour son service d'urgences.

TELEPHONE ─────────────────────

Les Américains sont fous du téléphone et les New-Yorkais ne font pas exception à la règle. Se téléphoner est un acte permanent et naturel de la vie quotidienne. C'est pourquoi il y a tant de cabines dans les rues, et toujours en état de fonctionnement : il ne viendrait à l'idée de personne de faire du vandalisme sur la communication. Chaque cabine a son propre numéro d'appel, de sorte que votre correspondant peut vous rappeler. Le coût d'une communication locale (6 premières minutes) est de 25 cents, payableavec un quarter. Ensuite, vous devez rajouter un dime ou un quarter pour chaque séquence. Si vous oubliez de payer, une opératrice vous rappellera à l'ordre.

Tous les numéros de téléphone en Amérique sont précédés d'un préfixe régional (area code) qui vous est donné automatiquement. Le code de l'hémisphère américain (USA, Canada, Caraïbes) est le 1. "L'area code" de Manhattan est le 212 (c'est aussi celui du Bronx). Les Américains lorsqu'ils donnent leur numéro de téléphone, indiquent toujours l'"area code. Les numéros à l'intérieur de Manhattan se composent directement, sans passer par "aera code". Si par contre vous appelez à l'extérieur, que ce soit Brooklyn (718), Los Angeles (213 ou 310) ou Chicago (312), vous devez composer le 1 + area code + n°. Les numéros en Amérique sont composés de 7 chiffres. Si vous devez téléphoner à l'intérieur des états-Unis, tenez compte du décalage horaire : midi à New York (Atlantic Time) = 11 h à Chicago ou Dallas (Central Time) = 10h à Denver ou Salt Lake City (Mountain Time) = 9h à Los Angeles ou San Francisco (Pacific Time).

Si vous appelez en France, vous devez également tenir compte du décalage horaire : + 6h (heure d'hiver) ; + 7h (heure d'été). Les appels internationaux s'effectuent en composant le 011 + indicatif national + numéro du correspondant (précédé ou non, selon les pays européens, d'un préfixe régional). Pour appeler la France, il faut composer : 011 + 33 + n° du correspondant. Vous pouvez faire des appels internationaux de n'importe où, y compris des cabines publiques (mais en amassant une grosse quantité de quarters, ce qui est fastidieux). Donnez le n° de votre cabine si vous souhaitez qu'on vous rappelle (de France : 19 + 1 + 212 + n° à New York). Pour les "collect calls" (appels en PCV), composez le 1 + 800 + 5372 623. Une opératrice parlant français établira le contact pour vous. Les appels U.S.A.-FRANCE sont facturés dans un ordre décroissant en fonction des tranches horaires suivantes : 7h-13h, 13h-18h, 18h-7h (60 % de réduction la nuit de 23h à 8h, 35 % de 17h à 23h).

Pour tout renseignement supplémentaire sur les appels internationaux, composez le 1 + 800 + 874 4000 (appel gratuit).

Pour téléphoner facilement depuis l'étranger vers la France et dans certains cas vers d'autres pays : le service FRANCE DIRECT de FRANCE TELECOM propose des numéros d'accès directs (voir au dos de ce guide). Egalement à votre disposition, le Téléphone Interprète : un service de traduction simultanée par téléphone. Pour connaître la marche à suivre et le numéro d'accès qui vous concerne, appelez avant votre départ le : **N°Vert 05061919**
(APPEL GRATUIT)

URGENCES A NEW YORK

- Ambulance, pompiers (feu) 911
- Crime 577 777
- Viol .... 267 RAPE
- Bruits 966 7500
- Bagage perdu (bus, métro) .... (718) 625 6200
- Etat des autoroutes 757 2000
- Etat des routes 757 3356
- Train Long Island .... (718) 454 5477
- Infos métro .... (718) 330 1234
- Port Authority Bus Terminal 564 8484
- Manhattan Airlines Terminal 986 0888
- JFK Airport .... (718) 656 4520
- La Guardia Airport .... (718) 476 5000
- Newark Airport .... (201) 961 2015
- Renseignements téléphoniques 0
- Urgences 911
- Renseignements transports aéroports .... 1 800 AIR RIDE
- Kennedy Airport .... (718) 656 4520
- Newark .... (201) 961 6000
- La Guardia .... (718) 533 3400
- Air France : 120 West 56th Street 1 800 237 2747
- Prolongation de visa : Immigration and Naturalization Service. 26 Federal Plaza.

SE LOGER

New York reçoit 20 millions de visiteurs par an, parmi lesquels un quart d'Européens. Selon les statistiques, la durée moyenne d'un séjour à New York est de 3 à 6 jours, mais comme on y revient toujours....

Pour vous accueillir, Manhattan dispose d'environ 57 000 chambres d'hôtels toutes catégories. Le taux d'occupation est de 78%. Se loger dans la "Grosse pomme" n'a donc rien d'impossible.

La plupart des hôtels new-yorkais sont situés dans le quartier de Midtown Manhattan, entre les 40e et 58e rues est et ouest, avec une concentration au-dessus de Times Square, dans le quartier dit "des théâtres", très animé. Ce n'est cependant ni le plus agréable ni le plus sûr des quartiers. Or, à New York plus que dans une autre ville, rien n'est plus important si l'on veut faire un agréable séjour que le choix du quartier où l'on va résider : le plaisir, et le sentiment de sécurité qui va avec, surtout s'il s'agit d'une première visite, dépend largement de la qualité de l'environnement. Définitivement, il existe des alternatives à Times Square et au quartier des théâtres, sauf s'il vous est imposé par votre agence de voyage : il suffit d'avoir l'envie de sortir des sentiers battus, ce qui ne veut pas dire se perdre dans la brousse. On peut très agréablement résider dans le Upper West Side ou le Upper East Side, ou à l'est de Midtown, ou encore Downtown, et apprécier de ne pas avoir à traverser chaque jour l'"enfer" de Times Square. Dans son choix, le "Petit Futé" s'est efforcé de tenir compte des paramètres confort/prix/localisation.

A de rares exceptions près, que nous signalons autant que possible, n'espérez pas trouver à New York le petit hôtel de charme européen : l'hôtellerie privilégie les unités de 200, 400, 600 chambres ou plus. Un hôtel de 180 chambres est considéré comme petit. Par contre, les chambres sont vastes par rapport aux critères européens. Un détail : les petits déjeuners sont rarement inclus dans les prix, mais de nombreux établissements proposent un coin kitchenette avec la chambre.

Le prix de départ d'une "single" (chambre pour une personne) est de 60-70$ et de 80$ pour une "double" (chambre pour deux personnes). Encore est-ce là un minimum, même si les prix sont plutôt à la baisse. Les prix moyens grimpent aisément à 120/140$ la nuit. Au-delà, il n'y a pas de limites : la suite "royale" décolle en turbo à 500$ et stabilise son régime de croisière à 1 500$ ou plus. Au prix de base, il faut ajouter les taxes suivantes : 14 1/4% pour une chambre à moins de 100$ + 2$ la chambre ; 19 1/4% pour une chambre à plus de 100$ + 2$ la chambre. Un couple logeant dans un hôtel de 1ère catégorie paie environ 280$ pour une nuit. Ce qui fait de New York la ville la plus chère du monde (avec Londres) en matière d'hôtellerie... Les hôtels acceptent les principales cartes de crédit. Il est recommandé d'en envoyer une photocopie, mais on en exige le numéro lors de la réservation par téléphone.

Ces dernières années, de nombreux hôtels new-yorkais ont fait l'objet d'importantes rénovations. La compétition est âpre et ces établissements sont à la recherche de toutes sortes de prestations alléchantes, notamment les forfaits week-ends. Très intéressants mais aussi très prisés, ces "week-end discounts" concernent un nombre limité de chambres. Il convient de réserver à l'avance, surtout en été et en automne, ou de lire soigneusement les journaux, entre autres la section "Travel" du New York Times.

Il existe d'autres moyens d'avoir un toit au-dessus de sa tête : Bed & Breakfast, location, sous-location ou échange d'appartement. Tout dépend de la durée et de la nature du séjour. Une raison de plus pour ne pas choisir au hasard et à la dernière minute. Dans la perspective d'un séjour de longue durée, FUSAC, magazine mensuel gratuit franco-américain disponible en France, publie des petites annonces d'échange ou de partage de logement à New York.

Vous trouverez la revue entre autres dans les bureaux de Council Travel : 31 rue St-Augustin 75002 Paris - Tél. 42 66 20 87 ; 16 rue de Vaugirard 75006 Paris - Tél. 46 34 02 90 ; 49 rue Pierre Charron 75008 Paris - Tél. 45 63 19 87/42 89 09 51 ; 51 rue Dauphine 75006 Paris - Tél. 42 35 09 86. Et peut-être en province : Aix en Provence, 12 rue Victor Leydet - Tél. 42 32 58 82 ; Nice, 37 bis, rue d'Angleterre - Tél. 93 82 23 33 ; Montpellier, 20 rue de l'Université - Tél. 67 60 89 83 ; Lyon, 36 Quai Gailleton - Tél. 78 37 09 56.

Enfin, sachez que pour être informé sur les principales manifestations touristiques du moment, le shopping, les lieux de sortie ou les impressions des New-Yorkais célèbres sur leur ville, le magazine mensuel gratuit "Where" est disponible à la réception de la plupart des hôtels ou au Convention Center.

AUBERGES DE JEUNESSE

CENTRE COMMUNAUTAIRE 92nd St. Y. (Upper East Side)
Pour informations, contacter :
RESIDENCE DEPARTMENT
92nd St. Y. 1395 Lexington Ave, N.Y.C. 10128   **427 6000, ext. 126**
Pour séjours de 3 mois et plus : single room 560-595$/mois ; chambre partagée 300-500$/mois (par personne) ; chambre triple 350$/mois (par personne). Séjours moins de 3 mois : single 210-245$/semaine ; chambre partagée 168-196$/semaine ; chambre triple 133$/semaine (par personne).

Ce n'est ni un hôtel ni un Bed & Breaksfast : c'est l'un des plus anciens et des plus importants centres d'hébergement communautaires des états-Unis (350 lits). La résidence, située dans un quartier sûr et agréable de l'Upper East Side, est ouverte en priorité aux jeunes de 18 à 26 ans, de toutes nationalités, occupés à des études sérieuses. Pour être admis, il faut produire la preuve de deux contacts à New York et avoir un entretien. Des arrangements sont possibles pour des séjours plus courts, en particulier en été. Les chambres sont simples, avec salle de bains et cuisine collectives à l'étage. Il y a un ensemble d'espaces collectifs et, pour un prix réduit, la jouissance du club sportif (avec piscine olympique), mais aussi, last but not least, la possibilité d'assister aux nombreuses et passionnantes manifestations du centre culturel. "92nd St. Y." est une institution juive qui entend ne pratiquer aucune discrimination et promouvoir une vie collective sans sectarisme.

CENTRO MARIA RESIDENCE (Midtown)
539 West 54th St. (entre les Tenth et Eleventh Ave), N.Y. C 10019   **757 6989**

Ce centre d'accueil (espagnol donc catholique) propose le gîte et le couvert à des femmes et jeunes filles seules. L'établissement est très propre et silencieux comme un couvent (il est d'ailleurs dirigé par des soeurs). Les résidentes logent dans des chambres pour deux ou trois personnes à des prix plus qu'intéressants : 180$ la semaine ou 40$ par jour pour l'hébergement, petit déjeuner et dîner compris (excellente et abondante nourriture espagnole, paraît-il). Au premier étage, des couples - dûment mariés - peuvent louer une chambre particulière avec douche. Un désagrément : les horaires sont rigides, avec fermeture des portes à 23h30 en semaine et minuit les vendredis et samedis. L'institution est un bon point de chute pour qui cherche du travail à New York dans l'hôtellerie ou la restauration. L'anglais est nécessaire pour communiquer, et l'espagnol bienvenu. Téléphoner pour prendre rendez-vous. Le paiement est en espèces.

THE MARKLE EVANGELINI. 123 W 13th St.
(entre 6th et 7th Ave) (Greenwich Village)   **242 2400**
Résidence pour femmes.

THE New York INTERNATIONAL AYH-HOSTEL (Upper West Side)
891 Amsterdam Ave (West 130rd St.), N.Y. City 10025   **932 2300**
Prix imbattable : 21.75$ la nuit (non-membres) !

Malgré son nom, le New York Youth Hostel (situé dans l'intéressant quartier de la Columbia University) n'est pas réservé aux jeunes : c'est un point d'arrivée (ou de départ) pour les voyageurs à petit budget. Construit en 1883, réouvert au cours de l'été 90 après une complète rénovation, ce gros immeuble carré couleur brique de 480 chambres est une institution à but non lucratif clean et sûre. Les chambres, en majorité de petits dortoirs de 6 à 8 lits, ont l'air conditionné, les lits sont confortables avec d'épais matelas, on peut louer des draps pour 3$ la nuit. Douches et toilettes sont collectives. Pour les familles ou groupes d'amis, il est prudent de réserver deux semaines à l'avance. Les étrangers sont admis pour sept nuits maximum.

PENTHOUSE HOSTEL (Midtown)   391 4202
(International Traveler's Club) 24e étage, Hôtel Carter, 250 West 43rd St. (entre 7e et 8e Ave)
Dortoir : 17$; chambre double : 40$. Pas de réservations.

Situé au dernier étage de l'hôtel Carter (à la réputation ambiguë), en face du New York Times, c'est un rendez-vous de voyageurs. L'atmosphère y est sympathique, genre "back pack". Une bonne adresse méconnue.

SUGARHILL INTERNATIONAL.
722 Saint Nicholas Avenue (Upper West Side)   **926 7030**

"Dans le genre rendez-vous de voyageurs, il y a le Sugarhill International. Il s'agit de dortoirs de 6 à 12 lits avec seulement 2 lavabos, 1 WC et 1 douche par étage, soit pour deux 2 chambrées. Le WC et la douche n'ont pour fermeture qu'un simple rideau, mais l'ensemble est propre. L'endroit est situé dans Harlem à côté d'une sortie de métro (lignes A,B,C,D). Malgré la mauvaise réputation du quartier, on peut prendre le métro jusqu'à 23h sans apparemment trop de problème : il y a encore beaucoup de monde. Je n'ai pas testé plus tard. Le prix est par contre imbattable : $12 par personne." L. Lecrest, Paris

VANDERBILT YMCA (Midtown)
224 East 47th St. N.Y. City 10017   **755 2410**
Single : 39-48$; double : 49$; quadruple : 88$.

Bien sûr, les chambres ressemblent à des cellules : un simple lit par personne, une petite table, la télé mais pas le téléphone, et à peine de quoi suspendre ses affaires. Les douches et toilettes sont collectives. Mais c'est très central et on n'est pas seul dans cette énorme ruche de 430 chambres bourrées à craquer, l'été, de voyageurs venus du monde entier, l'hiver d'étudiants. Il y a une cafétéria, un club sportif avec grande piscine (ouvert jusqu'à 22h), un service de laundry. A la réception, un coffre pour vos devises et papiers, des casiers pour le courrier ; les appels téléphoniques sont communiqués à la réception. L'été, mieux vaut réserver deux semaines à l'avance, soit par courrier (avec photocopie de votre carte de crédit ou chèque d'acompte), soit par téléphone, surtout en cas d'arrivée tardive. Si vous venez faire vos études à New York, vous pouvez bénéficier d'un prix préférentiel au mois. (Se renseigner trois mois à l'avance.)

"Réservation possible à partir de la France. Contacter l'organisme suivant deux semaines avant le départ : U.C.J.G., 5, place de Vénétie 75013. Tél. (1) 45 83 62 63. Fax. 45 86 64 92. Il faut tout payer en France (251 F/nuit). En retour, on reçoit une fiche de réservation (Good for Service Letter) avec un numéro de réservation. La même opération vaut pour le West Side YMCA. Pour s'y rendre, à partir de l'aéroport de Newark, prendre l'Ollympic Bus ($7) jusqu'au terminus (Grand Central Station, 41st St.) Le YMCA se trouve à 10-15 minutes à pied, non loin de l'O.N.U. Ce YMCA est vraiment agréable : chambres climatisées avec TV ; service de sécurité en permanence (il faut montrer sa clef avant de prendre l'ascenseur) ; ouvert 24h/24 ; une cafétéria ouverte de 7h à 22h avec un excellent service ; possibilité de change avec la carte Visa ; organisation de voyages. La station de métro la plus proche, à environ 10 mn à pied, se situe à l'angle de 51st St. et Lexington Avenue." Youssoof Coojbeeharry, Amiens.

WEST SIDE YMCA (Upper West Side)
5 West 63rd St., N.Y. City 10023   **787 4400**
Single (sans salle de bains) : 23$; avec salle de bains) ; 44 $; double (sans salle de bains) : 46$; (avec salle de bains) : 52$. Chambres rénovées avec télévision : single : 38$; double : 53$.

Parfaitement situé sur Central Park West, tout proche du Lincoln Center et dans l'animation du West Side, avec ses 585 chambres, ce YMCA a une ambiance cool et hospitalière. Les chambres sont légèrement moins spartiates qu'au Vanderbilt, certaines ont l'air conditionné (3.25$ de supplément). Durée maximale du séjour : 25 jours. Réservation : un mois à l'avance en période estivale, par téléphone ou courrier avec chèque d'acompte ou mandat). Le YMCA propose également des "packages" incluant petit déjeuner, dîner, visites musées et excursions dans Manhattan. Prix (par personne) : 4 jours/3 nuits : 170$ (single) ; 150$ (double) ; 5 jours/4 nuits : 204$ (single) ; 177$ (double) ; 6 jours/5 nuits : 238$ (single) ; 205$ (double) ; 7 jours/6 nuits : 275$ (single) ; 235$ (double) ; 8 jours/7 nuits : 289$ (single) ; 242$ (double). Ecrire pour obtenir un formulaire de réservation.

BED & BREAKFAST

NEW YORK BED & BREAKFAST   **675 5600**
150 Fifth Ave, Suite 711, N.Y.C. 10011
Cette agence propose 150 logements situés dans Midtown, l'Upper East Side,
l'Upper West Side et le Village. Deux options possibles : une chambre à soi, propre
et confortable ("Guest Room") dans un appartement occupé (50-75$ pour une
personne ; 60-90$ pour deux) ; ou un appartement inoccupé (70-200$ la nuit pour
une ou deux personnes, avec supplément 10-20$ par personne supplémentaire).
Dans le premier cas, vous avez droit à un petit déjeuner, vous partagez
éventuellement la salle de bains avec votre hôte (s'il n'y en a qu'une), mais n'avez
pas accès à la cuisine. Dans le second cas, l'appartement est meublé, avec salle de
bains, cuisine équipée, téléphone et TV. La durée du séjour est de deux nuits
minimum. Vous pouvez également louer au mois (1 000-1 200$ environ). Pour
réserver, s'y prendre deux à trois semaines à l'avance. Une provision de 25% du
coût de votre séjour est prise sur votre carte de crédit. Le reste est payable à
l'arrivée en espèces ou travellers chèques. Si vous payez la totalité du séjour en
carte de crédit, il vous en coûtera 5% de supplément. En cas d'annulation, votre
provision vous est rendue si vous prévenez 5 jours à l'avance. L'appel pour la
réservation ou les renseignements est gratuit. Téléphone de France : 19 05 90 11
48 ; de Belgique : 11 86 75 ; de Suisse : 046 05 88 20.

URBAN VENTURES, INC.   **594 5650**
306 West 38th St., 6th Fl., N.Y.C. 10018   **Fax 947 93 20**
Une ou deux chambres dans un appartement sur Madison Avenue, à un bloc du
Metropolitan Museum (70-85$ la nuit pour une/deux personnes, 155$ la nuit
pour trois/quatre personnes)... Une chambre chez un artiste musicien et ses
deux chats, à 1/2 bloc de Central Park, sur la 92è rue ouest (50-60$ la nuit pour
une/deux personnes)... Un studio dans un appartement avec deux terrasses
donnant sur la crête illuminée des gratte-ciel (65$ la nuit pour deux, 1200$ par
mois)...

Un Bed & Breakfast vous permet d'entrer dans l'intimité des New-Yorkais et de
vivre à leur manière. Pour qui a des goûts dépassant son budget, c'est sans
doute la solution alternative idéale à l'anonymat coûteux des hôtels. Urban
Ventures propose 700 adresses allant du fonctionnel, sinon de l'ordinaire, à
l'extravagant. Mary Mac Aulay, l'imaginative directrice de cette société, a noué
de longue date des liens d'amitié avec "ses" propriétaires. Elle pilote le client en
fonction de sa demande : espace et quartier, durée du séjour, prix (la
commission d'agence est comprise dans le prix indiqué). Faites-vous décrire
précisément l'espace qu'on vous propose et les commodités auxquelles vous
avez droit : salle de bains (indépendante ou non), petit déjeuner ou non, accès à
la cuisine, type de lit, place pour enfant(s), immeuble gardé ou non, ascenseur.
Mieux vaut prévenir trois semaines à l'avance, par fax, téléphone ou courrier.
L'été est une période chargée, mais l'énergique Mary Mac Aulay, entourée de
son équipe féminine, saura vous dépanner en deux jours.

BED & BREAKFAST IN MANHATTAN
"YOUR HOME AWAY FROM HOME"   **472 2528 · Fax 988 9818**
Marji Wollin a ouvert ce service de réservation chez l'habitant il y a plusieurs
années. Elle propose des chambres et appartements "du World Trade Center à la
Columbia University", avec des adresses du côté de Downtown (Vilage, Gramercy
Park, Chelsea). Recommandez-vous du Petit Futé.

NEW YORK BED & BREAKFAST 134 W. 119th St. 666 0559

"Dans un quartier pittoresque, un quartier mal connu et souvent mal jugé à tort, existe un Bed & Breakfast tout à fait remarquable. Le prix modique, le bilinguisme (français, anglais), les chambres bien aérées, la propreté adéquate, l'accueil chaleureux, le dynamisme de l'hôtesse... Tout cela a contribué à rendre mes séjours particulièrement agréables. $40 chambre double. Demander Gisèle." M. Hébert. Montréal, Québec.

HOME IN NEW YORK AND BREAKFAST
Inc. 217 East 85th St., suite 119. NY 10028. 879 4229 - Fax 517 5356

"Sur les conseils d'amis, nous avons utilisé les services d'une agence de B&B lors de notre séjour à New York. Nous tenons à vous signaler cette bonne adresse car, outre le fait que la chambre mise à notre disposition était très agréable (et dans un immeuble bien situé proche de Central Park), l'accueil et l'aide d'Isabelle furent vraiment un plus pour ce séjour aux U.S.A. Cette agence offre les mêmes prestations en Californie et à Washington D.C." M. Leempoel, Uccle.

ECHANGE ET LOCATION

SHORT-TERM HOUSING (East Side) 570 2288
849 Lexington Ave, N.Y.C. 10021 Fax 734 1066

Les séjours prolongés à l'hôtel coûtant une fortune aux particuliers comme aux entreprises, cette agence s'est spécialisée dans la location d'appartements et de studios de grand confort ou de luxe, situés essentiellement entre les 35è et 79è rues est et ouest. Quelque 500 adresses qui se louent pour une durée minimale d'un mois. Au-delà, il n'y a pas de limites. Les prix varient de 800 à 12 000$ par mois. La clientèle est composée essentiellement d'hommes d'affaires et d'employés de grandes compagnies. Tous les immeubles ont des doormen (gardiens privés). L'agence garantit les prestations suivantes : liaison entre le locataire, le propriétaire et la compagnie ; téléphone branché avant l'installation dans les lieux ; service de femmes de ménage ; information sur les activités du quartier ; discount sur les locations à long terme ou les séjours répétés. L'agence peut fournir un appartement dans la semaine. La commission est de 300 à 500$ pour un séjour d'un mois, selon le prix de la location ; d'1/2 mois pour une location de deux mois ; d'un mois pour un séjour de trois à six moix ; de 15% pour une location de six mois à un an.

HOTELS

■ discount

Express Hotel Reservations, une agence spécialisée dans la réservation instantanée de chambres d'hôtel à des prix discount (de 20 à 25$ en moins du prix courant) et affirme traiter chaque année un volume de 50 000 chambres à New York, Los Angeles et San Francisco. Clientèle : de nombreux hommes d'affaires dont les entreprises ne bénéficient pas de tarifs spéciaux, mais aussi des voyageurs indépendants. Parmi les hôtels clients : le Doral Court (East 39th St. et Lexington Ave) ; The Warwick (West 54th St. et Avenue of the Americas), et le New York Penta (West 32nd St. et Seventh Avenue). Réservations par téléphone (appel gratuit) du lundi au vendredi, de 10h à 19h au 1 (800) 356 1123.

Freedom Hotel PASS

Le système Freedom Hotel Pass vous permet d'acheter à l'avance des coupons utilisables dans près de 1 800 hôtels regroupant cinq chaînes hôtelières différentes (Ramada, Howard Johnson, Park Inns, Super 8 et Days Inn). Toutes les catégories d'hébergement sont représentées (motel, deux étoiles ... quatre étoiles).

L'intérêt de ces coupons tient dans la garantie d'un prix des chambres fixé au départ (valable pour 1 à 4 personnes) à un tarif souvent plus intéressant que le prix affiché sur place (qui varie énormément en fonction des taxes....). Ainsi, vous payerez toujours 270 F une chambre dans les hôtels de la catégorie A, 435 F pour la catégorie C... L'autre avantage est de pouvoir réserver en France et de payer en Francs. Cependant la formule est très souple et vous donne la possibilité de changer de catégorie une fois sur place (moyennant un supplément), de réserver sur place (24h à l'avance), de combiner plusieurs catégories pendant votre voyage....

Ces coupons sont disponibles chez Express Conseil 5, bis Rue du Louvre au :

(1) 44 77 88 00. Ainsi que chez de nombreux voyagistes : Council Travel, Forum Voyages, Look Voyage, NF, Access, Voyag'air, Voyageurs aux Etats-Unis, Travel Am, Déserts....

■ Kennedy Airport

HOLIDAY INN JFK AIRPORT   **(718) 659 0200 / (1-800) 465 4329**
144-02 135th Ave, Jamaica, N.Y. 11435
Single : 125$; double : 175$.

Ouvert en 88. 360 chambres insonorisées avec lits jumeaux, excellentes salles de bains. Deux étages entiers pour non-fumeurs. Piscine, health-club.

JFK AIRPORT HILTON HOTEL   **(718) 322 8700 / (1-800) 445 8667**
138-10 135th Ave, Jamaica, N.Y. 11436
Single : 125$; double : 135$.

Chambres insonorisées de belle taille. Suites. Restaurant, bar. Transport gratuit pour l'aéroport.

TRAVELODGE HOTEL JFK   **(718) 995 9000 / (1-800) 255 3050**
Van Wyck Expressway, Jamaica, N.Y. 11430
Single : 140$, double : 106$.

520 chambres, restaurant, bar, service de limousine gratuit pour et à partir de l'aéroport.

SUITES A GOGO

MANHATTAN EAST SUITE HOTELS   **465 3600**
500 West 37th St. N.Y.C. 100183   **Fax 465 3663**
Neuf hôtels de prestige, tous situés dans l'élégant East Side, proposent des suites louables à la journée ou au mois. Dans ce dernier cas de figure, c'est évidemment très cher pour les petits futés ordinaires qui ne font pas partie de la catégorie des diplomates et des hommes d'affaires qui se sont entichés des prestations offertes par cette institution hôtelière (de 3 000 à 8 000$). Le Petit Futé a retenu les tarifs week-end de cette société parce qu'ils sont parmi les plus intéressants de Manhattan en terme de qualité/prix.

"Les New-Yorkais sophistiqués ne vivent pas dans des chambres d'hôtels bruyants, mais dans des appartements excellemment situés. Voilà ce que nous offrons." Nous ? La famille Denihan, dont l'irrésistible ascension dans le domaine jusqu'alors très fermé de la suite d'hôtel a démarré en 1963. L'entreprise compte aujourd'hui quelque 1 900 suites sur les modèles standards suivants : "Guest Room" (chambre avec grand lit, entrée, frigo) ; "Studio Suite" (grande chambre avec coin salle à manger ou coin salon, kitchenette équipée) ; "Junior Suite" (chambre, living-room, kitchenette, trois personnes) ; "One Bedroom Suite" (chambre, living-room spéaré, coin salle à manger, cuisine, quatre personnes) ; "Two Bedroom Suite" (2 chambres, 2 salles de bains, living-room, cuisine, jusqu'à six personnes). Les suites sont grandes et les salles de bains particulièrement soignées. La climatisation est individuelle, les lignes téléphoniques directes. Il a été récemment ajouté un fitness room dans chaque hôtel, ainsi qu'un self-service laundry room. Les prix s'étalent entre 105$ et 245$ (une nuit pour deux personnes, 500$, jusqu'à six personnes).

BEEKMAN TOWER. 3 Mitchell Pl., N.Y.10017   **355 7300**

DUMONT PLAZA. 150 East 34th St., N.Y.10016   **481 7600**

EASTGATE TOWER. 222 East 39th St., N.Y.10016   **687 8000**

LYDEN GARDENS. 215 East 64th St., N.Y. 10021   **355 1230**

LYDEN HOUSE. 320 East 53rd St., N.Y. 10022   **888 6070**

PLAZA FIFTY. 155 East 50th St., N.Y.10022   **751 5710**

SHELBURNE MURRAY HILL. 303 Lexington Ave, N.Y.10016   **689 5200**

SOUTHGATE TOWER   **563 1800**
371 Seventh Ave (tout près de Madison Square Garden) N.Y. 10001

SURREY HOTEL. 20 East 76th St. N.Y. 10021   **288 3700 - Fax 628 1549**

SE LOGER PAR QUARTIERS

SoHo

OFF SOHO SUITE HOTEL 11 Rivingston St. (entre 2nd et 3rd Ave.) 979 9808/ 1 800 OFF SOHO -   **Fax 979 9801**
Suite pour deux 75$ (+ taxes) : suite pour quatre 119$ (+ taxes).

Les hôtels situés de ce côté de Downtown sont suffisamment rares pour que nous mentionnions ce nouveau venu de l'hôtellerie new-yorkaise. Vous êtes ici dans le Lower East Side, ce qui demande un peu de temps pour décoder le quartier et un minimum de règles de conduite dans la rue. A deux blocs au sud de East Houston St., à un bloc du Bowery, entre SoHo à l'ouest et le East Village de l'autre côté, et non loin de Little Italy, c'est une situation qui se mérite. L'hôtel propose deux types d'hébergement et nous le recommandons en particulier à ceux qui viennent en petit groupe. La suite pour quatre comprend en effet une chambre principale, un living room avec canapé pliant (pour deux), un coin salle à manger, une kitchenette avec four micro-ondes, couverts et ustensiles de cuisine, et une salle de bains plus que correcte avec une baignoire en marbre. La suite pour deux propose les mêmes avantages, mais offre l'inconvénient d'avoir éventuellement à partager la salle de bains et la kitchnette avec une autre suite pour deux. Toutes les suites ont le téléphone (ligne directe), la télé couleurs et l'air conditionné. La réception assure l'accueil en plusieurs langues étrangères et il y a un service de fax, lingerie, salle de gym, épicerie, café ouvert 24h/24 et parking (8$/24h). Enfin, l'hôtel peut organiser des transports en limousine vers les aéroports : JFK - 40$ (plus parking et payage) ; La Guardia - 30$ (idem) ; Newark - 45$ (idem). Pour organiser la prise en charge à l'aéroport, faxer les informations sur votre vol. Pour les réservations, faxer votre carte de crédit.

Greenwich Village

WASHINGTON SQUARE HOTEL   **777 9515**
103 Waverly Place, N.Y.C. 10011   **Fax 979 8373**
Catégorie "standard" : single : 70$; double : 86$ avec deux lits jumeaux : 120$; pour quatre personnes : 105$. Dans la catégorie de luxe : single : 70$; double : 96$; avec lits jumeaux : 105$; pour quatre personnes : 116$. Lit supplémentaire : 7$.

Le vieil escalier de fer forgé vieux de 88 ans est superbe et l'ensemble de cet hôtel de 180 chambres donne une impression d'élégance modeste. Pas de restaurant, pas de portier, pas de petit déjeuner et un accueil qui peut être imprévisible. L'hôtel a été fraîchement rénové, avec des touches modernes et astucieuses, parfois élémentaires. Les chambres ne donnent pas toutes sur le décor de carte postale de Washington Square, mais on est au cœur du Village et de son animation permanente, c'est comme si on descendait à Saint-Germain des Prés.

Chelsea

CHELSEA INN   645 8989 - Fax 645 1903
46 West 17th St. (entre Fifth Ave et Avenue of the Americas) N.Y.C. 10011
Guest room (pour deux personnes, salle de bains partagée avec autre guest room) : 78$; studio (pour deux personnes) : 105$; one-bedroom suite (pour deux personnes 10$ par personne supplémentaire, maximum 4 personnes) : 135$; two-room suite (deux chambres adjacentes avec vestibule et salle de bains : 120-140$. Principales C.C. acceptées.

Idéalement située sur une rue tranquille de l'excellent quartier de Chelsea, cette "auberge", ouverte en novembre 88 par un couple de promoteurs immobiliers, offre une alternative séduisante aux hôtels. A l'intérieur de deux maisons bourgeoises réunies pour la circonstance, il y a treize chambres joliment et judicieusement meublées, hautes de plafond, de tailles inégales. Ces chambres sont comme on les attend d'une maison amie : claires, paisibles, intimes, avec un grand placard, un grand lit, vue sur rue ou sur cour (plantée d'arbres), tapis, tableaux ou photographies, TV couleur et, bien entendu, le téléphone (petit "plus" : les appels locaux sont gratuits). Si toutes les chambres ont une kitchenette, en contre-partie sept d'entre elles partagent la salle de bains avec la chambre voisine. Les salles de bains sont agréablement décorées, fonctionnelles et propres. Qu'attendre de plus d'une auberge urbaine où la clientèle habituelle est européenne et japonaise, sinon un staff sympathique ? C'est très précisément le cas. Ne vous étonnez pas dans ces conditions si c'est plein : pour tant de charme, il faut réserver un mois à l'avance.

CHELSEA HOTEL   243 3700
222 West 23rd St. N.Y.C. 10011   Fax 243 3700 ext. 2171
Single à partir de 75$; double à partir de 85$; suite : 165$. Principales C.C. acceptées.

"Le havre des stars du vaudeville à la fin du siècle dernier..." "Le refuge des rebelles d'Hollywood dans les années 70..." "La Mecque bohémienne". Le Chelsea Hotel est une institution ! Comme un vieux théâtre qu'il est, il porte les stigmates du temps : tapis usés, peintures patinées, plomberie décadente, service minimum pour un toilettage rapide de votre chambre. Nonobstant, le charme demeure entre les voyageurs interlopes venus d'Europe ou du bout de l'Amérique, et les habitués, artistes et autres "talents" d'aujourd'hui qui, à la solitude d'un studio en ville, préfèrent la vie conviviale de cette grande bâtisse sombre - l'un des premiers immeubles en coopérative d'appartements de New York. On se salue gentiment : on fait partie de la famille ; cela se sent dès le hall avec sa monumentale cheminée et son désordre, petites annonces ou chiens endormis. Ici ont vécu Sarah Bernhardt, Bette Davis, John Wayne, Peter et Jane Fonda, Dennis Hopper, Bob Dylan ou Andy Warhol. Habiter ce qui fut la maison d'écrivains anglo-saxons majeurs, tels Dylan Thomas, Thomas Wolfe, Arthur Miller ou Brendan Behan, reste un privilège décadent rendu possible par des prix encore accessibles et éventuellement négociables en cas de séjour prolongé.

THE LEO HOUSE (Chelsea)   **929 1010**
332 West 23rd St., N.Y. City 10011   **Fax 366 6810**
Single : 49-54$; double : 58-63$; chambre familles : 80$ (pour deux) + 15$ par personne supplémentaire. C.C. : M.C., Visa, C. Blanche, D.C.

Loin des rumeurs de la ville, cette "maison de voyageurs" est à part en son genre. Ce sont des soeurs - modernes, sans cornettes - qui tiennent l'établissement vieux de 100 ans. Atmosphère sereine et quasiment monastique, fonctionnement efficace. Les 54 chambres, avec ou sans salle de bains, toutes avec WC, sont simples mais agréables, silencieuses si donnant sur le jardin (sinon, sur la 23e rue assez bruyante), propres, avec téléphone, air conditionné ou ventilateur, et télévision. Il y a une cafétéria et une salle à manger pour le petit déjeuner (confitures et pain faits maison). Un adorable petit jardin permet de se reposer, l'été, sous de grands arbres. Clientèle : hommes d'affaires (pour le calme ?), étudiants, voyageurs et religieux en mission. Pour les familles, deux grandes chambres avec salle de bains. Certaines règles rigides contrôlent cette oasis : il est interdit de fumer dans les chambres et les couples ne sont admis que sur certificat de mariage. La longueur du séjour ne peut excéder trois semaines d'affilée dans le mois. Cette maison étant très prisée, il faut réserver un mois à l'avance par téléphone ou fax, et payer l'équivalent d'une journée de location.

Gramercy

THE CARLTON ARMS HOTEL   **684 8337**
160 East 25th St. (et Second Ave) N.Y.C. 10010
Single : 44-48$; double : 48-56$; triple : 58-61$). C.C. : Visa, Master Card ou Cash. Taxes incluses.

Situé à quelques blocs de l'élégant parc privé de Gramercy, mais dans un environnement moins sophistiqué, cet étonnant hôtel de 44 chambres semble sorti tout droit de l'imagination fleurie des années 70. Une soixantaine d'artistes-peintres venus, à leurs frais, du Japon, d'Australie ou d'Europe ont, en effet, "immortalisés" chaque chambre à leur manière : sirènes, roses géantes, trompe-l'oeil, on se croirait dans un film de Fellini ou dans un roman de la période beatnik. Le résultat est surprenant. Les couloirs ressemblent à un théâtre psychédélique et la réception à un autel païen. L'endroit est bourré de voyageurs "alternatifs", le staff très cool et l'ambiance légèrement hors du temps.

La moitié des chambres n'ont qu'un lavabo, les douches et toilettes sont à l'étage. Il faut réserver trois semaines à l'avance par téléphone, puis confirmer quelques jours avant son arrivée. Les prix, très raisonnables, bénéficient d'une ristourne selon la tête (ou l'accent ?) du client.

"Nous sommes descendus au Carlton, à 5 mn à pied de l'Empire State Building. Bon accueil et personnel efficace. Petit-déjeuner compris dans le prix (demander un bon de réduction). Ayant réservé par agence de voyage interposée, nous avons payé la chambre double environ 100$. L'hôtel accepte de changer les Travellers chèques American Express à concurrence de 40$ par jour. Le concierge de l'hôtel s'occupe de certaines réservations pour des tours en hélicoptère ou des visites guidées de Harlem, par exemple." J.C. Lebas, La Chaux-de-Fonds, Suisse

GRAMERCY PARK HOTEL
2 Lexington Ave (et 21st St.), N.Y.C. 10010
475 4320
Fax 505 0535

Single : 95/135$; double : 130/140$; suite : 160$; suite DeLuxe : 200$. Forfait week-end (sur la base d'une ou deux personnes, nuit du vendredi, samedi ou dimanche) chambre : 96$; suite : 125$.

Le hall de cet hôtel élégant inscrit dans le magnifique quartier de Gramercy est feutré de boiseries. L'accueil est "européen", avec un staff parlant français. L'ensemble de ce quartier préservé diffuse un vrai sentiment d'oasis. Une certaine quantité de chambres ont été rénovées, mais pas toutes. Insistez pour avoir celles qui donnent sur la 21è rue, plein sud, face au parc, mais pas en-dessous du 6e étage : la nuit, le passage du ramassage des ordures peut être long et bruyant (expérience personnelle). Facteur agravant, les chambres non-rénovées, quoique vastes, sont flippantes et pas du tout à la hauteur de l'ensemble. Celles qui ont été rénovées affichent une simplicité de bon goût qui les rend reposantes, voire méditatives : moquette gris-bleu, murs couverts d'un joli papier couleur crème. Les prix sont moins "insulaires", mais les forfaits week-end restent intéressants.

Murray Hill

COMFORT INN
42 West 35th St., N.Y.C. 10004
Appel de France
947 0200
19 05 908 536

One double bed : 95-105$ (1 personne) ; 110-120$ (2 personnes) ; one queen size bed : 100-110$ (1 personne) ; 115-125$ (2 personnes) ; one king size bed : 115-125$ (1 personne) ; 130-140$ (2 personnes), petit déjeuner inclus.

Un petit hôtel selon les standards new-yorkais : à peine 12 étages et seulement 120 chambres, sans vue pour la plupart, mais spacieuses, propres, claires, agréablement meublées et calmes. Les salles de bains sont convenables et le lobby accueillant. Clientèle d'hommes d'affaires et de voyageurs professionnels en semaine, touristes le week-end (avec un forfait intéressant : 90$ la nuit du vendredi au samedi avec breakfast). Une bonne adresse un peu en dehors des sentiers battus, dans un quartier neutre et sûr pont trop éloigné de la vie nocturne.

DEAUVILLE
103 East 29th St. N.Y.C. 10016
683 0990

Single : 50-60$ (TTC) ; double : 65-70$ (TTC) ; Suite 75$; C.C. : Visa, M.C.

Entre Park et Lexington, dans une rue bordée d'arbres et tranquille depuis que la mafia, qui y tenait plusieurs hôtels, est allée se loger ailleurs, cette noble bâtisse à l'allure coloniale avec ses deux colonnes à l'entrée est typiquement le genre d'hôtel sur lequel on tombe par hasard. L'intérieur est en train d'être (modestement) rénové pour être au diapason de la devanture. Les chambres, anonymes et plutôt rudimentaires côté décoration, sont grandes et pourvues de l'essentiel : salle de bains, téléphone, air conditionné, TV. Mais attention, ce n'est pas le confort et ça peut même être tristounet. Les prix, compte tenu de la situation, à la fois très centrale et préservée (à quelques blocs de Macy's et de l'Empire State Building) sont irréprochablement bas, la rue est sûre, l'accueil décontracté et la Second Avenue pleine de restaurants.

MARTHA WASHINGTON   689 1900
30 East 30th St., N.Y.C. 10016   Fax 689 0023
Single : 35-54$; double : 50-69$. Tarifs à la semaine (séjour deux semaines minimum, quatre semaines maximum) single : 133-189$; double : 91 à 238$ (par personne).

Accueillant des femmes exclusivement, et ayant une clientèle pour des séjours prolongés, cet hôtel est bien situé dans un quartier animé le jour et tranquille la nuit. Tous types de chambres, avec eau courante, lavabo, salle de bains et éventuellement kitchenette, pour tous les budgets.

HOTEL WOLCOTT
4 West 31st St. (entre Fifth & Sixth Aves.)   268 2900 - Fax 563 0096
*Single, double (avec ou sans lits jumeaux) : 60-65$; Junior Suites 75$.*Une robuste façade Renaissance, un hall de belles dimensions, des caryatides et des balcons, des chandeliers de cristal, un escalier en fer forgé... Derrière son décor le Wolcott propose quelque 300 chambres qui ont été récemment rénovées sans avoir cependant rien de folichon (salle de bains, air conditionné, ligne directe). Coffre à la réception et machines à laver le linge en sous-sol. Nos confrères de l'édition touristique américaine, de Frommer's à Let's Go en passant par les Japonais, insistent sur ce point capital : le Wolcott est le plus recommandable des hôtels bon marché de New York. L'hôtel est situé à trois blocs de la grande 34ème rue et de l'Empire State Building, entre le Garment District et le "Gift & Toy District" (le quartier des grossistes en cadeaux et jouets), à une raisonnable distance à pied de Macy's. Le quartier, connu comme Herald Square, est sûr.

THE CARLTON   532 4100
22 East 29th St. N.Y.C. 10016   Fax 889 8683
Single : 90$; double : 95$; suite : 1 750$.

Propre, silencieux, très surveillé, situé dans un quartier animé et vivant de grossistes (sacs, tissus, cuirs), entre Gramercy Park et l'Empire State Building, à 15 mn à pied du Village et de Midtown, cet hôtel peu connu n'offre pas seulement une jolie façade sur une rue dotée d'une église, mais aussi un confort bourgeois. Les salles de bains sont très correctes, les placards vastes et les lits King size. Bien entendu, il y a le téléphone et la télévision. Les suites sont des "affaires" compte tenu de l'espace qu'elles offrent. Il y a un restaurant. Une partie de la clientèle est composée de "long term residents".

ROGER WILLIAM HOTEL 28 East 31st St. (et Madison) 684 7500 - Fax 576 4343
Appel gratuit 1 800 637 9773
Single 55-65$; double 60-70$; lits jumeaux 65-75$: lits triples 75-80$; quadruples 80-90$. Amex, Visa, Mastercard.

On l'avait oublié dans nos précédentes éditions, peut-être parce que sa haute façade sombre n'est pas des plus engageantes. Mais l'hôtel reste bien tenu et le quartier est agréable (Murray Hill, paradoxalement central et excentré, est une base excellente pour les visiteurs). La direction annonce la couleur : "On ne peut pas offrir du luxe avec de pareils prix, mais presque tout le reste. Notre staff traite les clients à la vieille mode. Soigneusement." Les familles sont les bienvenues. Vous trouverez de grandes chambres plutôt confortables avec salle de bains (baignoire et douche), kitchenette (évier, gazinière, frigo), télé couleurs câblée, téléphone direct. Et pour vous repérer dans l'environnement immédiat, une copie du "Herald Square", le magazine des activités du quartier.

✎ "L'hôtel est très correct, le personnel sérieux et agréable et les prix intéressants.... Bien situé et sûr, dans le quartier de Murray Hill, à proximité de l'Empire State Building et de l'agence Charters & Co. Ce n'est pas luxueux, mais les chambres sont confortables avec climatisation. Certaines des 211 chambres de l'établissement étaient en cours de rénovation." A. Salembier, Pailhe

SENTON HOTEL   684 5800
39-41 West 27th St. (Entre Broadway et Sixth Ave) N.Y.C. 10001
Single : 40$; double : 50$; suite : 65$.
Ce vieux building d'environ 10 étages situé sur une rue de grossistes, est le seul hôtel à la ronde dans un quartier peu touristique. A la lisière de Midtown, pas loin d'Union Square et de Gramercy Park, sans prétention, pas rutilant, mais finalement convenable pour le prix affiché. Dans le genre bas de gamme, le Senton tient le choc. N'en attendez-pas plus que ce qu'il peut donner : du papier fleuri, quelques salles de bains rénovées, la TV couleur, le téléphone, le frigo et l'air conditionné encore en état de fonctionnement. Avec ça une ambiance vraiment pas bourgeoise et un staff - réduit - qui a l'air d'avoir roulé sa bosse et se mettra en quatre pour vous faire plaisir ou vous renseigner. Si vous faites de l'import-export, l'aventure n'est pas coûteuse.

ARLINGTON   645 3990
18 West 25th St. (entre la Fifth et Sixth Ave), N.Y.C. 10010   Fax 633 8952
Single-double : 65$; Jumeaux-triple : 77$; triple-quadruple : 83$; quadruple suite : 90$; VIP suite : 150$.
Dans la catégorie "petit budget", on ne peut en exiger davantage : les chambres n'éclatent pas de fantaisie (mais elles ont été rénovées : salles de bains convenables, TV couleur, téléphone, placard et air conditionné) ; les deux ascenseurs sont en état de marche et il y a dans le lobby un accueil très familial (les bébés jouent derrière le comptoir comme dans une loge de concierge à Paris). Le quartier est plutôt neutre, pas loin de Chelsea et du Village, et tout près du marché aux puces, et vous bénéficiez (outre de la présence de la petite église orthodoxe de Serbie), du spectacle permanent de l'Empire State Building, neuf blocs plus haut, dans son incroyable splendeur.

Midtown

THE BEST WESTERN-WOODWARD   247 2009
210 West 55th St., N.Y.C. 10019   Fax 581 2248
Single : 95$; double : 115$; suite : 175$. Petit déjeuner inclus.
Standard-standard : sans surprise. Mais la chaîne Best Western garantit une qualité certaine de service. Les chambres ne sont pas petites, avec un grand lit confortable, penderie suffisante, TV câblée, coffre privé. Les salles de bains, fonctionnelles, ont une allure agréablement ultra clean. Le personnel (japonais, français, polonais) est affable. La situation, entre Broadway et la 7e Avenue, est bonne, dans un quartier animé, tout près de Central Park South.

Plans de New York à partir de la page 17

BEVERLY HOTEL   753 2700
125 East 50th St. (et Lexington Ave) N.Y.C. 10022   Fax 759 7300
Single : 129-149$; double : 139-159$; suite : 170-200$. Forfait week-end (nuit du vendredi, samedi ou dimanche) : 99$ (Junior suite) ; 119$ (suite pour deux).

Dans l'ombre portée du Waldorf-Astoria, ce petit hôtel non-orthodoxe offre des prix intéressants. C'est un point de chute pour une clientèle d'habitués, Japonais, Russes, Indiens, Britanniques et diplomates de l'ONU tout proche. C'est aussi une affaire de famille soucieuse de préserver une atmosphère personnalisée et détendue. Intimité et discrétion.Avec cet inconvénient : le service y est lent. Mieux vaut prendre son petit déjeuner dehors, par exemple à la pharmacie Kauffman attenante (l'une des seules pharmacies de Manhattan ouvertes jour et nuit). Les suites sont vastes et pourvues de kitchenettes. La concierge, Marcelle Cattan, est française ; c'est l'une des dix neuf concierges "clé d'or" de New York. Elle vit à New York depuis longtemps et saura vous renseigner avec calme, précision et attention.

BOX TREE HOTEL   728 8320
250 East 49th St. (et First Ave) N.Y.C. 10017
Single : 280$; double : 320$; penthouse (single) : 300$; penthouse (double) : 350$. La location d'une suite donne droit à un crédit de 100$ par jour pour le restaurant.

Attention, zis is not a place for everybody ! Cela pourrait ressembler au pavillon de chasse d'un cousin de Louis II de Bavière. Ce sont en fait deux maisons bourgeoises transformées en l'un des hôtels les plus originaux de New York. Il a fallu six ans à Augustin Paege, le propriétaire du Box Tree Hotel, qui se revendique "monarchiste bulgare", pour donner vie à cet écrin baroque, imaginatif et très select. Des suites et rien que des suites, meublées dans des styles différents : suite chinoise, suite Empire français, suite japonaise, suite victorienne ou la suite King Boris avec son magnifique salon... A-t-il fallu chiner pour trouver toutes ces antiquités... Vous êtes ici chez vous et le service, il va sans dire, est (trop ?) personnalisé. Une salle à manger privée pour quinze personnes ; un restaurant pour quarante ; des salons pour réunions discrètes ; de superbes cheminées, qui fonctionnent ; un étonnant escalier de bois recouvert d'une lave de plastique blanc ; des portes en trompe-l'oeil ; des tableaux ; de somptueux bouquets de fleurs ; des vitraux. Et un piano Bösendorfer pour les interprètes d'occasion. Et bien sûr le goût du détail sans lequel l'idée du luxe serait un vain mot : des serviettes épaisses et monogrammées, du papier à lettre gravé, les stylos Montblanc, les parfums Guerlain ; les draps (irlandais) viennent du même fabricant que ceux de la Cour d'Angleterre ; les verres sont signés Lalique ; l'argenterie porte la griffe de Christofle, les couverts celle de Tiffany. Le bar de bois enchassé d'argent a été trouvé à Avignon. Les breakfasts sont exotiquess (fruits mûrs à point, œufs aux truffes), la cave propose 300 vins français et californiens, la cuisine vous concocte un festin de jour comme de nuit. Pour vos transports, vous avez le choix entre une Mercedes année 60, une Rolls Royce 1950 et l'ancienne limousine de Brejnev. Enfin, vos animaux favoris seront traités avec soin. Clientèle : hommes d'affaires, banquiers, antiquaires, couturiers, diplomates, acteurs.

DORAL COURT
130 East 39th Street 685 1100/1 800 22 DORAL · Fax 889 0287
199 chambres dont 48 suites, 3 salles de conférences.

DORAL TUSCANY. 120 East 39th Street 686 1600/1 800 22 DORAL
121 chambres dont 12 suites, 3 salles de conférences, un restaurant.

DORAL PARK AVENUE HOTEL.
70 Park Avenue (et 38th St.) 687 7050/1 800 22 DORAL
188 chambres dont 13 suites et le style néoclassique des années 1920.

DORAL INN. 541 Lexington Avenue (et 49th St.) 755 12 00/1 800 22 DORAL
607 chambres et 45 suites, 2 étages pour les hommes d'affaires : les Executive Club Levels avec petit-déjeuner continental gratuit, chech-in/chech out express et accueil personnalisé. Et un club de squash.

Dans tous ces hôtels, la chambre double à partir de 148$. Un point commun pour ces quatre établissements de la chaîne Doral : ils sont situés dans l'East Side, le dernier d'entre eux (le Doral Inn) étant sur Lexington, les trois autres dans l'excellent quartier de Murray Hill dont nous avons dit par ailleurs qu'il nous semble être l'un des meilleurs pour les visiteurs. Les trois premiers sont des bâtiments construits au début du siècle. Le Doral Tuscany et le Doral Court sont mitoyens. Le Doral Park Avenue, un bloc plus bas, donne sur l'une des plus belles avenue de New York. On est en famille, et cela se sent, partageant une exigence d'élégance dans la décoration (qui a su tirer parti de l'ambiance architecturale), mais aussi le souci du confort moderne : air conditionné, salles de bains en marbre, service de transport gratuit pour Wall Street, boutiques, bars, restaurants, centres de remise en forme (gratuit pour les clients), et les services habituels à des grands hôtels : blanchisserie, personnel multilingue, journaux, service 24h/24h... Si le Doral Inn fait sans aucun doute dans le tourisme de groupe, les trtois autres sont plus select et discrets.

HOTEL DORSET 247 7300
34 West 54th. St., N.Y.C. 10019 (entre Fifth et Sixth Ave) Fax 581 0153
Single : 175-235$; double : 195-255$; one-bedroom suite : 275-350$; two-bedroom suite : 400-475$.

Les hommes d'affaires constituent la principale clientèle de cet établissement très bien situé. Hall en boiseries sombres, canapés de cuir vert ou noir, tapis rouges, on se croirait dans un film des années 50... Le restaurant est au fond (brunch monumental à 25$) et le bar à l'entrée, à droite. L'hôtel aurait besoin d'un coup de lifting. Jusqu'au 10e étage (il y en a 18) les chambres sont sombres et austères (quoique de belles dimensions). L'intérêt ? Le forfait week-end : 125$ pour une ou deux personnes avec champagne à l'arrivée et brunch le dimanche. Deux nuits minimum : vendredi/samedi/dimanche.

DRAKE HOTEL 421 0900
440 Park Ave (et 56th East St.) N.Y.C. 10022 Fax 371 4190
Single : 215-240-265$; double : 240-260-290$; suite avec une chambre : 425-450-500$. Forfait week-end : vendredi/samedi/dimanche : 150-190$, avec buffet breakfast.

Au cœur du quartier d'affaires, à quelques blocs de la Trump Tower et de Central Park, il jouit d'une excellente situation.

Autre atout de cet élégant building de 20 étages, ancien immeuble d'habitation rénové par la chaîne Swisshotel pour 52 millions de dollars : ses 560 chambres, dont une centaine de suites (certaines avec terrasse privée), comptent parmi les plus spacieuses des hôtels new-yorkais. Toutes ont un lit King size, un réfrigérateur, la télévision câblée et un coffre privé. Pour le prix d'une chambre, l'hôtel surclasse ses clients en Junior suite en fonction de leur fidélité ou en cas de séjour prolongé. Service de limousine pour Wall Street si vos affaires l'exigent. L'accueil est international, avec une touche européenne. Soirées musicales au bar, bouquets de fleurs fraîches au matin. Le service est garanti 24h/24. Le breakfast (20$) a les dimensions d'un brunch. Le Drake a le seul restaurant d'hôtel 4 étoiles de New York (il y en a cinq en tout).

ELYSEE HOTEL   **753 1066**
60 East 54th St. N.Y.C. 10022   **Fax 980 9278**
Single : 170-230$; double : 165-225$. Un troisième lit : 20$. Forfait week-end : vendredi/samedi/dimanche (enfants moins de 12 ans gratuit).

Bien situé, entre Park et Madison, à deux blocs du Museum of Modern Art, cet hôtel de charme s'enorgueillit de voir revenir les mêmes clients depuis vingt-cinq ans. C'est que les chambres sont spacieuses et cozy, et les suites ont un air de petit appartement. Chambres et suites n'ont pas de numéro, mais un nom, pour faire plus intime. Toutes ont air conditionné, câble, coffre privé et deux téléphones, dont un dans la salle de bains. L'hôtel a un restaurant, le Pisces, un bar et une galerie de peinture. Le breakfast américain est à 10.75$; le petit déjeuner continental à 7$. Accueil tout à fait cordial.

EMBASSY SUITES HOTEL   **719 1600**
1568 Broadway (angle West 47th St.) N.Y.C. 10036   **Fax 921 5212**
One-bedroom suite(double) : 209$. Week-end discount (nuit : vendredi/samedi/dimanche) pour deux : 149-189$.

Une situation exceptionnelle pour cet hôtel ouvert en octobre 90, sur la plus grande avenue du monde. Et depuis chaque chambre, une vue fantastique qui vous plonge au cœur de Times Square. Un concept séduisant : des suites, certes petites, mais des suites quand même. Avec une chambre, un salon, une salle de bains. Et des "plus" amusants : ainsi les boissons sont gratuites pendant les deux heures suivant votre arrivée (champagne ou coca-cola à volonté) et le buffet-petit-déjeuner est inclus dans le prix, il y a deux télés couleur par suite, deux téléphones, une prise pour - Fax ou pour ordinateur, un frigo, une cafetière, un four à micro-ondes, un restaurant, un piano-bar, un staff polygotte, un club sportif et un club pour les petits. Service 24h/24.

IROQUOIS. 49 West 44th St., N.Y.C. 10036   **840 3080**
Single : 75-85$; double : 85-95$; suite : 99-175$ (prix variable selon la saison). Par personne supplémentaire : 10$.

A l'extérieur, ce petit hôtel de 86 chambres a de l'élégance, souvenir d'une époque cossue révolue. A l'intérieur, l'ambiance est relax (un peu trop), et le service n'a rien de ponctuel. L'unique ascenseur est aussi lent à monter ses 12 étages qu'à les descendre. Il n'empêche : eu égard à sa situation privilégiée, à deux pas de l'Algonquin, le célèbre hôtel des éditeurs new-yorkais, et du Royalton, les suites de l'Iroquois (les plus grandes dans leur catégorie) sont à des prix imbattables.

JOURNEY'S END   **447 1500**
3 East 40th St., N.Y.C. 10016   **Fax 213 0972**
Single 131.88$; double : 141.88$: triple : 151.88$; quadr. : 161.88$ (deux grands lits). Gratuit pour enfants de moins de 16 ans. Forfait week-end (vendredi/samedi) : 88.88$ la chambre.

Ce petit hôtel (189 chambres, 30 étages) appartient à une chaîne canadienne (aux prix modérés) et reflète une ambiance de calme et de tranquillité. L'entrée est un peu petite, mais c'est justement ce qui donne un sentiment de sécurité si rare à New York. L'hôtel a été construit en 1990. Ses chambres sont propres, encore fraîches, bien meublées (quelques-unes sont même équipées d'un divan-lit) et munies de tout le nécessaire, y compris pour les hommes d'affaires : télé, radio, bureau et prise pour l'ordinateur. Les salles de bains sont impeccables. Des étages supérieurs on peut voir l'Empire State Building et le World Trade Center. Sur la mezzanine un salon accueille les clients pour un café complémentaire (le week-end on rajoute des "muffins"). A vingt mètres de Fifth Avenue, à cent mètres de la bibliothèque centrale de New York et du grand magasin Lord & Taylor, le Journey's End semble totalement échapper à la turbulence de la "Grosse pomme". A côté le bar-restaurant Siena (cuisine italienne), ouvert toute la journée, fait un service de chambre pour la clientèle de l'hôtel. Le brunch est servi tous les jours au prix fixe de 10.95$. Une adresse très convenable pour les businessmen comme pour les touristes.

LOEWS NEW YORK HOTEL   **752 7000**
569 Lexington Ave (et 51st St.) N.Y.C. 10022   **Fax 758 6311**
Single : 169-199$; double : 184-219$; forfait week-end : 109-129$ (single ou double) ; 169$ (suite).

"Brand New !", comme ils disent : flambant neuf après une rénovation de 25 millions de dollars. C'est devant cet ancien cinéma de la Loews Corporation, maison distributrice de films reconvertie, entre autres, dans l'hôtellerie, que Marylin Monroe a joué sa célèbre scène de la jupe soulevée par le passage du métro dans "Sept ans de réflexion". Rien d'étonnant si, aujourd'hui, l'hôtel accueille des équipes de cinéma et de télévision, et des personnalités des sports, notamment des joueurs de tennis. Certes, les prix sont à la hauteur de la situation géographique et mondaine de l'établissement, mais avec ses quelque 700 chambres, le Loews reste bien impersonnel. Il y a un club sportif (ouvert jusqu'à 22h30), un vrai restaurant américain, le Lexington Avenue Grill, et, au dernier étage, une serre en terrasse donnant sur le paysage spectaculaire de Midtown Manhattan. Insomnie ou de mal de compagnie ? Le bar est animé jusqu'à 2h du matin.

HOTEL MACKLOWE   **768 4400**
145 West 44th St. N.Y.C. 10036   **Fax 768 0847**
Single : 179$; double : 199$; week-end discount (vendredi/samedi) : 109$; one-bedroom suite : 425$.

Avec son hall imposant reliant la 43e rue à la 44e rue à la manière d'un corridor de marbre noir marqueté de panneaux de bois rouge, le Macklowe n'a pas raté son entrée dans le monde de l'hôtellerie new-yorkaise. C'est ici, en novembre 90, que s'est déroulée entre Karpov et Kasparov la première manche des Championnats mondiaux d'échecs. 629 chambres. Un centre de conférences de trois salons luxueusement aménagés et de 38 salles de réunion avec tous les services (communication, vidéo, secrétariat).

L'hôtel gère l'Hudson Theatre, salle polyvalente de 650 places pour conventions, meetings, présentations de produits et défilés de mode. Le Macklowe représente l'univers moderne et aseptisé des hommes d'affaires. Ils apprécient de pouvoir laisser un message personnel sur leur répondeur, regardent la TV sur grand écran, expédient un fax de leur chambre et consultent le système de communication interactif de l'hôtel. Centre de mise en forme (sauna, hammam, massage), bar, restaurant. Les couloirs sont tellement silencieux qu'ils ont l'air déserts. Une pochette-surprise attend toutefois les visiteurs : chaque chambre jouit d'une extraordinaire vue panoramique sur les gratte-ciel du quartier des affaires.

MANSFIELD   944 6050-1-2-3-4-5
12 West 44th St., N.Y.C. 10036   Fax 764 4477
Single : 65$; double : 75$; triple : 85$; pour six : 140$.
Entre la 5e et la 6e avenues, sur la décidément très intéressante 44e rue, le Mansfield n'est pas très jeune, mais pour les jeunes. Ses chambres sont inégales, mais propres, l'ambiance y est informelle et il y a un bar-restaurant amusant. Télé câblée et téléphone.

PARAMOUNT   764 5500
235 West 46th St., N.Y.C. 10036   Fax 354 5237
Single : 95-125$ (selon l'étage et l'espace) ; double : 145-195$; suite : 300-430$.
Ouvert fin 90 et immédiatement devenu la coqueluche des hôtels new-yorkais, le Paramount est situé entre la 8e et la 7e avenues, au cœur du quartier des théâtres. On ne peut pas dire que cette situation soit excitante. L'intérêt est ailleurs, dans un ton particulier. Non seulement le personnel qui vous accueille est jeune et beau, garçons et filles moulés dans des smokings noirs d'Armani, mais d'emblée le décor de Philippe Starck frappe avec son look intriguant, nouveau, décadent. D'autant que l'intérieur contraste avec l'énorme et belle façade blanche de l'établissement. Hall de marbre gris. Canapés et fauteuils oranges, bleus ou gris disposés sous l'escalier ouvert en un arc théâtral. Au 1er étage, un restaurant ceinture et domine le hall derrière ses vitres fumées. Voir et être voyeur... Au même étage, les toilettes, superbes mosaïques multicolores et la salle de gymnastique (gratuite) pourvue d'un appareillage moderne. Les ascenseurs diffusent une lumière verte ou rosée et, à chaque étage, un grand miroir indique en lettres lumineuses le temps et la température au-dehors. Et ainsi de suite... Une avalanche de petits trucs malins, amusants, et finalement sophistiqués, jusqu'aux boîtes d'allumettes noires à bout doré. Les 610 chambres sont plutôt petites, mais leur agencement reflète une intimité sexy : tapis à grands carreaux noirs et blancs, couvre-lit blanc, téléphone, table et lampe design, murs de laque, un grand tableau à cadre doré. Et dans les jolies salles de bains d'intéressants lavabos cylindriques en aluminium. Dans son vase, une rose rouge transcende cette sobriété contemporaine. Chaque chambre a une télévision avec vidéo (6$ la location, 1 500 films américains classiques et contemporains en stock). On n'oubliera pas le bar Whiskey pour les moments les plus "in" de New York, et une merveilleuse salle de jeux. Vous cherchiez une nouvelle race d'hôtel ? Allez-y voir !

HOTEL PARK SAVOY
158 West 58th St. (entre Sixth et Seventh Ave)
Single (avec salle de bains à l'étage) : 35$; double (avec salle de bains) : 55$.

Ce n'est franchement pas "glamour". N'espérez pas y séduire votre petite amie. Les chambres sont petites. Mais il faut choisir : à deux blocs de Central Park South et la 5e Avenue, on ne peut guère imaginer de situation plus centrale à des prix plus accessibles. Et c'est propre !

PENINSULA   **247 2200**
700 Fifth Ave (et 55th St.), N.Y.C. 10019   **Fax 903 3949**
Chambre standard : 275-395$; suite : 460-2500$. Week-end discount : 225$ (nuit du vendredi au samedi), cocktail, petit déjeuner continental.

Les hommes d'affaires sont la principale clientèle de cet hôtel racheté en 88 par la chaîne Peninsula dont le siège est à Hong Kong. Du célèbre hôtel Gotham, construit en 1902, il reste la magnifique façade et le double escalier du lobby, modèle d'élégance classique. Malheureusement, les reproductions de tableaux sont encombrantes dans le paysage. Un restaurant, Adrienne, donne sur la 5e Avenue. Au 23e et dernier étage, un bar sous verrière (avec terrasse) offre une vue vraiment superbe sur Midtown et la 5e Avenue. Les chambres sont grandes et judicieusement réparties. Jolies salles de bains avec un assortiment d'eaux de toilette, ribambelle de petits flacons, et deux épais peignoirs. La direction est très fière de son téléphone à touches électroniques. Le Health Club, avec piscine, salle de musculation, salon de beauté, saunas, spas, salles de massage, est l'un des plus complets en son genre. Enfin, le service est réputé efficace et courtois. Le forfait week-end mérite réflexion.

PICKWICK ARMS HOTEL   **355 0300**
230 East 51st St. N.Y.C. 10002   **Fax 755 5029**
Single (avec douche à l'étage) : 40$; double : 80$; studio avec douche (pour quatre personnes) : 119$.

Récemment rénové, ce confortable petit établissement est très bien situé dans une rue tranquille entre la 2e et la 3e avenue, à l'écart du tohu-bohu de Midtown Manhattan. Juste en face, le "Green Acre Park", ou encore "Pocket Park", donation Rockefeller, offre un délice de verdure avec sa chute d'eau évoquant quelques tropiques - une minuscule oasis très prisée pendant les chaleurs estivales. Les chambres ne sont pas grandes, mais le Pickwick Arms reste, dans sa catégorie l'une des meilleurs affaires de Manhattan. Télé câblée et radio dans toutes les chambres.

"Seule ombre au tableau, la mauvaise surprise qui m'a été réservée à mon arrivée en France. L'hôtel où je suis descendu, le Pickwik Arms, s'est arrangé, je ne sais comment, pour gonfler ma note d'environ $130. C'est à dire que mon reçu s'élevait à $940 et que mon compte s'est trouvé débité de $1 080 (je parle en dollars, une augmentation éventuelle du cours du dollar n'a rien à voir). Donc, gare aux cartes de crédit ! " J.-P. Saada, Paris

PLAZA 759 3000
Fifth Ave and Central Park South, N.Y.C. 10019 Fax 759 3167

Single : 200-315$; avec vue sur le parc : 320-495$; double : 260-355$; avec vue sur le parc : 355-495$; mini-suite : 500$; one-bedroom suite 650-3000$. Forfait weekend (pour une ou deux personnes, nuit du vendredi, samedi ou dimanche) : 119-225$.

A situation privilégiée, hôtel de privilège - surtout quand on s'appelle Trump (Donald & Ivana) et qu'on a dépensé 100 millions de dollars pour faire un lifting à une très vieille et très belle dame de l'hôtellerie new-yorkaise. Ouvert en 1907, situé à l'angle de Central Park South et de la 5e Avenue, le Plaza rayonne sur tout l'environnement. On le reconnaît donc sans l'avoir jamais vu : il a cette aura particulière des établissements de classe internationale, qui se comptent sur les doigts des deux mains. Le luxe, mais dans le détail. Le style à profusion, mais sans oublier le contact humain. Les admirables bouquets de fleurs dans les halls répondent aux chandeliers de cristal sous lesquels s'agitent des portiers en uniformes. Les opératrices vous appellent par votre nom, les attelages attendent sagement pour la promenade dans le parc, et les salons de thé sont autant de tours de Babel. Le Plaza est une ville dans la ville, et c'est monumental. Sollicité par des milliers de détails, l'oeil ne sait plus où s'accrocher dans les salons de réceptions nommés Fragonard, Versailles, Louvre, Trianon, Blanc, Or, Louis XV, Rose, Terrace Room. Le grand Ballroom fut longtemps le haut lieu des rencontres mondaines de New York.

Côté chambre, tout a été rénové, repeint, retapissé. Elles sont grandes et calmes, mais les salles de bains de marbre sont plutôt petites. C'est certainement dans l'une de ces 800 alvéoles que vous ferez votre miel, surtout si vous profitez du forfait week-end qui rend tant de somptuosités accessibles. Ce n'est définitivement pas le cas de la (seule et unique) suite présidentielle, la 1801, au 18è étage, très loin du monde. De part en part d'un immense couloir au plafond voûté s'ordonnent pas moins d'une dizaine de pièces : deux chambres d'hôtes avec salles de bains, un petit salon, trois chambres pour les domestiques ou gardes du corps, un immense salon rouge, une belle salle à manger blanche, une magnifique cuisine de faïence avec son réfrigérateur antique vaste comme une chambre froide. Un petit escalier permet d'accéder au cœur de la ruche, une chambre plus simple que les autres, mais plus select encore, avec son salon et sa terrasse privée jouissant d'une vue imprenable sur le parc. A 10 000$ la nuit, on se croirait dans un château transplanté au sommet d'un gratte-ciel.

QUALITY INN MIDTOWN 768 3700
157 West 47 St. New York, N.Y. 10036 Fax 768 3403

Single : 80-90$: double : 110-120$: Junior suite : 150-170$. Petit déjeuner inclus. Minibar, sèche-cheveux et fer à repasser disponibles.

Bien situé entre la 6e et la 7e Avenue, à deux pas de Time Square, un petit hôtel modeste, mais propre et assez intime, ce qui lui donne un air de sécurité dans le secteur. Il a été entièrement renové en 1990. Ses chambres sont petites et n'ont pas de vue, mais les salles de bains sont neuves et impeccables. Personnel indien et américain affable.

RIHGA ROYAL HOTEL 307 5000
151 West 54th St., N.Y.C. 10019 Fax 756 6530
One-bedroom suite : 260 à 425$ avec kitchenette ; two-bedroom suite : 450 à 700$; Grand royal suite : 4 500 à 1 800$. Forfait week-end 225$ (petit déjeuner inclus).

Ouvert au cours de l'été 90, flambant neuf avec ses 54 étages de suites exclusivement, c'est le plus haut hôtel de New York. Propriété du Royal International Hotel Groups & Associates, société à capitaux arabes et japonais, le Rihga Royal est situé à deux blocs de Central Park. Hélas, l'immeuble en vis-à-vis, le City Sphere (82 étages : le plus haut immeuble d'habitation de New-York), lui en dissimule une grande partie. Démesure dans le hall aux chandeliers aussi gros que les énormes bouquets de fleurs, tapis à l'orientalisme moderne. Partout ailleurs, le luxe se conjugue avec une relative sobriété. Les couleurs dominantes - pêche et tilleul - forment une unité favorable à une sensation d'intimité "class". Les suites - leurs prix grimpent avec les étages - sont vastes et moelleuses : moquette épaisse, lit gigantesque, deux lignes de téléphone, coffre privé, deux TV... Salles de bain en marbre ultra-modernes, avec douche et baignoire séparées, nécessaire de toilette pour Madame et Monsieur. L'intérêt de la vue est inégal selon qu'on donne sur le gigantesque Hilton, au sud, sur le West Side ou l'East Side. Clou du grandiose, tout en haut, les cinq suites royales sont de véritables appartements comprenant deux chambres, deux salons, une salle à manger, une cuisine, un sauna et une salle de bains avec Jacuzzi pour rêver la nuit sur les guirlandes de gratte-ciel.

THE ROYALTON 869 4400
44 West 44th St., N.Y.C. 10036 Fax 869 8965
Single : 210-230$; double : 235-350$; alcove suite : 370$; week-end : single/double (standard) : 170$; single/double (superior) : 190$; single/double (DeLuxe) : 240$.

A l'origine de ce fameux hôtel new-yorkais, trois hommes, Ian Schrager, président du Morgan's Hotel Group, Steve Rubell, créateur de night-clubs (Studio 54 et Palladium) et Philippe Starck, célèbre le célèbre décorateur français de Beaubourg, du palais de l'Elysée, des Bains-Douches, du Café Coste... et du Paramount. Le Royalton, bâti en 1898, était un lieu de rendez-vous fréquenté par Mae West, les Barrymore, W.C. Fields, Tennesse Williams, Marlon Brando... C'est aujourd'hui l'"hôtel-mansion" où descendent créateurs de mode, décorateurs, gens du spectacle, de la pub et des médias. Les halls d'entrée des hôtels sont-il aux années 90 ce que les boîtes furent aux années 70 et les restaurants aux années 80 ? Grave question ! Le Royalton y répond par un lobby spectaculaire : murs laqués, colonnes de marbre gris, tapis bleu roi froid et mobilier design. Au fond, le restaurant. A l'entrée, le bar Rond, inspiré du bar du Ritz qui fut le favori d'Hemingway. Ici, comme chez le petit frère Paramount, le staff est jeune et vêtu de noir. Montons à l'étage dans des ascenseurs en acajou. Dans les couloirs, feutrés, sombres et silencieux, on se croirait dans les coursives d'un paquebot. L'hôtel compte 158 chambres (dont 40 pourvues d'une cheminée). Les lits sont bas, l'éclairage indirect et les salles de bains dotées d'une baignoires rondes ou, curieusement, d'une douche. Attention, les chambres donnant sur la cour sont sombres et n'ont aucune vue. A moins de vouloir à n'importe quel prix faire partie de cette royaltonnerie, il faut exiger son petit royaume sur rue. Bien entendu, il y a un club sportif (fitness room).

STANFORD HOTEL   563 1480
43 West 32nd St., N.Y.C. 10001   Fax 629 0043
Single : 80$; double (avec grand lit) : 90$; double (avec lits jumeaux) : 100$; double (DeLuxe avec grand lit) : 120$; double (DeLuxe avec lits jumeaux) : 130$; suite : 180$.

Avec ses grandes chambres, c'est une bonne affaire et la clientèle ne s'y trompe pas, qui est à 60% coréenne et japonaise. Confortable, assez impersonnel, avec un service attentif et efficace, à deux blocs de l'Empire State Building, en face de Macy's, assez loin de Times Square pour échapper à ses délires, l'hôtel est tenu par un staff asiatique.

ST MORITZ   755 5800
50 Central Park South N.Y.C. 10019   Fax 751 2952
Standard room : 115$; superior room : 135$; DeLuxe park room : 160$; junior suite : 185$; one-bedroom suite : 219-375$; two-bedroom suite : 450-700$. Gratuit pour enfants de - de 12 ans.

Bondé de groupes de touristes, mais pas à la hauteur de la situation dont il profite impunément. Les chambres standard sont impersonnelles et loin d'être impeccables, les salles de bains manquent de distinction, les ascenseurs sont surchargés et lents. Mais la situation est exceptionnelle et le prix relativement raisonnable.

THE WARWICK   247 2700
65 West 54th St., N.Y.C. 10019   Fax 957 8915
Single : 125-220$; double : 195-245$; junior suite (double) : 225-245$; one-bedroom suite : 275-500$; week-end discount : 145$ et au-delà.

Si vous êtes passionné par les légendes du cinéma, cet hôtel de 430 chambres (dont 70 suites) pourra peut-être rassasier vos fantasmes. Le Warwick a connu son âge d'or dans les années 30 et 40. William Randolph Hearst (alias Citizen Kane), magnat de la presse, producteur de cinéma et amant de longue date de l'actrice Marion Davies, avait investi plusieurs millions de dollars dans cette bâtisse de 33 étages située à l'angle de la 6e avenue. Hearst et Davies y résidaient lors de ses séjours new-yorkais. Selon des potins, Carole Lombard et Clark Gable y auraient dormi avant leur mariage ! Finissons en beauté en rappelant que Cary Grant occupait régulièrement la Warwick suite, louée par Fabergé dont l'acteur était le porte-parole. Ici sont descendus les Beatles pour leurs débuts américains. Aujourd'hui, les stars vont chez des amis ou dans leurs pied-à-terre de l'Upper East Side, et l'hôtel est en cours de rénovation. Ses chambres sont vastes, les placards énormes (souvenir du temps où on voyageait avec 5 malles) mais les salles de bains sont petites. Vue intéressante sur la 6e avenue et excellente situation.

WASHINGTON JEFFERSON   246 7550
318-328 West 51st St., N.Y.C. 10019   Fax 246 7622
Single (sans salle de bains) ; 30$; double (sans salle de bains) : 40$; (avec salle de bains) : 50$. Tarifs à la semaine : single (sans salle de bains, sans kitchenette) : 95$; suite avec salle de bains et kitchenette : 250$. Paiement en espèces.

À quelques blocs de Times Square, entre la 8e et la 9e avenue, c'est l'hôtel le moins cher de la zone. Le hall (boiseries) et la façade conservent une certaine élégance. C'était jadis...

N'attendez pas de luxe dans les quelque 260 chambres de cet établissement : elle sont vieillottes, et les peintures donnent le cafard. Certaines ont le téléphone, quelques-unes une salle de bains (en état de marche) parfois une TV antique, toujours un lavabo (sinon, il y a quatre salles de bains par étage, basic mais clean). S'il ne s'agit que de vous évader dans les bras de Morphée, cet hôtel est l'un des cheap cheap de Manhattan. De préférence pour ses tarifs à la semaine, et si possible pas pour des séjours trop prolongés. Le quartier n'est pas très sûr.

WYNDHAM HOTEL
42 West 58th St., N.Y.C. 10019 753 3500
Single : 115-125$; double : 130-140$; one-bedroom suite : 175-205$. C.C.

Murs de papiers-peints et canapés fleuris, dépassé mais moelleux : dès le hall d'entrée (meubles traditionnels anglais, tissus à impression indienne), l'hôtel cultive le clair-obscur ouaté, le confort bourgeois avec une touche d'excentricité ; les ascenseurs ont un air démodé, comme les portiers en uniforme, les chambres sont grandes et propres ; certaines suites sont énormes, souvenir du temps - l'hôtel a été construit en 1926 - où l'espace n'était pas un luxe. On se croirait dans les années 50 et les prix, eu égard à la situation de l'établissement, semblent datés eux aussi. Il faut réserver un bon mois à l'avance. Le petit déjeuner (4.75$) est servi au restaurant. Le Wyndham, d'esprit anglo-américain, a parmi sa clientèle permanente des acteurs de Broadway.

NOVOTEL
226 West 52nd Street (et Broadway) Tél. 315 0100 - Fax 765 5369
Single/double : 169-189$.

Sur Broadway, le Novotel de New York (l'un des neuf Novotel en Amérique du Nord) a choisi le plein coeur de l'action. Il faut aimer à la folie Midtown... Les théâtres ne sont pas loin, la 5e Avenue est à quatre blocs, Times Square à dix blocs, et Central Park à moins de 10 minutes de marche. Première surprise, le lobby se trouve au 7e étage et n'est accessible qu'après avoir pris l'ascenseur, ce qui est d'un effet assez curieux. A l'étage de la réception, cinq énormes fresques murales font face à des baies panoramiques dominant Broadway. Impression d'aquarium... Accueil en français pour ceux que l'américain intimide. Ensuite on est dans l'ordre des grands hôtels modernes, avec la touche Novotel : confort américain et hospitalité européenne. 475 chambres confortables, rénovées, insonorisées, télévisées, des étages non-fumeurs, un restaurant ouvert 7 jours/7 (de 6h à minuit), une salle d'exercice, un piano-bar et le Café Nicole pour les petites faims, les dîners en musique avec orchestre live six soirs par semaine, et le petit-déjeuner (buffet) servi avec le Journal. Délicate attention pour le portefeuille familial, l'hôtel offre à deux enfants de moins de 16 ans l'hébergement gratuit dans la chambre des parents (et un petit-déjeuner gratuit).

Upper East Side

BARBIZON   **838 5700**
140 East 63rd St. (et Lexington Ave) N.Y.C. 10021   **Fax 888 4271**
Studio (1 personne) : 99$; standard : single 125$; double : 150$; superior : 175$
(double) ; forfait week-end : 109$ (sans breakfast), 135$ (avec breakfast) la nuit
(vendredi, samedi ou dimanche).

La situation est évidemment éloquente, à 3 blocs de Bloomingdale, à 20 blocs du
Metropolitan Museum, à 10 blocs de la Trump Tower, à 3 blocs de Central Park, à
13 blocs du Rockefeller Center... Une grande partie des chambres (de calibre
inégal) de l'établissement jouissent d'une vue intéressante sur Midtown. Ce sont
ses énormes salles de réunion et de bal qui ont fait la réputation de cette grosse
machine au confort américain dont les prix restent accessibles. Pour la petite
histoire, Grace Kelly et Giene Tierny y ont vécu quelque temps. En 93, cet hôtel -
valeur sûre mais discrète de Manhattan - est devenu le premier hôtel avec spa
de New York.

CARLYLE   **744 1600**
35 East 76st St.(et Madison) N.Y.C. 10021   **Fax 717 4682**
One room apartments : single : 325$; double : 350$; suites : 500-1 300$;
discounts saisonniers à la demande.

Comme le Ritz à Paris, le Claridge ou le Connaught à Londres, le Carlyle ne
s'exhibe ni ne s'affiche. Son vrai luxe est la discrétion. Ce n'est pas un lieu de
grand passage comme le Plaza. On n'y vient pas pour se montrer, mais pour s'y
cacher et c'est bien ce qu'avait compris Kennedy qui avait choisi d'y descendre
lors de ses passages à New York (le Président occupait l'appartement d'un ami,
au dernier étage, et selon la légende, il faussait compagnie à ses gardes du
corps en se cachant derrière de grosses lunettes noires pour aller, en short,
faire ses courses sur Madison Avenue). Les mesures de sécurité sont restées et
les personnalités continuent de descendre incognito dans l'hôtel le plus select
de New York. Depuis l'ouverture de l'hôtel en 1930, l'entrée de laque noire du
Carlyle a vu défiler les aristocrates changeant d'Hollywood, quelques têtes
royales et présidentielles, et bien des membres de cette secte qu'on appelle en
Amérique les "seriously rich".

Dès l'entrée, les décorations murales intriguent et séduisent. On va de surprise
en surprise en matière de mobilier, essentiellement du Louis XV (avec un grand
renfort de touches modernes qui rendent possibles d'autres combinaisons).
L'hôtel offre une vue extraordinaire sur l'ouest, l'est et le nord de Manhattan.
Chaque chambre a un lit King Size et un Jacuzzi, la télévision avec VHS et un fax.
Les grands futés trouveront au Carlyle un restaurant (réputé), un bar, des salons
particuliers pour déjeuners et dîners, un centre de mise en forme, une galerie
pour le thé et le Bar Bememans où se produit chaque soir le légendaire
chanteur noir Bobby Short.

THE MARK   744 4300
25 East 77st St. (et Madison) N.Y.C. 10021   Fax 744 2749
Chambre (une ou deux personnes) : superior : 265$; DeLuxe : 275-295$; Junior suite : 450$; executive suite ; 500$; terrace suite : 1 200$; tower suite : 1 500$; week-end discount : 225$ (nuit du vendredi, samedi ou dimanche).

Ouvert en 88 dans un ancien immeuble d'habitation néo-Renaissance italienne datant de 192, le Mark avec son grand hall où les plantes vertes font une haie d'honneur à une clientèle largement européenne et sud-américaine, représente l'une des dernières tendances de l'hôtellerie de prestige de New York en matière de confort et d'hospitalité. Les 180 chambres de cet établissement pour individualistes aisés offrent de très beaux espaces où dominent le beige et le gris. Les salles de bains en carrelage blanc et noir sont superbes. Il y a un restaurant (avec de belles banquettes confortables et de gros coussins pour dîner presque allongé) et un bar donnant sur la tranquille 77e rue. Vous êtes ici au coeur de l'Upper East Side, sur un bloc "bien" fréquenté par le petit monde du quartier. Le staff est polyglotte et l'accueil hospitalier.

HOTEL WALES   876 6000
1295 Madison Ave, N.Y.C. 10128   Fax 860 7000
Réservations garanties avec Am.Ex., Visa ou Mastercard. Chambre (une ou deux personnes) : 125-145$; suite (la plupart avec kitchenette et vue sur Central Park) : 175-225$; penthouse : 375$. Petit déjeuner et thé l'après-midi inclus.

Avec ses très belles chambres, où les meubles de prix répondent élégamment aux murs tendus de blanc et à l'épaisse moquette verte, c'est peut-être l'hôtel qui correspond le mieux à une certaine idée du confort et du charme anglais, distingué, chaud et serein. Bâti en 1901 et récemment rénové pour 5 millions de dollars, The Wales offre l'avantage d'être situé dans une partie de l'Upper East Side vivante et préservée où vous aurez plaisir à découvrir de superbes maisons particulières dans des rues légèrement en pente. Réservez si possible une suite donnant sur Madison, et, au-delà, sur le réservoir de Central Park. Depuis la terrasse ombragée sur le toit, la vue est admirable. L'établissement a également un bar, le Busby's, et un salon de thé. The Wales abrite un restaurant américain qui est une institution de New York, le Sarabeth's Kitchen.

Upper West Side

EMPIRE HOTEL   265 7400
44 West 63rd St., N.Y.C. 10023   Fax 315 0349
Single : 95-125$; double : 115-145$; suite : 180-350$ et au-delà.

Ce fut le premier hôtel construit dans le West Side, à la fin du siècle dernier. Il a été rénové en 89 pour 20 millions de dollars. Sa situation, à l'intersection de Broadway et de Columbus Avenue, en face du Lincoln Center, est impressionnante. Le hall de ce bâtiment carré, aisément reconnaissable, est spacieux. Il y a une atmosphère de manoir anglais dans le large escalier et les tableaux épiques aux murs. Quant aux maquettes de décors d'opéras, elles rappellent à propos la présence du Metropolitan. Les chambres sont de taille moyenne, mais confortables et claires avec télévision, téléphone (ligne directe), sèche-serviettes, douche masseuse, baignoire profonde.

Attention raffinée : un lecteur de CD/cassettes stéréo Nakamichi. Au rez-dechaussée, vous trouverez l'Empire Club décoré comme un vrai club anglais : divans en cuir, fauteuils profonds, billards, et le bar. On y sert le petit-déjeuner et des plats légers pendant la journée. Dans le cadre de son "Performing Art Program", l'hôtel propose des packages de qualité incluant une représentation au Lincoln Center, dîner avant théâtre à la (célèbre) Tavern On The Green, dans Central Park, petit-déjeuner et limousine à l'aéroport. Pour information : 545 7400 ou 265 7400.

HOTEL ESPLANADE   **874 5000**
305 West End Ave N.Y.C. 10023   **Fax 493 0367**
Chambre : single 90-120$; double 99-125$; one-bedroom suite 120 à 140$; two-bedroom suite (jusqu'à 4 personnes) : 200$ et au-delà.

A quelques minutes du Riverside Park et à une dizaine de blocs du Lincoln Center, cet hôtel de 14 étages et 200 chambres (en partie louées au mois ou à l'année à des résidents permanents) propose des espaces particulièrement vastes avec des salles de bains de même calibre. Les suites avec kitchenette sont de vrais appartements. La clientèle est israélienne, japonaise et d'Amérique Centrale. En hauteur, vue sur l'Hudson et la verdure du Riverside Park. Toutes les chambres et suites ont l'air conditionné, la TV câblée en couleur, le téléphone avec ligne directe et de larges placards. Health club. C'est une excellente adresse pour des familles ou des petits groupes.

THE EXCELSIOR   362 9200
45 West 81st St., N.Y.C. 10024   Fax 721 2994
Chambre (salle de bains) : 65$ et au-delà ; double : 75$ et au-delà ; two-room suite (living-room, chambre et salle de bains) : de 99$ et au-delà ; three-room suite (2 chambres, living-room et salle de bains) : 150$ et plus.

La plupart des hôtels new-yorkais pourraient lui envier sa situation exceptionnelle : plein sud, à un bloc de Central Park, donnant sur le parc du Museum of Natural History et sur la partie la plus chic et la plus agréable de Colombus Avenue. Ses prix défient toute concurrence sans sa catégorie. L'immeuble (façade sombre d'une quinzaine d'étages abritant 120 chambres inégales, dont beaucoup sont spacieuses) est sévère de l'extérieur et le hall d'entrée sans grand intérêt. Les choses s'arrangent en hauteur, d'où la vue sur la ville est superbe. Les portiers portent l'uniforme. On peut prendre le petit-déjeuner dans sa chambre, mais mieux vaut s'installer au Coffee Shop, une institution pour les habitants de l'Upper East Side qui aiment y retrouver une ambiance de quartier à des prix évoquant l'époque des années 20 où fut construit cet établissement très recommandable. Réservez largement à l'avance : cet excellent "home away from home" est continuellement plein à craquer.

MAYFLOWER   265 0060
15 Central Park West (et 61st St) N.Y.C. 10023   Fax 265 5098
Single : 145-165$; double (sans vue sur Central Park) : 160$, (avec vue sur Central Park) : 165-180$; suite (sans vue sur Central Park) : 235$, (avec vue) : 275$. Forfait week-end (chambre double sur la base de deux nuits, vendredi et samedi ou samedi et dimanche, petit déjeuner inclus) : 130$ la nuit ; suite (sur la même base de deux nuits, avec cocktail d'arrivée, petit déjeuner et brunch le dimanche) : 175$ la nuit.

Bâti en 1925, rénové en 1987, inscrit dans la ligne de crête des grands immeubles qui délimitent Central Park, à deux blocs du Lincoln Center, c'est l'hôtel où descendent les chanteurs du Metropolitan mais aussi des groupes de rock, des acteurs et des équipes de télévision (les sièges d'ABC et de CBS ne sont pas loin). Très vivant, de ce fait, de jour comme de nuit, le Mayflower jouit d'une vue grandiose sur Central Park. Vous ne manquerez pas de goûter votre privilège futé si vous occupez certaines suites, en hauteur, qui ont une terrasse privée. Les chambres (aucune ne ressemble aux autres) n'ont pas une grande personnalité, mais elles sont tout à fait confortables ; il semble que les salles de bains, petites, n'aient pas toutes été rénovées. Mieux vaut descendre prendre son petit-déjeuner au Conservatory, qui est à la fois un restaurant et un café.

RESTAURANTS

La passion culinaire s'est emparée de New York avec une intensité accrue par la présence de milliers de célibataires, laborieux et aisés qui ne jurent que petites et grandes bouffes pour échapper à la solitude et pour communiquer. Décider dans quel restaurant sortir le soir est devenu un choix crucial de chaque jour de la semaine, couronné par la décision finale du brunch du dimanche.

Aujourd'hui où les soirées sont vides et où la télévision, qu'on ne regarde même plus, menace d'être votre seul compagnon, aller au restaurant est une activité à plein temps. C'est un must de chaque soir. La raison de cet engouement tient sans doute au besoin humain, trop humain, de voir et de se faire voir (le restaurant occupant le devant de la scène du théâtre social) mais aussi, et de façon non marginale, au fait que la plupart des célibataires de Manhattan ont horreur de cuisiner et que la coutume européenne de s'inviter chez soi pour dîner est inconnue outre-Atlantique. On invite... au restaurant.

D'où un phénomène de mode (en témoignent les longues files d'attente à la porte des restaurants branchés) avec, comme conséquence, la naissance et la dégringolade en chaîne d'établissements hier "in" ou "hot", aujourd'hui chancelants, demain enterrés et remplacés par de nouveaux venus priés de faire preuve de plus d'imagination dans leurs recettes, de plus d'astuce dans leurs décors, de plus de professionnalisme dans le service...

D'où la célébrité de chefs qui ont acquis le statut de stars, et le pouvoir occulte des "maîtres d." (abréviation de maître d'hôtel). D'où la célébrité des clients et celle des propriétaires de restaurants (Margaux Hemingway, Mikhail Baryshnikov, Matt Dillon, Arnold Schwarzenegger, Sylvester Stallone ou Robert De Niro entre autres). D'où les cohortes de snobs et de curieux bien décidés à manger leur part de gâteau, d'enchillada ou de petit salé dans le dernier bistrot à la mode.

New York, en bref, se prend pour la capitale culinaire mondiale et sans doute l'est-elle devenue. En qualité (mais les mauvaises langues affirment que les meilleurs restaurants de l'Amérique ont émigré à Los Angeles) et en quantité : avec 15 000 établissements tous azimuts, New York est le rêve réalisé de Lucullus.

C'est dire que vous n'aurez aucune difficulté à vous nourrir : à New York on mange de tout à toute heure et partout, y compris dans la rue. Entrez, vous serez servi, en général vite. N'attendez pas de merveilles derrière chaque porte poussée au hasard, mais une cuisine correcte et abondante. Et des prix raisonnables.

Si vous voulez absolument faire l'expérience d'un très grand établissement ("The Four Seasons", "Lutèce", "Le Bernardin", "Gotham Grill & Bar", "La Côte Basque","Café des Artistes" ou "Le Cirque", pour citer les plus connus) ou de tout autre restaurant très branché (vous en trouverez dans la sélection du Petit Futé), il vous faudra suivre nécessairement le rituel des réservations.

On vous demandera au téléphone le jour et l'heure de votre venue (les restaurants new-yorkais ouvrent tôt, 11h30 pour le déjeuner, 18h30 pour le dîner), le nombre de personnes et votre préférence pour la section non-fumeurs ou fumeurs ; cette dernière fera sans doute votre préférence, les Français ayant la réputation d'incorrigibles pots à tabac. (N'essayez surtout pas de fumer chez les non-fumeurs, vous seriez vertement remis à votre place.)

Au moment où vous sera présenté le menu, vous aurez droit en introduction à un petit monologue du serveur qui vous débitera la liste des sept ou huit spécialités du jour. De même, vous n'échapperez pas au passage des serveurs muni(es) d'un énorme poivrier et chargé(es) de saupoudrer généreusement l'assiette installée devant vous. Une coutume récemment importée, mais bien établie, comme si le poivre était un ingrédient miracle et, pour tout dire, miraculeux. Cet usage généreux du poivrier revient aux restaurants italiens, lesquels ont ravi à leurs concurrents français l'affection des New-Yorkais, les prodiges culinaires gaulois ne suffisant pas à faire oublier un service considéré comme souvent bougon et des prix qui font difficilement passer la morgue française. A propos de service, on précisera qu'il est inégal, les serveurs et serveuses n'étant pas (ou rarement) des professionnels. De la distraction parfois, donc, mais toujours le sourire et beaucoup de bonne volonté.

Pour l'addition ("the check, please"), n'oubliez pas que le restaurant ajoute les taxes locales, à charge pour le client de déterminer le montant du service. Le service doit représenter le double de la taxe locale inscrite sur votre note. Ce qui fait monter d'environ 15% le prix annoncé des plats ou du menu. Les serveurs sont payés selon la générosité des clients et les Français ont malheureusement la réputation d'être pingres. Vous saurez donc cultiver votre chauvinisme en vous présentant sous le meilleur aspect : soyez généreux pour le service !

Si vous payez par carte de crédit, inscrivez le montant du service à la rubrique "tip" sur le coupon. Faites vous-même le total avant de signer et conservez soigneusement le double du reçu.

Tous les restaurants n'ayant pas une licence d'alcool, on peut amener une bouteille de vin achetée au "liquor shop" voisin. Informez-vous auprès des serveurs. Enfin, n'oubliez pas l'usage bien américain du "doggy bag". C'est un récipient de plastique où très hygiéniquement on mettra (non pour le chien que vous aurez laissé à la maison, en France) la portion de(s) plat(s) à laquelle vous n'aurez pas touché. Bien entendu, c'est à vous de demander ("Will you wrap this up, please ?").

Eu égard à la variété et à la diversité des restaurants de New York, on peut donner les informations brutes suivantes : ils proposent toutes les cuisines ethniques imaginables et sont en général ouverts 7/7 jours, pour le déjeuner et le dîner. Le prix moyen d'un repas s'établit, pour une personne, aux alentours de 25$ par personne (boisson non comprise). Mais on peut manger pour moins de 10$ à Chinatown, et pour environ 80$ (boisson non comprise) dans l'un des dix meilleurs restaurants de New York (dont sept sont de cuisine française ou tenus par des Français). Deux précisions : la formule "menu à prix fixe" est de plus en à la mode et les non-carnivores ne sont pas traités comme quantité négligeable, comme à Paris. Aucun restaurant ne peut s'offrir le luxe de ne pas traiter les végétariens comme ils le méritent.

Sachez aussi que la plupart des restaurants "ethniques", les pizzerias, les Burger Joints, les BBQ et les "Deli" vous fournissent un repas complet à emporter. Le "deli" est l'équivalent juif new-yorkais d'une brasserie parisienne, c'est une véritable institution de la vie de tous les repas du jour où les plats proposés sont toujours les mêmes : pastrami (viande de bœuf émincée) et pain au cumin, goulash, saumon, bagel (petit pain rond) et cream cheese. Dans ce cas, on parle de "take-out". Passez votre commande et attendez qu'on vous apporte votre festin dans des récipients en plastique (comme dans l'avion) avant d'aller vous régaler chez vous, à l'hôtel ou dans un parc. L'usage du "take-out" est si courant en Amérique qu'on peut commander par téléphone, à condition d'avoir le menu de l'établissement le plus proche, qui vous sera fourni par votre hôtel.

La liste des quelque cent restaurants choisis par "Le Petit Futé" est subjective. Elle privilégie des lieux dont la réputation gastronomique est solide, et qui ont pignon sur rue depuis si longtemps qu'ils sont peu ou prou des institutions. D'autres établissements ont été retenus pour la vue ou le décor. En ce domaine, les décors du quartier d'Union Square ont été particulièrement appréciés. En règle générale, on a surtout retenu des restaurants qui ont paru plus intéressants que les grosses locomotives du moment, non seulement parce que la mode est volatile à New York, mais parce qu'ils sont meilleur marché tout en offrant des garanties d'authenticité, culinaire ou conviviale : tous les Manhattanites aiment se faire une petite ou une grande bouffe, mais tous ne sont pas millionnaires, tant s'en faut. Si la plupart des établissements sélectionnés se situent Downtown, c'est parce que c'est ici - à Greenwich Village, dans l'East Village, à SoHo, Chelsea ou TriBeCa - que "ça se passe".

Si nonobstant, vous souhaitez vous faire une opinion très pointue sur la démocratie culinaire à New York, consultez le fameux guide "Zagat" (10$95), qui recense chaque année plus d'un millier de restaurants "critiqués" (reviewed) de manière lapidaire, c'est-à-dire succinte, selon une méthode originale et désormais couronnée de succès, par le public lui-même, qui est finalement le meilleur juge en la matière. Pour les lecteurs comprenant l'anglais, ce guide permet de faire une découverte quasiment ethnologique des désirs, usages et tabous gastronomiques des New-Yorkais.

Mais vous en avez assez dans cette édition du "Petit Futé" pour partir à l'aventure, pour remplir très substantiellement votre séjour, et, nous le croyons, pour contenter de manière agréable non seulement vos papilles, mais vos pupilles. Nous avons sélectionné, en effet, une bonne centaine de restaurants qui ne devraient pas vous décevoir. Quant à nous, il ne nous reste que 14 900 restaurants pour arriver au bout de notre marathon...

Brooklyn

RIVER CAFE . 1 Water St. (Brooklyn)   (718) 522 5200
Ouvert tous les jours, brunch (dimanche), déjeuner, dîner. Principales C.C. acceptées. Compter 55$ par personne.

Unanimes, les New-Yorkais évoquent ce restaurant flottant amarré près du pont de Brooklyn comme l'un des plus beaux points de vue sur le Lower Manhattan. Pour le spectacle, magnifique, pour la proximité de Brooklyn Heights, qui mérite une promenade, pour le patio-bar et les dîners à la belle saison, le River Cafe est un point d'ancrage.

Sa cuisine, américaine (due au chef David Burke) est réputée pour ses fruits de mer, le veau et ses desserts. Si les brunchs du dimanche sont pris d'assaut (réservation impérative), les déjeuners sont plus sûrs. L'établissement mérite qu'on traverse à pied le célèbre pont, à l'extrémité droite duquel on apercevra ce "Café de la Rivière".

JUNIOR'S
En sortant d'un concert à la Brooklyn Academy of Music, c'est l'endroit où il faut aller dîner, le "Deli" du quartier pas cher et roboratif.

PETER LUGER. 178-185 Broadway   **718 387 74 00**
Ancêtre du "steack house", celui-ci date de 1890. L'atmosphère n'a pas beaucoup changé depuis la Belle Epoque. Une bonne adresse si vous êtes "Downtown" Brooklyn.

Wall Street

FRAUNCES TAVERN RESTAURANT. Broad et Pearl St.   **269 0114**
Ouvert du lundi au vendredi pour breakfast, déjeuner et dîner, de 7h30 à 21h30. Principales C.C. acceptées. Compter 55$ par personne.

Le cadre est très étonnant : une maison coloniale plus vieille encore que New York puisque bâtie en 1625 à l'époque de New Amsterdam. La salle de restaurant est à droite en entrant, mais sans doute vous dirigerez-vous d'abord vers le bar avec ses tables basses bien séparées, sa cheminée, son comptoir imposant et ses têtes empaillées de lion et de bison. Entre passé et futur, entre tourisme et finances, la Fraunces Tavern est vraiment un lieu à part dans le quartier. La tradition d'hospitalité remonterait au fondateur de l'établissement, Samuel Fraunces, qui était l'ami et le maître d'hôtel de George Washington (le menu indique en anglais les péripéties du destin de la Révolution américaine qui s'est aussi joué dans les lieux). Fruits de mer, soupes, salades, filet de saumon norvégien, le filet de sole, les écrevisses grillées au curry, crevettes et coquilles St-Jacques, et viandes. Et un plat spécial chaque jour (entre 15 et 20$). La visite du musée voisin s'impose (Fraunces Tavern Museum, 54 Pearl St., ouvert lundi-vendredi de 10h à 16h, entrée 3$, tél. 425 1778). Non seulement ce musée est une initiation à l'histoire new-yorkaise, mais un hommage à l'histoire d'une nation avec une éloquente collection d'objets du XVIIIe et du XIXe siècle. Maintes fois menacée par le feu (puis les entrepreneurs), la bâtisse, qui date de 1719, a été restaurée au début du siècle et est désormais classée momument national. Samuel Fraunces a bien mérité de la patrie.

LIBERTY CAFE. South St. Seaport, Pier 17   **406 1111**
Ouvert tous les jours. Principales C.C. acceptées.

La scène est cinématographique à souhaite : de Brooklyn à Battery Park, du Verrazano Bridge aux quais de Queens, avec, en premier plan, les superstructures du Brooklyn Bridge et, au sud, les grands voiliers à quai. On pourrait se croire dans un vieux port d'Europe sans les gratte-ciel de Wall Street. Une halte classique pour un déjeuner d'affaires ou un momernt de repos touristique.

MC DONALD'S. 160 Broadway. N.Y. 10038.   385 2063 - Fax 385 2959

"En allant dans ce McDo (métro World Trade Center), ne vous attendez pas à entrer dans un banal McDo. Ne vous étonnez pas de trouver un portier. A l'intérieur, vous verrez un musicien jouant du piano, la décoration est super-élégante, des hôtesses vous indiqueront les places libres tandis qu'un tableau lumineux reprend toutes les cotations de Wall Street. Il y a une boutique de souvenirs. Le menu Big Mac coûte $6 (avec taxes), prix normal pour le quartier mais supérieur de $2 par rapport aux autres McDo." C. Faucon. Bruxelles

World Trade Center

Le One World Trade Center abrite 22 restaurants, bars et cafétérias. On y sert chaque jour environ 30 000 repas. A la tête de cette énorme machine gastronomique (les cuisines, vastes comme un pont de porte-avion, sont dissimulées au sous-sol), une filiale du groupe Hilton International, Inhilco, gère de manière originale ce qui constitue sans doute le plus vaste complexe de restauration au monde avec environ 10 millions de repas par an. Du "Concourse" (le rez-de-chaussée) au dernier étage, toutes les variations en matière d'accueil, de saveur, de spectacle, de vue et de prix sont possibles - et stimulées.

Au rez-de-chaussée, le Market Dining Room est une grande brasserie avec une clientèle de businessmen : poissons, grillades, coquillages et vins à des prix accessibles. Service rapide et salle confortable. Compter 20$ par personne.

The Big Kitchen, qualifiée de "meilleur fast-food de New-York" par le New York Times, offre un ensemble cozy, voire intime, de différents établissements : le Grill (hamburgers), Delicatessen (croissants et 42 pains différents), Rotisserie (1/4 poulet 3$), Seafood Market & Raw Bar (fruits de mer), Nature Pantry (yogourt), Coffee Exchange (déjeuner complet).

Au 44e étage, le Skydive (littéralement : plongeon dans le ciel) est une cafétéria fréquentée surtout par les employés du World Trade center.

Plus haut encore, la renommée (et le clou du spectacle) revient aux Windows on the World. Situées aux 106e et 107e étages. Ces "Fenêtres sur le Monde" abritent 3 restaurants, un bar et 2 espaces de réceptions privées. Le lieu le plus visité, le plus touristique, le plus envié peut-être des restaurants d'altitude de New York se nomme The Restaurant. Spectacle digne d'un avion aux hublots géants. Les tables sont ordonnées en une série de terrasses. Au nord de la ville, les gratte-ciel de Midtown apparaissent comme les pions d'un jeu d'échecs géant. Par contraste, la vue sur Queens, Brooklyn et leurs trois ponts (Brooklyn, Manhattan et Washington Bridge), paraît plus humaine. La carte est classique (nouvelle cuisine française), les desserts superbes et la cave réputée être la plus importante de New York : 60 000 bouteilles, (200 crus californiens, 250 français, vins d'Allemagne, Italie, Espagne, Suisse, Grèce, Hongrie, Israël, champagnes prestigieux).

Attenant au "Restaurant" - plus sélect (30 couverts à peine) -, avec son décor de milliers de bouteilles exposées en permanence, "Cellar in the Sky" (littéralement : Cellier dans le Ciel) propose, tous les 15 jours, un nouveau menu. Chaque plat est accompagné d'un verre de vin particulier selon un formule unique qui dépend de l'inspiration des sommeliers, Kevin Zraly et Ray Wellington.

Plus accessible - mais toujours au même étage - "L'Hors d'Œuvrerie" propose des plats nationaux (Chine, Japon, Suède, Amérique, Brésil, Indonésie, Maroc, Liban).

Si vous ne voulez pas dîner mais profiter de la vue en prenant un verre, le "City Light Bar", avec son joli comptoir et son décor de miroirs, est un lieu où affronter les ivresses de l'altitude.

WINDOWS ON THE WORLD. The Restaurant   **938 1297**
Souper "coucher du soleil" (sunset supper) lundi-samedi de 17h à 18h30 ; dîner lundi-samedi de 17h à 22h (menu 32-38$ boisson non comprise) ; brunch (grand buffet) dimanche de 12h à 15h (20-25$). Réservation conseillée.

L'HORS D'ŒUVRERIE, breakfast de 7h à 10h30 (minimum 8.50$) ; brunch dimanche de 12h à 15h, ouvert à 15h avec jazz à partir de 19h30 et soirée dansante (le dimanche à 16h30).

CELLAR IN THE SKY, tous les soirs à 19h30, réservation indispensable. Prix fixe : 80$. Dans tous ces lieux, le port des jeans n'est pas admis, veste et cravate recommandées.

Chinatown

Chinatown a crû de manière exponentielle au cours de la dernière décennie. Jadis, quand le quartier était confiné au Bowery et à Mulberry Street, au sud de Canal, le cliché en matière de cuisine chinoise était la cuisine cantonaise, la plus adaptée au palais américain. La normalisation des relations avec la Chine populaire dans les années 70 a apporté un regain de curiosité pour les cuisines de style mandarin, sichuanaise et hunanais. Et le mouvement s'est amplifié avec l'arrivée de vagues d'immigrants de Hong Kong, ou de minorités chinoises venues d'Indochine et de Malaisie. Aujourd'hui, ces variations culinaires sont concurrencées par le renouveau d'une authentique cuisine cantonaise.

Démarrant au niveau de Chatham Square, à l'intersection de Mott, Worth, Bowery et East Broadway, Chinatown connaît actuellement une extension en forme de pales de ventilateur : le quartier remonte sur East Broadway et les rues parallèles à travers le célèbre Lower East Side où sont passés tant d'immigrants juifs ; au nord, Chinatown traverse Canal Street et s'implante dans Little Italy ; à l'ouest, sur Canal Street, l'ascension déborde Broadway, en direction de TriBeCa et de SoHo.

Toutes autres sont les impressions au cœur de Chinatown, dans le labyrinthe de ses rues étroites et animées. Ici, chacun s'affaire. Les boutiques croulent sous d'énormes présentoirs de légumes, de fruits, de poisssons. La foule se presse autour des vendeurs ambulants qui proposent des lots importants et bon marché de choux, de brocccoli, d'oranges. Ailleurs, des stands vendent des sous-vêtements, des sandales, des chaussettes... Plus loin encore se prépare une cuisine en plein air : il n'est pas du tout déconseillé d'acheter dans la rue calmars au curry (squid curry) en été, ou haricots doux au porc épicé en hiver.

Par ailleurs, on tirera beaucoup d'enseignements à regarder aux étals ce qui est frais et abondant puisqu'on a toutes les chances de le retrouver dans son assiette.

Chinatown est par excellence le quartier gastronomique des New-Yorkais qui aiment venir y faire un repas exotique abondant et bon marché. Pour le choix des établissements, on peut bien sûr s'en remettre au hasard des rues : les restaurants abondent, il y en a au moins 250 et il s'en ouvre régulièrement de nouveaux. Encore se doit-on être informé.Principe de base : de même que les façades flamboyantes ne sont pas nécessairement le gage des meilleurs restaurants, de même bien des gargottes en sous-sol sont en fait des palais culinaires. S'il est presque impossible de faire un mauvais repas à Chinatown, trois règles n'en sont pas moins indispensables pour éviter une déception : 1) choisissez de préférence les restaurants qui n'acceptent pas les cartes de crédit : on réglera donc en espèces ; 2) évitez les établissements qui ont un bar à cocktail ; 3) privilégiez ceux qui sont fréquentés essentiellement par les Chinois : ce sont les plus authentiques.

Pour ce que vous verrez apparaître dans votre assiette, à moins d'être un spécialiste en cuisine régionale chinoise, regardez (discrètement !) ce que vos voisins mangent et n'hésitez pas à demander au serveur ce que c'est. Toutefois, la chose se complique au moment de la commande, les Chinois n'ayant pas le même menu que les Occidentaux ! En règle générale, prenez résolument les spécialités maison. Sachez aussi que l'arrivée des plats peut paraître excentrique dans la mesure où ils sont déposés sur votre table non dans l'ordre de la commande, mais au fur et à mesure de leur préparation.

La meilleure solution consiste à dîner en groupe : commandez de nombreux plats et partagez l'ensemble (mais une seule personne peut faire un superbe repas avec un seul plat avec riz ou avec une seule soupe, et à un prix presque insignifiant). Comme toute chose, un repas à Chinatown est réconfortant à proportion de la quantité d'astuce et d'enthousiasme déployée par l'assemblée autour de la table. Quand tout va bien, manger à Chinatown est une expérience inoubliable.

SHING KEE RESTAURANT. 42 Bowery　　　　　　　　　**406 1318**

Ouvert tous les jours de 11h à 5h du matin. Paiement en espèces. Compter 17$ par personne.

Spécialités de la maison : moules, escargots, huîtres géantes, Giodok (sorte de sushi chinois), Hong Kong beef et bœuf de Mongolie. L'établissement est très fréquenté par les Chinois.

THE NICE RESTAURANT . 35 East Broadway　　　　　　　**406 9510**

Ouvert tous les jours de 8h (du matin) à 23h. C.C. : Am.Ex. Compter 25$ par personne.

La salle, au premier étage, et le personnel, en smoking, sont un peu solennels, mais le service est rapide et réglé comme une montre de précision. Les serviettes chaudes arrivent en début et en fin de repas, avant le dessert de fruits de saison offert gracieusement. La présence de vastes familles chinoises sur leur trente et un autour de tables surchargées de bouteilles de cognac évoque quelque restaurant de Taïwan. Au menu, des plats colorés et abondants : treize soupes, cinq plats de BBQ, treize plats de porc, six de requin, des spécialités de légumes, dix plats de poissons, quinze de bœuf, une grande variété de fruits de mer, quinze recettes de préparation de poulet...

PHÖ PASTEUR VIETNAM . 85 Baxter St.   608 3656

Ouvert tous les jours de 10h à 21h. Compter 10-15$ par personne. Paiement en espèces.

Depuis le début, nous recommandons ce restaurant vietnamien très couru par un public de connaisseurs pour la qualité de sa cuisine (un petit menu, mais sept variétés de phö, la soupe vietnamienne traditionnelle), son abondance (un plat suffit pour un repas), et l'incroyable modicité du tout : on mange pour 6$ par personne ! Le personnel était amical, le service rapide, l'atmosphère décontractée et la salle, toute petite, agréablement neutre. Si les cafés glacés et les boissons exotiques restent excellents, quelque chose s'est perdu de la qualité du tout, sans doute parce que les cuisiniers sont partis, peut-être aussi parce que les lecteurs du petit Futé ont été trop nombreux. C'est le prix à payer quand on apparaît dans un guide touristique. Allez-y voir quand même, et tenez-nous au courant.

PHOENIX-GARDEN . 46 Bowery   962 8934

(Sous les arcades reliant Elisabeth St. et Bowery, à un bloc de Canal St). Ouvert tous les jours de 10h à 23h. Compter 17-22$ par personne. Paiement en espèces.

Depuis quatorze ans qu'elle existe, la maison reste pleine d'habitués, et c'est bon signe. Quant au personnel, il ne faillit pas à la prévenance. Résultat : un service diligent et une ambiance détendue. Phoenix-Garden, dont certains New-Yorkais affirment que c'est le meilleur chinois "à l'est de San Francisco", sert une authentique cuisine cantonaise qu'on choisit dans un menu abondant et qu'on voit arriver en larges portions, idéales pour les familles.

SUN HOP KWAN. 202 Center St.   925 7554/925 7619

Ouvert jusqu'à 22 h.

Ce grand restaurant (précédemment sur Catherine St.) sert toujours la meilleure soupe épicée et aigre (Hot and Sour Soup) de Chinatown (3.75$), ainsi que d'innombrables plats de fruits de mer à 7$. Le carrelet doux et piquant (Sweet and Pungent Flounder) est une merveille (8.50$).

LITTLE SHANGHAI. 26 East Broadway   925 4238

Ouvert de 11h à 22h.

Dans ce minuscule restaurant, le Dim Sum de Shanghai inclut d'excellents pâtés de légumes (8 en tout) à 3.50$, ainsi que de minuscules pâtés (Tiny Bao) à 2.95$.

SHING KEE 42 Bowery et KAM CHUEH 40 Bowery   791 6868 / 791 6866

Ouverts jusqu'à 4h du matin.

La meilleure sauce aux haricots noirs de Chinatown servie avec des escargots (l'entrée de rigueur), des moules vraiment géantes et des praires (Razor Clams). Récemment, SHING KEE a ouvert un autre restaurant mitoyen avec le même menu et les mêmes prix, mais dans un décor rajeuni.

IPOH GARDEN MALAYSIA. 13 Eldridge St.   431 3449

Ouvert de 8h à 22h30.

Situé en face d'une synagogue historique (visite de 11h à 16h), miroir d'un quartier où se sont succédé immigrants d'Europe de l'Est, Porto-ricains et aujourd'hui exilés d'Asie du Sud-Est. Ses crevettes champagne Sesame sont une variation agréablement douce (9.95$). La soupe aigre "San Special" à la crevette est copieuse (10.50$).

NEW MAYFLOWER TEA PARLOR. 76 Mott St.　　　　　　　　226 3553
Ouvre "tôt", entre 5 et 7h du matin.
Pendant que les autres restaurants de Chinatown dorment, celui-ci vous permet de petit-déjeuner dans une salle en sous-sol qui propose œufs conventionnels, café et Dim Sum. Tôt le matin, on peut ainsi regarder le trajet des plats de la cuisine aux serres à vapeur. Il est recommandé d'intercepter ces plats qui coûtent moins d'1$ chacun.

WO HOP. 17 Mott St.　　　　　　　　267 2536
Ouvert 24/24h.
Inclus dans cette liste pour son symbole "nostalgie", ce restaurant en sous-sol a été soutenu les mouvements pacifistes des années 60. On y servait des plats de nouilles pour 35 cents et d'énormes soupes pour 40 cents. A l'époque, le menu était écrit en chinois exclusivement. L'après-midi, le personnel s'installait dans la salle et avec une dextérité stupéfiante transformait le porc finement émincé et les carrés de pâte en de succulents Won Ton. Parfois nommé "17 Mott", Wo Hop est toujours une excellente introduction à Chinatown et de ce fait plein d'Occidentaux. Ses nouilles et ses soupes restent des valeurs sûres à 4-5$.

SUN LOK KEE . 13 Mott St.　　　　　　　　285 9856
Ouvert de 11h à 5h du matin.
Résolument cantonais avant la mode cantonaise, "13 Mott" est à un degré en avant de Wo Hop, à la fois littéralement et culinairement. On recommandera les moules à la cantonaise, les petites moules en casserole (8.25$) ainsi que le War Shu Opp (canard croustillant) à 5.50$.

GREAT SHANGHAI . 27-29 Division St.　　　　　　　　966 7663
Un élégant restaurant connu pour ses 23 types de Dim Sum servis seulement entre 11h30 et 14h, parmi eux les 10 dumplings aux légumes (3.95$) et les nouilles froides assorties. L'endroit est spécialisé dans le canard à la pékinoise (prix variés) et les nouilles maison avec fruits de mer assortis (7.75$).

MON BO. 65 Mott St.　　　　　　　　964 6480
Ouvert au-delà de minuit.
Un peu haut de gamme. Les meilleurs Hong Kong Steaks de Chinatown (11.50$). Egalement recommandé : le Sam Sam Pot (12$).

NEW VIET HUONG. 77 Mulberry St.　　　　　　　　233 8988
Les crabes à carapace molle sont une entrée chère (12.95$) mais irrésistible. énorme sélection de phö (soupes vietnamiennes) (2.75-4.25$) ; de bun (vermicelles de riz) (3.50-8.50$) et de Com Dai (plats de riz) (3-4.50$). Autant de plats complets en eux-mêmes. Superbes jus de fruits frais au shaker.

KIM PARIS. 137 East Broadway　　　　　　　　791 4216
Que dire d'un restaurant qui n'offre que sep tables et recommande son "pain français spécial" et sa "cuisine vietnamienne" ? Cela veut évoquer l'atmosphère d'un petit kiosque parisien avec un antique taxiphone. Et la Heineken est servie sur de la glace. La soupe de tomate au crabe (3.25$) est fort recommandable, ainsi que la soupe de nouilles aux crevettes à la malaisienne et le poisson cuit à la vapeur avec lait de coco.

KOB MA THAI'S. 9 Doyers St.   349 6900

Un nouveau venu avec des spécialités prometteuses : la "Cornish Hen" grillée
(8.95$), le poisson-chat sauté en sauce au chili (9.95$), les fruits de mer variés
avec sauce au curry rouge (11.95$).

Boutiques

KAM MAN FOOD PRODUCTS 200 Canal St.
Ouvert de 9h à 21h30 (22h30 vendredi et samedi).

Un supermarché chinois avec tous les produits imaginables : 17 types de thé au
détail, des herbes médicinales, des condiments, du matériel de cuisine, des
cocottes vapeur pour le riz, etc.

HO CHANG 81 Mulberry St.
Plus familial. Alimentation seulement.

TriBeCa

ODEON. 145 W Broadway (Thomas St)   233 0507
*Ouvert tous les jours jusqu'à 2 heures du matin, brunch le dimanche. Principales
C.C. acceptées. Compter 35 $ par personne.*

Une brasserie style "Coupole américanisée" très réussie, avec son décor 50, ses
sièges et ses banquettes en moleskine de toutes les couleurs, son bar à l'écart,
sa carte sans grandes surprises pour une bouche française (soupe à l'onion,
tartare) et ses célébrités venues incognito...

TRIBECA GRILL. 375 Greenwich St. (et Franklin St.)   941 3900
*Ouvert tous les jours. Déjeuner et dîner, brunch le dimanche. Principales C.C.
acceptées. Réservation nécessaire. Compter 55$ par personne.*

Quand une star de cinéma (Robert de Niro) se lance dans la restauration et
choisit de s'établir dans un quartier aussi peu conventionnel que TriBeCa, cela
donne un succès phénoménal, à la new-yorkaise, avec un public très mélangé :
les acteurs attirent les acteurs qui attirent le public. Autour du bar, il y a
toujours foule. Les tables sont disposées dans la grande salle décorée de
tableaux contemporains, sections fumeurs et non-fumeurs. On vient ici plutôt
en groupe. Le service est relativement professionnel (le personnel, en chemise
bleue, a l'air de porter un uniforme de l'armée de l'air), et l'ambiance, assez
guindée, à l'image de la foule des curieux. Menu intéressant, quoique classique,
avec des portions très "nouvelle cuisine" : en entrée, huîtres frites avec légumes
marinés à la thaïlandaise, endives, cresson au roquefort, fromage de chèvre avec
oignons croquants et légumes de saison ; pour les plats, saumon, espadon,
poulet, langouste, viandes (17-27$). Desserts à 6$. Bonne carte de vins
californiens.

WALKER'S. 16 North Moore St. (et Varick St.)   941 0142
*Ouvert tous les jours de 11h à minuit. C.C. : M.C. ; Am.Ex. Compter 20$ par
personne.*

Sur votre route entre le bas de Manhattan et le Village, côté ouest, durant la
traversée de TriBeCa, cet agréable pub irlandais est fréquenté surtout à midi et
le dimanche pour ses brunchs. L'endroit est chaleureux, le service aimable et la
nourriture typiquement américaine avec de larges portions.

Little Italy

Les restaurants italiens s'alignent sur Murlberry Street et chacun semble avoir son histoire. A la porte d'Umberto's fut assassiné un célèbre gangster new-yorkais ; ailleurs, Nancy et Ronald Reagan venaient déjeuner régulièrement. Ici, on se réunit pour fêter les anniversaires, les naissances, les décès entre parrains et héritiers. Là, on décide des contrats. Little Italy a l'air d'un musée derrière lequel se cachent des ombres auxquelles il ne faut pas se fier.

CAFFE FERRARA. 195-201 Grand St.   226 6150

Ouvert tous les jours de 11h à 23h. Compter 15$ par personne. Paiement en espèces.

C'est le café à la mode et qui a traversé les modes. On se croit dans quelque ville de province de la péninsule italienne, la salle est grande et aérée, et au 1er étage il y a de très beaux "rest rooms" en marbre. Mais vous venez ici pour l'ambiance un peu intime de Little Italy et pour les gâteaux et le capuccino de Ferrara. Et si vous trouvez l'endroit un peu trop touristique, tournez dans les alentours, pleins de cafés plus authentiques (par exemple, Caffè Roma, 385 Broome St. 226 8413).

LUNA. 112 Mulberry St.   226 8657

Ouvert tous les jours. Déjeuner et dîner. Paiement en espèces. Compter 20$ par personne.

Le plus connu des amateurs de vraie cuisine napolitaine. L'endroit ne paie pas de mine, couleur locale comme un vieux restaurant de Naples, mais la mamma veille au comptoir. Spécialités : poissons, langoustes, steaks, côtelettes. Sans oublier les spaghettis. A la napolitaine.

UMBERTO'S. 129 Mulberry St.   431 7545

Ouvert tous les jours de 11h à 6h du matin. Principales C.C. acceptées. Compter 30$ par personne.

Devenu assez touristique, avec des spécialités de poissons, homards, moules, praires frites, crabes, et un accueil courtois.

SoHo

BLUE WILLOW. 644 Broadway (et 3rd St.)   673 6480

Ouvert tous les jours de 11h à 22h (23h le week-end). Principales C.C. acceptées. Compter 20$ par personne. Jazz tous les soirs à partir de 20h.

Très connu, et très aimé des habitants de SoHo et du Village pour sa belle salle aérée et lumineuse, pour son atmosphère relax, ses concerts de jazz et son étonnante arrière-salle avec son plafond très haut et ses banquettes impériales. La cuisine est américaine (entrées, salades, soupes, sandwichs) à des prix raisonnables, et l'ombre de ce "saule bleu" pleine de romance.

CASA LA FEMME. 150 Wooster street   505 00 05
Ouvert tous les jours. Principales C.C. acceptées. Compter 40 $ par personne.
Le dernier restaurant à la mode. Il est donc bruyant et cher mais le décors vaut le détour ; de grands voiles blancs immaculés vous protègent des regards indiscrets et la cuisine "méditerranéo-américaine" n'est pas mauvaise.

FANELLI'S. 94 Prince St. (et Mercer St.)   226 9412
Ouvert tous les jours de 11h à minuit. Paiement en espèces. Compter 20$ par personne.
La salle est très agréable, genre vieux pub, et semble avoir connu toutes les aventures. Depuis son ouverture en 1872 par Fanelli, qui était boxeur et ami des boxeurs (leurs photos sont épinglées sur les murs de l'établissement), tout le passé de SoHo est inscrit dans ce bar fréquenté aujourd'hui par ceux qui travaillent ou habitent dans le quartier. Le soir, à la belle saison, la foule des clients de Fanelli's est si dense qu'on prend un verre dans la rue. Le lieu est idéal pour s'arrêter à midi et déjeuner sur le pouce ou le soir pour voir la faune, jolis visages et "gueules" dans une ambiance particulière.

MEZZORGIORNO. 195 Spring St (et Sullivan St) 334 2112
Ouvert tous les jours de 11h à minuit. CC acceptés. Compter 30$ par personne.
On se croirait sur la Riviera italienne, une Riviera qui serait luxueuse et raffinée. La clientèle élégante déjeune l'été en terrasse sous l'auvant à raies bleues et blanches : de délicieux antipasti, des carpaccio de saumon et un extraordinaire tiramusu.

I TRE MERLI. 463 West Broadway (entre Houston et Prince St.)   254 8699
Ouvert tous les jours. Déjeuner, dîner de 12h à minuit (1h du matin le vendredi, et bar jusqu'au dernier client). Compter 35$ par personne. Principales C.C. acceptées.
Bien que la carte de ce restaurant italien propose sept antipasti (entrées), six sortes de salades, cinq plats froids, treize types de pâtes, des viandes, des poissons, une série de vins italiens et de desserts, l'important est moins ce qu'on trouve dans son assiette (finalement assez quelconque) que dans le spectacle et l'ambiance très "in" de cet établissement toujours à la mode et réputé être un lieu de rencontres. Décor : un grand loft aux murs de briques apparentes, des tables en enfilade, une petite salle en hauteur stratégiquement orientées, un long bar noir décoré de centaines de bouteilles comme dans un cellier, au bord duquel le soir, surtout le jeudi et le vendredi, se retrouvent des processions de "beautiful people" venus tenter l'aventure.

JERRY'S. 101 Prince St.   966 9464
Ouvert tous les jours de 9h à 23h, le samedi à 11h, le dimanche de midi à 7h. Paiement en espèces. Compter 17$ par personne.
Ce n'est pas un grand restaurant, mais c'est un lieu à la mode et cela se sent. Prince St. est l'une des rues les plus animées de SoHo et Jerry's en est l'un des points de ralliement. Pourtant, l'endroit ne paie pas de mine. Ses banquettes rouges et ses murs blancs désignet même le degré zéro du décor dans une ville fantasque en la matière. Quant à l'extrême simplicité des plats (salades, sandwichs), elle semble avoir été programmée par un ordinateur.

Et pourtant, on est toujours sûr de voir ici une belle clientèle : à midi, des modèles, artistes-peintres, propriétaires de galeries, le reste du temps des lécheurs(euses) de vitrines bien décidé(e)s à montrer le bout de leur nez dans un endroit inexplicablement "hot". Si Jerry's affiche complet, essayez la porte à côté, Dean & Deluca ont ouvert une superbe cafétéria.

LA JUMELLE. 55 Grand St. (et West Broadway) 941 9651
Ouvert tous les jours de 16h à 4h du matin. C.C., M.C ; Visa. Compter 20$ par personne.

Le décor évoque un loft quelque peu à l'abandon avec sa peinture écaillée et son mobilier en accord avec la peinture. Alain Drabla, le propriétaire, vit à New York depuis 16 ans. Sa clientèle lui est fidèle. Il "fait" des ambiances. Il dirigeait auparavant "La Gamelle", le restaurant voisin rebaptisé Lucky Strike. Il a déménagé à côté et ses clients l'ont suivi, des "artistes", des marginaux, des branchés de SoHo. On vient passer une poignée d'heures dans une ambiance conviviale autour de bons vins français et de plats bon marché (soupes à l'oignon, endives au roquefort, escargots, couscous...). Exotique, si si... Pour comparer les ambiances, allez au "Lucky Strike" (ouvert tous les jours de midi à 4h du matin) l'établissement concurrent.

OMEN. 113 Thompson St. (Prince & Spring) Tél. 925 8923
Compter 30$ par personne.

Artful Japanese Cuisine. La nouvelle cuisine végétarienne japonaise (Omen a trois autres adresses : à Tokyo et Kyoto) dans un décor dont l'austérité est à sa mesure. Les portions sont minuscules, mais le goût de ces mets étranges aux noms incompréhensibles peut être une aventure. Pour une expérience-limite au milieu d'une colonie japonaise raffinée et secrète. Un seul hic : c'est cher. Compter 30$ par personne.

Greenwich Village

JOHN'S PIZZERIA. 278 Bleeker St. (entre Sixth et Seventh Ave) 243 1680
Cartes de crédit.

Ce ne sont pas les pizzerias qui manque à New York, puisqu'il y en a à chaque coin de rue, mais s'il y en a une qu'il ne faut pas rater, c'est John's, une institution du Village. L'odeur des pizzas cuites dans un four en brique est irrésistible. Vous aurez le choix entre 54 sortes de cette célébrissime cuisine. L'endroit est sans prétention, l'ambiance jeune mais on vous le déconseille le week-end, car vous risquerez d'humer les bonnes odeurs très longtemps, sur le trottoir. Rapport qualité-prix imbattable (10-14$ pour une grosse et irrésistible pizza à partager à deux).

BLACKSHEEP CAFE. 344 West 11th St. (à côté du Hudson River)   242 1010
Ouvert tous les soirs de 6h à 11h environ et le samedi et dimanche pour le brunch. Cartes de crédit acceptées. Compter 28$.

Dans un décor très charmant et chaleureux, ce petit restaurant offre une cuisine française traditionnelle, aux bonnes saveurs campagnardes : une grande variété de charcuteries, des gésiers, pintades, carrés d'agneau et pour finir 12 dessert faits maison. Excellents choix de vins, notamment californiens. Le service est particulièrement attentionné, c'est l'endroit rêvé pour faire un dîner romantique. A noter que vous ne trouverez ni veau ni foie gras au menu. Pour des raisons éthiques, le propriétaire refuse d'en servir.

BLUE MILL TAVERN. 56 Commerce St.   243 7114
Ouvert lundi-samedi de 17h à 22h. Principales C.C. acceptées. Compter 25$ par personne.

Un vieux restaurant du Village où l'on se retrouve en compagnie d'habitués, de dîneurs solitaires et de couples venus chercher ici ce qu'ils sont sûrs de trouver : la tranquillité, une ambiance quasiment familiale, une vraie intimité et, en prime, au dehors, le décor d'un coin préservé du Village. Murs décorés de tableaux et de photos, confortables banquettes, lumières (un peu trop) basses, tables bien espacées, garçons en vestes rouges chemisés de blanc : on pourrait se croire dans un restaurant de quartier, à Paris. Ouvert en 1941 et tenu depuis par la même famille (le patron est portugais, son épouse française), le Blue Mill a eu son heure de gloire dans les années 50. Depuis, ce Moulin Bleu suit son rythme, mais le menu, présenté sur une étrange ardoise sertie de métal, n'a pas varié : poisson du jour, hamburger, côtes de mouton, foie grillé, côtes de porc, soupe, faux-filet, caldeirada (bouillabaisse portugaise) et frango (barbecue portugais). Une belle leçon de longévité.

CAFFE RAFAELLA. 134 Seventh Ave South (et 10th St.)   929 7247
Ouvert tous les jours de 11h à 3h du matin. Compter 17$ par personne. Pas de C.C.

Avec son décor simple, l'endroit est fréquenté essentiellement par des couples "straight" ou des groupes de gays, et le dimanche, pour le brunch, par des gens qui s'absorbent sérieusement dans la lecture du New York Times. Comment expliquer le succès de cet établissement ? La cuisine (sandwichs froids ou chauds, salades, desserts) est quelconque, le "no smoking" et "no alcohol" sont définitifs. Et pourtant, c'est le prototype de la mode romantique.

CAFFE REGGIO. 119 Mac Dougal St. (entre West 3rd et Bleeker St.)   475 9557
Ouvert tous les jours de 10 à 22h. (Vendredi et samedi de 10h à 4h du matin). Paiement en espèces.

Avec ses boiseries, ses grands tableaux, la présence de Verdi et de Wagner, des tables bistrot et un plafond de marquetterie de bois, ce joli café ouvert en 1927 échappe au temps comme aux modes. Son capuccino est réputé, et sa clientèle fidèle à ses pâtisseries per sempre... Si la salle est pleine, le Caffè Dante, 79-81 Mac Dougal St. (982 5275) offre une alternative, l'avantage d'une terrasse l'été, et sensiblement la même ambiance, le décor en moins.

Le PETIT FUTÉ Floride est dans toutes les librairies

CHUMLEY'S. 86 Bedford St. (entre Grove et Barrow St.)   657 4449
*Ouvert tous les jours déjeuner-dîner. Principales C.C. acceptées. Compter 30$
par personne.*

Une institution de la gent villageoise, et un secret bien préservé : rien, dans la
rue, n'indique la présence d'un restaurant, sinon la rumeur des voix et une
agréable musique de jazz. Passé la porte grillagée, après quelques marches, on
débouche sur une salle évoquant une cave parisienne au temps des
existentialistes. La clientèle est jeune, les lanternes diffusent une lumière
orangée, les tables de bois sont incrustées de vieilles signatures, deux tableaux
noirs indiquent le menu : poitrine de poulet avec sauce au vin, raviolis aux
épinards, salades, crevettes à la texane, calmars à la marinara, moules vapeur,
pâtes... Les plats, parfois trop portés sur l'ail, sont servis avec une certaine
recherche. Ambiance sympathique et chaleureuse, service attentif.

COLLAGE. 314 Bleeker St. (et Grove St.)   645 1612
*Ouvert tous les jours de 18h à minuit. C.C. : Visa ; Am.Ex. Compter 25$ par
personne.*

Pas de première classe, mais sympathique, offrant un menu français simple et
classique (de la soupe à l'oignon au poulet à la paillarde), très fréquenté par les
gays du Village et donnant, l'été, sur un agréable jardin intérieur.

COWGIRL HALL OF FAME. 519 Hudson St.   633 1133
Ouvert tous les jours. Déjeuner et dîner. C.C. : Am.Ex. Compter 17$ par personne.

Déjà le bar, avec ses cocktails explosifs venus du Texas et du Nouveau-Mexique,
donne le ton : piquant, comme les cornes de cerf qui le décorent. En vitrine :
bottes, couvertures, chapeaux, selles, roues de chariot. Des choses qui ont
beaucoup vécu. Aux murs, de superbes affiches, des photos, des informations,
un tableau (saviez-vous qu'ils ont inventé au Far West 2 000 types de clôtures de
fils de fer barbelés ? Si vous trouvez votre date de naissance, vous avez droit à
une bière gratuite). Autant dire que l'ambiance est animée dans ce restau-
saloon qui bat le rappel de la jeunesse du Village au son d'une excellente
musique. Go West, young man ! La nourriture ressemble à ce qu'on mange là-
bas, forte, simple et abondante (le poulet rôti, à 8.95$ est l'un des meilleurs de la
ville). Les desserts sont revigorants. A propos : le Cowgirl Hall of Fame, créé en
1975 à Hereford (Texas), est un musée consacré aux héroïnes de la conquête de
l'Ouest. Ce restaurant tenu par une flamboyante Texane leur est dédié et
reverse au muée une part de ses recettes.

GOTHAM BAR & GRILL.
12 East 12th St. (Entre Fifth Ave et University Place)   620 4020
*Ouvert tous les jours pour déjeuner et dîner. Principales C.C. acceptées.
Compter 55$ par personne.*

Dites "Gotham", et les New-Yorkais informés vous répondront que ce restaurant
ouvert au milieu des années 80 reste l'un des plus intéressants de Manhattan.
Qu'il s'améliore sans cesse en originalité culinaire et en style, en accueil et en
clientèle. De fait, le décor (sobre) et l'espace (considérable) lui assurent
d'emblée de la respectabilité avec ce quelque chose (Village oblige, du moins sa
partie chic, près de la 5e avenue) d'un peu électrique qui attire les foules
élégantes. Définitivement, l'endroit a de l'allure. Et la cuisine (américaine) du
chef Alfred Portale est toujours excitante pour son public.

En entrée : salade de fruits de mer, salade de caille avec shiitake rôtis, pommes de terre nouvelles et vinaigrette au sherry, carpaccio de veau, maquereau mariné à l'espagnole, ou saumon à l'estragon avec haricots noirs, œufs de caille et croûtons. Parmi les plats principaux : l'espadon grillé au fenouil, le bar noir sauté, le saumon grillé aux artichauts à la grecque, le filet de canard grillé aux épinards, thym et ail, le steak grillé de New York et la bouillabaisse.

GULF COAST. 489 West St. (et West 12th St.)   206 8790
Ouvert tous les jours de 17h à minuit (ou plus tard au bar). Brunch le dimanche. C.C. : Am.Ex. Compter 25$ par personne.

L'atmosphère y est si chaude (comme la cuisine cajun) et la clientèle si éclectique qu'on se sent heureux de s'être aventuré à cette lisière peu fréquentée du West Village, avec en prime une jolie vue sur l'Hudson (attention : la nuit, 4 ou 5 blocs plus haut, le quartier n'est pas sûr). Ne viennent ici que ceux qui ont vraiment le désir de s'amuser, de goûter la nourriture épicée du sud et d'écouter de la musique (orchestre tous les lundis et mardis). Cocktails aidant, le Gulf Coast est un vrai concentré de cette chaleur humaine dont les New-Yorkais ont une si grande nostalgie. Pas de chichis pour le service, mais la liste des plats est suffisamment longue et inédite pour vous donner envie de revenir goûter les entrées, les poissons frais, les viandes grillées et les classiques de la Nouvelle-Orléans : crevettes et okra, écrevisses à l'étouffée, cajun pop-corn (queues d'écrevisses coupées en dés), black-eyed peas fritters (haricots du sud frits), poisson-chat servi avec des céréales, steak de saumon de rivière frais, plateau d'huîtres de Louisiane, huîtres entières pannées en sauce remoulade, pinces de crabes légèrement frites... Vous pouvez vous contenter de prendre un verre au bar et de discuter avec les habitués du quartier. Esprits coincés ou inquiets, s'abstenir.

JAPONICA. 90 University Place (entre 11th et 12th St.)   243 7752
Ouvert tous les jours déjeuner-dîner. Compter 30$ par personne. C.C. acceptées.

Toujours plein à craquer, c'est le restaurant japonais favori des gens qui vont dîner dans le Village. Ses seize sushis sont extrêmement frais et aussi appétissants à voir qu'excitants à goûter, et à des prix raisonnables. En entrée, l'avocat à la japonaise, le sunomono (pieuvre marinée, coquille St-Jacques ou crabe), les soupes, le tempura (crevettes, poisson, légumes). Plats de bœuf, poulet, fruits de mer. En dessert, la crème glacée. Le tout arrosé de thé, saké, bière japonaise ou vin de prune. De nombreux Japonais de New York fréquentent l'établissement.

PEACOCK CAFFE. 24 Greenwich Ave (et 10th St.)   242 9395
Ouvert tous les jours de midi à minuit. Compter 15$ par personne. Pas de C.C.

Pour sortir du circuit touristique du Village, un lieu de rendez-vous authentique, et l'un des rares exemples de bistro "parisien" comme on en raffole toujours à New York. Un peu sombre, vieillot, désuet, mais amusant avec sa faune d'habitués, et si tranquille... Plats très simples (à 5$ en moyenne). Cuisine américaine.

ROSOLIO RISTORANTE. 11 Barrow St.   645 9224
Ouvert mardi-dimanche déjeuner-dîner. Principales C.C. acceptées. Compter 35$ par personne.

C'est une grande salle au plafond haut et aux murs blonds, avec un éclairage indirect diffusant une lumière apaisante, tandis que du côté du comptoir se réfléchissent sur des pans de verre des pastels bleus et roses.

Pas de musique, des tables bien séparées et un service (exclusivement masculin) très pro, un peu froid. La carte propose une sélection de plats de nouvelle cuisine italienne avec des entrées à 6-8$, des pâtes à 11-13$ et des viandes ou poissons à 12-20$. A signaler : petits calamars sautés à l'huile d'olive, ail et poivre, salade tiède de poulpes et pommes de terre, aubergines roulées dans du fromage de chèvre et du basilic, escalopes de saumon sautées au fenouil, ou foie de veau sauté au cognac avec endives et champignons. Un lieu élégant pour un tête-à-tête de circonstance dans une rue paisible du Village.

SOUP'S ON CAFE & DELI. 210 West 10th St.   **727 7499**
Ouvert tous les jours, déjeuner-dîner. Compter 15$/pers. Paiement en espèces.
Entre Hudson et Greenwich, huit petites tables tendues de nappes à carreaux rouges et blancs donnent le ton. C'est le bistro du coin, sans prétention. Une spécialité : les soupes, home made. Si on veut boire du vin, prière d'aller l'acheter au Liquor Shop voisin. La clientèle est du Village, relax, et ne se formalise pas de la présence de fumeurs (c'est rare...).

VITTORIO. 308 Bleeker St.   **463 0730**
Ouvert tous les jours du lundi au samedi de 17h à 23h. Réservation conseillée. Compter 40$ par personne. Paiement en espèces.
Parmi les innombrables restaurants italiens de New York, voici l'un des plus originaux. Le patron, Vittorio, qui est napolitain, a mené une vie aventureuse à la recherche des secrets gastronomiques de son pays riche en recettes régionales. Intarissable sur ce sujet qui l'occupe depuis 30 ans, Vittorio, en véritable encyclopédie culinaire qu'il est, concocte des plats représentant les spécialités de toute la Péninsule, des Alpes à la Sicile. Ce qui représente 20 régions dont chacune est mise à l'honneur chaque semaine, ou à la demande. Crevettes de Ligurie, calmars de Sicile, jambon et melon du Frioul, épinards sautés et champignons farcis des Pouilles, gnocchi de Naples, fettucine de Bologne, raviolis de Turin, rigatoni et filet mignon de Toscane, risotto du Piémont, poulet chasseur de Campanie, veau du Val d'Aoste.... Accompagnés d'excellents vins régionaux italiens, les plats sont aussi colorés que succulents, comme est élégante la décoration de ce restaurant aux tables drapées de rose et aux murs couverts de tableaux solaires.

WHITE HORSE TAVERN. 567 Hudson St. (et West 11th St.)   **243 9260**
Ouvert tous les jours de 11h à 2h du matin. Compter 17$ par personne. Paiement en espèces.
Cela fait 110 ans qu'elle se dresse à son coin de rue, marquée par l'âge, et toujours jeune avec sa clientèle d'éternels marginaux. Elle a vu défiler tous les artistes et poètes du Village. L'un d'eux, et pas des moindres, Dylan Thomas (ne pas confondre avec Bob Dylan), qui en sortait régulièrement ivre, est mort à quelques pas de l'entrée de cette taverne tendue de bois, comme elle devait l'être déjà en 1880, avec son plancher rustique, ses banquettes de cuir affaissées, et son long bar où se sont abreuvés tant de rêves. Toute l'histoire du Village est contenue là, dans la mémoire des chevaux de porcelaine blanche à l'intérieur des trois salles animées la nuit. On y mange pour pas cher : burgers (4$), steaks (7$), soupes (2$), sandwichs (5$). On vient surtout pour y boire la White Horse Ale en compagnie de vieux hippies qui semblent connaître le secret, conservé depuis quatre générations, d'une bière qui a fait couler beaucoup d'encre.

East Village

AROUND THE CLOCK. 8 Stuyvesant St. (entre Third Ave et 9th St.)   **598 0402**
Ouvert tous les jours 24/24h. C.C. : Visa ; Am.Ex. ; M.C. A partir de 20$. Compter 15$ par personne.
Comme son nom l'indique, ce café-restaurant est ouvert à longueur de cadran solaire. A l'image du quartier, il est plutôt calme le jour et fort animé la nuit. La clientèle est locale, les serveurs ont l'âge des "customers", la cuisine est typiquement US. Une adresse sympathique parmi les quelque quatre-vingts restaurants du quartier.

BENNY'S BURRITOS . 93 Ave A (et East 6th St.)   **254 2054**
Ouvert tous les jours de 11h à minuit. Compter 17$ par personne. Pas de C.C.
C'est un petit restaurant sans décor, toujours bondé, servant d'abondantes portions de cuisine "Cal-Mex" (Californie-Mexique) à petits prix pour un public jeune, dans l'ambiance très chaude de la frontière de l'East Village et d'Alphabet City ; commencer par une Pina Colada ou un daïquiri, puis se plonger dans la carte épicée des spécialités venues de la côte ouest avec leurs noms fleurant bon le Mexique. On peut manger au comptoir.

CAFE ORLIN.41 St. Mark's Place (et Second Ave)   **475 9779**
Ouvert tous les jours de 10h à minuit ou plus tard. Paiement en espèces.
Ouvert en 1862, ce café-restaurant est une institution discrète du quartier. Trois petites marches mènent à une salle minuscule, toujours bondée, même aux heures tardives. La clientèle (jeune) vient ici chercher, sur fond de country music, une ambiance cool, des plats très "basic" à petits prix. N'hésitez pas consulter les petites annonces.

THE CLOISTER CAFE. 238 East 9th St. (entre Second et Third Ave)   **777 1447**
Ouvert tous les jours. Minimum 10$ par personne. Pas de C.C.
Les vitraux à thème religieux autour de la salle du restaurant donnent une impression de cloître, confirmée par la cour pavée comme on en trouverait en Europe. A l'ombre de grands arbres, rafraîchie par le lierre, avec des gargouilles crachant leur petit jet d'eau, au son de la musique classique, ambiance relax pour un public jeune aimanté vers cette oasis non seulement pour son calme, mais pour ses prix très raisonnables (capuccino à 2.25$, sandwichs 6-7$, hamburgers 5-7$, plats 7-10$ et énorme salade de fruits frais à 6.95$.

DANAL. 90 E. 10th St. (entre Third et Fourth ave)   **982 6930**
Cartes de crédit acceptées. Horaires complexes : déjeuner, thé et dîner le jeudi et le vendredi. Brunch à partir de 11h30, thé et dîner les samedi et dimanche. Fermé le lundi, mardi et mercredi.
Situé à deux pas de St. Mark's Place, cet endroit est un "havre de paix". Oui, vraiment ! On se sent un peu à la maison, et les moindres détails sont arrangés avec beaucoup de goût. A l'origine, Danal était une boutique d'objets décoratifs pour la maison. Cet endroit s'est peu à peu transformé en salon de thé, puis en restaurant. On y sert le meilleur café au lait de New York dans de jolis bols qui évoqueront des souvenirs d'enfance. Nous vous recommandons l'Afternoon Tea où, pour 15$ tout compris (taxe et pourboire), vous dégusterez un assortiment de mini-sandwichs servis à volonté, de même que de savoureuses pâtisseries, sans oublier 45 variétés de thé. Margot a toujours une surprise dans ses fourneaux. Et l'été, il y a un charmant jardin ouvert.

FRUTTI DI MARE. 84 East 4th St.   **979 2034**
Tous les jours à partir de 11h. Compter 20$ par personne. Paiement en espèces.

Ouvert en 88, ce nouveau venu sur la scène italienne est l'un des restaurants
"élégants" de l'East Village. Il ne déparerait pas, 80 blocs plus haut, dans l'Upper
East Side, le quartier des restaurants pour yuppies. La clientèle, genre bohème,
y est moins froide et moins coincée. Deux colonnes doriques et une ribambelle
de petits ballons noirs accrochés par la queue au plafond : voilà pour le décor.
On vous offre d'office une salade en entrée. La carte est simple : tomate-
mozzarella (4$), calmars frits (5$), aubergines farcies (6$). Les plats principaux
sont copieux avec une grande variété de pâtes (6-8$), le veau à la parmesane
(9$), l'osso bucco (8$) et, bien entendu, un assortiment de crustacés et poissons
dont les prix n'excèdent pas 10$. La musique pas trop assourdissante. Derrière
les grandes baies vitrées, c'est la faune du quartier et son défilé d'excentriques,
entre la 2e avenue et la 4e rue.

INDOCHINE. 430 Lafayette St. (tout près d'Astor Place)   **505 5111**
*Dîner uniquement du lundi au dimanche. Cartes de crédit acceptées. 35$
environ.*

Il eut son heure de gloire il y a quelques années, mais reste un excellent
restaurant de cuisine vietnamienne et cambodgienne, avec, en prime l'influence
française. Le décor est tropical et généreusement fleuri. Les serveurs sont
également exotiques. Les salades sont variées et les poissons à recommander.
Bien sûr, il faut essayer plusieurs plats : le Bi Coun (raviolis vietnamiens à la
vapeur) et une autre spécialité, Nhon Ban Kann, qu'on vous laisse découvrir. La
clientèle est très "Downtown", mélange international d'artistes et de musiciens.
Un vrai délice pour le palais dans une atmosphère stylée.

JERRY'S 103. 103 Second Ave (et angle East 6th St.)   **777 4120**
*Ouvert tous les jours à partir de 11h, minuit en semaine, 4h du matin le week-
end. Compter 30$ par personne. C.C. : Visa ; Am.Ex. ; M.C.*

Cousin du Jerry de SoHo, ce Jerry-là n'offre pas, lui non plus, un grand intérêt en
matière de décor. C'est un assez vaste espace couleur crème et jaune avec des
tables espacées et une musique plutôt en sourdine. L'intérêt réside donc
ailleurs puisque Jerry est plein. On peut imaginer trouver l'explication dans son
assiette avec une cuisine américaine correcte quoiqu'un peu chère pour des
portions parfois serrées : c'est en fait ce quelque chose qui fait la mode et qui
dure ce que durent les saisons de la mode à New York.

KATZ. 205 East Houston St. (au coin de Lulow St.)   **254 2246**
Pas de C.C. Du dimanche au jeudi de 7h à 23h ; vendredi et samedi de 7h à 1h.

Situé en plein cœur du Lower East Side, ce delicatessen est une institution de la
communauté juive new-yorkaise. Depuis 1888, le décor n'a pas beaucoup
changé. Dans cette immense salle, sorte de cantine, on se prend un instant pour
un pauvre immigé d'Europe centrale. Il y a dans ce lieu non seulement une
"âme" particulière, mais aussi un des meilleurs pastrami et corned beef de la
ville. Vous prenez un ticket à l'entrée, puis vous vous dirigez vers un comptoir,
où une abondance de charcuterie vous attend. Une halte indispensable pour
s'imprégner du vieux New York.

KIEV. 117 Second Ave (et East 7th St.)   674 4040
Ouvert tous les jours 24/24h. Compter 15$ par personne.
Ouvert en 1978, cet "International Coffee House Restaurant" est vite devenu une institution et cela se sent : Kiev est le lieu de passage de la faune de l'East Village. Tout en longueur, avec ses serveurs(euses) à la fois détendus et efficaces, parlant l'ukrainien, et ses clients ayant parfois la tête de toutes des dérives dans une ville propice au lunatisme, Kiev appelle le souvenir de Ginsberg, Kerouac, Gregory Corso, Neal Cassady... La carte est longue comme une nuit de la Saint-Jean (bortsch froid, pizojki, poulet à la Kiev, schnitzel, gâteaux aux pommes comme en concoctaient les grands-mères juives au temps des ghettos avant l'Amérique).

LANZA. 168 First Ave 674 7014
Ouvert tous les jours de 12 heures à 23 heures (jusqu'à minuit le dimanche)
Un restaurant italien ouvert au début du siècle. Le dernier de la famille Lanza est mort recemment et le style de la cuisine a évolué : de rustique, il est devenu "nouvelle cuisine". Lanza reste d'un bon rapport qualité-prix.

MEE. 219 First Ave 995 03 33
N'accepte que la carte American Express.
C'est peut-être le meilleur restaurant de nouilles chinoises en dehors de Chinatown (et pour certain, c'est le meilleur). Les grands bols de soupes, avec un choix de 7 types de nouilles différentes, et de la viande ou des fruits de mer, sont à 95 cents ! Essayez les raviolis aux légumes (3$95 les 6).

McSORLEY'S OLD ALE HOUSE. 15 East 7th St.   473 9148
Paiement en espèces.
Ouvert en 1854 et toujours tenu par la même famille, ce vrai bistrot de New York s'est rendu célèbre pour son refus obstiné d'accepter une clientèle féminine. Sa résistance acharnée a dû céder en 1974. Aujourd'hui elles sont là, et bien présentes, et les souvenirs de la ségrégation sont révolus. Ses deux salles sont chaleureuses comme un pub irlandais. L'hiver, un poêle à charbon répand sa douce tiédeur ; sciure au plancher, odeur un peu sure de la bière ; aux murs, photos et portraits de tous les présidents des USA avec un bric-à-brac de tableaux, libellés, pamphlets, déclarations, vieux chapeaux, vieilles pintes... Les tables de bois rondes et le bar en bois sombre en ont entendu des vertes et des pas mûres sur la politique... et les femmes. La bière est excellente, l'ambiance au diapason. On peut y dîner simplement pour pas cher.

MILON. 93 First Ave (entre East 5e et 6e St.)   228 4896
Ouvert tous les jours déjeuner-dîner. Compter 15$ par personne.
Sur la 6e rue, entre la 1ère et la 2e avenue, les restaurants indiens se succèdent. Un peu à part, Milon est sans doute le meilleur et le moins cher de la liste. Dans une agréable salle tendue de rouge et toute en longueur, au premier étage, sont proposés des plats colorés et fins accompagnés de la merveilleuse musique du Bengale. Au programme, des spécialités de cet état : curry masala (légumes, bœuf, mouton, crabe, crevettes, poulet) ; bhuna masala ; kurma masala et vindalooshag masala (plats fortement épicés) ; tandoori, spécialités de la maison (à base, notamment, de lentilles et d'épinards) et desserts, dont le fameux kulfi, une crème glacée. La cuisine est authentique et le service discret et amical. Naturellement, on vous sert le lassi (yogourt fouetté). On se croierait en Inde.

MI TENAMPA. 150 East 14th St. 475 3795
Le meilleur guacamole de New York est fait à votre table dans une Jarre en pierre avec un pilon. Une authentique cuisine mexicaine mais l'endroit est "basic" : des chaises et des tables

NOHO STAR. 330 Lafayette St. (et Bleeker St.) 925 0070
Tous les Jours dès 8h du matin (breakfast), déjeuner à partir de 11h30 (en musique classique), dîner Jusqu'à minuit, brunch le dimanche. Compter 25$ par personne.
Le décor est engageant avec ses colonnes peintes, ses mosaïques de faïences, ses larges baies vitrées, son parterre de marbre et ses jolies tables de bois devant une cuisine à vue. NoHo Star est l'un des restaurants les plus courus de ce nouveau quartier de NoHo et l'East Village, entre yuppies, bourgeois, artistes, Jeunes talents. L'ambiance est décontractée, mais de bon goût, comme la cuisine, saine et simple : poitrine de poulet à la coriandre, poitrine de canard au gingembre, fruits de mer, soupes, sandwichs, et un menu... chinois ; au dessert, le pudding au tapioca est délicieux.

POLONIA. 110 First Ave 777 8842
Ouvert tous les Jours de 6h à minuit. Paiement en espèces. Compter 15$/pers.
Si vous êtes fauché, ce restaurant (polonais comme son nom l'indique) est l'endroit où dépenser 5$ par personne en estimant qu'on n'a été trompé ni sur la quantité (les soupes sont considérables) ni sur la qualité (la cuisine est faite maison). L'endroit ne paie pas de mine, il n'y a franchement aucun décor, on se croirait dans une ville de province en Pologne, mais la clientèle rassemble des jeunes marginaux et de vieux exilés du pays de Walesa. L'équipe est souriante et timide. Une adresse modeste, mais sympathique, de la Polish Connection dans le Lower East Side.

SECOND AVE DELI. 156 Second Ave (et East 10th St.) 677 0606
Une institution depuis 30 ans et pour beaucoup le meilleur "delicatessen" de New York. Comme chez Goldenberg à Paris, il y a là une clientèle variée : acteurs, vieux habitués, marginaux, visiteurs... ou diplomates de l'ONU. Le personnel est attentif et familial. On se sent chez soi, dans ces grandes salles animées et plaisantes, dédiées à la mémoire d'acteurs Juifs (les théâtres abondaient à cette hauteur de la 2e avenue). L'atmosphère évoque le temps où venaient s'abattre sur le Lower East Side des vagues d'émigrants ashkénazes. Comme si le souvenir en était perpétuellement ravivé, voici des spécialités revigorantes et fortes : le foie haché, la soupe aux champignons, le fin et riche tchoulent, qui est aux Juifs des pays de l'Est ce que le cassoulet est aux Français, le pudding, le "cheese cake" exquis, le strudel aux pommes tièdes... Et, bien entendu, des vins kasher comme la nourriture.

TIME CAFE. 31 Lafayette St. (au coin de Great Jones St.) 533 7000
Ouvert tous les Jours de midi à minuit. Cartes de crédit acceptées. Prix des plats principaux entre 9$ et 16$.
C'est simple, vous venez de dévaliser Tower Records - le plus grand magasin de disques de New York, ouvert tous les Jours de l'année Jusque très tard le soir - et vous avez un petit creux. Vous ne pourrez pas rester insensible au charme de cet espace, sorte de loft, avec colonnes et immenses ventilateurs accrochés au haut plafond.

C'est certes un peu froid, mais une fois bien installé, vous pourrez découvrir une cuisine d'inspiration californienne, originale, naturelle et parfois audacieuse. Les soupes et les poissons sont excellents ainsi que le vin, californien, évidemment. La clientèle est branchée et décontractée à la fois. Il y a également un "coin deli", si vous voulez faire quelques emplettes.

VESELKA RESTAURANT. 144 Second Ave (et 9th St.)   228 9682
Ouvert tous les jours de 10h à 19h. Compter 15-17$ par personne. Pas de C.C.
C'est toute la Pologne et l'Ukraine qui se trouvent là, dans ce rendez-vous bohémien où on mange très tôt ou très tard des plats traditionnels : crêpes, beignets de pomme de terre, soupes, pâtisseries.

Union Square

AMERICA. 9 East 18th St. (entre Fifth Ave et Broadway)   505 2110
Ouvert tous les jours. Déjeuner et dîner. C.C. : Visa ; M.C ; Am.Ex. Compter 23$ par personne.
Grand comme un porte-avion, murs jaune pâle, zigzags fluos blancs et rouges au plafond : America, ouvert en 1985, mérite bien son nom. La salle évoque aussi le parterre d'un théâtre puisqu'il faut traverser une large allée entre les tables pour atteindre le bar, rectangulaire, de sorte qu'on se fait face (ce qui est assez inhabituel) tout en dominant le restaurant d'une scène dix fois plus grande que celle du Poche-Montparnasse. Entre les hors-d'œuvre, les salades, les entrées, les sandwichs, pâtes, pizzas et desserts, comptez pas moins de 170 possibilités de vous nourrir tout en vous nourrissant du spectacle. Si l'ambiance devenait trop chaude, la 14e caserne des pompiers de New York est située exactement sur le trottoir opposé.

BOOK-FRIENDS CAFE. 16 West 18th St. (entre Fifth et Sixth Ave)   255 7407
Ouvert : lundi-vendredi de 10h à 19h ; samedi-dimanche de midi à 19h. Principales C.C. acceptées. Compter 20$ par personne.
Cela ressemble à une petite librairie de province, avec ses murs verts, ses fauteuils victoriens, son plancher de bois, et ses présentoirs de livres (essentiellement des éditions des années 1890-1940, dont beaucoup concernent New-York). Installez-vous, feuilletez. Mieux : mettez-vous à table. Les plats sont simples : salade niçoise (8$), soupe minestrone (4$), salade de poulet (7$), fusillini (8$). Les desserts sont comme les faisait GrandMa et la tarte aux pommes et noix avec crème aigre-douce est délicieuse. Pour deux, il vous en coûtera 30$, et le double en livres.

COFFEE SHOP BAR. 29 Union Square West (coin 16th St.)   243 7969
Ouvert tous les jours 24/24h. Petit déjeuner lundi-vendredi à partir de 6h du matin. Compter 20$ par personne. Principales C.C. acceptées.
Si vous voulez voir (et éventuellement essayer de rencontrer) des "beautiful people", déjeuner entre amis dans l'une des deux salles de restaurant ou dîner en solitaire au bar (cuisine d'inspiration brésilienne : salades, soupes, omelettes, gâteaux, sandwichs, pains de fromage, viandes et une orgie de cocktails) ou encore découvrir les folles soirées des week-ends, cet établissement toujours bondé ne vous laissera pas indifférent. L'influence est brésilienne, et il y a assez d'espace (dont un bar discret, au fond) pour trouver ambiance à son goût.

METROPOLIS CAFE. 31 Union Square West (coin 16th St.)   675 2300
Ouvert tous les jours. Déjeuner, dîner. C.C. : Visa ; Am.Ex. ; M.C. Compter 35$ par personne.

Très beau, c'est un de ces vastes bâtiments pour croisières conviviales (et culinaires) comme on n'en trouve que dans ce périmètre décidément très prisé où les banques et bureaux reconvertis dans la restauration font les délices des amateurs d'espaces étonnants. Ici murs et sol sont de marbre blanc - celui d'une banque datant de 1902 - comme les colonnes. Le bar, élevé sur une estrade, est petit, mais doublé d'une scène pour les joueurs de jazz au milieu des plantes. La salle est prolongée, côté rue, d'une longue terrasse donnant sur le Coffee Shop voisin, encore plus animé. La nuit, entre la musique et les éclairages, Metropolis a vraiment de la classe. Le brunch du dimanche (20$) est une valeur sûre, et à la belle saison il y a une terrasse.

PRIX FIXE. 18 West 18th St. (entre Broadway et Seventh Ave)   675 6777
C.C. : Visa ; M.C. ; Am.Ex. Compter 30$ par personne.

Avec ses huit colonnes de faux marbre, ses deux grands chandeliers (achetés dans une salle de vente aux enchères), ses murs couleur vert amande et ses garçons en veste rouge et pantalon blanc, Prix Fixe (c'est la philosophie de la maison) a un charme fou qui ne tient pas nécessairement à son service. La salle est vaste, mais nuancée par une lumière savamment diffusée, l'accueil décontracté et la cuisine, américano-italienne subtile mais servie en trop petites quantités. Le lunch est 18$, le dîner à 21$ ou 36$. L'endroit présente l'intérêt supplémentaire de n'être pas bruyant, ce qui permet de converser aimablement avec de jolies clientes venues, en voisines, siroter des cocktails dont les couleurs chatoyantes font frémir l'ambiance très pastel d'un établissement qui a trouvé sa nouveauté dans la nostalgie.

UNION SQUARE CAFE. 21 East 16th St.   243 4020
Ouvert du lundi au samedi 12h-14h30, 18h-22h. Fermé le dimanche. Principales C.C. acceptées. Compter 45$ par personne. Réservation recommandée.

Les New-Yorkais gastronomes et amateurs de cuisine américaine (celle-ci est d'inspiration nord-californienne) raffolent de ce restaurant élégant et cependant décontracté où on peut avoir l'une des meilleures bonnes surprises culinaires de Manhattan. La salle est grande, décorée de tableaux de peintres contemporains, et le service aimable et professionnel ; quant à la carte, elle se signale par son inventivité : parmi les entrées (appetizers), les calmars frits avec mayonnaise d'anchois épicée, la salade de légumes frais avec jambon et fromage de chèvre, la polenta grillée aux foies de poulet, champignons et parmesan. Union Square Café propose un plat différent pour chaque jour de la semaine et certains plats spéciaux (canard au citron avec poire cuite dans le miel et flan d'épinards, filet mignon de thon avec aubergines grillées, cailles rôties aux champignons, petites pommes de terre... Une étape gastronomique de qualité à des prix recommandables.

MESA GRILL. 102 Fifth Ave. (entre 15e et 16e rues) 807 7400
Fermé le dimanche. Principales C.C. acceptées. Compter 25$ par personne.

Pas vraiment à Union Square, mais du côté du Flatiron District, le quartier qui monte Downtown, ce restaurant tout neuf est superbe dans son espace magistral et son décor de colonnes rouges et vertes sur fond de murs jaunes et de plafond étoilé. Le chef, Bobby Flay, est célèbre pour la nouvelle cuisine du sud qu'il pratique magistralement. Epices et ambiance.

Gramercy

LES HALLES. 411 Park Ave South (entre 28th et 29 St.) 679 4111
Ouvert tous les jours de midi à minuit. Réservation conseillée. Compter 35$ par personne. C.C. : Visa ; Am.Ex.

Situé dans un quartier de bureaux où sont installés imprimeurs, studios de photographes et ateliers de photogravure, ce nouveau restaurant français est devenu à la mode dès son ouverture (en novembre 1990) et il ne semble pas qu'il démérite. Clientèle d'affaires au déjeuner et, pour dîner, une foule de curieux élégants et gastronomes venus s'immerger dans le ventre de Paris transplanté sur Park Avenue. Derrière la large vitrine de l'établissement, passé l'étal des viandes présentées (de manière supportable) comme dans une boucherie, l'endroit frappe d'emblée par sa bonne ambiance de voix et de jazz, ses murs couverts de photos de Fernandel et ses reproductions publicitaires de trognes gauloises présentant des produits du terroir qui excitent les pupilles et les papilles des Manhattanites. Le menu (avec traduction en anglais) est consacré aux viandes très choisies et fort bien préparées : navarin d'agneau, steak au poivre, onglet, filet de bœuf béarnaise, entrecôte Bercy, bavette à l'échalote, gigot d'agneau... En entrée, poireaux vinaigrette, assiette de charcuterie, soupe à l'oignon, salade de confit de canard. Pour le dessert, des pâtisseries. Le service est efficace et professionnel, la carte des vins accessible, la clientèle intéressante (avec beaucoup de jolies filles). Un ensemble fort honorable dans la lignée des nouvelles exigences new-yorkaises : manger sérieusement pour des prix raisonnables.

VILLA LULU. 235 Park Avenue South. NY 10003. 529 4771 - Fax 533 7596

"Le Café Iguana mentionné dans votre deuxième édition est remplacé par un restaurant italien. La décoration intérieure est très soignée et les prix raisonnables. Prévoir une assiette pour deux, car les plats sont plus que copieux. La patronne est très sympathique. Ambiance assurée." E. Nassau, Mondelange.

MADRAS PALACE. 104 Lexington Ave (entre 27th et 28th St.) 532 3314
Ouvert tous les jours déjeuner-dîner. C.C. : Visa ; Am.Ex. Compter 20$ par personne.

La cuisine du sud de l'Inde est difficile à commenter, elle varie d'une région à l'autre et quasiment d'une ville à l'autre. Mais ce restaurant est l'un des seuls à New York à servir une authentique cuisine végétarienne du sud, et c'est le seul restaurant indien kasher de Big Apple. Le cadre n'a rien de cossu (il est même plutôt austère), mais de nombreuses familles indiennes viennent y manger et c'est bon signe. La cuisine est très épicée, mais délicieuse. Une adresse pour gens avertis.

PETE'S TAVERN. 129 East 18th St. (et Irving Place) 473 7676
Ouvert tous les jours déjeuner-dîner. Principales C.C. acceptées. Compter 15$ par personne. Brunch samedi et dimanche à 15$.

Ouverte en 1864, c'est l'une des plus vieilles tavernes de New York et son décor d'époque apparaît dans plusieurs films, notamment Ragtime. Pour avoir abrité les réunions politiques des membres du Tammany Hall, la taverne est devenue célèbre.

Au temps de la prohibition, c'était un "speakeasy" réputé : on entrait chez le fleuriste voisin et après avoir traversé une chambre froide on se retrouvait dans les vapeurs d'alcool. Pete's Tavern s'enorgueillit aussi d'avoir été le cadre de travail du populaire écrivain O'Henry. Aujourd'hui, cette taverne, située près du beau parc privé de Gramercy, continue d'avoir ses vrais habitués, tout en accueillant les célébrités dont les innombrables photos ornent les murs. Avec ses trois grandes salles en enfilade, son vieux bar, son plafond d'étain noirci par la fumée, l'endroit évoque irrésistiblement le pub irlandais qu'il n'a jamais cessé d'être. On y vient pour l'atmosphère des lieux, pour un verre avec les gens du quartier, et surtout entre amis pour le brunch (11h-16h) aux excellentes gaufres épaisses (waffles) recouvertes de confiture.

THE SONIA ROSE. 132 Lexington Ave (et East 28th St.) 545 1777
Ouvert lundi-samedi déjeuner, dîner. Prix fixe déjeuner : 18.5$; dîner : 29 $.
Principales C.C. acceptées. Réservation recommandée.

Au cœur du petit quartier de Murray Hill, cet adorable restaurant situé au rez-de-chaussée d'une maison particulière ressemble à une crèche culinaire. Avec onze tables à peine, c'est un lieu idéal pour un tête-à-tête. The Sonia Rose propose des menus inventifs conçus au jour le jour : saucisse chaude à l'ail, soupe pot-pourri de légumes biologiques, saumon fumé de Norvège avec crème fraîche et caviar, lotte sautée, roulade de poule et crevettes, gigot aux fines herbes. La salle est joliment décorée de photos artistiques et correspond en bien des points au besoin d'intimité romantique tant à la mode à New York.

Chelsea

CHELSEA COMMON'S. 242 Tenth Ave (et 24th St.) 929 9424
Ouvert tous les jours de 11h à 4h du matin. C.C. : Visa ; Am.Ex. Compter 20$ par personne.

Si vous vous baladez du côté de l'Hudson, ce pub, avec son joli décor de plantes vertes derrière des baies vitrées et ses tables de bois verni, semble attendre quelque écrivain de fiction venu chercher l'inspiration du côté du fleuve. C'est l'un des vieux pubs de Manhattan et ses deux salles en enfilade donnent sur un jardin, à l'écart des grandes migrations de la mode. Il n'empêche : c'est là, romantique, discret, un rendez-vous d'habitués ménageant des surprises, compte tenu de son heure de fermeture tardive, et en dépit de sa cuisine américaine "basic".

CHELSEA SQUARE. 368 West 23rd St. (et Ninth Ave) 691 5400
Ouvert tous les jours : breakfast, déjeuner, dîner, souper. Paiement en espèces.
Compter 20$ par personne.

Typique restaurant de quartier avec sa cuisine abondante, variée (poissons, poulet, viandes, pâtes). L'ambiance y est quasiment familiale - c'est un restaurant d'habitués - et le service diligent.

EL QUIJOTE. 226 West 23rd St.   929 1855
*Ouvert tous les jours jusqu'à minuit ou plus tard le week-end. Principales C.C.
acceptées. Compter 25-30$ par personne.*

C'est le plus vieux restaurant espagnol de New York (il a 60 ans) et il est réputé
pour son atmosphère informelle et amicale (c'est peut-être pourquoi les
politiciens aiment y venir dîner). Manny Ramirez, qui proclame être un
descendant en ligne directe de Don Quichotte, a eu l'idée de monter une
flottille de pêche pour fournir à sa clientèle des produits frais et abondants :
fruits de mer et langoustes servies en d'énormes proportions. Le café espagnol
est une surprise et la carte des vins (exclusivement espagnols) est pleine de
trouvailles. Le service est attentif, les salles grandes et chaudes, et il n'est pas
impossible d'entendre un client du bar pousser une romance (espagnole, bien
entendu).

EMPIRE DINER. 210 Tenth Ave (angle West 22nd St.)   243 2736
*Ouvert tous les jours 24/24h. Brunch de 12h à 16h. Compter 20$ par personne.
C.C. : Visa et MC.*

Il y a le brunch, qu'on peut prendre agréablement l'été sur la terrasse, avec en
prime le décor de la très jolie 22e rue. Et il y a les dîners très tardifs qui
réunissent par vagues successives un flot continuel de noctambules venus de
tous les horizons de la fête dans leurs curieux habits de nuit. L'Empire ne
ressemble qu'à lui-même : en forme de wagon-restaurant, verre et métal, c'est
un petit chef-d'œuvre Art déco et on ne peut qu'avoir de la sympathie pour le
lieu. Malgré la longueur du menu, la cuisine ne mérite pas 1/2 étoile (soupes,
snack, salades, viandes, œufs, sandwichs, desserts) mais peu importe : après une
nuit de danse, on avale n'importe quoi. Pour les amateurs de bières, la liste est
intéressante (dont la Samuel Adams Boston Lager, la meilleure bière US). Dans les
taxis qui s'arrêtent devant cet Empire tout illuminé, il y a toujours une pochette-
surprise, cover-girl éméchée, exilé sud-américain, cuir gay, couple chic d'Harlem
ou jeune secrétaire sexy de Brooklyn... Musique de piano pendant les repas.

LOLA. 30 West 22nd St. (entre Fifth et Sixth Ave)   675 6700
*Ouvert tous les jours pour le dîner en musique, du lundi au samedi (18h-minuit).
Brunch (compter 25$ par personne) le dimanche : 11h30-15h30 avec deux shows
(midi et 14h). C.C. : Am.Ex. Réservation recommandée.*

Avec ses murs couleur saumon décorés de dessins des rues et des plus beaux
coins de Manhattan, la salle en L est vaste et un piano trône sur une estrade au
fond, au-delà du bar. Il y a beaucoup d'ambiance dans cet endroit élégant
ouvert en 85 par William Manning et Lola (Bell), qui l'ont voulu "funky et chic", et
qui reste très à la mode depuis que des chanteurs de spirituals viennent chanter
le soul durant le brunch du dimanche. D'où une clientèle fort mélangée, avec
une bourgeoisie noire attirée par la musique et l'"âme" du lieu. Le soir, on dîne
(cuisine américano-caraïbe) au son d'un orchestre américano-caraïbe de reggae.
Une particularité : les toilettes, laquées de noir, ont une télévision murale
diffusant des films classiques américains.

LOX AROUND THE CLOCK. 676 Ave of the Americas (et 21st St.)   691 3535
Ouvert de 8h à 4h du matin, du dimanche au mercredi, 24/24h jeudi, vendredi et samedi. C.C. : Am.Ex. Compter 20$ par personne.

Une grosse horloge au-dessus du bar avec un saumon faisant le tour du cadran : voilà pour la principale attraction décorative de cet entrepôt passé à la chaux jaune paille. La nourriture est abondante mais plutôt massive : les œufs, les pirogki (chaussons farcis de pommes de terre, viande ou fromage) et le saumon constituent les valeurs culinaires les plus sûres de l'établissement. La raison de son succès ? à mi-chemin entre le Village et Midtown, on peut s'y restaurer pratiquement à n'importe quelle heure du jour et de la nuit. Ce qui attire une clientèle très variée, gage d'une ambiance imprévisible selon les heures. Le brunch est très couru.

LUMA. 200 Ninth Ave (entre West 22nd et 23rd St.)   633 8033
Ouvert : tous les jours, dîner : 17h30-23h. C.C. : Visa, C.B. et D.C. Compter 30$ par personne. Réservation recommandée.

Elégant restaurant fréquenté par une clientèle avertie (Madonna y vient régulièrement), Luma propose une nourriture biologique "révolutionnaire" selon la presse new-yorkaise. De fait, les plats réservent de très agréables surprises en matière de présentation et de goût. Biologique n'est pas diététique : tous les produits, viandes et poissons, proviennent de fermes avec lesquelles Gino Diaferia, le propriétaire, entretient des liens privilégiés. Ces produits ne sont pas traités. De même, tous les ingrédients sont naturels. Les pâtes sont cuites dans de l'eau filtrée. Les soupes sont maison et les légumes de saison. Vous avez le choix entre des entrées végétariennes et des pizzas au four, la truite des Catskills avec pommes de terre nouvelles, carottes naines et choux de Bruxelles ou le saumon avec pâté de millet et sauté de champignons. Il y a une intéressante carte de vins, des desserts originaux et une ambiance calme. Bien entendu, on ne fume pas.

OLD HOMESTEAD. 56 Ninth Ave (entre 14th et 15th St.)   242 9040
Ouvert tous les jours déjeuner, dîner (jusqu'à minuit). Principales C.C. acceptées. Compter 50$ par personne.

Dans les années 50, ça ne désemplissait pas : c'était peut-être le Vattier du quartier de la viande, sur la 14e rue. La "une" du menu, calèches et couples en costumes d'époque, rappelle l'âge de cet établissement, né en 1868, et toujours reconnaissable la nuit à sa devanture brillamment éclairé avec portier à l'entrée et parfois quelques grosses limousines. Définitivement pour amateurs de viande, le Old Homestead jouit de sa proximité des grossistes et propose, à des prix qui n'ont rien de donné, ses spécialités de steaks, présentés en portions énormes : le chateaubriand pour deux (45$) avec légumes frais du jour, sauce béarnaise, tomates grillées et pommes de terre, le "heavy cut boneless sirloin steak" (30$), le "boneless sirloin steak" (25$), le "portherhouse steak" (27$), le "prime filet mignon" (28$), et le "roast prime ribs of beef" "heavy cut" ou "extra heavy cut" (28-30$). L'établissement insiste sur la qualité de ses viandes scientifiquement vieillies durant quatre semaines. Les desserts ont les proportions des steaks et la salle, si elle n'est pas trop vide (ou trop pleine) invite à ces larges mastications cannibales.

Midtown

ALO ALO. 1030 Third Ave (coin 61th St.)   838 4343
Ouvert tous les jours de 12h à minuit. Compter 30$ par personne. C.C. acceptées.

Ouvert en 1985 et décoré par Adam Thiany, c'est un endroit très moderne et fréquenté par les gens du quartier. A midi viennent ceux qui travaillent dans les "arts décoratifs", le soir s'y retrouvent les jeunes "fils à papa", des businessmen et de jeunes femmes d'affaires. On y voit parfois Brooke Shields, Gabriela Sabatini et Ashford Simpson. L'ambiance est un mélange Giorgio Armani avec un soupçon des Brooks Brothers. Le bar est très fréquenté et la clientèle assez jeune pour être qualifiée définitivement de "yuppie". On pourrait peut-être faire de bonnes connaissances. Le menu est nouvelle cuisine italienne : asperges avec avocats en sauce vinaigrette ; gnocchi aux épinards et aux tomates ; carpaccio avec arugula et parmesan ; saumon ; thon et raviolis.

LA BONNE SOUPE. 48 West 55th St.   586 7650
Ouvert lundi-samedi déjeuner et dîner. Principales C.C. acceptées. Compter 20$ par personne.

Ce "bistrot français", comme on s'en doute, est surtout fréquenté à l'heure du déjeuner par les hommes d'affaires et les amateurs de shopping. Le service n'est pas aimable à 100%, mais le programme culinaire est financièrement acceptable, et c'est une bonne étape régulièrement fréquentée par les Français de New York.

"En consultant l'édition 92 du "Petit Futé", je relève une erreur concernant les horaires du restaurant. Nous sommes également ouverts le dimanche de 11h30 à 23h, ce qui fait que nous sommes au service de notre clientèle 7 jours/7. D'autre part, après pas mal de rénovations dans le restaurant, nous célébrons cette année nos 20 ans d'anniversaire dans le business à la même adresse. Inutile de vous dire que dans une ville comme New York, cela tient de la prouesse, qui n'a été fondée que sur des prix raisonnables, une nourriture fraîche et appétissante qui tient compte aussi bien de la cuisine classique française que des plats nouveaux." J.-P. Lefevre.

BRASSERIE. 100 East 53nd St. (entre Park et Lexington Ave)   751 4840
Ouvert tous les jours 24/24h. Compter 25$ par personne. Principales C.C.

Insomnie dans votre chambre d'hôtel de Midtown ? Envie de vous mêler à la foule des noctambules qui viennent y apaiser leurs fringales avant, après ou entre deux night clubs ? Curiosité de vous joindre aux cadres supérieurs et autres "executives" qui viennent déjeuner ici entre 13h et 14h (les déjeuners d'affaires sont rapides, en Amérique, on leur préfère les dîners) ? Nostalgie d'une choucroute ? La Brasserie répond à toutes ces hypothèses, à toute heure du jour ou de la nuit : soupe à l'oignon, pâté de canard au calvados, quiche lorraine, entrecôte, espadon grillé, poulet rôti, desserts. Un brunch abondant le dimanche, et pour les solitaires,un agréable et vaste comptoir.

Renseignements 44 08 24 24

P.J. CLARKE'S. 915 Third Ave (et 55th St.)   759 1650
Ouvert tous les jours de 10h à 22h. Principales C.C. acceptées. Compter 25$ par personne.

Avec sa façade rouge, Clarke's fait figure de rescapé : les gratte-ciel ont grignoté le terrain tout autour et les jolies rues ont disparu ; demeure ce qu'on appelle une "landmark" (un point de repère dans l'histoire de Manhattan). La nourriture (américaine) n'y est plus aussi bonne qu'autrefois (burgers, steaks), mais ce vieux bar/restaurant est toujours le lieu de rendez-vous des gens de la pub, et à midi l'ambiance y est animée.

GALLAGHER'S. 228 West 52nd St. (entre Broadway et Eighth Ave)   245 5336
Vous êtes un carnivore inpénitent et les étalages de quartiers de bœuf à l'honneur dans la chambre froide à l'entrée, loin de vous mettre mal à l'aise, vous ouvrent l'appétit. Faites donc comme les célébrités du sport, du spectacle ou comme les businessmen qui, depuis des générations, viennent s'attabler dans cette institution du quartier des théâtres. Cette fameuse "steakhouse" ne sert que de la viande (bœuf, porc, veau, poulet) en énormes portions, mais aussi du poisson, des fruits de mer, des langoustes, et enfin, s'il reste de la place, de gigantesques desserts typiquement américains. Le meilleur moment pour se rendre dans ce temple anti-végétarien est le midi (pour le spectacle des hommes d'affaires) et surtout le soir, si possible vers 22h, après le théâtre.

HARD ROCK CAFE . 221 West 57th St.   459 9320
Ouvert tous les jours déjeuner et dîner jusqu'à minuit. Principales C.C. acceptées. Compter 25$ par personne.

C'est une telle institution de New York qu'un jour ou l'autre on y atterrit pour voir de près ce musée vivant de la culture rock et de la mythologie des années 60, qui, de manière significative, n'attire pas seulement les très jeunes. A condition d'avoir la patience de faire la queue, on entre dans un bizarre établissement qui pourrait ressembler à un gros pavillon de chasse dont les trophées seraient, non des têtes de cerfs ou de sangliers mais un invraisemblable et hétéroclite rassemblement d'objets ayant échappé à l'avidité des "fans" et autres "groupies" : guitares, chapeaux, lunettes, photos, partitions, disques ; tout cela ayant un rapport étroit avec les stars impérissables de cette musique indétrônable. Il faudrait des heures pour inventorier ces trésors, d'ailleurs hors de portée, au nombre de 250 (y compris la statue de Bouddha ?). Le Hard Rock Café fut originellement créé à Londres puis des succursales ont ouvert à Dallas, Stockholm, Tokyo, Cancun, Reyjkavik et New York, en 1984. Ainsi l'apprend-on à la lecture du "New York Guide" disposé sur les tables recensant méticuleusement, à la manière d'un catalogue, chaque objet. N'attendez pas de votre menu les mêmes surprises (il est typiquement américain), ni de la musique rock généreusement envoyée qu'elle baisse d'un décibel : on s'entend à peine, mais ça fait partie du circuit et ça change du silence des musées.

"En ce qui concerne le Hard Rock Café, faire très attention : certains serveurs (es) ont la fâcheuse tendance de croire que les Européens sont des "vaches à lait". Ils calculent largement leur pourboire, allant certaines fois au-delà des 15-20% généralement pratiqués." S. Mercier, Choisy-le-Roi.

HIDE SUKIYARI RESTAURANT. 304 West 56th St.   582 0030
Déjeuner de 12h à 14h30, dîner de 17h30 à 22h30. Fermé le dimanche. Paiement en espèces. Compter 15-25$ par personne.

Vous êtes du genre Midtown et le choix est vaste de restaurants en tous genres. Mais si vous aimez les endroits un peu secrets fréquentés par les New-Yorkais qui connaissent et apprécient qu'une cuisine authentique aille avec des prix vraiment accessibles, Hide est l'endroit où faire une halte. Situé au second étage, c'est un restaurant de cuisine japonaise servant notamment le sushi (série de petits pâtés à base de produits de la mer) (environ 10$). Pour le reste, on peut choisir au hasard (à moins d'être un spécialiste en gastronomie nippone) parmi une centaine de plats plus mystérieux les uns que les autres.

JOE ALLEN. 326 West 46th St. (entre Eighth et Ninth Ave)   581 6464
Ouvert tous les jours de midi à minuit et au-delà. Principales C.C. acceptées. Prévoir 30$ par personne.

Copie conforme des "Joe Allen" de Paris et Londres : même décor, mêmes matériaux, même disposition des lieux, et même ambiance. La nourriture aussi est identique, salades, hamburgers, sandwichs. On y va moins pour l'assiette que pour l'atmosphère : ici les serveurs sont des acteurs qui en servent d'autres. En d'autres termes, avant et surtout après le théâtre, c'est un lieu de rendez-vous d'artistes et d'interprètes, avec parfois des têtes connues.

NIRVANA PENTHOUSE. 30 Central Park South   486 5700
Ouvert tous les jours à partir de midi. Business lunch : 12.95$; Executive lunch : 5$; dîner : 22$. A la carte compter 30$ par personne. Réservation recommandée. Principales C.C. acceptées.

Il ne faut que quinze petits étages pour atteindre le Nirvāna. A la fois caverne orientale tendue de tapis et restaurant-aquarium avec sa vue royale, c'est comme une loge de Maharadja. Voici, droit devant, l'Amazonie urbaine, Central Park, ceinturée, comme dans un conte de fées, par une double rangée d'immeubles rocambolesques, muraille électrique, seigneuriale, dentelée de forteresses bourgeoises, l'avenue Foch à la puissance dix. Comme les Happy Few du Plaza voisin, vous êtes dans le décor au seuil de la forêt, mais vous êtes aussi en Inde, accueilli par les ragas inspirés de la musique classique du sous-continent. Ouvert il y a 22 ans, le Nirvana sert une cuisine pakistano-bengalaise avec pour points forts les viandes et les poissons. Au déjeuner, les "executives" des networks américains voisins, CBS et BBS, sont nombreux. Pour le dîner, on y a vu Elton John, Goldie Hawn, Liz Taylor, des acteurs de pub. Mais quelque soit le public, c'est la vue qui garde la vedette.

PLANET HOLLYWOOD. 140 West 57th St. (entre Sixth et Seventh Ave)   333 7827
Cartes de crédit acceptées.

Même pour acheter les T-shirts on fait souvent la queue avant de pénétrer dans ce temple dédié au cinéma (version Hollywood, bien entendu) qui a coûté quelque 12 millions de dollars. Ouvert en 1991, c'est devenu très vite un endroit à la mode qui est un peu au cinéma ce que le Hard Rock Café est à la musique. A l'intérieur, on s'y croit vraiment : des écrans suspendus projettent des extraits de films et derrière le bar, une fresque représente les collines d'Hollywood. L'ambiance est évidemment animée, et tout le monde est célèbre pour un soir.

Quant à la nourriture, même si ce n'est pas l'attraction principale, elle est tout à fait correcte. Les pizzas surtout sont bonnes, le reste est d'inspiration californienne et mexicaine. On vous conseille le strudel aux pommes de la Mamma Schwarzenegger (le fiston est co-propriétaire de l'endroit, avec Stallone et d'autres stars). La Caesar Salad est à 6.95$, le Hamburger à 7.50$ et le Club Sandwich Hollywood à 8.95$. Avec un peu de chance vous verrez arriver une de vos idoles. Cela vous fera oublier la queue.

TATOU. 151 East 50th St. (entre Lexington et Third Ave)   **553 1144**
Cartes de crédit acceptées.

Chic-chic. Ouvert en 90, l'endroit est rapidement devenu très prisé des New-Yorkais (enfin, des happy few de New York) qui se précipitent à ses soirées privées et à ses spectacles de cabarets, tout en s'essayant à une cuisine qui mélange acrobatiquement le Sud créole et la Nouvelle-Angleterre. Vous vous trouverez au beau milieu de vedettes de la télé, de la mode ou de la pub. Le champagne coule à flots chez Tatou, et le décor y est précieux. Le dîner avant théâtre est à 25$.

THE RUSSIAN TEA ROOM. 150 West 57th St. (entre Sixth et Seventh Ave) 265 0947
Il y a toute une aventure derrière cette légende new-yorkaise : en 1926, des danseurs exilés du Ballet impérial russe ouvrent un salon de thé. En 1932, après la prohibition, le salon se spécialise dans la cuisine russe accompagnée de toutes les vodkas imaginables. Après la guerre, un ancien professeur de chimie, Stanley Kaye, reprend l'établissement, aujourd'hui dirigé par sa veuve, Faith, une ancienne actrice : le "R.T.R." est un théâtre où on est en scène en permanence. Des stars du calibre de Liz Taylor, Mikhail Baryshnikov ou Woody Allen en ont fait, avec les "moguls" du cinéma, leur Q.G. A 10 secondes de Carnegie Hall (sur la gauche) et "6mn 23 secondes" du Lincoln Center (selon une autre légende). Voilà une Russie revue à l'américaine, avec tables roses (comme le menu au dos duquel sont expliquées les spécialités), très jolis tableaux aux murs et décoration de Noël perpétuelle. Si toutefois les prix ne vous découragent pas : blinis avec caviar ou saumon (29-65$), côtelette à la Kiev (29$), bœuf Strogonoff (30$), la salade de saumon norvégien (25.5$) comme l'omelette au caviar rouge et à la sauce aigre. Le célèbre bortsch avec pirojok reste, lui, à un prix moins aérien : 6.95$. A midi, vous n'avez pratiquement aucune chance d'être admis dans cette cage aux fauves et le soir, bien entendu, il faut réserver.

SMITH & WOLLENSKY.201 East 49th St. (et Third Ave)   **753 1530**
Ouvert tous les jours de 11h30 à 2h du matin (17h le week-end). Principales C.C. acceptées. Compter 35$ par personne.

Sous une énorme horloge - time is money -, l'ambiance, à midi, est au business saisi sur le vif : ce "steak & chop house" est un restaurant d'affaires très connu et, de ce fait, fréquenté par une clientèle essentiellement masculine. La nourriture, typiquement américaine, est excellente, mais chère (le steak à 25$) et la cave, réputée : le 15 mai 1987, les 784 caisses de la cave du Delmonico, célèbre restaurant de Wall Street, ont été vendues à Smith & Wollensky pour la bagatelle de 700 000$, soit 8 000 bouteilles de vins français datant essentiellement des années 60 ou plus ancienne encore (le Château Margaux 1947 est à 620$ la bouteille !). On peut aussi essayer les vins californiens, nombreux. Un bar à vin, superbe, perche au 1er étage et la dernière salle est illuminée par une verrière. Dans l'escalier, un énorme et magnifique poisson volant du Pacifique, tout bleu, semble bien innocent dans ce repaire de requins.

TOP OF THE SIXES. 666 Fifth Ave (entre 52nd et 53rd St.)   **757 6662**
Ouvert tous les jours pour déjeuner et dîner. Principales C.C. acceptées.
Compter 30$ par personne.

Y aller pour la vue de nuit : droit devant, Midtown s'élève en vagues successives de béton, wagons de gratte-ciel, magma pétrifié de lumières. En bas, les perpendiculaires des avenues se faufilent, animées, entre les bases colossales des monstres bureaucratiques. L'ensemble est saisissant. Moins haut que le Windows on the World, moins sophistiqué que la Rainbow Room mais avec son charme brut plus populaire, Top of the Sixes est surtout un endroit où venir prendre un verre après le bureau, à une table bien à soi (ici, il y a de la place). Pour ceux que la vue ne rassasierait pas, la carte propose des entrées (soupes à 4$, pâtes à 8$), des plats (canard rôti à la North-Carolina ou queue de langouste, 22-28$), assortis de quelques desserts, sans surprise.

TOUT VA BIEN. 311 West 51st St. (entre Eighth et Ninth Ave)   **974 9051**
Ouvert tous les jours du lundi au samedi de 12h à 15h et de 17h à 23h30 ;
dimanche de 17h à 22h. Compter 35$ par personne. Réservation recommandée.
Principales C.C. acceptées.

Situé dans le quartier des théâtres, et plus précisément dans ce qui constituait jadis le quartier français, le "Tout Va Bien" est une adresse discrète, mais sûre, de la restauration française à New York. Discrète et incontournable. Il y a cinquante ans, les marins en bordée y descendaient. Aujourd'hui, ce restaurant de charme et de bonne humeur est un lieu de rendez-vous de francophones et de francophiles. La salle, avec ses confortables banquettes de cuir rouge et ses serveuses attentives et aimables à la mode de Bretagne, est décorée de tableaux, mais surtout de photos de gens du spectacle, dont la fidélité est assurément le meilleur passeport de qualité pour ce restaurant qui sert la plus classique des cuisines françaises : filet de sole meunière, moules marinières, rognons sautés, escargots, cuisses de grenouilles, côte d'agneau, chateaubriand, authentiques vins de France et crème brûlée au dessert. Parfois un accordéoniste s'installe, on pousse les tables, on danse. Le patron, Jean-Pierre Touchart, est content de son sort, ses clients sont ses amis, tout va bien...

OYSTER BAR & RESTAURANT
Grand Central Station (entre 42nd St. et Vanderbilt Ave.)   **490 6650**
Ouvert du lundi au vendredi 11h30-21h30. Principales C.C. acceptées. Compter
de5 à 30$ par personne.

Comme la Gare de Lyon a son Train Bleu, Grand Central a son Oyster Bar, une institution bien cachée puisqu'elle se situe au sous-sol de la plus grande gare new-yorkaise. New York sans son Oyster Bar serait une huître vide. J.F. Kennedy y venait régulièrement. Dans la très belle et vaste salle créée en 1913, les plafonds sont en ogive, les carrelages alternent avec les bois sur un sol pavé de grandes tommettes et les tables recouvertes de nappes à petits carreaux blancs et rouges, mettent en appétit. L'endroit est très populaire et à midi, quand tous les bureaux voisins dégorgent leurs flots de cadres et de secrétaires, c'est un spectacle épique. Atention : le snack est meilleur marché que le restaurant. 1 800 clients chaque jour et une consommation annuelle de 1,7 million d'huîtres fraîches ! L'une des meilleures sélections de vins du pays : 125 crus californiens (de 16 à 60$ la bouteille) et, depuis peu, un bar international pour déguster du vin au verre.

Un menu qui change chaque jour, avec 75 plats différents (dont de succulentes soupes) à base de fruits de mer et de poissons. Toutes les huîtres imaginables et tous les poissons du monde : espadon, truite, poisson-chat, requin, saumon frais, saumon fumé, sole, maquereau, Saint-Pierre, raie, esturgeon, thon, loup... Des arrivages ultra-frais (pas de frigidaire dans ce restaurant qui ferme le week-end et les jours fériés, périodes de fermeture du marché aux poissons). Des recettes simples et succulentes. Un service amène, diligent et très attentionné. Une atmosphère trépidante à midi et décontractée le soir. Frais l'été et chaud l'hiver. Bref, une vraie expérience new-yorkaise et l'un des favoris du Petit Futé.

PARAMOUNT (HOTEL PARAMOUNT). 235 West 46th St. 764 5500
Ouvert tous les jours. Principales C.C. acceptées. Compter 15$ par personne.
Fatigué de la cohue de Times Square et des environs, vous cherchez un endroit calme pour déjeuner agréablement (et simplement) ? Le restaurant du dernier hôtel à la mode est le lieu idéal où vous évader à moindres frais de Manhattan tout en jouissant du spectacle non-stop d'un lobby en pleine animation. Dans une ambiance feutrée par des lumières douces, les tables sont disposées au premier étage, derrière des panneaux de verre fumé (voir sans être vu...). Et si le spectacle vous ravit les pupilles, le menu extra simple va avec le décor : excellents jus de fruits naturels ; sandwichs consistants et joliment préparés ; salades aérobiques et desserts made chez Dean & DeLuca.

CARNEGIE DELI. 854 7th Ave. (et 55th St.) 757 2245
Ouvert tous les jours à midi jusqu'à très tard le soir.
Encore une institution new-yorkaise et vous constaterez à l'extérieur, devant la file d'attente, que vous n'êtes pas seul. Mais on le considère comme le meilleur Deli de la ville et une fois parvenu, non sans mal, à l'intérieur, vous vous trouverez plongé dans la plus longue carte de spécialités juives de la ville.

LE TRAIN BLEU BLOOMINGDALE'S 705 2100
C.C. : Am.Ex. ; Visa ; D.C. ; M.C. Compter 20 à 30$ par personne. Du lundi au samedi.
Baptisé en l'honneur du célèbre train de nuit qui reliait, dès 1879, Calais et Nice, et conçu de ce fait comme un grand et confortable wagon-restaurant, c'est le lieu de rendez-vous des clients du plus élégant des "department stores" de New York. Affluence garantie et spectacle de mondaines à l'heure du déjeuner, et en semaine, pour le thé, de 15h à 17h. Nourriture continentale et vins français. La vue sur l'East Side et le Queensboro Bridge est intéressante.

THE VIEW MARRIOT MARQUIS HOTEL. 1535 Broadway (Times Square) 398 1900
Ouvert tous les jours pour le dîner (brunch mercredi et dimanche). Principales C.C. acceptées. Compter 30$ par personne.
C'est le seul restaurant tournant de New York : il fait le tour du cadran solaire à raison d'une révolution par heure, assez lentement pour qu'on s'imprègne du spectacle de Times Square. Il tourne, mais ce n'est pas la plus belle vue de New York. Le restaurant, comme l'hôtel, est démesuré. The View offre trois cuisines, américaine, française et italienne à des prix variés, vue comprise : entrées de 6 à 15$, plats de 24 à 58$ et un menu avant ou après théâtre (entre 17h-19h et 22h30-minuit) à 37$.

HARLEY DAVIDSON CAFE. 56th St. (et Avenue of the Americas)　　　245 6000.

"Je vous suggère un nouveau venu sympa : décor, cuisine, gens et fringues (tee shirt, casquettes...) décoré "Harley". C. Sedoni, Paris.

DELICATESSEN & RESTAURANT. 593 Lexington Avenue (et 52nd St.) 935 9480.

Courrier des lecteurs : "Une super adresse. Accueil hyper sympa. Un des serveurs parle français. Des prix plus que corrects. " J.-P. Peyrard, Torcy.

LEO LINDY'S. 1256 Seventh Ave. (et 50e rue) 586 8986
Tous les jours sauf dimanche.
A un bloc du Radio City Hall. Atmosphère marrante, hamburgers de qualité et gateaux au fromage reconnus. Un endroit qui en a vu de toutes les couleurs...

■ Nouvelle cuisine chinoise

Les restaurants ci-dessous sont réputés pour leur interprétation contemporaine de la cuisine traditionnelle chinoise, mais ils sont beaucoup plus chers que leurs équivalents à Chinatown. Néanmoins, si votre budget le permert et que vous soyez coincé dans cette partie de la ville à l'heure du déjeuner ou du dîner, vous trouverez une bonne place...

DAVID K'S NOODLE BAR. 209 E. 49th St.

HUNAN FIFTH AVE.. 323 Fifth Ave. (32nd St.)	**686 3366**
CHIN CHIN. 216 E. 49th St.	**888 4555**
PIG HEAVEN. 1540 2nd Ave. (80th St.)	**PIG 4333**
SHANGHAI. 1933 209 E. 49th St.	**486 1802**
SHUN LEE. 43 W. 65th St.	**595 8895**
SHUN LEE PALACE. 155 E. 55th St.	**371 8844**
TASTE OF HONG KONG. 845 2nd Ave. (45th St.)	**687 7471**
CHIAM. 160 E. 48th. St.	**371 2323**

Upper East Side

BOATHOUSE CAFE (Central Park)
Entrer dans le parc par Fifth Ave - 72th St.　　　517 2233
Ouvert tous les jours. Fermé l'hiver. Principales C.C. acceptées. Compter 25$ par personne.

La barrière d'immeubles au lointain ne laisse aucun doute : c'est le cœur de Central Park. Un petit lac, des barques, des tables sur un ponton, du soleil et de l'ombre, le calme et une cuisine italienne quelconque (hors d'œuvre à 6$, pâtes à 13-15$, viandes à 14-19$). L'été, Boathouse Café est ouvert jusqu'à 23h. Prendre le petit tramway rouge à hauteur de la 72e St. sur la 5e avenue, qui emporte et remporte les dîneurs pour leur plaisir (et leur sécurité).

CHIRPING CHICKEN
1260 Lexington Ave (et 85th St.)　　　517 9888

377 First Ave (et 22nd St.)   **529 4211**
350 Amsterdam Ave (et 77th St.)   **787 6631**
Ouvert tous les jours de midi à 22h. Paiement en espèces.

Une mini-chaîne de restaurants qui ne paient pas de mine, mais où le service est rapide et la clientèle variée : sur d'énormes grills, des poulets marinés dans le citron, l'ail et les herbes aromatiques rôtissent en permanence. Cuits à points, tendres, agrémentés d'une salade et d'une pita (sorte de crêpe de pain), c'est une petite bouffe très substantielle, délicieuse et vraiment bon marché qu'on peut consommer sur place ou emporter. Le poulet entier : 6.99$.

DALLAS BBQ
1265 Third Ave (et East 73rd St.)   **772 9393**
Ouvert tous les jours de midi à minuit. Déjeuner et dîner. Principales C.C. acceptées.

Typiquement new-yorkais (ou texan ?) et fréquenté en conséquence. La salle est vaste, doublée d'une agréable terrasse. Boissons glacées colossales (mangue, papaye, pêche, framboise), 1/2 poulet pour 4.85$, un gigantesque hamburger pour 4.95$. Et un bon point de départ pour la découverte de l'Upper East Side. Si vous dînez avant 18h30, le menu pour deux ne sera facturé que pour une seule personne.

IDEAL LUNCH & BAR INC. 238 East 86th St. (entre Lexington et Third Ave) **535 0950**
Paiement en espèces. Compter 17$ par personne.

Un vrai restaurant d'habitués avec sa longue salle animée à midi, tranquille le soir. Si votre balade vous a mené du côté du Carl Schurz Park et de Gracie Mansion, la maison du maire de New York, vous êtes près de Yorkville dans le quartier allemand de l'Upper East Side. Ce petit restaurant propose une authentique cuisine d'outre-Rhin de ce côté de l'Atlantique.

ISTANBUL KEBAB. 303 East 80th St. (entre First et Second Ave) **517 6880**
Ouvert tous les jours. Déjeuner, dîner. Compter 25$ par personne. C.C. : Am.Ex.

Ce modeste mais bon restaurant turc offre un agréable dépaysement avec une nourriture convenable. Spécialités : agneau aux aubergines (moussaka), avec légumes et yogourt (dolma), tarama, foie grillé, feta... Aucun alcool n'est servi.

J. G. MELON. 1291 Third Ave (et East 71st St.)   **650 1310**
Tous les jours de 11h30 à 2h30. Paiement en espèces. Compter 20$ par personne.

J (prononcez Djay) pour Jack O'Neill et G (prononcez Dji) pour George Mourge, les deux propriétaires de ce bar/restaurant connu pour héberger la crème de l'Upper East Side. Et "Melon" parce qu'en ouvrant l'endroit en 1972, les deux lascars n'avaient que 100$ à consacrer à la décoration. Chez l'antiquaire voisin, il y avait quatre toiles représentant ces cucurbitacées. Aujourd'hui les melons ont fait des petits, on ne les compte plus au-dessus du comptoir tout en attendant son tour, car on ne réserve pas, c'est démocratique et ça explique sans doute le succès de Melon's où se pressent célébrités et yuppies plus vrais que nature, jean et nœud pap'. Il y a deux salles et la nourriture est américaine : cheeseburgers (6$), pâtés de viande (12$) ou steak (17$). Si vous êtes seul, dînez au bar, c'est la seule façon de faire des connaissances.

MEZ MEZCAL. 316 East 86th St. (entre Lexington et Third Ave)   472 1599
Ouvert tous les jours. C.C. : M.C. (à partir de 15$). Compter 25$ par personne.

Un petit restaurant à l'authentique et originale cuisine mexicaine, plus précisément de Mazatlan, port de la côte Pacifique. Au menu : jeunes cactus tendres marinés dans l'oignon, la tomate et le cresson, fruits de mer, queues de langoustes, poitrine de poulet au chorizo avec riz au safran, salades mexicaines. Terrasse sur la rue s'il fait chaud, et mescal en toutes saisons.

MORTIMER'S. 1057 Lexington Ave (et East 75th St.)   517 6400
Ouvert tous les jours. Déjeuner, dîner. Compter 35$ par personne. C.C. acceptées.

Prenez les personnages des films new-yorkais, de Woody Allen au "Bûcher des vanités", et transportez-vous chez Mortimer's : vous y retrouverez, en chair et en os, le gratin, la crème, le dessus du panier, celles qui vont faire du shopping à Londres en Concorde, ceux qui font la pluie et le beau temps dans le royaume des affaires, de la finance et des mondanités. Mortimer's, c'est cela : un club quasiment privé avec une atmosphère électriquement "smart", beaucoup de jolies femmes et ce quelque chose qui distingue un restaurant banal d'un phénomène mondain. Pourtant, le décor n'est pas passionnant, ni la nourriture, mais à longueur de soirée, il y a ce parfum de succès. Attention : n'entre pas ici qui veut, on peut être poliment éconduit pour des raisons plus ou moins mystérieuses, même si la salle paraît à moitié vide. La maison n'accepte aucune réservation.

SANT AMBROEUS. 1000 Madison Ave (entre 77th et 78th St.)   570 2211
Ouvert tous les jours de 9h30 à 11h30 (breakfast), de 12h à 15h30 (déjeuner), de 15h30 à 18h (thé), de 18h à 22h30 (dîner). Toutes C.C. acceptées (minimum 15$). Compter 45$ par personne.

On se croirait dans une pasticceria chic de la Via Veneto à Rome, de Milan, ou de Turin : d'exquis petits fours et d'agréables sandwichs de pain de mie ornent le comptoir derrière d'élégants présentoirs. La salle du restaurant est à l'image de la clientèle qui fréquente cet établissement : un peu guindée, mais on prend son temps (le personnel aussi). Le carpaccio (20$) très recommandable et les capuccini onctueux. Une des haltes traditionnelles BCBG new-yorkais.

Upper West Side

OLLIE'S . 2315 Broasway   362 31 11
Ouvert tous les jours. Entre 5 et 15 $ per personne

Un "noodle shop", c'est-à-dire des nouilles et des soupes chinoises accomodées de toutes les façons imaginables. Wonton avec de la viande, cuisine mandarine et cantonaise. Un fast-food oriental.

BARNEY GREENGRASS. 541 Amsterdam Avenue   724 47 07
Ouvert de 8 h45 à 16 h (jusqu'à 17 h le week -end)

Le "Roi du poisson fumé" depuis 1908, mais la décoration date des années 50 (molesquine rose). Les serveurs sont nés entre ces deux dates. Ce Deli est un peu plus cher et un peu moins bruyant que ceux du Lower Easr Side mais le brunch certainement l'un des meilleurs de New York et l'atmosphère woody-allenesque. Demandez un petit verre de bortsh (bouillon aux betteraves sucrées) avec votre saumon.

CAFE DES ARTISTES. 1 West 67th St.   **877 3500**
Ouvert tous les jours. Déjeuner, dîner. Principales C.C. acceptées. Menu prix fixe : 32.50$. A la carte, compter 55$ par personne. Réservation recommandée.
L'équivalent du Bar du Théâtre de l'avenue Montaigne, à Paris, ce "Café des Artistes" est le rendez-vous élégant de l'avant et surtout de l'après-spectacle, et les New-Yorkais le considèrent comme l'un des restaurants les plus romantiques de Manhattan. Le décor agrémenté d'adorables et agréables fresques représentant des nymphes nues, évoque, avec ses vitraux teintés de rose, une époque de glamour à laquelle essaie de s'identifier une clientèle tout droit sortie du Lincoln Center voisin. La cuisine est d'inspiration française : bisque de homard, gazpacho de fruits de mer, cochonnailles, saumon fumé mariné dans l'anis, salades, moules de Nouvelle-Zélande, saucisse d'huîtres à la Bordelaise, escargots sautés avec oignons au jambon, saucisse de Lyon... Cela pour les entrées seulement. On notera en plats principaux le paillard d'espadon, le filet de saumon grillé, poché ou fumé, le pot-au-feu, le steak aux herbes, et puis les desserts réputés et nombreux, la palette de sorbets ou le gâteau au chocolat et aux framboises. Si vous voulez vous offrir une soirée chic avec ou sans opéra à la clef.

CAFE LALO. 201 West 83rd St. (et Amsterdam Ave)   **496 6031**
Ouvert tous les jours de midi à 1h du matin et plus tard. Paiement en espèces.
Ses larges fenêtres donnant sur une jolie rue bordée de maisons particulières, ce salon de thé accueille une clientèle jeune et branchée du quartier. Spécialités : le yogourt glacé, les glaces, les pâtisseries et le capuccino. Musique classique et ambiance agréable.

CAFE LA FORTUNA. 69 West 71 Street   **724 58 42**
Ouvert tous les jours de 13h à 1h du matin, sauf le lundi.
Cette chocolaterie italienne possède un petit jardin intérieur ouvert dès les premiers jours du printemps. On vient ici pour les pâtisseries croulantes de crème.

CAFE CON LECCHE. 424 Amsterdam Avenue   **595 70 00**
4 $ par personne environ
Un petit déjeuner mexicano-cubain servi dehors si le temps le permet, ou à l'intérieur dans un décor pastel. Si vous êtes aventureux, essayez le petit-déj local, un café très fort et du rôti de porc à l'ail avec des œufs, du haricot noir et du riz.... (seulement du vendredi au dimanche de 8h à 11h).

DALLAS BBQ. 27 West 72nd St. (entre Central Park West et Columbus)   **873 2004**
Ouvert tous les jours de midi à minuit. Compter 17-22$ par personne. Principales C.C. acceptées.
A en juger par sa clientèle ethniquement très diverse, le Dallas BBQ de l'Upper West Side - comme d'ailleurs celui de l'Upper East Side et celui du 21 University Place (et 8th St.) - attire la jeunesse new-yorkaise et des environs pour ses prix modérés et ses portions (hamburgers, côtes de bœuf et de porc, poulet) monstrueuses. Dans un décor sur mesure (no smoking, please !), l'endroit est bourré de visiteurs, et les serveurs et serveuses ont l'âge des clients. L'atmosphère générale est plaisante et animée ; la maison a prévu de grosses salades pour les végétariens. Du lundi au vendredi, de midi à 18h30, il y a un menu pour deux pour seulement 7.95$. Un endroit où venir entre amis ou en famille.

ISABELA. 80th St. (angle Columbus Ave.)
Ouvert tous les jours. Réservaztions recommandée. Compter 20$ par personne.
L'été, la terrasse est fort agréable. Une bonne cuisine italienne et une clientèle jeune et "socially correct" d'habitants du quartier. Avantage, Isabela est situé juste à côté du Museum of Natural History et à à seulement un grand bloc de Central Park West.

TAVERN ON THE GREEN. Central Park West (et West 67th St.)   **873 3200**
Ouvert tous les jours. Déjeuner et dîner de 12h à 15h, de 17h20 à minuit, le week-end de 13h à 1h du matin. Menu avant théâtre : 19.50$. Réservation recommandée. Compter 45$ par personne. Principales C.C. acceptées.
C'était jadis l'emplacement d'une bergerie, quand Central Park était la campagne à la ville ; c'est devenu une institution où ceux qui viennent visiter New York pour la première fois vont jouir d'un déjeuner ou d'un dîner quasiment champêtre. Le parc est partout autour, avec ses arbres et ses allées, et le calme ambiant. Miroirs à l'entrée, lustres, lampes Tiffany et luminaires suspendus dans les arbres, le décor peut paraître joli, ou pompeux. Certains ne jurent que par la terrasse, ouverte à la belle saison, d'autres raffolent de la salle à manger de cristal. Quant à la cuisine, on peut soit s'en tenir aux plats simples (une partie du menu semble destiné aux jeunes et aux enfants), soit se lancer dans des plats plus sophistiqués, avec en conclusion de beaux desserts. Le menu avant-théâtre reste une alternative recommandable. Après tout, cette "Tavern" n'est peut-être qu'une cantine de luxe, mais on s'y sent bien, en famille ou pour un tête-à-tête ; le week-end, l'établissement résonne des rumeurs des mariages et de noces de bronze ou d'argent.

THE TERRACE. 400 West 119th St.   **666 9490**
Ouvert du mardi au samedi. Déjeuner de midi à 14h30, dîner de 18h à 21h30 mardi et vendredi, 22h le samedi. Prix fixe : 25$. Réservation recommandée. Principales C.C. acceptées. Compter 45$ par personne.
Ce restaurant français très recommandable installé au sommet du Butler Hall, un building appartenant à la Columbia University, offre un panorama extraordinaire sur un New York méconnu : aux quatre points cardinaux, la puissance de Manhattan explose jusqu'au Bronx, jusqu'au New-Jersey et à Queens, avec une profonde échappée en enfilade sur le West Side jusqu'aux lointaines tours jumelles du World Trade Center : c'est un raz-de-marée de lumière, une projection d'immeubles confondus dans une effervescence froide. A l'intérieur - l'été, on peut boire un verre sur une vraie terrasse -, intimité et service diligent, un décor intime, des tables ornées d'une rose, des fauteuils confortables. Et une carte de qualité : tarte à la langouste, coquille St-Jacques et moules, saumon avec caviar et sauce à l'oseille, poulet à l'estragon et aux échalotes, gigot d'agneau, mousse au chocolat, tarte tatin (plats 25-29$, entrées 6-10$). L'une des meilleures adresses parmi les restaurants avec vue de New York.

WEST END GATE. 2911 Broadway (entre West 113rd et 114 St.)   **662 8830**
Ouvert tous les jours de 11h à 4h du matin. Pas de C.C. 15$ par personne.
Aux alentours de la grande université de Columbia, vous ne manquerez pas d'être attiré, surtout en été, par la terrasse de cette adresse où la clientèle, comme le personnel, est jeune. La nourriture est abondante et peu chère. L'ambiance rappelle inévitablement celle des lieux à forte concentration estudiantine. Certains mercredis soirs, concert de jazz à 21h et 23h : le West End Gate est un club de jazz réputé. Il vaut mieux téléphoner avant de s'y rendre.

Harlem

LA FAMILLE. 2017 Fifth Ave (entre 124th-125th St.) 534 9909
Ouvert tous les jours de 11h30 à 23h30, le samedi de 16h à 23h30, le dimanche de 13h à 21h30. C.C. : Visa , M.C. Compter 17$ par personne.

On est à Harlem, où tout est différent. Cependant l'ambiance est, ici, chaude et hospitalière, et le patron, Franck, qui rit toujours de ses étonnants yeux verts, parle le français. Il y a deux petites salles au premier étage, claires, donnant sur la rue. Au menu, la nourriture du Sud, notamment les côtes de porc avec pommes frites, le gigot d'agneau servi avec pommes sautées, oignons et igname, et une série de plats consacrés à Langston Hughes, "le poète lauréat de Harlem", Zora Neal Hurston, une célébrité du quartier, Adam Clayton Powell, "l'impertinent et brillant combattant pour les droits politiques des afro-américains" ou Malcom X. Le service est un peu lent, mais est-ce que le temps compte quand on est à Harlem ?

SYLVIA'S RESTAURANT. 328 Lenox Ave (angle 126th St.) 996 0660
Ouvert tous les jours de 11h30 à 23h30. Paiement en espèces. 25$ par personne.

Une affaire de famille qui roule sur la principale avenue de Harlem rebaptisée Malcom X Avenue. Voilà trente ans que Sylvia, une fille du Sud, a ouvert ce qui fut d'abord une petite salle de quartier qui en a vu de toutes les couleurs. On y servait déjà les fameuses côtes de porc à la sauce aigre-douce. Depuis, l'endroit s'est agrandi. Le succès a commencé avec la curiosité de New-Yorkais soucieux d'aller voir ce qui se passait là-haut. Sylvia's, devenue une institution, voit défiler à longueur d'année quantité d'étrangers séduits par l'idée d'un voyage au cœur de Harlem. Filles, neveux, sœurs, cousins, tout le monde est à l'ouvrage. Sylvia et son mari Herbert, lequel fut marin dans la Navy, restent aux commandes. L'ambiance est vraiment sympathique et bon enfant, quoique "pro", et le dépaysement garanti. Le soir et le dimanche midi, repas en musique.

QUELQUES TERRASSES OMBRAGÉES POUR LES SOIRS D'ETE...

AMERICAN FESTIVAL CAFE. 20 West 50th Street (Rockefeller Center) 246 66 99
20 à 30$ par personne. Une cuisine américaine-internationale, c'est à dire de bonnes salades et du poulet frit autour d'un bassin qui est une patinoire en hiver.

CAFE. 210 Spring street (SoHo) 274 05 05
35 à 45 $ par personne. Surtout connu pour son propriétaire, Richard Widmaier-Picasso, qui attire ici une clientèle aussi chic que lui. La terrasse est à fois calme (pas trop de bruits de voitures) et animée (si vous aimez admirer le passage). La cuisine est un bon exemple du genre "bistrot".

IL CASALONE. 1675 Third avenue (93rd Street) 369 19 44
25 à 35$ par personne. Une terrasse rustique sous un porche en bois et un bout de pelouse. La cuisine italienne est simple et correcte.

Voir aussi le Coffee Shop d'Union Square et The Cloisters Cafe dans le East Village.

JOSS.

- Commerce de tableaux
- Fabrication de TABLO. floral en relief
- Reproduction de peinture d'après les originaux de **Joss.** (artiste peintre).
- Jeu de cartes divinatoire appelé "Jeu de Divine" peint et édité par **Joss.** avec méthode explicative.

Edition **JOSS.** © Copyright

CONTACT :

Etablissement **Joss.** Boîte postale 34
21059 DIJON Cédex - FRANCE
Tél. 80 56 17 63 - Tél./Fax 80 56 89 41

NUITS, SEXE, SPECTACLES & ARTS

BARS DE NUIT ——————————————

Inépuisables, les bars de New York rythment la vie de la "Grosse Pomme" en fonction des heures, des jours, des quartiers : certains pubs irlandais rustiques ne sont pas vraiment les lieux idéaux pour des femmes seules. A contrario, bien des bars Downtown, dans le Village, à Chelsea ou SoHo sont les refuges des femmes "single". Il y a aussi les "single bars" où l'on se rencontre pour le plaisir de la rencontre et d'éventuelles suites, à Midtown et dans l'Upper East Side. Il y a enfin les bars nouveaux, à la mode, de l'Upper West Side sur Amsterdam et Columbus, entre les 65e et la 80e rues. En règle générale, le New-Yorkais se rend plutôt dans le bar de son quartier, en bas de chez lui ou au bout de l'avenue, et ceci est particulièrement vrai Downtown où la vie nocturne bat son plein avec une multiplication correspondante de lieux. Un dernier détail : dans la plupart des bars, on peut manger un morceau.

■ Ambiance Downtown...

AUTOMATIC SLIMS. 733 Washington St. (à côté de Bank St.)   645 8660
Ouvert tous les jours jusqu'à 4h du matin. Cartes de crédit acceptées. Servent à manger.

On s'y sent tout de suite à l'aise et on a envie d'y rester. Il est vrai qu'on est au cœur du West Village. C'est très confortable, les serveuses sont aimables.

BIG BAR. 273 East 7th St. (entre la First et la Second Ave)   777 6969
Ouvert tous les jours de 18h à 4h. Pas de cartes de crédit.

Comme son nom ne l'indique pas, il s'agit probablement d'un des plus petits bars de New York, avec 20 places assises. Un endroit paisible et pas cher, idéal pour les longues discussions.

CROSSROADS. 128 West Houston St.   674 4080
De 15h à 3h tous les jours. Carte AmEx acceptée; Servent à manger.

A quelques blocs du précédent, ce bar est prinipalement fréquenté par des musiciens. Ambiance assurée. Quant aux cocktails, ils sont faits sur mesure.

DAN LYNCH'S. 221 Second Ave   677 0911
A partir de 22h.

L'entrée est libre. L'endroit n'est pas nickel, mais il y a beaucoup d'ambiance et c'est authentique.

DOWNTOWN BEIRUT. 158 First Ave   777 9010
Etonnant endroit, avec un nom qui définit assez l'atmosphère générale, punk, narcissique, détruite, sauvage.

GOLD BAR. 345 East 9th St. (entre First et Second Ave)   505 8270
Ouvert tous les jours de 18h à 2h (jusqu'à 4h le vendredi et le samedi). Pas de cartes de crédit.

Ce petit espace est remarquablement mis en valeur par un décor post-moderne. C'est beau, froid et pas très confortable mais l'ambiance est assurée. Excellents cocktails et quelques bières allemandes rares. Musique à la mode.

HOLIDAY. 75 St. Mark's Place (entre First et Second Ave)   777 9637
Ouvert tous les jours de 11h à minuit.

L'endroit est bondé de collégiens, et le volume sonore impressionnant. Principal intérêt, les prix : le scotch 2$.

KASTRO. 5th St. (entre Second et Third Ave)
Ouvert très tard le soir, avec beaucoup de musique, un vrai petit bar de quartier.

KENN'S BROOME STREET BAR. 363 West Broadway   925 2086
C'était surtout un rendez-vous pour boire, c'est devenu de plus en plus un restaurant, mais l'atmosphère reste amicale.

THE LION HEAD. 59 Christopher St.   929 0670
Ouvert tous les jours de midi à 4h du matin.

L'un des mythes de la vie nocturne au Village, cette "tête de lion" a vu passer bien des crinières, à commencer par celle de Jessica Lange qui y était serveuse quand Dino de Laurentis la remarqua et l'engagea pour être la nouvelle Jane de King Kong. L'actrice a dit depuis que son séjour dans ce bar avait été un des très bons moments de sa vie. Rod Steiger y faisait expédier son courrier, Peter O'Toole y a connu des cuites carabinées, et James Baldwin adorait l'endroit, comme d'ailleurs bien des écrivains si on en juge au nombre de couvertures de livres épinglées sur les murs.

SUBWAY INN. 143 East 6th St. 223 89 28
Le verre le moins cher de New York dans un bar qui n'a pas changé depuis une quarantaine d'années (ni le barman d'ailleurs),. L'ambiance est glauque à souhait, on se croirait dans un tableau de Edward Hopper.

7A. 109 Avenue A (au coin de la 7th St.)
Ouvert de 10h à 2h, jusqu'à 4h vendredi et samedi. Servent à manger.

Vous êtes en plein cœur du quartier le plus vivant et le plus "destroy" de New York. Les cuirs, les punks, les skinheads, les babs, les hard rock,... Ils sont tous là. Comme au Musée Grévin, sauf qu'ils boivent de la bière. Regardez tout simplement.

LUCKY STRIKE. 59 Grand Street   941 0479
Cartes de crédit acceptées. Servent à manger.

On pourrait aussi bien l'inclure dans la liste des restaurants. Mais c'est un des endroits les plus branchés de New York. La musique est géniale (enregistrements introuvables, etc.).Mais il est souvent impossible de s'y frayer un chemin le week-end.

MAX FISH Ludlow St.

A deux pas de Katz (le célèbre Delicatessen), ce bar est fréquenté par des motards et autres cuirs. N'y allez pas pour bavarder avec votre copine, le volume sonore vous en empêchera, c'est hard ! Mais l'ambiance est garantie et l'accoutrement des clients suffira à vous émerveiller.

THE MUSE. 285 West Broadway   **226 7517**

Ce n'est pas vraiment un bar, ni une salle de concert, mais tous les soirs il s'y passe quelque chose de différent. A la limite de Chinatown et de SoHo, cet "espace", comme il se définit lui-même, accueille toute sortes de spectacles.

NUYORICAN POETS CAFE. 236 East 3rd St. (entre Ave A et B)

Ouvert jeudi, vendredi, samedi et dimanche à partir de 21h. Entrée : 6$. Réservation recommandée.

"Nuyorican" signifie "New York Puerto-Rican". Dans les années 70, ce café était un havre dans un quartier largement investi par les natifs de Porto-Rico et à l'époque connu pour ses trafics de drogue et sa criminalité. Après bien des déboires et fermetures, et une évolution d'Alphabet City vers plus de clémence, ce cercle des poètes a resurgi de ses cendres et est devenu l'un des lieux inventifs de Dowtown Manhattan. L'idée est que chacun peut venir déclamer ici librement sa poésie devant un public réuni pour entendre les voix intérieures de la marginalité. Rien ne sépare le poète de ses auditeurs, le contact est direct, les réactions épidermiques et instantanées. Ici défilent les poètes rap, cyber-punks, les poètes-clochards et les cow-boys poètes du Far West. Ensuite, on écoute de la musique et on danse. A la tête de cette association à but non lucratif, fondée par le dramaturge portoricain Miguel Pinero, un poète, Miguel Algarin, spécialiste du théâtre shakespearien. Le "Nuyorican Café" est vite redevenu à la mode comme un lieu différent, alternatif, et l'établissement est bondé le week-end.

PECULIAR BAR.145 Bleeker St.   **353 1237**

Ouvert tous les jours jusque tard dans la nuit.

L'un des bars à bière du Village, mais celui qui a la liste la plus longue, avec des marques de dizaines de pays, Norvège, Nouvelle-Zélande, Jamaïque, Japon, Taïwan, Thaïlande, Belgique, Australie, Tchécoslovaquie, Inde, URSS, Portugal,...

TEMPLE BAR. 332 Lafayette St.   **925 4242**

Ouvert de 17h à 1h du lundi au jeudi et de 17h à 3h vendredi et samedi. Cartes de crédit acceptées. On peut y manger.

De l'extérieur, rien n'indique qu'il y a un bar. Cela fait assez club privé, cette impression est encore renforcée une fois à l'intérieur. Mais l'endroit est magnifique, et la musique de bonne qualité. Certains disent que c'est devenu un repaire de yuppies. La vérité est que le Temple Bar est un mélange rare d'ambiance new-yorkaise et de décor européen (à moins que ce ne soit l'inverse, ça dépend des soirs). Vous ne serez pas insensible à la recherche d'élégance et de style entre les miroirs, les banquettes et le jeu des serveurs. Sur la frontière du East Village et de SoHo, c'est tranquille comme un temple, et assez discrètement sensuel pour y amener une très ancienne ou très fraîche amie.

VODKA BAR. 77 West Houston St. (au coin de West Braodway)　　　473 7123
Ouvert tous les jours de 18h à 2h. Cartes de crédit.
Spécialités de vodka, évidemment. Clientèle genre SoHo. Musique variée. Un endroit agréable.

■ Ailleurs et plus tranquille...

P.J. CLARKE'S. 913 Third Ave (angle de 55th St.)　　　759 1650
On se croirait à Londres. Guinness, Bass en pression. Sciure de bois par terre. Allez-y vers 16h, avant la sortie des bureaux : vous assisterez à un véritable déferlement de new-yorkais typiques (cravates et attaché-cases pour les hommes, tailleurs et baskets pour les femmes). Le vendredi on boit la bière sur le trottoir. C'est chaleureux, et on sent un besoin de détente et de communication. On peut y manger sur le pouce.

BAR DE L'HOTEL ALGONQUIN
59 West 44th St. (entre Fifth Ave et Lexington)　　　840 6800
Pas vraiment jeune - l'hôtel des éditeurs américains date de 1902 - et pas vraiment à la mode, à l'heure du cocktail le bar de l'Algonquin est un peu la Closerie des Lilas, et ainsi en va-t-il depuis 90 ans au rez-de-chaussée de cet hôtel qui a accueilli les élites de l'édition américaine, mais aussi des célébrités telles que Noël Coward, Harpo Marx ou Tallulah Bankhead. Fin de journée, sortie des bureaux : autour des tables dans le lobby ou dans la célèbre Oak Room, une clientèle intimement new-yorkaise se livre au plaisir sérieux de boire, whiskies, bourbons, cocktails. Comme le décor a été refait à neuf avec le souhait qu'il n'en paraisse rien, on a l'illusion du bon vieux temps tandis que la pianiste Buck Bucholz joue en solo (du mardi au samedi, de 17 à 20h).

GRAMERCY PARK HOTEL BAR. 2 Lexington Ave　　　475 4320
Le quartier est superbe. L'ambiance vieillotte chic et un rien décadente fait de cet endroit un parfait lieu de rendez-vous. Par contre, si vous vous sentez seul et un peu déprimé, il est préférable de l'éviter. Les margaritas sont excellentes - donc très fortes. Le seul spectacle du pianiste affalé sur son instrument vaut le détour.

■ Pour le panorama...

BAR DU PENINSULA. 700 Fifth Ave (et 55th St.)　　　245 2200
Ouvert tous les soirs à partir de 17h.
Ni pour la musique - volontairement "douce" - ni pour le "people watching" : surtout des hommes d'affaires - mais pour un moment de communion avec le plein ciel d'une ville qui n'en finit pas de couper le souffle. Et pour la vue : au 23e et dernier étage de ce bel hôtel, ce petit bar sous verrière agrémenté d'une terrasse (ouverte à la belle saison), semble enchassé comme une bulle de verre au milieu d'un cirque minéral à la Steven Spielberg. En bas, la 5e avenue trace un cordon flamboyant, rouge et blanc, qui se prolonge à l'infini de la nuit.

THE RAINBOW ROOM. (The Rainbow Promenade) 30 Rockefeller Plaza　632 5100
Ouvert tous les jours. Lundi-vendredi : 15h-1h du matin ; samedi midi-1h du matin ; dimanche midi-23h. C.C. : Am.Ex. Prévoir 15$ pour dîner, 10$ pour une boisson. Pas de réservation.

Le comble du glamour et de la sophistication dans les années 50. Et la plus belle vue sur New York. Une expérience inoubliable : au 65e étage, le spectacle est d'une beauté à couper le souffle. A la ronde, plein sud, se déouvre un horizon figé dans une exubérance minérale de formes, de perspectives et de matériaux. Conçu comme un ensemble, le Rainbow Room comprend un restaurant dansant (sa piste tournante dominée par 24 hautes fenêtres est célèbre), un night club, des salons de réceptions privés et un bar/restaurant, le Rainbow Promenade, qui est le lieu le plus accessible. Prendre si possible une table près de la paroi vitrée ou à défaut s'installer au bar. On a alors l'impression d'être au poste de pilotage d'un transatlantique aérien. En plan moyen, l'Empire et le Chrysler Buildings ; au fond, le World Trade Center et la statue de la Liberté, minuscules. Vers 18h, la clientèle est surtout composée d'avocats et d'hommes d'affaires. Plus tôt, c'est plus calme mais il n'y a pas les illuminations. Plus tard, l'ambiance dépend du jour, du temps, de l'humeur de la ville : le spectacle est là, mais plus l'ambiance. Situé sur deux étages, la Rainbow Room, ouverte en 1934, a été rénovée en 1987. Ce qui fut jadis un cercle privé où se réunissait l'aristocratie de la finance, s'est démocratisé. Pour un verre ou pour un dîner léger, et pour se pénétrer d'une nostalgie au goût du jour, à l'heure où New York réactualise les privilèges de l'intimité.

TOP OF THE TOWER Beekman Tower Hotel, 3 Mitchell Place   **355 7300**
Ouvert lundi-jeudi de 17h à 1h30, vendredi et samedi de 17h à 2h. Pianiste le mardi et vendredi de 21h30 à 1h, samedi de 9h30 à 2h. Toutes cartes de crédit acceptées.

Spectacle inédit du select quartier de Sutton révélant la riche diversité de ses immeubles privés : transparence feutrée, plantes vertes et baies vitrées comme dans une serre au sommet de la Beekman Tower, fleuron de l'architecture Art déco new-yorkaise. On découvre un autre Manhattan grâce à une terrasse circulaire autour du cocktail lounge. Le spectacle n'est pas moins à l'intérieur où la rumeur discrète d'une clientèle qui compte beaucoup de diplomates confirme l'impression de découvrir le haut du panier, celui qui ne descend jamais dans la rue.

CLUBS DE MUSIQUE

C'est définitivement dans le Village (l'East et le West) que la plupart des clubs de jazz et de musique ont pignon sur rue. Pour avoir une idée pointue de ce qui se passe de semaine en semaine, le mieux est d'acheter le Village Voice, qui fournit une liste très précise des concerts, The New Yorker ou encore d'écouter la radio. Le prix d'une sortie dans un club se départage entre l'entrée ("cover", environ 10$, variable selon la notoriété des orchestres) et les boissons avec un minimum requis. Jazz et rock confondus, voici un échantillon de clubs dont certains sont d'indéboulonnables institutions.

ANGRY SQUIRE. 216 Seventh Ave   **242 9066**
Entrée 5-10$.

On peut y boire et manger, et il y a du jazz tous les soirs. C'est certainement l'un des endroits les plus intéressants, avec, en prime, le dimanche, un brunch servi au champagne.

BALLROOM. 253 West 28th St. (et Eighth Ave)   244 3005
Entrée : 15$, deux boissons minimum. Dîner du mardi au samedi jusqu'à minuit. Brunch-buffet le dimanche de midi à 21h, en musique. Principales C.C. acceptées.

BIRDLAND. 2745 Broadway   749 2228
Entrée : 5$ (bar), 7-10$ (table).
Jazz live toute la semaine dans ce club de l'Upper West Side.

BLACK CAT. 21 Hudson St.   Infos spectacles : 465 3377 - Réservations : 714 7710
Concerts rock essentiellement.

THE BLUE NOTE. 131 West 3rd St.   475 8592
Entrée : 15$ (bar), 25$ (table), boisson : 5$ minimum. Entrée libre (en principe) après 2h du matin.
Un nom qui est devenu un synonyme de boîte de jazz. Le meilleur. Des grands, comme Ray Charles, y donnent encore des concerts. Performances à 21h et 23h30 et le samedi vers 1h30. Se renseigner par téléphone sur les horaires précis et dans The New Yorker ou le Village Voice pour les programmes. Il est conseillé de reserver à l'avance.

BOTTOM LINE. 15 West 4th St.   228 6300
Entrée : 14$.
Musique folk et country. Une institution au cachet très personnel, et l'un des meilleurs endroits où découvrir les futurs grands succès. Ici ont démarré Patti Smith et Bruce Springsteen. Les shows ont lieu à 20h et 23h du dimanche au jeudi, à 20h30 et 23h30 les vendredis et samedis.

BRADLEY'S. 70 University Place   228 6440
Entrée : 5-10$.
Cozy, intime, avec du jazz tous les soirs de 21h45 à 2h ou 3h du matin.

CAFE SINE. 122 St Marks place (8th Street) 982 03 70
Du rock d'inspiration irlandaise. Sidney O'Connor est la muse de l'endroit.

CAT CLUB. 76 East 13th St.   505 0990
Entrée : 10-15$.
Le décor, art déco, est magnifique, et dans cette salle à la grande piste de danse entourée de tables, il y a tous les soirs des orchestres live.

CBGB & OMFUG (East Village). 315 Bowery (et Bleeker St.)   982 4052
Ouvert tous les soirs.
Le décor est délibérément glauque, graffitis à l'entrée, désordre maintenu à l'intérieur, armée d'ombres dans les alentours. Cette boîte a connu tous les mouvements, de l'underground au punk, du New Wave au Hard Rock. C'est une institution, mais elle n'est pas passée de mode, et c'est un sacré endroit pour une soirée à l'écoute de la multitude d'orchestres nouveaux venus qui s'installent sur la scène au fond de la longue salle et tentent le grand coup avec l'aide d'une sono réputée être la meilleure de la ville. L'ambiance est imprévisible, surtout le week-end, et les boissons bon marché.

CONDON'S. 117 East 15th St.   254 0960
Entrée : 5-10$.

Jazz et gospel ou blues pour le brunch du dimanche. Relax, intime. On peut y dîner, il y a un jardin.

FAST TUESDAY'S. 190 Third Ave (et 17th St.)   533 7902
Entrée : 10-20$ avec des shows à 20h et 22h le mardi, jeudi, vendredi, samedi et dimanche. Brunch le samedi et dimanche de 12h à 16h en musique. Principales C.C. acceptées.

Considéré comme "La Mecque du Jazz", avec de gros noms à l'affiche. Musique brésilienne également. Tous les lundis soir, le Paul Trio.

THE KNITTING FACTORY. 47 Houston St. (East Village)   219 3055
Ouvert tous les soirs. Prix d'entrée variable : 8-15$.

Passionné, vibrantissime, il n'a rien d'une usine à tricots (to knit : tricoter), ce petit club à un étage à la lisière de l'East Village. C'est l'un des lieux de l'avant-garde du jazz et du rock new-yorkais. Les concerts ont lieu à 19h30 et 23h (deux orchestres différents chaque soir). Ils sont généralement enregistrés, et disponibles sur cassettes à Lunch For Your Ears (25 Prince St., entre Mott et Elizabeth St., 941 1774), une boutique très "in" où on trouve également des éditions rares et des marques peu connues, voire des introuvables.

LONE STAR ROADHOUSE. 240 West 52nd St.   245 2950
Entrée : 3-20$ selon performances.

Blues, rock, country musique. Cuisine barbecue Texas. Réserver pour spectacle seulement.

MICHAEL'S PUB. 211 East 55th St. (Midtown)   758 2272
Ouvert du lundi au samedi de 20h à 1h du matin. Au bar, prévoir deux consommations minimum pour deux personnes. Environ 25$. C.C. : principales.

Ce pub organise des mini-festivals de jazz avec des artistes prestigieux, mais ce qui le distingue des autres, c'est la présence, sur scène, de Woody Allen avec son orchestre, le Dixieland. Woody à la clarinette ! L'événement a lieu en principe le lundi soir, mais le rituel n'est pas toujours respecté et la venue du musicien dépend de ses activités d'acteur-scénariste-producteur-metteur en scène (à Hollywood, on appelle cette conjonction de talents et de rôles un "hyphenate"). Se renseigner impérativement par téléphone dans l'après-midi du lundi.

PAT'S. 229 Ninth Ave   2550363
Ouvert de 16h à 2h, jusqu'à 4h le vendredi et samedi.

C'est un des rares endroits à New York, où vous pouvez écouter de la très bonne musique - sans payer de "cover charge" (droit d'entrée). Du dehors, cela ressemble à n'importe quel autre bar à bière de la ville. Mais le charme du patron et la qualité de la musique (blues, jazz) en font une bonne place. A noter que le lundi vous pouvez à votre tour vous produire (comédie uniquement).

S.O.B. 204 Varick St.   243 4950
Entrée : 10-18$. Réservation pour dîner recommandée.

Pour "Sound Of Brazil", musique épicée : salsa, Afrique, reggae, calypso. Public très mélangé. Grande ambiance. Le dîner est servi jusqu'à minuit.

SWEET BRAZIL. 88 Seventh Ave (et Bleeker St.)   242 1785
Entrée : 12-15$. Réservation recommandée.

TRAMPS. 45 West 21 st St.   727 7788
New Orleans, blues. On dîne cajun.

VILLAGE VANGUARD. 178 Seventh Ave South (entre 11th et Perry St.)   255 4037
Shows : mardi-dimanche 21h30, 23h et 1h du matin ; lundi : 22h et minuit.
Pas de C.C.
Installé dans ces murs depuis 1875, c'est l'une des institutions du Jazz dans le Village. Billy Holliday y a débuté.

WONDERLAND. 519 Second Ave   213 5098
Entrée : 5-10$. Jazz. Cuisine du Sud.

WETLANDS. 151 Hudson St.   966 4225
Entrée : 5-10$.
Branché reggae et en même temps très années soixante (Jazz, rock, musique folklorique). L'ambiance peut être très sympathique et il y a des soirées politiques genre "Save the World". L'espace est grand et tout en bois.

DISCOTHEQUES

A New York, les night clubs ouvrent et ferment beaucoup plus vite qu'ailleurs et les changements de propriétaires semblent aussi rapides que la distribution des cartes au cours d'une partie de poker entre joueurs professionnels. D'une semaine sur l'autre un local peut se transformer complètement : à équipe nouvelle nouveau décor (les lieux, parfois immenses, supposent un minimum de coquetterie décorative). A nouvel état d'esprit, ambiance autre. Certains locaux accueillent même différentes boîtes en rotation et, de ce fait, changent de nom au fur et à mesure des soirées ! Le mieux est encore de consulter le Journal, en particulier le Village Voice, ou de demander à une des serveuses branchées du Coffee Shop (sur Union Square). Elles vous donneront l'adresse de la boîte du jour.. A New York, la meilleure soirée pour sortir en boîte est le jeudi. Le samedi soir, tout le monde reste chez soi, sauf les banlieusards (le BBQ) et les "touristes".

Pour une entrée libre dans les meilleurs boîtes et discos, contactez Baird Jones. C'est l'un des rares "go between" qui soient effectivement payés pour envoyer des gens dans les night-clubs. La plupart des établissements ont une heure de boisson gratuite à un "open bar". Le truc consiste à arriver à l'open bar du club avant qu'il ne soit pris d'assaut. Pour savoir où aller ce soir et à quelle heure :
BAIRD JONES 468 2822/613 3150/340 1233.

BAJA (Upper West Side). 246 A Columbus Ave. (entre 71st et 72nd St.)   724 8890
Entrée : 5$ en semaine, 10$ le week-end.
Les yuppies de l'Upper West Side aimaient cet endroit. C'est toujours bien fréquenté, peut-être l'un des clubs des fous de la danse.

37 vols par semaine

AU BAR (Midtown). 41 East 58th St. 308 9455
Entrée : dimanche et jeudi : 10$; vendredi et samedi : 15$.
Si on réussit à séduire les cerbères à l'entrée (déguisés en golden boys pour l'occasion), on se retrouve dans une charmante bibliothèque anglaise fréquentée par une jeunesse européenne dorée (gâtée ?) qui se qualifie volontiers elle-même de "euro-trash" (euro-ordure) et vient chercher ici, tous les jeudis soir, l'ambiance des rallyes parisiens, du bal des débutantes, ou des soirées de l'Elysée-Matignon du temps où il existait encore. La musique, elle aussi, est largement française.

THE BUILDING (Chelsea). 51 West 26th St. 576 1890
Entrée : 10$.
Cet immense building de cinq étages avec un intérieur brut de ciment assez peu éclairé (assez cependant pour ne pas se faire piétiner) est l'une, sinon la principale boîte de New York. L'ensemble comprend plusieurs bars, de nombreux escaliers et un point d'observation circulaire sur la piste de danse, loin en bas. The Building est très fréquenté par tous les publics imaginables et dans la mesure où il accueille plusieurs night clubs à la fois, lesquelles organisent des soirées particulières selon un calendrier rotatif, il est impossible de dire quelle est la tendance de l'année, du mois, de la semaine et du jour.

BROADWAY CLUB (Upper West Side). 2551 Broadway (et 96th St.) 884 7600
Ouvert vendredi et samedi à partir de 21h. Entrée avant 22h : 5$; après 22h : 15$.
On se croirait dans un grand night-club de Caracas, la Havane, Saint-Domingue, ou plutôt Porto-Rico. C'est l'une des plus grandes salles latino-américaines de Manhattan, avec une ambiance qui peut être très chaude ou assez conventionnelle selon la soirée. Il y a des orchestres live, d'excellents danseurs, et entre le bar et la piste de danse, des cohortes d'hommes et de femmes seuls. L'ambiance est bonne, portée sur l'humour, et l'espace est assez grand pour qu'on y vienne en groupe, en solitaire ou en couple.

CAVE CANEM (East Village). Au tout début de First Ave. 429 9665
Pas de prix d'entrée en semaine, 5$ le week-end.
Un endroit très intriguant, non seulement parce que situé dans d'anciens bains publics, mais à cause de son atmosphère imprévisible, au bas de l'East Village.

CHEVY'S (Chelsea). 27 West 20th St. 924 0205
Entrée : 5-10$.
Une expérience qui peut être intéressante : l'endroit est assez commercial, le décor est beau et évoque les années 50. Le week-end, l'établissement attire des foules venues des banlieues.

CHINA CLUB (Upper West Side). 2130 Broadway (et 75th St.) 877 1166
Sur deux niveaux, le local est beau, avec une clientèle plutôt portée sur la quarantaine, assez calme et élégante.

COPACABANA (Midtown). 10 East 60th St. (entre Fifth Ave et Madison)
Tous les derniers jeudis du mois, une foule dense et déguisée se presse aux portes pour la soirée organisée par Suzanne Barsch. L'endroit est toujours plein à craquer et l'ambiance, entre Carnaval et Halloween, excellente. A partir d'1h du matin, les spectacles sont drôles et complètement décadents, comme si la faune (des travestis pour la plupart) n'y suffisait pas.

DELIA'S (East Village). 220 East 12 Avenue 695 72 92
Ouvert du mardi au dimanche à partir de 21 heures, entrée entre 10 et 20$ (négociable).
Une mini-boîte du East village, un bar et une piste de danse. L'endroit idéal pour séduire...

EL MOROCCO (Midtown). 307 East 54th St. 750 1500
Ouvert mercredi-dimanche à partir de 22h. Le mercredi à 18h (buffet). Veste et cravate exigées. Paiement en espèces.
Au 1er étage de ce bel établissement qui, entre 1931 et 1961, à la mort de John Perona, son propriétaire, a tant été à la mode qu'il ne la rattrapera sans doute plus, un mur entièrement tapissé de photos de personnalités de tous calibres atteste que cette boîte est entrée dans la légende new-yorkaise. Ici venaient s'asseoir, sur les banquettes en peau de zèbre, flirter dos aux murs peints de palmiers blancs, et danser sous le plafond incrusté d'une nuit galaxique, les Ford, les Astor, les Gould, les Kennedy, les Reagan. L'aristocratie d'Hollywood est passée par là, Sinatra, Bogart, Gardner, Flynn, Taylor, les vraies têtes couronnées, les princes de l'industrie et les barons de la finance. Seule Zsa Zsa Gabor, après un violent désaccord avec l'ancien propriétaire, fut bannie pour toujours. Depuis une décennie, El Morrocco oscille entre éclipses et come-back.

KILIMANDJARO. (Chelsea)531 West 19th St. (entre Tenth et Eleventh Ave.) 627 2333
Si Roxy est insoutenable, on peut aller, un bloc plus haut, dans cette boîte totalement afro/haïtienne où se produisent d'excellents groupes de reggae. L'entrée est plus chère qu'ailleurs (15$).

LAURA BELL (Midtown).120 West 43rd St. 819 1010
Ce club appartient au propriétaire du "River Café" à Brooklyn, et c'est un lieu de parties privées avec limousines à l'entrée et cerbères en manteaux de cuir. Moyennant quoi, on peut toujours tenter sa chance et s'introduire après le début des parties. La salle est très belle, vaste et confortable, la clientèle branchée, new-yorkaise et européenne. Il y a un bon choix de musique et la piste est excellente.

LIMELIGHT (Gramercy). 660 Sixth Ave. 337 295
Entrée : 15$; ouverture : 22h.
L'ouverture de cette boîte dans une ancienne église gothique, a provoqué un scandale et beaucoup d'affluence. Depuis, Limelight connaît des hauts et des bas, mais l'église est toujours debout et la musique aussi forte. Les soirées du jeudi sont les meilleures.

MARS (West Village). 28-30 Tenth Ave (et 13th St.) 691 6262
Entrée : 15-20$.
A l'époque de son ouverture, Mars était le club à la mode. L'ambiance demeure intéressante dans cet établissement de quatre niveaux dont chacun a une atmosphère et un type de musique différents. Le décor évoque ici un saloon de l'Ouest, là un film noir des années 40. Il y a une terrasse ouverte l'été avec vue sur Downtown Manhattan.

MORE (Chelsea). West 26th St. (entre Tenth et Eleventh Ave.)
L'espace est superbe : une ancienne brasserie où d'imposantes cuves en cuivre font encore partie du décor. Le bar, à l'étage inférieur, a des airs de salle des machines d'un vieux paquebot à la dérive. Dans l'immense cage suspendue au plafond, les fauves de la nuit viennent tour à tour se déhancher et s'exhiber sous les yeux d'un public ébahi et ravi.

NELL'S (Chelsea). 248 West 14th St. (entre Seventh et Eight Ave.)   675 1567
Nell's, créé en 1987, fait partie des endroits où on revient toujours, une fois qu'on a fait le tour des clubs à la mode qui ont ouvert récemment et dont on sait qu'ils fermeront dans quelques semaines ou quelques mois. Peut-être parque qu'on s'y sent chaque fois un peu chez soi, et qu'il y a toujours moyen de se lover au creux des vieux sofas début du siècle qui, au rez-de-chaussée tapissé de miroirs, donnent à Nell's cette allure de salon des années 20. Le dimanche soir, on s'y retrouve pour dîner, écouter du jazz ou de la salsa (les groupes sont en général très bons) et danser à l'étage inférieur.

PALACE DE BEAUTE (Union Square). 17th St. (et Broadway)
Sur trois étages, dans un espace intéressant, l'endroit a fait beaucoup de bruit quand il a ouvert début 1990 : il rassemblait tout ce que New York compte de "night people". Au fil des mois, l'ambiance s'est un peu émoussée, mais les soirées "Love Machine" du mardi soir restent toutefois assez réussies (très gays, très gaies et folles) et attirent d'autant plus de monde que la majorité des clubs sont fermés ce soir-là. Itinéraire recommandé : aller au "Coffee Shop" de la 16e rue et Union Square avant de se lancer dans l'aventure du Palace de Beauté.

PALLADIUM (East Village). 126 East 14th St. (entre Third et Fourth Ave.) 473 7171
C'est une immense salle de concert et discothèque aménagée dans un ancien théâtre, l'Academy of Music qui, pendant 60 ans d'une carrière décousue, a abrité - un peu comme le Palace à Paris - des opéras, des vaudevilles, des films puis dans les années 60 des concerts de rock. Racheté au début des années 80 par un duo célèbre de la vie nocturne new-yorkaise, Steve Rubell et Ian Schrager, propriétaires du Studio 54 (aménagé lui aussi dans un ancien théâtre), le Palladium représente un mélange (d)étonnant, entre son aspect salle de spectacle des années 20 et la technologie sophistiquée de la fin des années 80 (le décor est dû à un architecte japonais, Arata Isozaki). Colonnes de marbre, escalier de verre et de fer forgé, fresques, plafond en forme de dôme, piste de danse suspendue, mur de 25 écrans vidéo... Le tout très bruyant. Le Palladium, qui fut longtemps l'endroit préféré de teenagers du New Jersey, renaît et redevient drôle. Deux raisons à cela : les nouvelles soirées du vendredi, très réussies et originales (montreurs de serpents et autres attractions) et la réouverture d'une annexe, la Nike Todd's Room (entrée sur la 13e rue), pour les soirées à thème (gay, reggae...).

"J'ai essayé le Paladium. Pratiquement aucun Blanc. La salle est gigantesque et en partie occupée par des fauteuils, car il s'agit d'un ancien théâtre. Musique et ambiance style rap (la décoration m'a fait penser à Mad Max). Lasers, écrans vidéo avec animations futuristes et violentes. Odeur de crack. 20$ l'entrée en semaine." J.C. Lebas, La Chaux-de-Fonds, Suisse.

PYRAMID (East Village). 101 Avenue A (et E. 3rd St.)
Toute en longueur avec une salle au fond où l'on danse avec une ambiance qui va de l'alternatif aux gays et aux lesbiennes selon les soirées. Les soirées lesbiennes avec des filles splendides sont très étonnantes. Pyramid offre quelque chose d'à part, d'indéfinissable.

THE RITZ (Midtown). West 54th St. (entre Broadway et Eighth Ave.)   541 8200
Prix d'entrée variable, 16$ en moyenne. Ouvert à 22h30.
Une très belle entrée art déco, une superbe salle, des concerts rock à longueur de semaine et une atmosphère imprévisible.

ROSELAND (Midtown). 239 West 52nd St.   247 0200
Entrée : 10$.
Ici, on danse de l'heure du déjeuner jusqu'à minuit, du mardi au dimanche, et ça fait plus de soixante ans qu'on y revient.

ROXY (Chelsea). West 17th St. (entre Tenth et Eleventh Ave.)
Les nuits au Roxy ont toujours quelque chose de fascinant et d'incroyablement décadent. Le jeudi, gays et travestis speedés mènent la danse au son de rythmes saccadés et métalliques. Il en résulte une ambiance électrique incroyable, très gay (bien sûr), mais aussi très (trop) "house". La piste est très grande avec au-dessus une balançoire géante. On peut monter à l'étage dans un bar enchâssé dans une verrière et regarder la soirée d'en haut.

SAVE THE ROBOT (Lower East Side). East 3rd St. (entre Ave B et C)
Le week-end uniquement. A partir de 4h le matin.
Attention au quartier : vous êtes dans Alphabet City, dans le Lower East Side, tout peut arriver. Ici la fête commence lorsque la nuit finit. Cet "After Hours" n'ouvre, en effet, que le week-end et à partir de 4h du matin. Ne restent à cette heure que les purs et durs, les accros de la fête qui ont décidé, au point du jour, d'aller au bout de la nuit. C'est peut-être ce qui donne à l'endroit un air complètement surréaliste, à moins que ce ne soit le décor fantastique (une ruelle du vieux Saïgon dont le sol est entièrement recouvert de sable : sublime!).

SHOUT. 124 West 43rd St. (Midtown)   869 2088
Entrée avant 20h : 5$; après 20h et le samedi : 10$.
Shout, qui se veut le plus grand club de rock du monde, vise une clientèle bien décidée à venir se détendre en musique après les heures de bureaux. D'où une ambiance parfois assez folle, avec les vieux succès des années 60.

SPO-DEE-O-DEE (Chelsea). 565 West 23rd St.   206 1990
Orchestres live, musique funk, clientèle mélangée.

SOUND FACTORY (Chelsea). 530 West 27th St.   643 0728
Ouvert seulement le week-end, avec des foules composites et énormément d'ambiance sonore, comme l'indique son nom ("l'Usine à sons").

STRINGFELLOWS (Union Square). 35 East 21st St.   254 2444
Entrée : 15$ en semaine ; 25$ le week-end.
C'est devenu une boîte de strip-tease pour jeunes gens de bonnes familles.

THE TUNNEL. Twelfth Ave (et West 27th St.) (Chelsea)   244 6444
Entrée : 15$ à 20$.

Un ancien tunnel de chemin de fer transformé en boîte de nuit, ça se remarque, et ce "Tunnel" a eu son heure de gloire. Il a été fermé pendant 1 an et a réouvert pour les collections de mode au printemps 1993. Depuis, cela reste un endroit sûr, surtout le week-end, et mérite la soirée.

WEBSTER HALL (East Village). 125 East 11 St   353 16 00
Une boîte de travestis. On se croirait à la grande époque de Andy Warhol.

Enfin, si pour aller danser vous avez besoin de prendre des cours, ou que vous ayez seulement envie de vous remuer les jambes et les hanches dans une école de danse new-yorkaise, le Fred Astaire Dance Studio (1780 Broadway (et 57th St.) 541 5440) propose le "Easy Fred Astair way", selon une méthode reconnue par le célèbre danseur. Guidé par des professeurs qualifiés, on peut apprendre la rumba, la samba, le tango, le swing, la valse, le cha-cha-cha... Quatre leçons pour 12$. Autre école : Broadway Dance Center 1773 Broadway 582 9304. Fox-trot, swing, valse, tango, samba, merengue, mambo, cha-cha-cha... C'est une usine avec beaucoup de professionnels. Les leçons particulières sont possibles.

CLUBS DE BILLARD

Les clubs de billard sont redevenus à la mode. Chic ou populaires, nocturnes ou diurnes, ils accueillent en général une clientèle de quartier, et cela peut être une excellente occasion de faire connaissance avec des habitués venus retrouver dans leur club favori une ambiance, un décor, venus en bref passer un bon moment.

AMSTERDAM BILLIARD CLUB. 344 Amsterdam Ave (entre 76th et 77th St.) 496 8180
Ouvert tous les jours de 11h30 à 3h du matin. Toute la nuit vendredi et samedi. Coût : 6-15$ l'heure selon l'heure et le jour.

30 tables en très bon état. Cafétéria. Une cheminée avec des bancs pour s'asseoir tout près l'hiver.

THE BILLIARD CLUB. 220 West 19th St.   206 7665
Ouvert tous les jours de 10h à 3h du matin (5h le vendredi et samedi). Coût : 5$ l'heure par table (jusqu'à 19h), 10$ au-delà.

Décor vénitien décadent, colonnes décorées, haut plafond, comme dans un château hanté. Cafétéria, 32 tables, dont 4 très anciennes.

CHELSEA BILLIARDS. 54 West 21st St.   989 0096
Ouvert tous les jours, 24/24h. Coût : 6-12$ l'heure pour le 1er joueur, selon heure et jour.

Atmosphère relax, écrans TV avec retransmission sport. 44 tables sur deux niveaux. Rafraîchissements.

CORNER BILLIARDS. 85 4th St. (et 11th St.)   995 1314
*Ouvert tous les jours de 11h à 2h du matin (4h vendredi et samedi). Coût : 6-12$
pour le 1er joueur.*
Chic-chic. Belle lumière, tapis au sol, atmosphère un peu compassée, section
fumeurs et non-fumeurs. Les boules sont immaculées et les 28 tables en parfait
état. Cafétéria et service entre les tables par de jolies serveuses qui vous
apporteront éventuellement du caviar.

JACKS BILLIARDS. 614 Ninth Ave (et 43rd St.)   315 JACK
Ouvert tous les jours de midi à 2h du matin. Coût : 6$ l'heure pour le 1er joueur.
La clientèle est composée d'hommes d'affaires et de gens de théâtre qui se
réunissent dans ce petit club au calme surprenant autour de 9 tables et d'un bar
en marbre.

JULIAN'S. 138 East 14th St.   475 9338
*Ouvert tous les jours de 10h à 3h du matin (6h vendredi et samedi). Coût : 6$
l'heure pour le 1er joueur.*
Archétype des vrais clubs de New York, Julian's a ouvert il a y soixante ans et
reste aussi enfumé que jadis. La clientèle ressemble à l'établissement. 30 tables.

THE MOTOR POOL. 200 Ave A (entre 12th-13th St.)   473 9873
Ouvert tous les jours de 15h à 2h du matin.
Clientèle punk et rockers. Seulement 8 tables dans un décor psyché-quelque
chose.

LE Q. 36 East 12th St.   995 8512
*Ouvert tous les jours de 10h à 4h du matin. 6-8$ l'heure pour le 1er joueur selon
heure et jour.*
Lumières vives et clientèle jeune. Jeux vidéo. 28 tables.

SOCIETY BILLIARDS.10 East 21st St.   529 8600
*Ouvert tous les jours de 11h à 1h (4h vendredi et samedi). Coût : 3-5$ l'heure
pour le 1er joueur. Vendredi et samedi, 15$ la table.*
25 tables alignées dans un silence total.

TEKK BILLIARDS. 75 Christopher St.   463 9282
Ouvert tous les jours de 11h à 3h du matin. Coût : 3-6$ l'heure pour le 1er joueur.
30 tables (en assez mauvais état) pour une clientèle jeune dans un décor sombre
avec de grands miroirs.

NEW YORK COQUIN

Comme toute mégapole, New York a ses lieux réservés aux extases solitaires, mais aussi - et en dépit de la peur du sida (prononcez "aids") - ses clubs de rencontres hétéros et homosexuels dont on s'étonne qu'ils fonctionnent toujours. Si vous restez sourd(e) aux appels à la prudence, ou que vos désirs soient insatisfaits, voici la liste de quelques lieux tous fantasmes confondus où satisfaire votre libido. Si, plus romantique, en tous cas plus "straight", vous rêvez de séduire la belle Américaine, New York est sans aucun doute la ville des solitudes féminines, que le temps présent leur impose : est-ce que les filles paient ce que les mères ont conquis ? Le libre sexe des années 70 est relégué au temps des souvenirs. Vous ne pourrez pas ne pas remarquer les assemblées de jolies jeunes femmes qui se réunissent dans les restaurants ou les bars en l'absence de compagnons masculins. N'en déduisez pas qu'elles n'attendent que vous : être français n'est pas le meilleur passeport d'authenticité sentimentale ; les New-yorkaises veulent être sérieuses et elles méprisent les amateurs de bagatelle. Si donc votre charme personnel, tout réhaussé de votre accent français, ne suffit pas, vous pouvez vous rabattre sur ces quelques coquineries. Et si vous voulez en savoir davantage, procurez-vous l'hebdomaire spécialisé Screw.

POUR VOUS, MADAME... ────────────────

CHIPPENDALES. 1110 First Ave (et 61st St.) 935 6060
Ouvert du mercredi au samedi. Show à 20h30 (mieux vaut arriver une heure en avance). Entrée : 25$ le samedi ; 20$ jeudi et vendredi ; 15$ le mercredi. Les hommes sont admis après 22h30 : entrée : 15$.

Plus la peine de les présenter depuis qu'ils ont fait un tabac à Paris. Chippendales est la Samaritaine des femmes seules. Chaque week-end elles sont un bon millier à venir rêver sur la bête humaine, et gloutonnement boire des yeux des Adonis musclés qui n'enlèvent jamais le bas. Elles peuvent glisser des billets dans le slip des modèles et recevoir en échange un baiser. Le spectacle dure deux heures, puis les messieurs sont admis dans la cage aux fauves.

BARS A HOTESSES ────────────────

Pour le prix d'une bière, vous pouvez vous faire servir par de jeunes femmes en général très légèrement vêtues - et les seins nus. Le tout est à voir, mais certainement pas à toucher. Le paiement de votre consommation doit s'effectuer en espèces. Ne sortez votre carte de crédit sous aucun prétexte. Si l'une des hôtesses vous trouble assez pour réussir à se faire offrir un verre, assurez-vous au préalable de ce qu'il vous en coûtera.

BILLY'S TOPLESS. 7269 Sixth Ave (et 24th St.)
Ouvert lundi-vendredi de 11h à 4h du matin, le samedi de 17h à 4h du matin (fermé le dimanche).

Ambiance amicale quoiqu'assez tapageuse, surtout le week-end. Les chaises sont disposées autour d'une piste circulaire où évoluent deux à quatre strip-teaseuses. La bière est à 4$.

NEW YORK DOLLS. 59 Murray St. (entre Church et Broadway)   227 6912
Ouvert du lundi au vendredi 12h-4h du matin, le samedi de 10h à 4h du matin.
Genre saloon, l'un des meilleurs établissements du genre dans le quartier de Wall Street, avec une clientèle ad hoc, un staff de serveuses sympathiques, des prix raisonnables et une cavalcade de filles plutôt jolies.

PUSSYCAT LOUNGE. Greenwich St. (et Rector St.)   952 9675
Ouvert du lundi au vendredi de 11h à 1h du matin.
Bourré de pros de la finance en semaine, avec un spectacle à son comble entre 17h et 19h.

THE STAR CLUB. 42 West 33rd St. (entre Fifth Ave et Broadway)
Pas loin de Penn Station, très fréquenté. Dans ce nouvel établissement, les danseuses sont assez éloignées du public mais elles représentent toutes les ethnies de New York, c'est-à-dire toutes les couleurs de peaux.

CLUBS ECHANGISTES

L'échangisme lui non plus n'a pas été mis à mort par le sida. Passé le stade des présentations, il y a les alternatives suivantes : la consommation sur place (dans ce cas, on a affaire à un "on-premise club") ou la consommation hors place ("off-premise club"). En règle générale, les clubs échangistes fonctionnent avec une carte de membre, mais les couples très motivés se font accepter.

ACQUIESCE   644 1020
Ouvert lundi et jeudi de 20h à 1h du matin, vendredi, samedi et dimanche de 18h à minuit. Entrée couples : 70$; femmes seules : 20$; hommes seuls : 100$.
Durée du "séjour" limitée à trois heures. Pour l'avant ou pour l'après partouze, pour consommer sur place ou ailleurs. L'établissement ne dispose pas, oh que non ! de chambres privées mais au contraire de multiples écrans vidéo pour suivre en direct des ébats ordinairement privés. Le public est composé de voyeurs actifs.

CHEEKMATES   674 1919
Entrée : 70$ par couple ; 35$ femmes seules.
Décor ad hoc : les miroirs sont généreux, les éclairages blanc polaire ou rose chair, la chair est jeune et exubérante, l'atmosphère chic. Un espace collectif et six chambres privées permettent toutes les options. Il y a des vestiaires privés, des douches, un jacuzzi et tous les mois, une nuit spéciale.

SALAX IN NEW YORK. 16 East 41st St. (entre Fifth et Madison) 935 0052 ou 213 4665
Ouvert lundi-vendredi 11h-3h du matin ; samedi de 16h à 3h du matin ; dimanche de 16h à 1h du matin. Sur rendez-vous seulement. Paiement en espèces ou Am.Ex.
Pour une clientèle aisée ayant le goût des flirts poussés jusqu'aux limites. Les femmes sont des "consultantes en plaisir" qui assistent leurs clients en de complexes transactions visuelles et verbales (orales ?). Une concertation initiale coûte 26$; une "conférence" de 75 à 90$; la carte de membre vaut 208$.

LE TRAPEZE. 17 East 27th St. (entre Madison et Fifth Ave)   **532 0298**
Jadis célèbre à New York sous le nom de "Plato's Retreat" et toujours très couru
par un public d'enthousiastes échangistes (avec, notamment, des Français et
des Suédois), le club est en faux style bavarois. La piste de danse mène au
Jacuzzi d'où on passe crescendo vers l'espace collectif puis les chambres
privées, le tout se concluant sur un buffet permanent. Pour les dames, il y a des
masseurs spécialisés. La carte de membre s'obtient sur demande,
l'établissement, réservé aux échangistes confirmés, est ouvert du mardi au
samedi de 21h à 4h du matin.

EQUIPEMENT

■ Boutiques

COME AGAIN. 353 East 53rd St. (entre First et Second Ave)   **308 9394**
Lingerie, jouets, outils, potions, lotions.

THE UNDERGROUND. 390 West St. (entre Christopher St. et West 10th St.) 924 0644
*Ouvert lundi-jeudi de 22h à 2h du matin ; vendredi de 22h à 3h du matin ;
dimanche de minuit à 2h du matin.*
Jadis gay, mais de plus en plus straight, c'est le premier magasin de New York en
matière de vêtements et accessoires S&M.

CONDOMANIA. 351 Bleeker St.
Cette boutique, ouverte depuis le début de l'ère sida, fait partie d'une chaîne
qui diffuse les plus grandes marques de condoms (= préservatifs) dans les
principales villes américaines. Non seulement on trouve tous les choix possibles
dans la qualité du produit, mais toutes les fantaisies (couleur, forme, goût) sont
étalées.

■ Librairies

ADULT CENTER. 678 Eighth Ave (et 42nd St.)
Ouvert tous les jours, 24/24h.
Supermarché avec en sous-sol une vingtaine de cellules individuelles pour
spectacles gays.

BACK DATE MAGAZINE. 304 West 40th St.
Ouvert de 10h à 18h, sauf dimanche.
La boutique la plus achalandée du genre avec une spécialité : le porno des
années 40.

KINEMATICS. 1 West 37th St. (entre Fifth et Sixth Ave)   **944 7561**
Ouvert lundi-samedi de 11h à 20h, dimanche de midi à 18h.
Une grande partie du catalogue des revues et magazines provient d'un stock
porno rare sinon obscur (petits éditeurs, productions anglaises...). Il y a une
quinzaine d'écrans vidéo (8$ la 1/2 heure, 14$ l'heure).

CLUBS SADO-MASO

Le sado-maso, qui a connu de grands jours à New York, n'est pas mort mais le spectacle a lieu désormais dans la salle avec le psychodrame qu'entraînent des cérémonials moins ouvertement sexuels sur la scène.

PADDLES. 540 West 21st St. (entre Tenth et Eleventh Ave)   **789 8275**
Ouvert à partir de 20h le vendredi et dimanche, 21h30 le samedi.
Spectacle le mercredi. Grande fête sado-maso le dimanche (10$ pour les hommes, entrée libre pour les femmes). Le samedi, l'établissement est ouvert aux habitués et aux novices (25$ pour les hommes, 5$ pour les femmes). Jeudi et vendredi, nuits heavy metal. Un bar avec esclaves et maîtres(ses), croix, roues de torture, herses, fouets...

PARADISE LOST   **947 2925**
Principales C.C. acceptées.
Trois donjons pleins d'instruments de torture apparemment mortels, de costumes fétichistes, avec une niche à taille humaine et même une authentique chaise électrique constituent le "paradis perdu".. Les dominatrices se font payer 150$, les soumises valent évidemment plus cher.

THE NEW LOFT. 39 East 30th St. (entre Park et Madison Ave)   **779 3165**
Ouvert vendredi et samedi, avec spectacle le vendredi. Entrée : 30$.
L'espace collectif est très large et contient tous les instruments S&M nécessaires; après quoi, il y a quelques chambres privées.

THE VAULT. 29 Ninth Ave (entre 13th et 14th St.)   **255 6758**
Ouvert vendredi et samedi de 23h à 6h du matin. Entrée : 25$ pour non-membres (5$ pour les dames).
Dans le quartier des grossistes en boucherie, c'est l'endroit où s'initier aux bizarreries du sado-masochisme entre une armée de voyeurs et un harem d'impérieuses maîtresses. Les contacts sexuels sont interdits, comme l'alcool.

SALONS DE MASSAGE

Dans cette rubrique "coquin" ne sont pas inclus les centres de massage à vocation exclusivement thérapeutique.

BALANCING TREATMENT   **685 5614**
Ouvert lundi-vendredi de 10 à 24h, samedi de 14h à minuit.
Ici l'accent est mis sur l'expérience totale et globale, comme diraient les dépliants publicitaires s'ils existaient en ce domaine où la discrétion est de rigueur. Les masseuses sont jolies et expertes en massages en profondeur à 65$ la 1/2 heure et 85$ l'heure. La masseuse travaillera demi-nue ou totalement nue pour 25 à 45$ de supplément.

A BLISSFUL BODY RUB   **355 3247**
Privé, propre, élégamment situé dans un appartement des East 50 et quelques... Les masseuses sont jeunes et jolies (65$ la 1/2 heure, 90$ l'heure).

A DELIGTHFUL BODY RUB   **754 1470**
Du côté des East 50. Mêmes tarifs.

A LOVING TOUCH   682 3632
Du côté de Grand Central. Mêmes tarifs.

AN EXQUISITE BODY RUB   645 4995
Du côté de Greenwich Village. Mêmes tarifs.

MIDTOWN RELAXATION   765 9628
Près de la 5e avenue et de la Trump Tower. Mêmes tarifs.

VERONICA'S   213 5167
Du côté des East 30. L'un des meilleurs.

SPECTACLES

■ Cinémas, spectacles clubs de rencontres pour gays

ADONIS Eighth Ave (et 44th St.)   246 9550

EAST SIDE CLUB 227 56th St.   753 2222

EROS 738 Eighth Ave (et 46th St.)   221 2450

JOCK'S 711 Seventh Ave (entre 47th et 48th St.)

SHOW PALACE 670 Eighth Ave (entre 42nd et 43rd St.)   391 8820

WALL STREET GAMES 1 Maiden Lane, 11th Floor   233 8900

SPIKE (Chelsea). Eleventh Ave. (entre 21st et 23rd St.)
La boîte infernale des gays. Les chauffeurs de taxis connaissent, qui font la queue toute la nuit, débarquant ou embarquant les couples en chassé-croisé. Le tout New York gay se retrouve ici entre dope, deals et prostitution. Pas pour les naïfs.

■ Peep shows

ADULT ENTERTAINMENT CENTER. 488 Eighth Ave (entre 34th et 35th St.) 947 1590
Ouvert tous les jours.

Au 1er étage, grand choix de magazines, instruments et revues. Aux 2e et 3e étages, 44 cellules avec écrans vidéo. Pour 25 cents, 60 secondes de spectacle.

JOY SHOW CENTER. 224 West 42nd St.   869 8655
Ouvert tous les jours, 24/24h.

Livres, revues, gadgets, instruments, cassettes vidéo et une cinquantaine d'écrans.

PEEPLAND. 228 West 42nd St. (entre Broadway et Eighth Ave)   391 2146
Dans ce grand établissement, des dizaines d'écrans vidéo répartis sur deux étages, cinq scènes d'exhibitions avec quatre filles sur chaque scène et un changement ininterrompu d'équipes toutes les 15 minutes. Très couru des amateurs et bourré jusqu'à 20h. Le spectacle live s'achève à 23h45 en semaine et 2h45 le week-end.

SHOW CENTER. 259 West 42nd St.   302 2554
L'établissement considéré comme le plus professionnel, le plus propre et le plus sûr. A l'étage supérieur, un show live avec des transsexuels.

SHOW FOLLIES CENTER. 711 Seventh Ave (entre 47th et 48th St.)   869 8845
Ouvert tous les jours de 10h à 1h du matin. Pour l'entrée, achat de 4 jetons minimum.

Un énorme inventaire, une tripotée d'écrans vidéo, et à l'étage 15 cellules individuelles, 2 "peep-alive" et un "théâtre tabou" en direct, avec quelques fois la croupe d'une star du porno.

SHOW WORLD CENTER. 669 Eighth Ave (et 42nd St.)   247 6643
Ouvert tous les jours de 10h à 2h du matin. Entrée : 10$ jusqu'à 1h du matin, 6$ la dernière heure.

Au summum des arts solitaires, cet établissement de quatre étages abrite d'innombrables possibilités : spectacles live et live-sex. Très pro.

■ Théâtres

VICTORY. 209 West 42nd St. (entre Seventh et Eighth Ave)
Malgré des films de 3e ou 4e catégorie, la salle de cet ancien théâtre de burlesque demeure de toute beauté.

WORLD THEATRE. 49th St. (entre Broadway et Seventh Ave)
Ouvert tous les jours de 10h à 1h du matin. Entrée : 6.50$.

"Jadis" un cinéma connu pour la qualité de ses films pornos. La salle est petite mais confortable, les films sont projetés en vidéo.

SPECTACLES

New York, faut-il le rappeler, n'est pas seulement une ville spectaculaire, c'est "la" ville du spectacle. C'est la capitale des "événements" artistiques, concert au Carnegie Hall, première au Metropolitan Opera ou création au New York City Ballet. New York se caractérise autant par sa diversité créatrice que par l'attention et la passion de son public. Les New-Yorkais, lorsqu'ils ont une passion, s'y consacrent sérieusement ! Où acheter ses places quand on est prêt à payer le prix fort, (80$ pour une place au Metropolitan, 60$ pour une comédie de Broadway, 20 à 25$ pour un billet Off-Broadway et 10$ minimum pour un billet Off-off-Broadway) ? Prioritairement au Box Office du théâtre ou encore via le concierge de votre hôtel. Ou en vous rendant au Tickets Central, 406 West 42nd St. (entre 13h et 20h, tous les jours), si possible un jour avant la représentation. Si vous choisissez de payer par carte de crédit : Tele-Charge (tél. 239 6200), Teletron (tél. 246 0102) ou Ticketmaster (tél : 307 7171). Un supplément de 1 à 3$ vous sera facturé lorsque vous récupérerez vos places au guichet du théâtre, sur présentation de votre carte de crédit. Des moyens plus futés (dans une ville futée en matière de prix) existent : TKTS, Discount coupons, ou Standing.

TKTS = tickets à prix réduits

En scène depuis 1973 sur Duffy Square (Broadway et 47th St.), TKTS (TICKETS) permet d'acheter ses places de théâtre pour le jour même à moitié prix (plus une taxe de 1.50$). Vous ne pouvez pas manquer TKTS, reconnaissable à ses longues queues et aux musiciens et artistes ambulants qui font passer le temps. TKTS ouvre ses dix guichets de 15h à 20h du lundi au samedi, de midi à 14h pour les matinées du mercredi et du samedi, et le dimanche de midi à l'épuisement du stock des places disponibles (attention : les places pour certaines matinées risquent d'être vendues la veille). Le public peut aussi arriver plus tôt : s'il y a de longues files d'attente, les guichets ouvrent dès 10h30. Les places disponibles sont affichées devant les guichets. Elles sont payables en espèces ou en Travellers chèques seulement. Beaucoup moins congestionné, un second TKTS fonctionne dans le hall du 2 World Trade Center mais n'offre pas le même choix.

Ce que TKTS permet pour le théâtre, le Bryant Park Music & Dance Ticket Booth (Bryant Park, sur la 42e rue entre la 5e et la 6e Avenue) l'offre pour la musique, l'opéra et la danse, y compris au Lincoln Center, à Carnegie Hall et au City Center, et éventuellement dans quelques boîtes de nuit. La procédure est la même qu'au TKTS, mais un n° de téléphone (382 2323) renseigne sur les spectacles disponibles et les heures d'ouverture des guichets.

Autre alternative, les coupons à prix réduits : ils sont exposés, parfois en liasses épaisses, au New York Convention and Visitor's Bureau, mais aussi dans les hôtels, banques, restaurants et magasins fréquentés par les touristes. A l'origine, ces coupons offraient deux places pour le prix d'une, mais ça n'est plus vrai. En outre, ces forfaits concernent rarement les grands succès du moment ; ils permettent de voir des spectacles plus ou moins intéressants dans les théâtres Off-Broadway.

Viennent enfin les 'standing" : comme leur nom l'indique, il s'agit de places debout. Les "standing" sont valables tant pour l'opéra que la danse, le théâtre, les comédies musicales ou les concerts du New York Philarmonic. Leurs prix sont vraiment compétitifs. Les "standing" s'achètent au guichet même des théâtres et valent pour une soirée (ou une matinée) dans le cours de la semaine.

Pour les passionnés de spectacles d'art lyrique au Metropolitan Opera, la procédure est la suivante : il faut se rendre le samedi matin le plus tôt possible (en général vers 8h) devant la porte du Metropolitan ; ne pas oublier de prendre un numéro de place auprès de la dame préposée à cette fonction (bien que de manière non officielle, depuis plus de 20 ans, hiver comme été, elle veille à mettre en ordre ses troupes de mélomanes). On se range dans la queue, souvent fort longue et on attend sagement l'ouverture des guichets à 10h. Lors du passage au guichet, demander un "standing" soit au parterre (11$) soit au "family circle" (l'équivalent du poulailler, 9$, où l'acoustique est excellente). Les places sont délivrées pour la soirée de votre choix du samedi au samedi. En principe, une personne a droit à une seule place. Il suffit de lier connaissance et de passer (ou réciproquement, recevoir) commande pour obtenir une seconde place. Durant la représentation, il est rare qu'on ne puisse trouver une place assise libre. L'important est de procéder discrètement.

BALLETS, DANSE

Il y a environ 140 compagnies de danse et troupes de ballet à New York, sans compter les tournées de troupes étrangères régulièrement de passage. Le meilleur moyen de se renseigner sur les spectacles en cours est évidemment la presse locale. Sélection de troupes et de lieux.

AMERICAN BALLET THEATER. Lincoln Center   362 6000
Fondée en 1940 et dirigée depuis 1980 par Mikhail Baryshnikov qui l'avait rejointe en 1974 après son départ d'URSS, c'est la première troupe de ballet américaine avec des tournées mondiales et un répertoire classique et moderne. ABT se produit entre mai et juin à New York au Metropolitan Opera House, mais ses bureaux et studios de répétition sont situés près d'Union Square.

APOLLO THEATER. 253 West 125th St.   749 5838
Dans cette institution de Harlem où se sont produits les plus grands jazzmen, les meilleurs danseurs, comédiens et chanteurs noirs, tous les mercredis soir a lieu un concours de danse réunissant la fine fleur des artistes amateurs de Harlem, qui sont peut-être les futurs grands professionnels de demain.

BROOKLYN ACADEMY OF MUSIC. 30 Lafayette Ave   (718) 636 4100
"The Bam", comme on l'appelle familièrement est certainement l'institution la plus vigoureuse, la plus électrique et la plus aimée de New York, et elle mérite qu'on traverse pour elle l'East River. Siège du Brooklyn Philarmonic, dirigé par Lukas Foss, qui se produit durant l'hiver sous la baguette de chefs invités, avec trois salles distinctes, l'Opera House, le Carey Playhouse et le Lepercq Space, la BAM accueille en automne (d'octobre à décembre) un festival de danse et de musique d'avant-garde, le Next Wave Festival, auquel participent régulièrement des créateurs tels que Bob Wilson et Phil Glass, et propose, au printemps, un Festival of Black Dance.

CITY CENTER. 131 West 55th St. (entre Ave of the Americas et Seventh Ave)
Informations : 581 7909   Réservations : 246 0102
Siège des principales troupes de danse contemporaines américaines et point de chute d'innombrables tournées nationales ou étrangères, le City Center est situé dans un ancien temple maçonnique érigé en 1924. Cette grande et belle salle au dôme espagnol a été sauvée de la démolition grâce à l'intervention de Fiorello La Guardia. Rénové et rendu à son ancienne splendeur, c'est certainement aujourd'hui le lieu qui rivalise le plus avec le New York State Theatre, siège (au Lincoln Center) du prestigieux New York City Ballet. Avec des rotations de spectacles d'une à quatre semaines, le City Center développe les recherches de Joffrey Ballet, du Dance Theatre of Harlem dirigé par le danseur noir Arthur Mitchell, de la Martha Graham Dance Company, et de chorégraphes comme Alvin Ailey, Merce Cunningham, Trisha Brown ou Paul Taylor. Bien entendu, il y a aussi des concerts et des spectacles d'opéra.

DANCE THEATER WORKSHOP. 219 West 19th St.   691 6500
C'est depuis 25 ans une coopérative de chorégraphes et aujourd'hui l'un des espaces alternatifs de New York les plus intéressants, avec des spectacles chaque soir, des prix bas et, outre les jeunes talents de la danse, des concerts de musique contemportaine, du théâtre, des lectures, des projections vidéo...

DANSPACE PROJECT. St. Mark's Place Church et 10 St. sur la Second Ave   674 8112
D'octobre à Juin, cette belle église de l'East Village accueille des troupes d'avant-garde.

JOYCE THEATER. 175 Eighth Ave (et West 19th St.)   **242 0800**
Derrière sa Jolie façade lumineuse d'ancien cinéma Art déco, le Joyce, siège du Eliot Feld Ballet, compagnie créée il y a une quinzaine d'années par un danseur transfuge de l'American Ballet Theater, accueille en permanence des troupes et compagnies nationales et étrangères. De fait, le Joyce est devenu le principal lieu de danse de taille moyenne à Manhattan.

P.S. 122. 150 First Ave et 9th St.   **477 5288**
L'un des lieux les plus radicalement alternatifs de Manhattan, où la danse frôle le "performing art", mélange de musique, de théâtre, de gestes, voire de vidéo ou de peinture, cette ancienne école a une programmation irrégulière, mais c'est l'un des seuls lieux à avoir une idée précise des nouvelles tendances de l'effervescence créatrice de Downtown.

NEW YORK CITY BALLET. New York State Ballet, Lincoln Center   **496 0600**
Fondée en 1948 par Lincoln Kirstein et George Balanchine, cette compagnie de 110 danseurs formés à la Juilliard School n'a pas de rivale dans le monde. Son répertoire comprend une centaine de chorégraphies dues principalement à George Balanchine, mais aussi à Jerome Robbins et, actuellement, à Peter Martin, qui a fait collaborer des artistes et créateurs tels que John Cage, Jean-Pierre Bonnefous, Paul Taylor ou William Forsyth. L'une des traditions du New York City Ballet consiste à présenter chaque année, durant le mois de décembre, la version Balanchine du "Casse-noisettes" de Tchaïkovsky, devant un public d'écoliers et de lycéens new-yorkais. La saison du New York City Ballet a lieu de novembre à février, et d'avril à juin.

CINEMAS

Manhattan a sans aucun doute assez de cinémas de première exclusivité pour réchauffer le cœur d'un cinéphile, qui plus est amateur des derniers succès US. Trois grands distributeurs, Loews, Cineplex Odeon et City Cinemas, canalisent le pipe-line de la production : ils ont partout dans la ville des complexes "multiplex" avec un personnel jeune. On est loin néanmoins de la période dorée (jusque dans les années 60) où chaque quartier avait sa salle, tant sur les avenues que dans les principales rues. Alors, même le plus modeste des cinémas avait son charme, et une présence. Tout cela s'en est allé avec les "movie theaters" à 4 ou 6 salles. Les cinémas de répertoire et les salles spécialisées dans les films étrangers ont fait aussi leur temps. Mais ne pleurons pas : il reste des cinémas de qualité à New York.

ANTHOLOGY FILM ARCHIVES. 32 Second Avenue   **505 5181**
"The home of Avant Garde indépendant film in New York, run since cinematic pre-history by Jonas Mekus." Voilà ce que pourrait écrire un critique de cinéma. Ce fut un tribunal puis une prison avant de devenir le havre du Pur Cinéma.

MUSEUM OF MODERN ART. 11 West 53rd St. (entre 5e et 6e Aves.)   **708 9490**
Les deux salles du MOMA constituent de facto la cinémathèque de New York. Elles passent en moyenne deux films par Jour, sauf le mercredi. L'entrée est libre avec le billet d'entrée au musée. Le billet coûte 50 cents si on l'achète une semaine à l'avance. Le public n'est pas jeune, et le silence de rigueur.

FILM FORUM. 209 West Houston St. (entre 6e et 7e Aves.
727 8110 (informations)   **727 8112 (réservations)**
Un lieu essentiel pour les cinéphiles new-yorkais. Trois salles, l'une consacrée
aux reprises, l'autre aux nouveaux films indépendants, la troisième aux succès
populaires. Le cinéma possède le seul système informatisé de sous-titrage, ce
qui permet de passer des films jugés trop peu rentables pour faire les frais de
l'opération. La carte de membre permet de bénéficier d'un bon rabais sur le prix
de la place.

WALTER READE. 165 West 65th St. (Lincoln Center. Prendre l'escalier à l'angle
de Broadway et 65th St.)   **875 5600**
C'est le nouveau cinéma de la Film Society du Lincoln Center, organisateur de
l'annuel New York Festival d'octobre et du New Directors Festival en mars. La
carte de membre offre de substantielles réductions.

ZIEGFIELD THEATER. 141 West 45th St.   **765 7600**
Le meilleur cinéma de New York en termes d'écran, de projection et de son. Et la
salle est très belle. Le problème est d'y voir un film intéressant en dehors de The
Wall et Spartacus.

ANGELIKA CINEMA. 18 West Houston St. (Mercer St.)   **995 2000**
Le petit chouchou pour sa programmation (films étrangers et indépendants) et
son ambiance (cafétéria). Mais les salles ne sont pas grandes et le son d'un film
voisin pénètre parfois. L'endroit évoque un peu l'indulgence qu'un riche père
aurait pour les fredaines de son fils. Essayez de voir le même film ailleurs.

QUAD. 34 West 13th St. (et 6e Ave.)   **255 8800**
Les salles sont à mi-chemin entre la salle de cinéma et la salle de projection
vidéo. Mais les films ici ont une seconde chance.

WILLIAM K. EVERSON AT THE NEW SCHOOL. 66 West 12th St.
Trois séries de 12 semaines ont lieu chaque année (les vendredis soirs) dans cette
salle de projection, chef-d'œuvre d'architecture Bauhaus. Les films n'en sont pas
toujours (des chefs-d'œuvres) et certains (européens et américains) n'ont pas été
vus depuis 60 ans. Mais on peut ensuite en parler. L'entrée est d'un coût
minime,le public attentif et passionné, et il y a une discussion en fin de séance.

THEATRE 80 St. Mark's Place (et First Ave)   **254 7400**
Parmi les salles commerciales où il se passe toujours quelque chose...

Les cinémas dont la liste suit sont les plus vieux de New York. Le Bowery fut en
effet un quartier des théâtres à la mode avant la Guerre Civile. Son apogée se
situe vers 1880. Ensuite, le déclin fut inéluctable. Ces cinémas diffusent des films
de Hong Kong avec des sous-titres en cantonais ou en mandarin en plus des
sous-titres en anglais. (Téléphonez pour vous en assurer.) Ils sont aussi connus
pour la variété de nourritures exotiques disponibles au bar.

MUSIC PALACE. 91 Bowery (Hester St.)   **925 4971**

ROSEMARY. 133 Canal St. (Bowery)   **431 1185**

SUN SING. 75 East Broadway (sous le Manhattan Bridge)   **619 0493**

CONCERTS

AVERY FISHER HALL (Lincoln Center)   874 2424
Ouverte en 1961, rénové le 15 ans plus tard, cette salle de 2 700 places est le siège permanent du New York Philarmonic, le plus vieil orchestre américain (fondé en 1842) et l'un des plus anciens et des plus fameux du monde. Il eut pour chefs Leonard Bernstein, Pierre Boulez, Arturo Toscanini, Dimitri Mitropoulos et Zubin Mehta... L'orchestre joue 36 semaines par an (un record mondial) et donne des concerts gratuits dans Central Park et les principaux parcs de New York devant des centaines de milliers d'auditeurs. Si sur son domaine de l'Avery Fisher Hall, le Philarmonic attire un public trié sur le volet, il n'en reste pas moins démocratique et propose des billets à tarif réduit le jour des concerts, si l'on se rend au guichet tôt dans la matinée. Entre la mi-juillet et la fin août, l'Avery Fisher Hall est le siège d'un mini-festival intitulé "Mostly Mozart" dont le programme est composé "principalement de Mozart", mais pas exclusivement. Le Mostly Mozart Orchestra accueille différents chefs, ainsi que des solistes venus du monde entier. A l'origine de ce festival mozartien de New York, l'idée de remplir une salle vide en été. Débuts modestes suivis d'un grand succès, non seulement pour la qualité de la programmation et de l'interprétation, mais aussi parce que les places sont bon marché et qu'on n'a pas besoin de faire d'élégance.

ALICE TULLY HALL. Lincoln Center   307 7420
Située dans la Juilliard School, avec environ 1 100 sièges, cette salle est l'une des meilleures de New York pour la musique de chambre grâce à son cadre intime et son acoustique exceptionnelle. Les solistes, orchestres de chambre et quatuors à cordes viennent du monde entier ; de l'automne au printemps, les vendredis, samedis et dimanches, la Chamber Music Society of Lincoln Center, fondée au début des années 70 y donne ses concerts.

BARGEMUSIC. Fulton Ferry Landing Brooklyn   (718) 624 4061
Cette "péniche à musique" située près du célèbre "River Café", en face de Manhattan, organise des concerts de musique de chambre et de jazz.

BROOKLYN ACADEMY OF MUSIC. 30 Lafayette St.   (718) 636 4100
Le plus vieux théâtre musical d'Amérique (il a été fondé en 1859), avec un passé où se mêlent les noms de Caruso, Sarah Bernhardt ou Isadora Duncan, la "BAM" a une salle de 2 000 places et un orchestre permanent, le Brooklyn Philarmonic, que viennent diriger de nombreux chefs américains et étrangers.

CARNEGIE HALL. 57th St. (et Seventh Ave)   247 7800
La plus célèbre salle de concert new-yorkaise fête son centenaire durant la saison 90-91, après une rénovation de plusieurs années (depuis 1986) et de cinquante millions de dollars. On a peine à croire que la merveilleuse salle (sobre et acoustiquement parfaite) qui se cache derrière la façade en style néo-Renaissance italien a failli être détruite par d'avides entrepreneurs après le départ du New York Philarmonic vers ses nouveaux quartiers, au Lincoln Center. Elle fut sauvée (c'était au début des années 60) grâce à l'opiniâtreté du violoniste Isaac Stern, dont la vraie carrière débuta lors d'un certain concert, le 8 janvier 1943, dans ces mêmes murs.

Il avait fallu au milliardaire américain Andrew Carnegie un don de visionnaire pour décider d'inscrire un tel bâtiment dans un quartier alors hors de mode. Tchaïkovsky inaugura Carnegie Hall en 1891. De Paderewski à Bruno Walter, de Casals à Horowitz, de Judy Garland à Segovia, Julie Andrews ou les Beatles, la liste est trop longue pour citer le Livre d'or de Carnegie, où se sont produits les plus grands orchestres internationaux et les principaux orchestres américains. Doublant la grande salle, le Weill Recital Hall (247 7800), l'ancienne salle de récital de Carnegie, a été elle aussi rénovée et compte 268 sièges. La salle est idéale pour la musique de chambre et elle est ouverte aux meilleurs jeunes talents new-yorkais, chanteurs et instrumentistes. Assister à un concert à Carnegie, c'est se trouver plongé au cœur de la musique éternelle. A défaut, ou par manque de temps, on peut suivre la visite guidée d'une heure ou plus qui a lieu les mardis et jeudis à 11h30, 14h et 15h (903 9790). Pour les gourmets, la dernière visite est suivie d'un arrêt thé-pâtisseries au légendaire Russian Tea Room voisin (pour informations sur le "Tour and Tea", 903 9790).

MERKIN CONCERT HALL. 129 West 67th St.   **362 8719**
Situé tout près du Lincoln Center, ce nouvel auditorium de 460 sièges accueille des solistes ainsi que des ensembles de musique de chambre.

92ND STREET Y. 1395 Lexington Ave (et 92nd St.)   **427 4410**
Ici ont lieu, entre autres, des concerts de chanteurs américains. Le Y'S Chamber Symphony, créé en 1977, s'est taillé la réputation d'être l'une des meilleures petites formations de Manhattan.

Etonnante institution polyvalente, le "92nd Street Y" est-il le prototype (version new-yorkaise) de ces "maisons de culture" dont rêvait André Malraux ? Les plus grands écrivains, poètes et artistes américains et étrangers viennent y faire des lectures publiques et y présentent leurs œuvres en cours - et ceci depuis l'ouverture, en 1939. Dans la magnifique salle de théâtre, on a vu et entendu T.S. Eliot, Pablo Neruda, Dylan Thomas, Allen Ginsberg, John Ashbery, Samuel Bellow, Anthony Burgess, Nadine Gordimer, Gunther Grass, Eugene Ionesco, Mario Vargas Llosa, Kenneth Koch, Doris Lessing, Norman Mailer, Octavio Paz, Amos Oz, William Styron...

On peut ajouter une consistante liste d'activités révélatrice du meilleur état d'esprit américain quand il s'agit de l'accès à la culture et de l'épanouissement personnel. "92nd Street Y" organise des soirées et des "parties" sur place ou en ville, des lectures et rencontres avec de jeunes écrivains, des présentations de films d'auteurs, des ateliers de créativité pour les enfants, des cours de danse, des spectacles, des concerts, des débats, des séminaires de réflexion sur toutes les manières de vivre la ville (trouver un job, trouver un amant). Enfin, une série de visites guidées (et essentiellement culturelles) dans New York et ses environs pourraient intéresser les lecteurs les plus pointus du "Petit Futé".

SYMPHONY SPACE. 2537 Broadway   **864 5400**
Cet espace fut d'abord une patinoire, une salle de catch, un cinéma, un centre de cure pour les drogués avant d'être transformé en une salle de concert inhabituelle à la très bonne acoustique, l'un des lieux "différents" où il est toujours intéressant de se rendre.

TOWN HALL. 123 West 43rd St. (entre Sixth Ave et Broadway)   40 2824

Construite en 1921 avec une capacité de 1 500 sièges, cette salle à l'excellente acoustique doublée d'une bonne vue sur la scène propose des programmes éclectiques et parfois excentriques mêlant toutes les tendances musicales contemporaines, Steve Reich, musique d'Afrique du Sud, Berio, Debussy, Jazz, la saxo Jane Ira Bloom, Don Cherry, le musicien ethno-électronique Amy Rubin, les pianistes américains Edmund Niemann et Nurit Tiles, des stars du pop africain, en bref un microcosme d'un monde changeant pour une salle de concerts d'avant-garde.

Les musées organisent aussi des concerts :

ASIA SOCIETY. 725 Park Ave (et 70th St.)   288 6400

C'est le meilleur endroit où écouter des musiciens orientaux.

THE CLOISTERS. Fort Tryon Park   923 3700

Il accueille, comme les bâtiments le commandent, de la musique ancienn Moyen Age, baroque, Renaissance...)

THE FRICK COLLECTION. 1 East 70th St.   288 0700

Organise de très beaux concerts de musique de chambre le samedi et le dimanche, d'octobre à mai, mais les places (gratuites) sont chèrement disputées.

EGLISES

ST JOHN THE DIVINE. 112th St. (et Amsterdam Ave)

C'est la plus grande cathédrale du monde et les plus beaux concerts de musique religieuse se tiennent là.

CHURCH OF THE TRANSFIGURATION. 1 East 29th St.

Pour ses concerts d'orgue.

CHAPEL OF THE INTERCESSION. 550 West 155th St.

Pour son Harlem Boy's Choir.

HOLY TRINITY LUTHERAN CHURCH. Central Park West (et 65th St.)

C'est le siège du Holy Trinity Choir et du Bach Orchestra, et la seule église américaine où soient interprétées les cantates de Bach selon le calendrier liturgique.

BAPTIST CHURCH. 151 West 128th St.

Pour ses chœurs gospel.

ST BARTOLOMEW'S. Park Ave (et 50th St.)

Pour ses récitals d'orgue, ses chœurs, ses jeunes orchestres tous les dimanches après-midi, de l'automne au printemps.

ST PATRICK'S CATHEDRAL. Fifth Ave (et 50th St.)

Pour son grand orgue et ses grands chœurs.

WASHINGTON SQUARE CHURCH. 135 West 4th St.

La messe de 11h est toujours animée, entre jazz et gospel.

OPERAS

Outre le Metropolitan et le New York City Opera, qui occupent le devant de la scène, New York a plusieurs salles d'importance moyenne.

AMATO OPERA (East Village). 319 Bowery (et angle East 2nd St.)   228 8200
Créé en 1947, avec une petite salle de 107 places nécessairement réservées, Amato Opera voit ses productions toujours attentivement suivies par la presse, et présente six productions classiques (Strauss, Verdi, Puccini, Mozart) ainsi que des créations ou des reprises d'opéras peu montés au cours d'un festival d'été qui a lieu en général de la mi-juillet à la mi-août. Les places sont à 15$.

LIGHT OPERA OF MANHATTAN (Upper East Side). 316 East 91st St.   831 2000
Spécialisé dans l'opérette et dans les œuvres de Gilbert and Sullivan.

NEW YORK CITY OPERA (Upper West Side). Lincoln Center   870 5570
Dans l'ombre du Metropolitan, basé dans le New York State Theater, le N.Y.C.O. a été créé en 1944 et dirigé, une fois n'est pas coutume, par la soprano Beverly Sills pendant une dizaine d'années, jusqu'en 1988. Les prix y sont moins élevés qu'au Metropolitan, l'architecture plus intéressante que celle de son écrasant voisins, des sous-titres (en anglais) permettent de suivre l'intrigue, les chanteurs sont majoritairement américains et les productions, outre les classiques, comptent des opérettes et des créations.

THEATRES ET COMEDIES MUSICALES

Broadway, Off-Broadway et Off-Off Broadway sont des appellations désormais trop connues pour qu'on ne contrôle pas leur signification.

D'un point de vue technique, un théâtre de moins de 100 places est dit Off-Off Broadway ; entre 100 et 500 places, il n'est plus que Off. Au-delà, on est à Broadway tout court, qui compte une quarantaine d'établissements situés entre la 44e et la 53e rues et entre la 6e et la 8e Avenues, dans le quartier dit "Theater District" ou encore des "legitimate shows", où les parkings sont aussi nombreux que les théâtres, lesquels sont trois fois moins nombreux que les restaurants. Au-delà de ce périmètre, environ 300 petits théâtres qui sont disséminés partout dans la ville, de Greenwich Village et de l'East Village à la lisière de Harlem en passant par la partie la plus ouest de la 42e rue, la "Theater Row" (entre la 9e et la 10e Avenues), qui constitue en la matière l'un des centres les plus créatifs de Manhattan. Installés dans des locaux de toutes formes et tous calibres, mouchoirs de poche, hangars, lofts, garages, églises, ces établissements, Off ou Off-Off, jouent en général aussi longtemps que le public vient (ce qu'on appelle les "open runs") ou dans des conditions plus drastiques, les productions qui, ici encore, nécessitent la lecture attentive de la presse, si on ne s'en tient pas aux gros succès établis depuis des années dans les théâtres pratiquant le spectacle "legitimate".

Broadway

BROADHURST THEATRE 235 W. 44th St.   239 6200
Actuellement *Kiss of the Spider Woman*.

BROADWAY THEATRE 1681 Broadway (et 53rd St.)   563 2266
Miss Saigon y tient l'affiche.

BELASCO 111 West 44th St.
Du nom d'un célèbre impresario.

ETHEL BARRYMORE THEATRE 243 W. 47th St.   239 6200
The Sisters Rosensweig.

IMPERIAL 249 West 45th St.   239 6200
Le théâtre de la création de *Cabaret,* un lieu de "musicals" depuis les années 20.
Les Misérables y connaissent toujours un étonnant succès.

LYCEUM 149 West 45th
Le plus vieux (1903) avec une jolie façade et le souvenir d'un spectacle sur le sida, *As Is*, qui a beaucoup remué les foules. Actuellement *The Government Inspector*, d'après une comédie de Gogol.

MAJESTIC 147 West 44th St.
Le siège du long succès "42nd St", remplacé par le non moins "sucessful" *Phantom of the Opera.*

MARTIN BECK 302 West 45th St.
O'Neill, Tennessee Williams y ont été à l'affiche et Elizabeth Taylor y a fait ses débuts au théâtre.

THE ROYALE 242 West 45th St.
Kiss me, Kate de Cole Porter, y a tenu l'affiche durant des années.

ST JAMES 246 West 44th St.   239 6200
Yul Brynner y était le roi dans *Le Roi et Moi.* On y joue *She Loves Me.*

SHUBERT 225 West 44th St.   239 6200
Le théâtre de *A Chorus Line.* Actuellement *Crazy for You.*

VIRGINIA THEATER 245 W. 52nd St.   239 6200
Reprise de *My Fair Lady.*

WINTER GARDEN 1634 Broadway (et 50th St.)
Ouvert en 1911, il a abrité derrière sa vilaine façace des succès tels que "West Side Story", de Leonard Bernstein, "Funny Girl", avec Barbra Streisand et quasiment depuis des lustres, "Cats".

OFF-BROADWAY ET OFF-OFF BROADWAY ──

Créés dans les années 30 en réaction au clinquant de Broadway, les théâtres Off sont devenus à leur tour des lieux établis servant parfois de tremplin à de futurs grands succès ou recevant des acteurs de théâtre new-yorkais chevronnés. En réaction au Off est né le Off-Off dans les années 60, qui a explosé dans la ville et transformé l'idée du théâtre.

CHERRY LANE. 38 Commerce St. (au sud de Bleeker St.)   989 2020
O'Neill, Ionesco, Albee, Beckett y ont été joués.

CIRCLE REPERTORY COMPANY. 199 Seventh Ave South (et West 4th St.) 807 1326
Fondé dans les années 70, présente les plus brillants des jeunes dramaturges américains.

ENSEMBLE COMPAGNY. 424 West 55th St.   246 8545
Sa vocation : écrire et jouer la condition noire américaine.

ENSEMBLE STUDIO THEATER. 549 West 52nd St.   247 3405
Une compagnie originale travaillant en fusion entre acteurs (considérés parmi les meilleurs de la scène new-yorkaise), metteurs en scène et auteurs.

JEAN COCTEAU REPERTORY. 330 Bowery   677 0060
Le théâtre qui croit au théâtre poétique et s'est choisi Cocteau comme égérie pour monter Genet, Wilde, Sartre, Shaw ou Sophocle.

LA MAMA E.T.C. 74 A East 4th St. (entre Second et Third Ave)   475 7710
Le premier Off-Off, fondé en 1961 par la légendaire Ellen Stewart, fréquenté par Andy Warhol, Sam Shepard, Nick Nolte ou Bette Midler, offre aujourd'hui quatre espaces différents.

PROMENADE THEATER. 2162 Broadway   802 1313
A connu la création de la comédie musicale *Godspell* et confirmé le succès de Sam Shepard.

PUBLIC THEATER. 425 Lafayette St. (et Astor Place)   598 7100
Installé dans un très beau bâtiment de pierre, le Public Theater qui fut dirigé par Joseph Papp, le fondateur du New York Shakespeare Festival qui se tient l'été à Central Park (861 7277), se consacre désormais entièrement à la production du répertoire shakespearien, en montant six pièces chaque saison, jouées par des acteurs anglais ou américains très connus. Là ne se limite pas l'éventail de cette institution très respectable et très respectée, qui monte également des pièces d'avant-garde, organise des projections de films indépendants et un Festival des Arts latins au mois d'août.

ROUNDABOUT THEATRE COMPANY. 100 East 17th St.   420 1360
Après de curieux débuts, il y a 25 ans, dans les sous-sols d'un supermarché, c'est devenu une institution du Off-Off fréquentée par des acteurs reconnus de la scène new-yorkaise.

MARCHANDS D'ART

Le crash du marché financier en 1987 a atteint de plein fouet le marché de l'art, d'abord les galeries de l'East Village, puis celles de SoHo, ensuite les salles de ventes aux enchères. Mais tout revient dans l'ordre et le marché reprend, sans la fougue de naguère. Naguère (au début des années 80), des artistes prometteurs étaient exposés dans l'East Village, puis repérés par un "art dealer" de SoHo, Annie Nosei ou Stux, d'où ils pouvaient progresser vers des galeries plus prestigieuses, Mary Boone et Tony Shafrazi ou, mieux encore, Leo Castelli, d'où ils pouvaient être "enlevés" par les grands noms de la 57e rue, Marlborough ou Pace ou Larry Gagosian, le denier venu et le plus agressif des marchands d'art sur la scène new-yorkaise. Gagosian, dont la galerie sur Madison Avenue, près du Whitney Museum, a fait une exposition d'œuvres de Brancusi qui ont été littéralement passées en contrebande hors de Roumanie, s'est attiré l'ire de ses collègues avec ses méthodes de pirate. Il a, en effet, augmenté son écurie d'artistes tels que David Salle, Philip Taaffe et Jasper Johns. Mais Julian Schnabel, le chéri des années 70, ne s'y était pas pris autrement, comme d'ailleurs des stars des années 80, Salle et The Starn Twins.

Aujourd'hui, le pipeline d'Uptown est sec. Les galeries de l'East Village et de TriBeCa n'existent plus, et sur les vitrines des galeries spectaculaires de SoHo, moins, il est vrai, qu'entre 91 et 93, on lit le panneau "For Rent" (à louer). Les galeries qui ont survécu sont passées des rez-de-chaussée prestigieux à des espaces en étage dans lesquels elles cohabitent les unes à côté des autres. Même un propriétaire de galerie aussi agressif que Tony Shafrazi, qui s'était rendu célèbre en défigurant délibérément le *Guernica* de Picasso (ou plutôt sa vitre de protection) au Museum of Modern Art, a perdu son meilleur artiste, Keith Haring, mort du sida. Et ce cas n'est pas unique : ces dix dernières années ont vu les rangs d'artistes prometteurs, qui seraient aujourd'hui au summum de leur créativité, décimés par la maladie.

La crise aidant, les rêveurs se sont réveillés de leur transe. Les amateurs de Wall Street ne peuvent plus se permettre d'acheter leur toile du mois. L'oeil est plus critique, désormais, et plus exigeant.

Mode d'emploi : compte tenu de leur localisation, vous pouvez partir à l'aventure dans l'un ou l'autre des quartiers où se concentrent les galeries de peinture. Le samedi c'est à SoHo que les new-yorkais amateurs font leur journée de rencontres sociales. Si vous cherchez une sélection pointue des expositions, le New-Yorker, New York Magazine, Village Voice, le New York Times, donnent des comptes rendus réguliers et précis. Deux revues gratuites sont disponibles dans les galeries : Art in America/New York : Galleries and Museums (avec un utile plan des quartiers et la localisation des galeries) et Gallery Guide, très abondamment pourvu de publicités qui donnent une idée de ce qu'on trouvera. Si vous vous heurtez à une large foule, en semaine, il y a peut-être un vernissage dans l'air. Le premier samedi du mois est également une journée marathon "d'openings" pour la foule branchée, versatile et/ou volatile des amateurs de peinture.

■ Galeries : Downtown

ARTISTS SPACE 223 West Broadway   226 3970
Fondée en 1973, cette galerie non commerciale est plutôt une organisation de service artistique qui procure aux artistes des opportunités d'exposition ainsi qu'un aide financière. Elle propose ainsi une grande variété de manifestations : peinture, dessin, photographie, sculpture, mixed medias, architecture, "performances", vidéos, films, lectures et installations. Toutes les expositions donnent lieu à un catalogue ou à une brochure, contenant souvent des critiques du travail présenté. Parmi les artistes qui ont débuté à Artists Space, on peut noter Laurie Anderson, Jonathan Borofsky, Robert Longo, Judy Pfaff, David Salle, Cindy Sherman et autres. Les activités de cet espace sont soutenues par des agences fédérales, de la ville et de l'état, par de nombreuses fondations privées, des corporations et des personnes privées.

BROOKE ALEXANDER. 59 Wooster St.   925 4338
En 1968, Brooke Alexander Inc. ouvre un premier espace dédié à la publication et à la vente de gravures américaines d'artistes tels que Joseph Albers, Sam Francis, Red Grooms, Jasper Johns, Alex Katz, Robert Notherwell... Entre 1975 et 1985, dans une galerie ouverte sur la 57e rue, Brooke Alexander expose des peintres et sculpteurs tels que Yvonne Jacquette, Sylvie Plimack Mangold, Richard Haas, mais aussi les œuvres d'artistes plus jeunes : John Ahearn, Richard Bosman, Tom Otterness, Richard Tobias, ... La galerie continue également d'exposer des gravures.

Depuis 1985, la galerie s'est déplacée à SoHo, tout en s'agrandissant, et fait connaître, outre les artistes cités précédemment, des nouveaux venus : Louisa Chase, Allan McCollum, Matt Mullican, Markus Raetz, Richard Tuttle, Robin Winters... En mars 1989, Brooke Alexander Editions a ouvert un nouvel espace au 476 Broome St. (tél : 925 2070), où sont exposées les publications récentes de Richard Artschwager, John Baldessari, Richard Bosman, les gravures de Lucian Freund, les multiples de Georg Herold, les gravures sur bois de Donald Judd et de Robert Mangold, les lithographies de Robert Longo, les eaux-fortes de Bruce Nauman et, pour finir les œuvres gravées de Jasper Johns, James Rosenquist, Robert Rauschenberg, Andy Warhol, etc.

JOSH BAER. 476 Broome St. 4314774
Cette galerie, ouverte en 1984 sur Lafayette St., s'est déplacée à l'intérieur de SoHo en 1990, où elle expose des artistes contemporains, orientés politiquement et socialement, parmi lesquels Leon Golub, Annette Lemieux et Annette Messager, Chris Burden, Nancy Dwyer, Alexis Smith, Nancy Spero...

MARY BOONE. 417 W Broadway 431 1818
Ouverture de la première galerie au 420 West Broadway en 1977, dans un building où Castelli représentait les années 60 et Sonnabend la même période essentiellement en Europe, et la contrepartie européenne du Pop, de l'Arte Povera. En 1982, Mary Boone ouvre un nouvel espace, en face, au 417 West Broadway, beaucoup plus grand que le précédent, où elle peut désormais exposer les œuvres grand format de Ross Bleckner, Gary Stephan, Eric Fisch, Barbara Kruger, Sigmar Potke, Georg Baseltz, Roni Horn...

DIANE BROWN. 23 Watt St. 219 1060
En 1976, Diane Brown ouvre sa première galerie, à Washington D.C. qu'elle quitte en automne 1983 pour ouvrir sa première galerie à New York en Janvier 1984 au 100 Greene St. En 1987, elle change d'emplacement et s'installe dans un building sur Broadway, au 560. Depuis septembre 1991, elle a choisi un local situé sur Watt Street qui donne de plain pied sur la rue. Diane Brown s'intéresse particulièrement à l'art contemporain international, plus spécialement à la sculpture, la peinture basée sur la photographie et l'art conceptuel, et présente des artistes tels que Joel Fisher (USA), Jan Groth (Norvège), Inge Mahn (Allemagne), Leonel Moura (Portugal), Richard Kazlina (USA), Tony Oursler (USA), Lauren Ewing (USA) et Erik Levine (USA).

CHRISTINE BURGIN. 130 Prince St. 219 8379
Après avoir travaillé chez Hirschl and Adler Modern, elle ouvre sa première galerie sur Lafayette St. en 1986, avec *Plexigrams* de John Cage (datant de 1969). En 1989, elle déménage dans le bel immeuble de Prince St., en plein cœur de SoHo. Bien que ses préoccupations concernent moins le langage, elle s'intéresse particulièrement aux choses dont on ne peut pas parler, qui sont analysables, mais comportent pourtant des éléments qu'on ne peut ni analyser ni expliquer. Ses artistes, pour la plupart conceptuels, sont américains ou européens : Ian Hamilton Finlay, Rodney Graham, Fariba Hajmadi, Paul Etienne Lincoln, Jürgen Meyer, John Murphy, Jeanne Silverthorne...

LEO CASTELLI - LEO CASTELLI GRAPHICS

420 West Broadway   **431 5160**
578 Broadway   **431 6279 / 941 9855**

Après l'ouverture de sa première galerie, à Paris, en 1939, Leo Castelli, échappant à l'Occupation, arrive à New York. Il ouvrira une nouvelle galerie en 1957 au 4 East 77th St. En 1971, il déménage une partie de sa galerie au 420 West Broadway où il installe définitivement son quartier général. En 1980, il ouvre le 142 Greene St., espace immense, en rez-de-chaussée, qui lui permet d'installer les sculptures de Richard Serra ou les peintures de Rosenquist, entre autres. Cette galerie sera finalement remplacée, en 1988, par l'espace du 578 Broadway. Castelli Graphics déménage, au même moment, de la 77e St. pour aller également sur Broadway. Léo Castelli est sans aucun doute le plus grand dealer de SoHo et c'est grâce au travail promotionnel de ses artistes que le monde de l'art connaît aujourd'hui (la liste est longue) Jasper Johns, Robert Rauschenberg, Morris Louis, Cy Twombly, Frank Stella, Roy Lichtenstein, Andy Warhol, Jim Rosenquist, Claes Oldenburg, Ellsworth Kelly, Donald Judd, Dan Flavin, Richard Serra, Bruce Nauman, Keith Sonnier...

DIA CENTER FOR THE ARTS. 548 West 22nd St.   989 5912

Le 9 octobre 1987, Dia ouvre un très grand espace sur plusieurs étages, destiné à permettre à des artistes ou à des groupes d'artistes de créer des œuvres spécialement commissionnées pour le lieu et ses possibilités. Les expositions sont d'une durée minimale d'un an et, de temps en temps, Dia montre sa collection permanente. Pour l'année 1992 sont prévus : Lawrence Weiner, Dan Graham, Brice Marden, Joseph Beuys. En outre, Dia expose deux installations à long terme de l'artiste Walter de Maria : "The New York Earth Room" (141 Wooster St. 2e étage) et "The Broken Kilometer" (393 West Broadway).

FEATURE. 484 Broome St.   941 7077

M. Hudson, le propriétaire, a ouvert sa première galerie à Chicago en 1984, où il présentait des œuvres pop art, post-conceptuelles, mais aussi des œuvres plus traditionalistes. La galerie new-yorkaise, ouverte en 1988, continue d'exposer ces mêmes artistes.

RONALD FELDMAN. 31 Mercer St.   226 3232

Ronald Feldman Fine Arts fut fondé en novembre 1971, au 33 East 74th St. par Ronald et Frayda Feldman ; la galerie s'est fixée définitivement en 1982, sur Mercer St. Y sont exposées, des œuvres contemporaines et d'avant-garde (peintures, sculptures, installations, dessins, gravures et performances). On peut également y trouver des œuvres de grands maîtres. La galerie publie aussi des livres, des œuvres graphiques et des cassettes-vidéo sur certains artistes. Les plus importants se nomment Ida Applebroog, Arakawa, Joseph Beuys, Andy Warhol, Vincenzo Agnetti, Piotr Kowalski, Mark Kostabi, Komar & Melmaid, Buckminster Fuller, Ilya Kabakov...

FRANKLIN FURNACE ARCHIVE 112 Franklin St.   925 4671

En 1976, Martha Wilson, une artiste de performance nommée la "reine de la scène Downtown", fonde Franklin Furnace essentiellement pour pouvoir ranger sa propre collection de "livres d'artistes". Depuis, la collection est devenue la plus grande du pays, avec plus de 18 000 livres (datant depuis 1960) ; elle contient des œuvres de Dieter Roth, Joseph Beuys, Ed Ruscha, Sol LeWitt, Barbara Kruger, John Baldessari, Jenny Holzer, Claes Oldenburg, pour ne nommer que les plus fameux.

L'Archive représente une documentation complète sur l'histoire de l'avant-garde contemporaine. Franklin Furnace est aussi un espace de performances, d'installations et de "readings" (lectures) à l'origine des carrières d'Eric Bogosian, Laurie Anderson, Barbara Kruger, Jenny Holzer, Karen Kinley, Holly Hughes, Annie Sprinkle.

GUILLAUME GALLOZZI 203 West Houston St.   645 9306

Guillaume Gallozzi, un natif d'Aix-en-Provence, a ouvert sa première galerie en 1979 à TriBeCa, où il exposait des artistes du quartier (Judy Rifka, Donald Lipski, David Bowes, J.M. Basquiat,...) tout en vendant des œuvres dada et surréalistes (photos, collages). En 1982, il ouvre une nouvelle galerie, toujours à TriBeCa, avec Joe la Placa, où des artistes sont invités à produire des œuvres sur place et exposées ensuite. Travaillant notamment avec les graffitistes qu'il montra partout en Europe en 1984 (A-One, Phase Two, Futura 2000, Rammellzee, etc.) il garde néanmoins un intérêt pour l'avant-garde historique (dada, futurisme, surréalisme). Depuis 1986, Guillaume Gallozzi œuvre à partir d'une petite maison en lisière du Village et de SoHo, où il monte deux ou trois expositions par an, les dernières en date se concentrant sur l'art moderne anglais, le surréalisme et le néo-romantisme.

JOHN GIBSON 568 Broadway   925 1192

La galerie fut d'abord ouverte à Chicago en 1961, puis on la déplaça à New York à la fin des années 60. Elle s'est d'abord située sur East 67th St., East 78th St., puis West Broadway, pour finalement s'établir à l'adresse actuelle. La tendance artistique de la galerie est l'art contemporain conceptuel, européen et américain en peinture, photographie et sculpture. Les artistes représentés sont entre autres Acconi, Arman, Ben, Christo, Beuys, Broodthaers, Le Gac, Matta-Clark, Mosset, Lavier, Oppenheim...

JAY GORNEY 100 Greene St.   966 4480

La galerie s'est ouverte en septembre 1985, dans l'East Village, puis a déménagé à SoHo en octobre 1987. Galerie "à la mode", elle présente un art préoccupé par la culture contemporaine (média, politique, etc.) et s'exprime sous toutes les formes : peinture, sculpture, photographie... Ses artistes sont Michael Jenkins, Peter Nagy, Joel Otterson, David Robbins, Alexis Rockman, Haim Steinbach, Meyer Vaisman, James Welling...

PAT HEARN 39 Wooster St.   941 7055

Après quelques années passées dans l'East Village, Pat Hearn s'est installée, au milieu des années 80, à SoHo, où elle se spécialise dans l'art contemporain avec des artistes tels que Jimmy DeSana, Gretchen Faust, Renée Greene, Lisa Hein, Susan Hiller, Tishan Hsu, Patty Martoni, Thom Merrick...

NICOLE KLAGSBRUN 51 Greene St.   925 5157

Après une collaboration de 5 ans avec la Cable Gallery (Clarissa Dalrymple, New York) dans les années 80 (où elle a montré des artistes tels que Ashley Bickerton, Meyer Vaisman, Christopher Wool et introduit les artistes européens Guillaume Bijl et Branco Dimitrijevic), Nicole Klagsbrun ouvre sa propre galerie en 1989. Les artistes présentés (Judith Barry, Mary Beyt, Mark Depman, Peter Greenaway, Candida Höfer, Nicolas Rule, Ian Wallace) représentent les tendances de l'art contemporain avec une forme conceptuelle et une interprétation provocatrice, dans une perspective politique et spécialement féministe.

LOUVER 130 Prince St.   925 9205

Ce très bel espace fut ouvert à New York en 1989 par le propriétaire d'une galerie à Los Angeles. La galerie est spécialisée dans l'art contemporain avec des artistes américains et européens : Ann Hamilton, Edward et Nancy Reddin Kienholz, Ed Moses, David Nash, Lili Dujourie, Juliao Sarmento, John Virtue...

LUHRING AUGUSTINE 130 Prince St.   219 9600

Fondée en 1985 par Lawrence Luhring et Roland Augustine, cette galerie s'oriente tout particulièrement vers l'art contemporain américain, allemand et japonais. Parmi les artistes représentés : Larry Clark, Gunther Forg, John Kessler, Tatsuo Miyajima, Yasumasa Morimura, Stephen Prina, Christopher Williams et Christopher Wool.

ANNINA NOSEI 100 Prince St.   431 9253

Italienne, Annina Nosei est arrivée aux Etats-Unis en 1964, après quelques années passées à Paris. Dans un loft semi-privé sur West Broadway, à partir d'octobre 1979, elle commence à exposer des artistes tels que David Salle, Donald Newman, Troy Brauntuch, Richard Prince, Cy Twombly, Joseph Kosuth. Ouverte en 1980, la galerie expose des artistes internationaux, Hodicke, Koberling, Sandro Chia et des "vedettes" comme Jean-Michel Basquiat.

P.P.O.W. 532 Broadway   941 8642

Wendy Osloff et Penny Pilkinston (qui vient de Londres) ont démarré P.P.O.W. en septembre 1983, avec une petite galerie dans l'East Village. S'étant agrandie plusieurs fois, P.P.O.W. a déménagé au 3e étage d'un immeuble sur Broadway, en septembre 1988. Les deux propriétaires portent une attention spéciale à la qualité des différentes techniques utilisées par leurs artistes ainsi qu'au contenu politique et social de leurs œuvres. La galerie présente des peintres, des sculpteurs et des photographes ainsi que des installations : David Mojnarowicz, Carrie Mae Weem, Dotty Attie, Lynne Cohen, Walter Martin, Christy Rupp, Sandy Skoglund...

REMPIRE 121 Greene St.   979 1110

Ouverte en 1990, la galerie se consacre à l'art contemporain international, avec des artistes tels que Nicola (performance) et Colette (mutimédia), Anna-Mercedes Hoyos (minimal ou figuratif avec un arrière-plan politique et sociologique), Richard Bernstein, Bucky Schwartz (installations), Rolando Briseno, Carlos Duque, Franca Ghitti, David Medalla, Barbara Nessim...

TONY SHAFRAZI 130 Prince St.   274 9300

Il a ouvert sa galerie à SoHo en 1981, après une première tentative à Téhéran en 1979. Tony Shafrazi s'est rendu célèbre dans le passé pour avoir recouvert de peinture la vitre protégeant le *Guernica* de Picasso, alors au Museum of Modern Art. Il expose essentiellement de jeunes artistes, dont des artistes graffitis, entre autres : Keith Haring, Donald Baechler, Ronnie Cutone, Kenny Scharf, Jean-Michel Basquiat, James Brown, Brett de Palma, Futura 2 000.

JACK SHAINMAN 560 Broadway   966 3866
Après une première galerie à Washington D.C. en 1984, Jack Shainman ouvre en
1986 un espace à New York qui, en 1987, prend l'exclusivité sur celui de
Washington et devient une vraie galerie d'art international, représentant des
artistes tels que Guillaume Bijl, Marie Jo Lafontaine, Marc Maet (Belgique), Petah
Coyne (U.S.A.), Claude Simard, Evergon, Michael Goulet (Canada), Isa Pisani (Italie)
et Jack Vieille (France).

SONNABEND 420 West Broadway   966 6160
Ouvre sa première galerie à Paris, en 1962. Elle y montrait le meilleur de ce qui se
passait aux Etats-Unis à l'époque. En 1971, elle ouvre sa galerie au 420 West
Broadway dans le but de présenter les nouveaux artistes américains ainsi que
les artistes européens : Andy Warhol, Robert Rauschenberg, Gilbert & George,
A.R. Penck, Jannis Kounellis, Georg Baselitz, Arman, Mel Bochner.

THE GALERY, THREE ZERO 30 Bond St.   505 9668
Ouverte en 1989, sous la direction de Thomas Zollner et de Barbara Peterson, la
galerie présente de jeunes artistes européens et américains parmi lesquels :
Michael Abrams, Edward Batchelier, Jeffrey Blondes, Sandy Gellis, Taka Kawachi,
Zofia Lipecka, Francesco Pistolesi, Kathy Ruttenberg...

■ Galeries : Uptown

ACQUAVELLA 18 East 79th St.   734 6300
L'ouverture de cette galerie par Acquavella père à lieu dans les années 50 avec
les primitifs italiens et la période de la Renaissance italienne. Dans les années 60,
la galerie présente des impressionnistes. Avec l'arrivée du fils Acquavella, la
galerie se tourne vers les modernes (Picasso, Miro, Matisse, etc.). A la fin des
années 70, c'est l'ouverture de Département contemporain américain d'après-
guerre (De Kooning, Pollock, Rothko...), puis européen, essentiellement anglo-
saxon : Francis Bacon, Lucian Freund, David Hockney...

BLUM HELMAN 20 West 57th St.   245 2888
Ouverture en 1973. Précédemment Irving Blum et Joseph Helman, les
propriétaires, ont tous deux été à la tête de galeries. Blum à la tête de la Galerie
Ferus de Los Angeles et Helman à St-Louis. Installée ici depuis 1981, la galerie
expose Richard Diebenkorn, Ellsworth Kelly, Roy Lichtenstein, Frank Stella,
Richard Serra. Et plus près de nous, Bryan Hunt, Bruce Robbins, Stephen Keister
et Donald Sultan.

Blum Helman a ouvert récemment, en octobre 1991, une galerie dans SoHo,
BLUM HELMAN WAREHOUSE 80 Greene St. tél : 226 8770, où sont montrés, outre
les artistes de la galerie uptown, des artistes tels que Dennis Oppenheim, Mary
Weatherford...

ELYSIUM ARTS 28 East 78th St.   628 2942
Ouvert en mai 1991 avec une exposition Claude Monet, cet espace, situé dans un
très bel immeuble rénové, n'est pas une galerie commerciale. Son but est
d'offrir un lieu d'exposition aux dealers privés, aux maisons de vente aux
enchères ou aux institutions artistiques. Ce lieu est géré par un conseil
d'administration, dirigé par Jacques Demos. Durant l'été 1991, ce dernier a
organisé une exposition de groupe avec Antonio Clave, César et Yuri Kuper,
suivie d'une exposition de 58 gravures de Georges Rouault.

ANDRE EMMERICH 41 East 57th St. 752 0124

Ayant ouvert sa galerie en 1956, le premier dealer des "Color Field painters" (Kenneth Noland, Morris Louis et Helen Frankenthaler) est en même temps passionné depuis toujours d'antiquités pré-colombiennes. Autres artistes : Hans Hofmann, Sam Francis...

GAGOSIAN 980 Madison Ave 744 2313

L'ouverture de la galerie en Janvier 1989 fut suivie en avril de la même année, par celle d'un autre espace Downtown, en collaboration avec Leo Castelli, au 65 Thompson St., où a lieu une exposition de sculptures de Lichtenstein. Cette galerie fut remplacée par une nouvel espace situé au 136 Wooster St. (tél : 744 2313) et ouverte le 2 novembre 1991, avec une exposition de Richard Serra. Gagosian est le représentant américain exclusif de Francesco Clemente. Il représente également les peintres Philip Taafe et David Salle, le sculpteur conceptuel Walter de Maria et s'occupe de la succession (le patrimoine) d'Yves Klein. La galerie organise des expositions de niveau muséologique, à partir de collections privées : "Black Enamel Paintings" de Jackson Pollock, "Blue Balls" de Sam Francis, "Shadow Paintings" d'Andy Warhol, "Bolsena Paintings" de Cy Twombly et des sculptures de Brancusi.

MARIAN GOODMAN 24 West 57th St. 977 7160

En 1965, fut fondé le Marian Goodman Multiples, suivi de l'ouverture de la galerie en 1977. Marian Goodman représente des artistes contemporains américains et européens (peintures, sculptures, gravures) parmi lesquels : Christian Boltanski, Marcel Broodthaers, Tony Cragg, Anselm Kiefer, Gerhard Richter, Thomas Schütte...

HIRSCHL AND ADLER 21 East 70th St. 535 8810

Sur le même bloc que la Frick's Collection, cette galerie est installée, comme Wildenstein, dans une maison particulière où sont exposés les maîtres américains du siècle dernier, notamment les paysages de l'Hudson River School, et du début du siècle. Outre les classiques et néo-classiques, la galerie expose dans d'autres locaux des peintres contemporains, dont les minimalistes. HIRSCHL AND ADLER ont ouvert en 1982 HIRSCHL AND ADLER MODERN (851 Madison Avenue, tél : 744 6700), une galerie qui présente des artistes tels que Pierre et Gilles, Philip Pearlstein, Lyn Davis... et la succession de Christopher Wilmarth.

SIDNEY JAN. 15 110 West 57th St. - NYC 10019 586 0110

Ouverture de la galerie en 1948, avec une exposition Fernand Léger, suivie de Kandinsky, Schwitters, Albers, Pollock, De Kooning, Franz Kline, Corky, Rothko et Motherwell. La galerie se tourne vers l'avant-garde et l'une de ses récentes expositions : "The New Abstraction" expose des peintres conceptuels : Christian Eckhart, Stephen Ellis, Peter Halley, Valerie Jaudon, Philip Taaffe...

JASON McCOY Inc. 41 East 57th St. 319 1996

Ouverture de la galerie en 1982, par le neveu de Lee Krasner qui a travaillé un certain temps pour la galerie Robert Miller.

Cette galerie se spécialise dans les maîtres du XXe siècle, la peinture, le dessin et la gravure contemporains. L'espace présente les successions de Giorgio Cavallon, William Garbe, Frederick Kiesler, Jackson Pollock, ainsi que des artistes comme Michael Goldberg, George Negroponte, Antonio Saura, Phillip Smith, Gregoire Muller, Michael Tetherow.

MARISA DEL RE 41 East 57th St. 688 1843

Fondée en 1968, la galerie présente des peintres et des sculpteurs modernes et contemporains américains et européens, dont les œuvres recouvrent les mouvements pop, nouveau réalisme, abstraction expressionniste, photoréalisme. Marisa del Re organise également des installations telles que "Kandinsky, Russia and the Bauhaus, 1912-1932", ou "Joseph Beuys : Is it about a bicycle ?" et compte parmi ses artistes européens : Arman, Karel Appel, Valerio Adami, Enrico Baj, Arnaldo Pomodoro. Les artistes américains sont représentés par Robert Cottingham, Robert Indiana, Conrad Marca-Relli, Robert Motherwell, George Tooker.

ROBERT MILLER 41 East 47th St. 980 5454

Après avoir travaillé pendant 12 ans avec André Emmerich, Robert Miller, en compagnie de sa femme Betsy, ouvre sa première galerie le 13 septembre 1977, au 724 Fifth Avenue. Les premiers artistes représentés sont : Robert Graham, Robert Mapplethorpe, Lee Krasner, Larry Rivers, Al Held et Alex Katz. En 1981, Robert, alors président, nomme John Cheim directeur de la galerie. En 1985, la galerie déménage dans le Fuller Building (sa situation actuelle), dans les anciens locaux du Q.G. de la Ligue nationale de football. Cette très importante galerie, qui vient de fêter son 15e anniversaire et qui a pu être comparée à celle de Léo Castelli à Downtown, gère les successions de Jean-Michel Basquiat, Eva Hesse, Lee Krasner, Rodrigo Moynihan, Alice Neel et les dessins d'Andy Warhol. Elle expose, entre autres, Louise Bourgeois, Janet Fish, Al Held, Alex Katz, Joan Mitchell, Milton Resnick, Edward Ruscha, Pat Steir... La galerie est également célèbre pour son département de photographie, sous la direction de Howard Read III, avec, certes, Robert Mapplethorpe, mais aussi Bruce Weber, Jan Groover et Andy Warhol...

PACE GALLERY 32 East 57th St. 421 3292

Entrée dans le circuit de l'art depuis plus de vingt ans, la galerie Pace qui a passé un accord avec la Gallerie Wildenstein en Novembre 1993, est un peu le grand magasin de l'art contemporain américain : Louise Nevelson, Jim Dine, ou l'enfant maudit de la peinture US, Julian Schnabel. Au 10e étage, Pace Prints vend des reproductions de grands maîtres anciens et modernes.

Elle possède des antennes dans toute la ville.

PACE/MAGGIL	759 7999
PACE MASTER PRINTS AND DRAWINGS	421 3688
PACE PRIMITIVE	421 3688
PACE PRINTS	421 3237
PACE GALLERY À SOHO, 142 Greene St	431 92 24

Dans les anciens locaux de Leo Casteli, elle expose des artistes identiques à ceux d'Uptown, comme Richard Serra, Chuck Close, Jime Dine, Julian Schnabel, Donald Judd, Georg Baselitz, John Chamberlain...

PAULA COOPER 155 Wooster St.   **674 0766**

Elle ouvre en 1968 la première galerie à SoHo dans le but de s'écarter des modèles d'Uptown. Cette volonté d'indépendance reflète le portrait de sa propriétaire. Dans les années 70, la galerie était souvent ouverte la nuit : performances, danse, concerts, poésie et films s'y succédaient. C'est la galerie "minimaliste par excellence" avec Carl André, Donald Judd, Joel Shapiro, Ricchard Serra, Elizabeth Murray... On peut également y apprécier Lynda Benglis, Jennifer Bartlett, Jonathan Borofsky, Suzan Rothenberg...

SALANDER O'REILLY 20 East 79th St.   **879 6606**

Larry Salander et Billy O'Reilly travaillent ensemble depuis 1976. Tout d'abord dans un modeste "brownstone" situé East 80th St., d'où ils ont déménagé en 1990 pour s'installer dans un immeuble à la très belle façade néo-classique en pierre, sur 7th St. Politique très originale : pour eux, l'art est une chose sans âge, seule la qualité compte. Ainsi exposent-ils Jules Olitzki à côté de Constable ; Hans Hofmann à côté du Titien,... des peintures de Horacio Torres au rez-de-chaussée et des œuvres de Delacroix et Rubens au 1er étage,... Larry Salander et Billy O'Reilly s'occupent de la succession de John Constable, Stuart Davis, David Park et d'artistes vivants tels que Arthur Dove, Walt Kuhn, Mardsen Hartley, Arnold Friedman, Kenneth Noland, Larry Poons...

HOLLY SOLOMON. 724 Fifth Ave   **757 7777**

Après avoir animé un espace dans un loft sur Greene St. dédié à une combinaison (salle d'exposition) de performances et de poésie, Holly Solomon ouvre sa première galerie à SoHo en 1975 avec une exposition de Brad Davis qui lance, par la suite, le mouvement "Pattern and Decoration" avec des artistes tels que Robert Kushner, William Wegman, Laurie Anderson et Judy Pfaff. Autres artistes : Ned Smyth, Kim Mac Connel, Nicholas Africano....

JACK TILTON 24 West 57th St.   **247 7480**

Jack Tilton fut le directeur de la galerie Betty Parsons pendant 7 ans. A la mort de celle-ci, il racheta la galerie et la transforma en un lieu de réunion de jeunes artistes contemporains prometteurs, européens aussi bien qu'américains, parmi lesquels : David Hammons, Rebecca Prudum, Leo Copers, Jan Fabre et Herbert Brandl.

WILDENSTEIN GALLERIES 19 East 64th St.   **879 0500**

Cette maison particulière de quatre étages a été construite spécialement pour être une galerie d'art et d'emblée le décor, chandeliers de cristal, parterre de marbre, donne un avant-goût du business très sérieux qui a lieu ici. Pour le reste, si on vous accepte comme visiteur, vous aurez une idée du goût de la maison Wildenstein (maîtres français notamment) et éventuellement des prix, si vous vous hasardez à les demander.

■ Galeries photo

SoHo, c'est bien sûr la peinture. C'est aussi la photographie à laquelle une quinzaine de galeries consacrent des expositions. Les horaires d'ouverture varient. Se renseigner par téléphone.

JANET BORDEN 560 Broadway   **431 0166**

Après avoir été un vendeur privé, Janet Borden ouvre une galerie en novembre 1988, spécialisée dans la photographie contemporaine et montre entre autres Mcduff Everton, Robert Levin, Andrew Moore, John Pfahl, Sandy Skoglund...

80 PAPERS 510 Broome St.	431 7720
EWING-SANDERS 51 Greene St.	219 2200
LAWRENCE MILLER 138 Spring St.	226 1220
LEDEL GALLERY 168 Mercer St.	966 7659
LIEBERMAN & SAUL A55 Spring St.	431 0747
MARCUSE PFEIFFER GALLERY 568 Broadway	226 2251
NYU PHOTO CENTER GALLERY 721 Broadway	998 1930
PHOTOFIND GALLERY 138 Spring St.	226 1220
STALEY-WISE 177 Prince St. (4e étage)	777 1590
SOHO PHOTO 15 White St.	226 8571
TERRAIN GALLERY 141 Greene St.	777 4490
TWINING GALLERY 568 Broadway	431 1380
VISUAL ARTS GALLERY 137 Wooster St.	598 0221
THE WITKIN GALLERY 415 W. Broadway	925 5510

OU ACHETER QUOI ?

Où acheter ? Quoi acheter ? Quoi ne pas acheter ? Comment résister à toutes les tentations largement offertes, à portée de main, à portée de regard, et qu'on voudrait enfouir dans sa hotte : les fringues, les chaussures, les diamants, les chapeaux, les répondeurs téléphoniques, les livres d'art, et tous les incroyables gadgets dont la ville est prodigue. New York, le grand marché mondial. Avant de partir à l'aventure sachez qu'à New York comme dans toutes les grandes villes, il existe des quartiers spécialisés. Les voici, classés par branche de commerce.

Taxes : les prix indiqués en vitrine sont entendus sans taxes. Il faut donc les majorer d'environ 8,5%.

■ Antiquités

C'est traditionnellement entre les 60e et 70e rues et Madison que se trouvent les antiquaires. Quelques-uns ont gardé pignon sur rue. Certains, compte tenu des prix des loyers, se sont repliés dans les rues avoisinantes, ou regroupés dans des structures collectives, comme l'Antiquarium Market ou le Manhattan Art Antique Center. D'autres sont descendus Downtown, vers la 14e rue et Union Square, autour d'University Place et les 10e, 11e et 12e rues, ou encore entre SoHo et l'East Village, pour les antiquités américaines.

■ Art

Les grandes galeries spécialisées dans la peinture classique sont situées dans l'Upper East Side, sur Madison. De très importantes galeries sont regroupées sur la 57e rue, à l'est et l'ouest de la 5e avenue. C'est très cher et on trouve aussi bien à Cligancourt. à SoHo sont concentrés les marchands d'art contemporain et d'art américain. Vous en trouverez une large sélection de galeries consacrées à la peinture classique et moderne dans la rubrique "Marchands d'art".

■ Bijoux

La 47e rue (l'entrée donne Fifth et Sixth Avenue) est le centre new-yorkais du commerce des pierres précieuses et des bijoux. Si vous achetez une pierre, vous pouvez exiger un certificat du GIA (Gemological Institute of America). Bijoux fantaisie au petit marché artisanal sur Prince Street.

■ Chapeaux

Une ribambelle entre les 38e et 40e rues, entre la 6e et la 7e avenues. Les New-Yorkais aiment encore bien mettre des chapeaux.

■ Chaussures

Sur la 8e rue, entre la 5e et la 6e avenue, sur Bleeker Street, à SoHo, dans Midtown. Partout. Le pays du pied bien chaussé.

■ Electronique-photo

Plus spécialement recherché entre les 40e et 50e rues, autour de Broadway, souvent à tort et avec les précautions d'usage. Il n'est pas besoin de courir dans cent endroits.

Magasin de référence : 47th Street Photo, mais mauvais accueil. Du côté d'Union
Square, quartier des photographes professionnels, Ken Hansen, le plus sérieux.
Dans le Lower East Side, du côté de Wall Street, J&R Music World.

■ Fripes et surplus
La 14e rue (très fréquentée par les Latino-américains). Canal Street. Orchard
Street. NoHo. Le West et le East Village. Les Navy Stores pour le costaud.

■ Fourrures
Aux alentours de la 7e Avenue, entre les 27e et 30e rues. Grossistes et
distributeurs parfois ouverts au public. Le marché est en crise.

■ Fleurs
De la 26e à la 30e rue, sur la 6e et la 7e Avenue, des trottoirs verdoyants et
colorés selon les saisons. Plantes tropicales, arbustes, fleurs. Les fleuristes sont
moins nombreux et moins raffinés qu'à Paris.

■ Jeans
Des boutiques spécialisées (Navy Shops, etc.) vendent vos Levi's préférés.
Autrement, toutes les grandes marques font leurs propres modèles, d'Armani à
The Gap, et c'estune question de choix personnel. Canal Jeans est bien, mais on
n'y trouve pas toutes les marques de Jeans.

■ Linge de maison
Sur Grand Street et Allen Street, dans le Lower East Side. à des prix moitié moins
élevés qu'en France. Le meilleur magasin est Ezra Cohen Corporation, 307 Grand
St. (tél. 925 800). Attention : la plupart des propriétaires sont Juifs et de ce fait
leurs boutiques sont fermées le samedi. Si vous voulez acheter des draps, le
"double" correspond au grand lit européen.

■ Fripes
Les meilleures "Thrift Shops" sont situés dans l'Upper East Side, sur la 3e Avenue,
entre les 70e et 90e rues, dans les quartiers chic, et Downtwon (Chelsea,
Gramercy) et sur la 23e rue (entre les 2e et 3e Avenues).

■ Vêtements femmes
De la 35e à la 39e rues, entre Broadway et la 7e Avenue, c'est le quartier des
trouvailles, l'équivalent du Sentier à Paris.

ANTIQUITES

Les consommateurs américains prennent les antiquités de plus en plus au
sérieux, non seulement parce qu'elles sont à la mode, mais aussi parce que ce
sont des objets d'investissement. Le marché est en pleine expansion et les
marchands font l'aller et venue entre l'Europe et le continent nord-américain.
Mais attention ! s'il y a de plus en plus d'amateurs, il y a aussi, à New York comme
ailleurs, de plus en plus de copies... New York est le centre de grandes foires et
d'importants salons, dont le plus prestigieux est la Winter Antiques Fair qui se
tient traditionnellement, en Janvier, au Seventh Regiment Armory (Park Avenue
et East 86th St.). Il n'existe rien comme les Puces de Clignancourt, mais s'il y a
une adresse à donner, à la fois pour l'intérêt de chiner et pour le plaisir d'y
rencontrer des New-Yorkais, c'est le :

MARCHE AUX PUCES. Sixth Ave (et 26th St.)　　　　　　**243 5343**
Ouvert samedi-dimanche de 9h à 17h (prix d'entrée : 1$).
Vêtements, meubles, objets, tableaux, tapis, vaisselle, bijoux, gadgets anciens et objets utilitaires.

BACK PAGES ANTIQUES 125 Greene St.　　　　　　**460 5998**
Une extraordinaire boutique de juke-boxes avec des pièces rares pour gros portefeuilles. Depuis 20 ans, Alan Luchnik chasse à travers les USA les énormes et flamboyantes machines qui décoraient et animaient les bars, restaurants et candy-stores de l'Amérique d'avant la télévision. Les juke-boxes de la marque Wurlitzer, les plus beaux, ont été conçus et réalisés entre 1937 et 1956. Chaque modèle porte un numéro. Le Wurlitzer 1015, qui valait 2 000$ en 1974, vaut aujourd'hui 14 000 $! "Le problème, dit Alan Luchnik, qui s'occupe de la restauration de ces fontaines musicales aux couleurs fluo, c'est d'en trouver". Principaux clients : des particuliers pour qui les juke-boxes, merveilleux objets décoratifs, n'ont pas de prix. Si les antiques distributeurs de Coca-Cola sont trop chers, il y a dans cette grande boutique de SoHo assez d'antiquités US des années 50 pour satisfaire des goûts plus raisonnables.

BOLERO 134 Spring St.　　　　　　**219 8900**
Meubles et objets Art déco : l'une des meilleures boutiques du genre.

THE COMMON GROUND. 19 Greenwich Ave (entre Sixth et Seventh Ave) 989 4178
Ouvert lundi-vendredi de 11h30 à 18h30, samedi de 11h à 18h30, dimanche de 13h à 18h.
Les Indiens d'Amérique ont laissé des trésors : vestes, bijoux, ceintures, ceinturons, poteries, sacs, tapis, sculptures. Pas toujours anciens, il va sans dire.

DEPRESSION MODERN 135 Sullivan St. (et Houston)　　　　　　**982 5699**
Ouvert mercredi-dimanche de 12h à 19h.
Tout ce dont les Américains se sont débarrassés, et qui revient à la mode. Rien, ici, qui date d'avant 1929, l'année de la Dépression. Objets Art déco et fonctionnels. Peu de petits prix, mais beaucoup de petites pièces.

MANHATTAN ART & ANTIQUE CENTER
1050 Second Ave (entre 55th et 56 St.)　　　　　　**355 4400**
Ouvert lundi-samedi de 10h30 à 18h, dimanche de 12h à 18h (informations générales). Une centaine de boutiques internationales sont réunies dans ce qui représente le "Village Suisse" de New York. Art africain, antiquités américaines, orientales, indiennes, européennes, du Moyen-Orient et africaines, bijoux, art déco, Art nouveau, bambous, bronze, argent de Georgie, boîtiers en or, icônes, ivoires, jades, porcelaines de Limoges, Lalique, miroirs, vases, tapis, samovars, Tiffany, Fabergé, Gallé... Peu de petits prix, mais de nombreux petits objets à ramener. Et une très intéressante boutique de quilts, celle de Laura Fischer, une autorité en la matière (tél. : 838 2596).

PLACE DES ANTIQUAIRES. 125 East 57th St. (et Lexington)　　　　　　**758 2900**
A l'image du "Louvre des Antiquaires", cet espace collectif est situé dans les sous-sols d'un immeuble de bureaux, et abrite une cinquantaine de professionnels qui ont établi ici un show-room permanent : argenterie américaine, autographes, cartes et globes terrestres, jouets Art déco, ventilateurs anciens... Nombreux antiquaires européens (et français). Il y a un café au centre de ces merveilles.

PLACE OFF SECOND FOR ANTIQUES 246 East 53rd St.   967 9366
Ouvert lundi-vendredi de 10h à 17h.
Une spécialité, l'éclectisme : des objets américains de toutes formes et pour tous usages, souvent bizarres. Des maisons de production de cinéma ou de théâtre viennent ici rechercher l'accessoire rare.

SECOND COMING. 72 Greene St. (entre Spring & Broome St.)   431 4424
Ouvert lundi-vendredi de 11h à 20h, samedi de 11h à 19h, dimanche de 13h à 19h.
Située dans une rue connue pour ses galeries de peinture, cette vaste boutique se qualifie elle-même de "vintage department store". En d'autres mots, c'est un magasin d'antiquités qui se spécialise dans les "cuvées" : de vêtements, de meubles, de bijoux, de chaussures... Pièces originales ou (la maison ne s'en cache pas et en tire même sa fiërté) reproductions. Par exemple des lits de fer forgé, qu'on peut faire à sa mesure (800 à 1 100$). Un peu encombrant ? Les foulards, chapeaux, smokings (100$ pièce) sont plus facilement transportables. Ou encore ces services de verres colorés si typiquement américains. Larry Rosen, le propriétaire de ce chic "revenez-y" fréquenté par une clientèle branchée, s'approvisionne à mille sources différentes, Amérique du Sud, Orient, Europe mais partout aussi dans les états voisins de New York.

TIBET WEST 19 Christopher St.   255 3416
Ouvert tous les jours de 12h à 21h (dimanche de 13h à 20h). Principales C.C. acceptées.
Le Tibet est à la mode à New York, et Tibet West est l'une des plus anciennes boutiques représentant les arts et l'artisanat du toit du monde. Les propriétaires insistent : leurs antiquités ne sont pas des reproductions faites au Japon ou en Corée.

URBAN ARCHEOLOGY. 285 Lafayette St. (entre Houston et Prince)   431 6969
Ouvert lundi-vendredi de 9h à 18h, samedi de 10h à 18h.
Au programme de cette "archéologie urbaine", un bric-à-brac d'objets récupérés dans les démolitions des immeubles new-yorkais des années 1880-1920. Objets d'intérieur, meubles, mais aussi de véritables reconstitutions de lieux, par exemple un marchand de glaces, un barbier ou un bar, si minutieuses que les maisons de cinéma viennent s'en inspirer pour leurs décors.

WAVES 32 East 13rd St.   989 9284
Ouvert mardi-vendredi de 12h à 18h, samedi de 12h à 17h. Principales C.C. acceptées.
Amusante, cette boutique dirigée par Bruce et Charlotte Mager, vend d'antiques radios et d'authentiques phonographes avec leurs haut-parleurs larges comme des ombrelles, les radios des années 30, 40 ou 50 qui feront la joie des collectionneurs.

AMERICA HURRAH. 766 Madison Ave (et 66th St.)   535 1930
Depuis plus de vingt ans, les propriétaires de cette célèbre boutique vendent des antiquités exclusivement américaines : meubles, objets artisanaux, peintures, objets, gadgets et quilts atteignant, selon l'âge et le degré d'authenticité, des prix de l'ordre de 1 000 à 10 000$.

■ Acheter un tapis

CHAVOSHINIAN & PARTNERS, 135 Madison Ave (et 31rd St.)   685 7989

M. Chavoshi est le plus grand spécialiste de tapis iraniens de New York. Il les commande dans les villages et vend 15 % moins cher que chez les concurrents ; les plus bas prix sont à 1 500/3 000$. Demandez Nabil, qui a fait HEC en France, et accueillera volontiers les lecteurs du "Petit Futé" dont il est l'un des co-fondateurs.

Et aussi :

ABC Carpets (Broadway et Union Square) : le temple du tapis. Etonnant !

ARTICLES DE SPORT

MOTORS PORT (Chelsea). 645 West 23rd St.   366 6500

Ouvert tous les jours de 8h à 18h sauf dimanche. C.C. : Visa ; M.C.

La plus grande, la plus complète et sans doute la meilleure boutique consacrée à la moto (qui, pour des raisons d'assurance et de sécurité n'est pas un moyen de transport très utilisé à New-York). On trouve ici des articles de grande qualité : casques (AF210, Shoei, GRV, Arai : environ 200$), casques pour motocross, superbes blousons de cuir Hein Gericke (335$), vestes cuir fantaisie, protecteurs thoraciques Axo (140$), chaussures Axo pour motocross (200$), tunique chauffante électrique (branchable sur la batterie) pour temps froid (290$), gants, cirés (40$), combinaisons de cuir, sacs, jerricans, lunettes, blousons de toile... Enfin, un atelier de vente d'accessoires et pièces détachées Honda, Yamaha, Suzuki, Kawasaki.

EASTERN MOUNTAIN SPORTS (West Side)

20 West 61rst St. (et Broadway)   397 4860

611 Broadway (et Houston St.)   505 9860

Ouvert lundi-samedi de 9h30 à 19h. Principales C.C. acceptées.

EMS ou la chaîne du sport : ski, alpinisme, marche, kayak, camping, randonnée, trekking... Chaussures, sacs à dos (40 modèles), sous-vêtements, compas, altimètres, jumelles, anoraks, fixations de ski, chandails, chemises, gants, moufles, chaussettes... Location de tentes (2 à 6 personnes, 45-60$ par semaine), de sacs (20-35$ par semaine), de skis (50$ par semaine), de chaussures de ski (35$ par semaine), de duvets... Et toute une série de guides et brochures pour expéditions, cartes, itinéraires (trekking, vélo). Du matériel professionnel.

GYMNASIUM (Midtown). 133 West 42nd St.   354 4443

C.C. : Visa ; AmEx ; M.C.

Une boutique spécialisée dans les roller-skates, patins à glace et skateboards.

HERMAN'S Third Avenue (Midtown)

135 West 42nd St. (et 51st St.)

30 West 34th St. ; 110 Nassau St. ; 47th St. et Sixth Ave ; 69 Liberty Place.

La plupart des magasins sont ouverts tous les jours.

La chaîne du au-tout pied sportif : Reebok, Asics, Head, Nike, Avia, Sancony. Et les meilleurs patins à roulettes (Ultra Wheels, Roller Derby, Roller Blade).

H. KAUFFMAN & SONS SADDLERY Co. (Gramercy)

419 Park Ave South (et 29th St.)　　　　　　684 6060 Fax : (212) 213 0389
Principales C.C. acceptées. Ouvert lundi-samedi de 9h30 à 18h30.
Datant de 1875, c'est la meilleure boutique pour articles de sports équestres, et on y trouve tout le matériel possible, avec des prix environ moitié moindres de ceux pratiqués en France. Miller's (117 East 24th St. ; tél. 673 1400) vend les mêmes articles dans un grand magasin.

NEVADA BOB'S GOLF SHOP. 989 6th Ave.　　　　　　　736 4653
*Lundi-vendredi 9h-19h, samedi-dimanche 10h-18h.*Une boutique Japonaise de golf au coeur du Garment District. Et c'est pourtant là que vous trouverez ce qui fait fureur dans le monde des greens.

PARAGON SPORTING GOODS (Union Square). 867 Broadway (et 18th St.)　255 8036
Ouvert lundi-vendredi de 10h à 20h, samedi de 10h à 19h, dimanche de 11h à 18h.
Principales C.C. acceptées.
Sur près de 10 000 m2, c'est la Samaritaine de l'évasion sportive : ski, alpinisme, natation, plongée, sports de raquettes, golf, bicyclette, Jogging, patins à glace, aérobic, camping, yachting... Bonnets, duvets, cordes, sous-pulls (de soie à 40$), raquettes de neige, lunettes de soleil, chemises de flanelle (50$), montres d'altitude et de profondeur.

SCUBA NETWORK (Gramercy-Midtown)
175 Fifth Ave　　　　　　　　　　　　　　　　228 2080
303 Park Ave South　　　　　　　　　　　　　995 1130
116 East 57th St.　　　　　　　　　　　　　　750 9160
Ouvert lundi-samedi (dimanche l'été) de 11h à 19h. Principales C.C. acceptées.
Ces boutiques appartiennent à une chaîne spécialisée dans le matériel de plongée professionnelle, avec les derniers design et les meilleurs matériaux. Les prix sont d'environ 50 % moins chers qu'en France pour des articles tels que bouées de compensation (280$), caméras étanches Niconos 5 (400-500$ avec flash, sac...), détendeurs, tenues de plongée, matériel technique... On trouve aussi des guides sur les fonds des Caraïbes. La boutique de la 5è avenue est située au rez-de-chaussée du "Flat Iron" Building.

WEISS & MAHONEY (Gramercy). 142 Fifth Ave (et 19th St.)　　　675 1915
Ouvert lundi-vendredi de 10h à 19h, samedi de 10h à 18h, dimanche de 11h à 17h.
Principales C.C.
Ce "pacifique petit" Army & Navy Store, fondé en 1924, vend tout le matériel nécessaire en matière de camping et de survie, des uniformes, des sacs à dos militaires, des insignes, des drapeaux, des vêtements de travail, des parkas...

THE WORLD OF GOLF (Midtown)　　　　　　　　　755 9398
147 East 47th St. (entre Lexington et Third Ave)　　Fax (212) 207 8370
Ouvert lundi-vendredi de 9h à 19h, samedi de 9h à 17h. Toutes C.C.
Mondialement réputée, la boutique du monde du golf et du golf mondial, pour les pros comme pour les amateurs, à des prix représentant le tiers des prix pratiqués en France (basés sur un paiement en espèces). La dernière technologie est représentée dans cet espace de deux étages d'un petit immeuble. Le personnel vous conseille (on a l'habitude de recevoir des étrangers), et le magasin se charge d'expédier vos achats.

Et aussi :

NEW JERSEY CAMPMOR (New Jersey)
810 route 17 North P.O. BOX 997-G Paramus (201) 445 5000
Ouvert lundi-vendredi de 9h30 à 21h, samedi de 9h30 à 18h. S'y rendre : 1) via Lincoln Tunnel : N.J. Turpike North vers route 80 West (local) vers route 17 North. 2) via George Washington Bridge : 1. route 4 West vers route 17 North 4 miles au-delà sur côté droit. 2 Prendre route 80 West vers route 17 North.

Bien sûr, c'est dans le New Jersey, à une dizaine de kilomètres de Manhattan, mais si vous êtes prêt à partir faire du camping, ce supermarché sportif mérite l'aventure d'un déplacement : ses prix sont aussi imbattables que la quantité de matériel proposé : matelas gonflables, couteaux, haches, pantalons réversibles (45$), gilets doublés, chemises de laine (27$), casquettes à visière, parkas (70-270$), anoraks (27$), ceintures, vestes imperméables vinyl (5$), ponchos (20$), bonnets (5$), protecteur facial néoprène (10$), gants (7$), chaussettes, chaussures de marche (130-170$), bottes (40-80$), raquettes neige (80$), tee-shirts motifs sportifs (10$), tentes (30-40$), duvets "North Face" (7-70$), duvets "Caribou" (55-110$), montres jogging (25-55$), lits de camp (23-40$), sacs à dos (90-140$), matériel cuisine, lampes, lunettes, jumelles, purificateur d'eau, matériel de survie, de plongée... Le catalogue comprend des centaines d'articles.

ARTS GRAPHIQUES

PEARL 308 Canal St. Tél. (212) 431 7932
Ouvert tous les jours 9h-17h30 (10h le dimanche).

"The World's Largest Art & Graphics Discount Centers" (il y en a dans le New Jersey, en Floride, en Virginie, en Georgie, dans le Massachussets et le Maryland, mais seul celui de New York nous intéresse). Vous êtes peintre, amateur ou professionnel, étudiant aux Beaux-Arts, dessinateur ? Ou tout simplement curieux ? Pearl est une institution où Van Gogh, qui implorait son frère de lui envoyer des tubes de peinture, serait devenu fou de bonheur. On y trouve tout, à hauteur de quatre étages, absolument tout ce qui peut faire un monde de peintres heureux.

CHAPEAUX

HATS IN THE BELFRY. South Street Seaport Pier 17 Pavilion 406 2574
Principales C.C. Ouvert tous les jours de 10h à 20h.

Littéralement : "des chapeaux dans le clocher" · Jeu de mots d'après l'expression anglaise : "To be bats in the belfry" : être toqué. Pour les petites et les grosses têtes, pour Madame et Monsieur, des dizaines de chapeaux de toutes formes, à tout prix et à tous les prix (de 18 à 225$), dont les fameux Stetson. Le chapeau est toujours à la mode à New York, et c'est ici son petit royaume, judicieusement situé (au rez-de-chaussée) dans le centre commercial du quartier historique de South Street Seaport.

HAT CORNER CORP. 139 Nassau St. (City Hall) 964 5693
Lundi-vendredi 9h-17h30, samedi 10h-15h.

L'endroit le moins cher où trouver une sélection importante de chapeaux pour hommes. Les chapeaux exposés ont tendance à suivre les saisons, ce qui ne se discute pas.

J. J. HAT CENTER, INC. (Midtown). 1276 Broadway (et 33rd St.)   502 5012
Ouvert lundi-samedi de 8h45 à 17h45. Principales C.C. acceptées.
Avec 10 000 chapeaux en stock, et des clients tels que Ronald Reagan, Elton John, le cinéma et les théâtres de Broadway, ce "centre du chapeau" est certainement le plus ahurissant du genre. Des dizaines de couvre-chefs ornent la vitrine et les murs de la boutique comme autant de trophées : le Bogart (75$), le Dick Tracy (25$), l'Indiana Jones (75$) ne sont que quelques-uns des plus reconnaissables parmi des dizaines de chapeaux classiques, de ville, de campagne, de l'Ouest, Panamas et autres Borsalinos (200$), sans oublier les impériaux hauts-de-forme et la piétaille des casquettes. La maison a été fondée en 1911. Son motto : "Nous ne sommes pas les meilleurs parce que les plus anciens, mais l'inverse".

MARDANA. 136 7th Ave.   645 2843
De très beaux chapeaux pour femmes.

ELIDAN CORP. 11 W27th St. (entre 5th Ave et B'way)   6890557
Incroyable mais vrai : le plus grand dépôt de casquettes américaines de New York. L'endroit est tenu par des Asiatiques silencieux. Vous êtes ici chez un grossiste, mais vous pouvez tenter votre chance en tant que particulier.

CHAUSSURES ━━━━━━━━━━━━━━━━

NO DIFFERENCE SHOES (SoHo). 532 Broadway   334 9404
Sur la partie la plus active de B'way, vous y trouverez à bon prix les marques Timberland, Sebago, Red Wing, Rockpôrt.

EMANON SHOES (East Village). 125 Second Ave (et St Mark's St.)   473 8374
Ouvert tous les jours (sauf lundi) de 10h à 19h. Paiement en espèces.
Des chaussures extravagantes et parfois hideuses : cuissardes, Docks pourpre, violet ou vert avec bouts renforcés en métal argenté, pompes blanches ou noires montées sur d'énormes coussins de caoutchouc. Petite boutique pour pieds non-conventionnels. Compter entre 70 et 90$.

Mc CREEDY AND SCHREIBER (Midtown)
37 West 46th St. (entre Fifth et Sixth Ave)   719 1552
213 East 59th St. (entre Second et Third Ave)   759 9241
Ouvert tous les jours.
Ce qui était, il y a 10 ans encore une boutique de quartier, est devenu le point de chute des amateurs européens de belles bottes texanes. Par rangées entières s'alignent des modèles en cuir, lézard, croco, autruche, chèvre, représentant les meilleures marques : Lucchese, Nocona, Justin, Dan Post, Tony Lama, Frye. Pour hommes et pour femmes, entre 150 et 1 000$. Un stock de mocassins de sport Timberland (70 à 200$) et Sebago. L'affaire reste familiale : le père et le fils s'occupent de la boutique de la 46e rue, la mère et la fille chaussent à botte que veux-tu sur la 49e rue.

CHURCH BRITISH SHOES (Midtown). 428 Madison Ave (et 49th St.)   755 4313
Ouvert du lundi au samedi de 9h à 18h. Principales C.C. acceptées.
Les superbes pompes britanniques sont moins chères à New York qu'à Paris et Londres. La boutique fait parfois des ventes promotionnelles qui accentuent encore l'écart de prix.

JUST BOOTS AND BAGS (SoHo). 190 Sullivan St. (et Bleeker St.)   **228 8734**
Ouvert tous les jours. Principales C.C. acceptées.
Pratiquant des prix discount, la boutique est minuscule, mais on s'y presse :
pour hommes et femmes, des bottes cowboy en lézard, python, autruche.
Marques Justin, Nocona, Zodiac.

MAGIC SHOES (SoHo). 150 & 178 Bleeker St.   **475 6009 /673 1633**
Ouvert tous les jours. Principales C.C. acceptées.
Timberland, Docks, Van Post, Converse, Keds : sport, ville, mode.

BILLY MARTINS (Upper East Side). 812 Madison Ave (et 68th St.)   **861 3100**
*Ouvert lundi-vendredi de 10h - 19h, samedi de 10h30 à 18h, dimanche de 12h à
17h. Principales C.C. acceptées.*
Huppée comme le quartier, sauvage comme le Sud-Ouest, cette boutique est un
must pour les amateurs d'articles pour cowboys et cowgirls (classiques ou
excentriques, de luxe toujours) : veste cuir, chapeaux de fourrure, manteaux,
parkas en coyote, ceintures, ceinturons, bijoux en argent et pierres précieuses.
Et une très belle collection de bottes classiques ou fantaisie. Liz Taylor et Goldie
Hawn sont venues se chausser ici.

HARRY'S SHOES (Upper West Side) . 83rd St. (et Broadway)   **874 2035**
Ouvert tous les jours de 10h à 18h, dimanche de 12h à 17h30. C.C. acceptées.
Le grand magasin de chaussures de l'Upper West Side pour hommes, femmes et
enfants. Avec un chapelet de marques : Bas, Zodiac, Selby, Rockpost, What's
What, Easy Spirit, Soft Spots, Pappagallo, Naturalizer, André Assous, Trotters,
Dexet, Clarks, Cole-Haan, Florsheim, Timberland, Rock Port, Reebok, Bally, Nicke
Dibrazzi, Salamander, Stride-Rite.

JIM BABCHAK BOOTMAKER. 4 Prince St. (Bowery)   **941 9532**
Lundi 13h-19h, mardi-mercredi 9h-19h, jeudi-vendredi 9h17h, samedi 11h-15h.
Bottes cow-boy sur mesure 400-700$. Des bottes toutes faites sont disponibles.
Jim Babchak est un expert et il répare.

Vous avez trop marché dans Manhattan et vos chaussures vont rendre l'âme ?
Vous trouverez à Chinatown le meilleur et le moins cher réparateur de
chaussures de la ville.

GET SUN 144 Hester St.
(entre Bowery et Elizabeth St., 1 block au nord de Canal St.)226 4147
Ouvert mardi-dimanche 10h-19h.

COSMETIQUES

Moins chers qu'en France, les cosmétiques et produits de beauté ont leurs lieux
de prédilection sur 5e Avenue ou Madison. Et bien entendu, dans les principaux
grands magasins. Cela dit, entrez dans n'importe quel grand drugstore : vous
constaterez que le marché des cosmétiques en Amérique is huge. et que les prix
sont vraiment intéressant.

APPLE COSMETICS 135 Canal St.
Un discount en cosmétiques, la qualité dépend des arrivages.

BIGELOW PHARMACY 414 Sixth Ave.   **533 2700**
Ouvert tous les jours.
La boutique a été fondée en 1832 et on n'a pas l'impression que le décor victorien ait changé depuis. On ne veut d'ailleurs pas vous faire croire le contraire.

BOYD CHEMIST. 655 Madison Ave (entre 60th et 61st St.)   **838 6558**
Ouvert lundi-vendredi de 8h30 à 19h, samedi de 9h30 à 18h. Fermé le samedi en juillet et août. Principales C.C. acceptées.
Sans aucun doute le mieux et le plus originalement achalandé des "drugstores" de New York, Boyd existe depuis 40 ans ; c'est une institution, et le lieu d'achat de célébrités comme Jackie Onassis, Farah Fawcett, Liza Minelli, Paul Anka ou Joan Collins. Greta Garbo en était l'une des régulières. On y trouve des produits futés et/ou introuvables ailleurs, par exemple le "Sealed Lips" ou encore le Mascara de Renoir qu'utilisait Greta Garbo. Curieusement, les prix ne sont pas plus élevés qu'ailleurs, et il y a un important catalogue. Boyd met à votre disposition une vingtaine de pédicures, manucures et maquilleurs, qui vous offrent leurs services pour tout achat de plus de 50$. La clientèle est éclectique et l'atmosphère électrique très tôt le matin, tard le soir et à longueur de journée le samedi.

CASWELL-MASSEY PHARMACY. 518 Lexington Ave (& East 48th St.)   **755 2254**
Ouvert lundi-vendredi de 9h à 19h, samedi de 10h à 18h.
Eaux de Cologne, parfums, cosmétiques sont à l'ordre des présentoirs de cette vénérable et authentique pharmacie fondée en 1752. Mais aussi crèmes, huiles, talc, savons et baumes naturels. On y trouve aussi -en sont-ils fiers ! - la crème à raser qui fut créée spécialement pour George Washington, et une eau de Cologne conçue pour la femme du président.

COSMETIC PLUS
1201 3rd Ave. (et 70th St.)   **628 5600**
515 Madison Ave. (et 53rd St.)   **644 1911**
666 5th Ave. (et 53rd St.)   **757 2895**
518 5th Ave. (et 43rd St.)   **221 6560**
275 7th Ave. (et 26th St.)   **924 3493**

COSMETIC WORLD AND GIFT CENTER
445 Fifth Ave (entre 38th et 39th St.) 2e étage   **213 4047**
Ouvert lundi-samedi de 10h à 18h30.
Le nom de cette boutique est déjà un programme. On a, de ce fait l'impression de pouvoir tout y trouver. Dans un bric-à-brac de cravates, foulards, sacs, bijoux et autres articles de luxe, les parfums et les eaux de toilette des grandes marques sont disponibles selon l'humeur du marché, mais vendus avec des rabais de 20 à 50 %.

KIEHL'S PHARMACY 109 Third Ave.   **475 3400**
Ouvert lundi-samedi toute la journée.
L'une des ancêtres de l'actuel Body Shop, mais plus scientifique et avec d'étonnants produits pointus pour tous les soins de beauté et pour toutes sortes de problèmes de peau. Le personnel est accueillant (on a l'habitude des clients européens) et le décor est surprenant.

LOVE STORES
Besoin d'une pince à épiler à 3 heures du matin (ou plus simplement d'un paquet de cigarettes) ? Love Store est une chaîne qui vend des produits cosmétiques à prix discount, 24 h/24. Une vingtaine d'adresses éparpillées dans tout NY.
Un exemple :

1308 First avenue (et 70th St)	**988 71 33**

PHARMACY W. RADOFF. 806 Lexington Ave (entre E. 62nd et 63rd)   **838 2500**
Principale curiosité : les dizaines de modèles de brosses à cheveux plus attirantes les unes que les autres, conçues par M. Duval, un vieux monsieur de 84 ans qui a vu défiler les plus belles chevelures de New York.

RICKY'S 718 Broadway	**979 5232**
44 East 8th Street	**254 5247**
466 Sixth Ave (entre 11th et 12th St.)	**924 3401**
600 Colombus Ave (entre 89th et 90th St.)	**769 1050**

Horaires d'ouverture variables.
"Looking good, feeling good" : quatre supermarchés de produits cosmétiques, parfums et eaux de toilette incluant des marques et produits tels que Payot, Flori Riberts, Lancôme, Clarins, Eternity, Obsession, Tiffany, Boucheron, Bijan, Red, Beverly Hills, Samsara, Jazz, New West, Fendi, Drakkar, Polo, Versace, Fahrenheint, Anne Klein, Calvin Klein, Paco Rabanne...

SOAP OPERA . 30 Rockefeller Center   **245 5090**
Ouvert lundi-vendredi de 10h à 18h.
Cet "opéra du savon" s'intitule aussi "boutique du bain" et chante sa réputation sur une partition de produits naturels : savons, huiles parfumées, poudres... Le tout peut être présenté sous forme de très jolis cadeaux.

DISQUES

Les magasins abondent... New York est la capitale de la musique.

COMPACT DISC. 1187 Second Ave (entre 62nd et 63rd St.)   **838 DISC**
Ouvert lundi-jeudi-samedi de 11h à 23h, dimanche de 12h à 21h.
Spécialisé dans le CD.

DAYTON. 40 East 11th St. (entre Broadway et University Place)   **254 5084**
Ouvert lundi-samedi de 10h à 18h, dimanche de 12h à 17h30.
Le royaume du disque d'occasion en bon état, mais à un prix relativement élevé. Le collectionneur trouvera des éditions rares ou épuisées.

MUSIC MASTER. 25 West 43rd St. (entre Fifth et Sixth Ave)   **840 1958**
Ouvert lundi-vendredi de 10h à 17h30, samedi de 10h à 14h30. Principales C.C. acceptées.
Les grands succès des "musicals" de Broadway sont à l'honneur, mais c'est l'opéra qui tient la vedette avec une fantastique collection d'enregistrements disponibles en disques, cassettes, CD.

NOSTALGIA... and All That Jazz

217 Thompson St. (entre Bleeker et 3rd St.)   420 1940
Ouvert lundi-samedi de 13h à 20h (21h-22h), dimanche de 13h à 19h. Jazz.

SAM GOODY
51 West 51st St. (Fifth Ave, angle du Radio City Hall) et 230 East 42nd St.
Sam Goody a un énorme stock, surtout en musique contemporaine, rock, classique et une dizaine de boutiques à Manhattan, mais la plus intéressante est au Radio City Hall : on y trouve les dernières nouveautés américaines.

TOWER RECORDS
4th St. (et Broadway)   505 1500
1961 Broadway (et 66th St.)   799 2500
1977 Broadway (et 67th St.)   496 2500
Définitivement le plus grand magasin du monde : CD, cassettes audio et vidéo. La dernière adresse (Tower video) vend de l'équipement video...

EPICERIES FINES

Nombre d'épiceries fines sont appelées "Deli" (pour Delicatessen), ce qui ne veut pas dire que tous les "Deli" soient des épiceries fines (simplement, et notamment, on peut y commander des sandwichs et des plats tout préparés et les emporter chez soi, dans sa chambre d'hôtel ou dans un parc). Encore faut-il ne pas manquer les institutions dont les New-Yorkais sont si fiers...

BALDUCCI'S (Greenwich Village). 424 Sixth Ave (et 9th St.)   673 2600
Ouvert tous les jours de 7h à 20h30. Principales C.C. acceptées.
Balducci's fait partie intégrante du circuit du Village, et c'est justifié : cette grande boutique est tenue depuis des générations par la même famille, soucieuse de sa réputation et de la qualité de produits importés largement (sinon exclusivement) d'Italie. Jambons, fromages, pâtes, saucissons, pains, chocolats, plats préparés, desserts, cafés... Une partie du plaisir de faire ses achats chez Balducci's consiste à regarder la clientèle souvent originaire du Village, très soucieuse d'être très sérieuse dans ses choix. Si vous trouvez que les prix de Balducci's sont trop chers, presque en face, Jefferson Market (455 Sixth Avenue, tél. OR5 2277) représente une alternative intéressante.

BARNEY GREENGRASS (Upper West Side)
541 Amsterdam Ave (entre West 86th et 87th St.)   724 4707
Ouvert mardi-samedi de 8h30 à 17h45, dimanche de 8h30 à 17h. Fermé trois semaines en août.
Depuis des lustres, la boutique est spécialisée dans le poisson fumé, l'esturgeon notamment, le saumon de Nouvelle-Ecosse et le caviar. Les sandwichs au saumon avec œufs brouillés et oignons sont réputés. Greengrass a ouvert un restaurant à côté du magasin pour servir des brunchs considérés comme les plus consistants de New York.

CANARD AND COMPANY (Upper East Side)
1292 Madison Ave (et 92nd St.)   722 1046
Ouvert tous les jours de 7h à 21h.
Pas vraiment un spécialiste du canard, malgré son nom, mais une sélection de produits frais, de desserts, de confiserie et de plats tout préparés. Les sandwichs ont excellente réputation.

CANTON NODDLE COMPANY. 110 Mott St.　　　　　226 3276
Les meilleures nouilles de Chinatown, et bien meilleur marché qu'ailleurs.

CHELSEA FOOD. 198 Eighth Ave (et West 20th St.)　　　691 3948
Ouvert lundi-vendredi de 9h à 21h, dimanche de 9h à 20h.
Le "gourmet emporium" de Chelsea.

DEAN & DELUCA (SoHo). 560 Broadway (et Prince St.)　　431 1691
Immense et superlativement achalandé, c'est le summum (the epitome, comms
écrit la presse) de la décoration en matière de plaisirs épicuriens. Traduction :
c'est une épicerie de luxe comme on n'en trouve qu'à New York. Pour le
spectacle des yeux et le plaisir du palais, de grandes corbeilles de fruits et de
légumes donnent le ton à l'entrée. Ensuite viennent les rayons de pâtes
multicolores, pains de toutes formes, les huiles d'olive, les plats cuisinés, les
viandes, les miels, les saucisses. Au fond de l'entrepôt, instruments de cuisine et
livres de recettes. Fromages ou fruits secs, crèmes fraîches ou jambons,
poissons fumés ou pâtés : les courses se déroulent sur fond de musique
classique. Venir en semaine plutôt que le samedi, bondé et électrique, à moins
d'être plus intéressé par le spectacle des acheteuses (ou acheteurs) que par les
achats. Dean & Deluca répond à toutes les demandes, y compris la livraison à
domicile (jusqu'à 1h du matin pour un minimum d'achat de 50$). Même si vous
n'avez rien à y faire, allez-y au moins une fois.

FAIRWAY (Upper West Side). 2127 Broadway (et West 74th St.)　595 1888
Ouvert lundi-vendredi de 8h à minuit, samedi-dimanche de 8h à 22h.
Une institution de l'Upper West Side connue pour ses fruits et légumes et que la
proximité de Zabar's a rendu agressive. Fairway a sa propre ferme, et c'est un
excellent endroit pour trouver des ingrédients frais.

FINE & SCHAPIRO (Upper West Side). 138 West 72nd St.　　877 2874
Ouvert tous les jours (sauf dimanche) de 8h30 à 23h30 (21h le samedi).
Plats froids, hors-d'œuvre et excellents sandwichs.

GOURMET GARAGE. 47 Wooster St.　　　　　　　　941 5850
Lundi-vendredi 11h-19h, samedi/dimanche 10h-19h.
Les restaurateurs s'approvisionnent ici,pourquoi pas vous ? Les fruits et
légumes les plus frais, les fruits rares, le pain "Eli's bread", et tout cela à des prix
professionnels. Ils viennent le matin, l'endroit vous est ouvert l'après-midi.

GRACE'S MARKET PLACE (Upper East Side). 1237 Third Ave (et 71st St.)　737 0600
Il y a Dean & Deluca à SoHo, Balducci's au Village, Zabar's dans l'Upper West Side.
Et il y a Grace's Market Place, dans l'Upper East Side.

H&H BAGELS WEST (Upper East Side)
1551 Second Ave (entre 80th et 81st St.) et　　　　734 7441
2239 Broadway (79th St.)　　　　　　　　　　　595 8000
Ouvert tous les jours 24/24h.
Bagels, bien entendu, mais aussi croissants, salades, esturgeon, saumon et
super-sandwichs.

HOT STUFF SPICY FOOD STORE. 227 Sullivan St.　　　254 6120
Lundi-samedi 12h-21h, dimanche 13h-19h.
Toutes les épices du monde, tous les piments, toutes les tortillas.

INTEGRAL YOGA NATURAL FOODS. n229 West 13th St.   243 2642
Lundi-vendredi 10h-21h30, samedi 10h-20h30, dimanche 12h-18h30.
Le supermarché de la nourriture organique et de l'anti-pollution.

MAISON GLASS DELICACIES (Upper East Side)
111 East 58th St. (entre Lexington et Park Ave)   755 3316
Ouvert lundi-samedi de 9h à 18h (fermé le samedi en Juillet et août.
Cette superbe boutique existe depuis 1902 et vend un assortiment de thés, herbes, épices, confitures, saumon fumé, Jambon de Virginie, caviar, foie gras, truffes...

M. SHACHT OF SECOND AVENUE GOURMET DELIS (East Village)
99 Second Ave (et 6th St.)   420 8219
Ouvert tous les Jours de 7h à minuit.
Une institution du Lower East Side, ce magasin est spécialisé dans le poisson fumé. Il y a des plats tout préparés, salades, sandwichs, fromages...

MURRAY CHEESE SHOP. 257 Bleeker St.   243 3289
Ouvert tous les Jours.
Peut-être le meilleur marchand de fromages aux meilleurs prix. Dépasse en ce domaine Dean & Deluca et Balducci.

MIYZEL CHOCOLATES (Midtown). 140 West 55th St.   245 4233
Ouvert lundi-samedi de 10h à 20h.
Envie de chocolat, de fruits confits ? Dans un décor évoquant les vieilles confiseries d'Europe, Miysel est l'une des rares boutiques de Midtown où trouver de quoi satisfaire sa gourmandise.

PIEMONTE Co. 190 Grand St.   226 0475
Mardi-samedi 8h30-18h, dimanche 8h30-16h.
Pâtes, raviolis, manicotti, canollini, gnocchi : le chef-d'oeuvre de la pâte fraîche.

SANDWICH HOUSE (Greenwich Village). 58 Greenwich Ave   675 5211
Ouvert tous les Jours de 8h à 18h.
Ses sandwichs sont les meilleurs de Downtown. Les touristes pourront s'y faire préparer leur pique-nique.

THAILAND FRIENDSHIP CORP. 106 Mosco St. (au-demà de Mott st.)   349 1979
Grande sélection de nourriture thaïe à des prix incroyables.

WHOLE FOODS IN SOHO. 117 Prince St.   673 5388
Ouvert tous les Jours de 9h à 21h30. Principales C.C. acceptées.
La meilleure boutique diététique de SoHo : fruits, légumes, céréales, fruits secs, un assortiment impressionnant de produits de soins et de beauté, et une armée de vitamines.

ZABAR'S (Upper West Side). 2245 Broadway (et West 80th St.)   787 2000
Ouvert lundi-vendredi de 8h à 19h30, samedi de 8h à minuit, dimanche de 9h à 18h. Principales C.C. acceptées.
Le plus grand, le plus réputé et certainement le plus complet des magasins d'alimentation de New York et peut-être des Etats-Unis, Zabar's reçoit 35 000 clients par semaine !

C'est la fête de la consommation culinaire toutes catégories, dans un décor plein à craquer de toutes les victuailles du monde : 20 types de cafés, 50 qualités de pain, caviar, saumon, pâtes, légumes, 500 fromages, fruits... Zabar's est une aventure new-yorkaise. Situé tout près de Central Park et du Lincoln Center, c'est l'endroit où venir préparer un pique-nique.

ZITO & SONS BAKERY. 259 Bleeker St. 929 6153
Non seulement la boutique apparaît dans certaines grandes photos de Bernice Abbot, mais c'est le meilleur boulanger (pains italiens) de ce côté du Village.

■ Vaisselle...
Et puisqu'il faut un contenant pour le contenu...

FISHS EDDY. 889 Broadway. Tél. (212) 420 9020.
551 Hudson St. 627 39 56.
"Pour la vaisselle de maison, une adresse à ne manquer sous aucun prix. On peut vraiment y faire de bonnes et belles affaires." Sandrine Mercier, Choisy-le-Roi.

ELECTRONIQUE - INFORMATIQUE ————

Les boutiques abondent à New York, et les meilleures sont polyvalentes. Evitez les magasins qui, à grands renforts d'enseignes lumineuses et d'annonces de rupture de stock ou de fermeture imminente abondent dans Midtown, notamment sur Broadway. Dans cet énorme marché de l'électronique qu'est New York, plusieurs boutiques sont vraiment spéciales, tant pour les prix que pour l'abondance et la qualité des articles. Chaque semaine, des publicités paraissent dans les grands supports new-yorkais, notamment le Village Voice et le New York Times. Ces "ads" (pour advertissement) signalent les articles bénéficiant, pour une semaine ou pôur un jour d'une promotion particulière. Pour en bénéficier, le paiement doit s'effectuer en liquide, et sur présentation de la page du Journal qu'on prendra soin d'emporter avec soi. Pour le rayon téléphones, ils sont en vente absolument partout, y compris dans les pharmacies...

■ Tous produits...

"47TH STREET PHOTO"
67 West 47th St. (entre Fifth et Sixth Ave) 398 1410
115 West 45th St. (entre Sixth Ave et Broadway)
Ouvert dimanche de 10h à 17h, lundi-jeudi de 10h à 21h, vendredi de 10h à 13h. Fermé le samedi. Principales C.C. acceptées.

Non seulement il y a tout le matériel imaginable, en photo, informatique, hi-fi, et téléphonie, à des prix promotionnels chaque semaine, mais l'ambiance y est unique. Ces vastes boutiques sont tenues par des Juifs hassidiques et l'atmosphère n'y est pas, vraiment pas comparable à celle de leurs concurrents ! Un désordre incongru : "47th Street Photo" mérite la visite. Mais l'accueil aimable n'est pas la caractéristique de l'endroit.

BALVIN EXPORT TRADING
23 West 45th St. 3è étage (entre Fifth et Sixth Ave) 398 6562
Ouvert du lundi au vendredi de 9h à 17h, le dimanche de 11h à 15h, fermé le samedi. Principales C.C. acceptées.

Cette boutique est spécialisée dans le petit matériel d'adaptation au 220 V (les Américains utilisent le 110 volts).

J&R MUSIC WORLD
23 Park Row   **732 8600**
Un bloc au sud de City Hall. Métro : Park Place ou Brooklyn Bridge. Ouvert lundi-samedi de 9h à 18h30. Principales C.C. acceptées.

Un catalogue de 170 pages, quatre boutiques côte à côte, un personnel attentif, des rayonnages achalandés dans tous les domaines : photo, tuners, amplis, magnétophones, magnétoscopes, platines laser, gadgets électroniques, répondeurs téléphoniques, téléphones, machines à écrire, fours à micro-ondes, casques d'écoute, jumelles, télés, fax, ordinateurs. Un département Jazz et un rayon classique (cassettes, CD). Tout un étage consacré au software (IMB, Macintosh), aux jeux électroniques new-yorkais (consulter l'édition dominicale du New York Times pour les discount).

RADIO SHACK. 1134 Sixth Ave ; 139 East 42nd St. ; 333 West 57th St. ; 781 Broadway ; 270 Park Avenue South.

Une chaîne nationale.

Informatique
Attention ! Les prix étaient naguère plus intéressants aux Etats-Unis...

COMPUTER ADVICE, 115 West 9th St.   **594 0458**
Ouvert lundi-vendredi.
ALR-Okidata.

COMPUTER ERA . 380 Park Ave South (et 27th St.)   **689 6500**
Ouvert lundi-vendredi de 9h à 18h, samedi de 10h à 17h, dimanche de 12h à 17h30.
Le plus gros grossiste Apple.

COMPUTER FACTORY
11 West 52nd St. (entre Fifth et Sixth Ave)   **664 0170**
480 Lexington Ave (entre 46th et 47th St.)   **687 5000**
Ouvert lundi-samedi de 11h à 17h.

Wall Street 1 : 2 Broadway (et Beaver St.)   **344 0733**
Wall Street 2 : 100 Maidenlane (et Pearl St.)   **968 0100**
Ouvert lundi-vendredi.

COMPUTRS. 7 Great Jones (Broadway et 3rd St.) 254 92000   **Fax 254 9664**
Demander Mitch Geller.

EGGHEAD SOFTWARE
420 Lexington Ave   **697 0552**
40 East 52nd St.   **935 3707**
1 Whitehall St.   **742 0170**
2 000 articles contenus dans un catalogue aussi gros qu'un annuaire. à disposition dans les 24h.

THE ELECTRONICS BOUTIQUE. 687 Broadway

MICRO COMPUTER SYSTEMS. 230 West 55th St.   **247 0420**
Ouvert lundi-samedi de 10h à 20h, dimanche de 10h30 à 18h.
Epson, NEC, IBM, Packard Bell, Toshiba, Panasonic.

STAPLES. 1075 Ave of the Americas (entre 40th et 41st St.)   944 6744
Ouvert lundi-samedi de 8h30 à 22h. C.C. : Visa ; M.C.

Le superstore et la superstar du matériel de bureau. Un incroyable dépôt - du crayon à la disquette - avec des prix à 30% plus bas que ceux pratiqués dans les boutiques de détail. Stylos, cartouches d'encre, agendas, papier fax, rubans machines à écrire, cassettes vidéo, papier pour imprimantes, calculatrices, téléphones, colles, trombones... Une carte de membre (instantanée et gratuite) permet de bénéficier du discount Staples.

VILLAGE COMPUTERS, INC.
687 Broadway   254 9000
Ouvert lundi-vendredi de 10h à 18h, samedi de 11h à 18h.

Ouvert depuis huit ans juste en face de Tower Records, ce magasin, qui reçoit la visite de beaucoup d'Européens, affirme pouvoir obtenir n'importe quel matériel ou logiciel dans les 2/3 jours. On vous expliquera comment obtenir des détaxes. Le paiement est recommandé en espèces ou en travellers chèques. Large sélection de magazines spécialisés.

WASHINGTON COMPUTER SERVICES
155 Ave of the Americas (entre 26th et 27th St.)   741 2320
Ouvert lundi-samedi.

WOLFF COMPUTER. 23 West 18th St. (et 5th Ave)
Ouvert tous les jours de 9h à 17h (18h mardi et jeudi).
NEC exclusivement.

HIFI-VIDEO

AST SOUND. 250 West Broadway (entre Walker et White St.)   226 7781
Ouvert lundi-vendredi de 9h à 17h30, samedi de 10h à 16h.
AST : Audio Speaker Techtronics. Pour professionnels.

DAL TRIESTINO. 560 Twelfth Ave (angle 44th St.)   246 1540
Ouvert tous les jours (sauf samedi) de 8h à 17h30. Principales C.C. acceptées.

A l'extrémité du West Side, presque en face du porte-avion Intrepid. C'est l'un des meilleurs "bargains" (bonnes affaires), de New York : téléphones, montres, électronique, walkmans, bagages et sacs (Samsonite), jeans et tee-shirts, stylos Parker et Montblanc, parfums, draps, peignoirs et linge de maison... Environ moitié prix du marché courant.

EAST TYPEWRITERS & ELECTRONICS 33
42 East 33rd St. (entre Park et Madison)   686 0930
Ouvert tous les jours.
478 Sixth Ave (entre 11th et 12th St.)   463 9494
Ouvert tous les jours sauf dimanche.
CD, fax, téléphones, informatique...

GOLDEN SOUND. 2206 Broadway (et 79th St.)   595 0925.
Située dans le Upper West Side (une bonne occasion de s'y rendre), la boutique est petite, mais tenue par une famille d'Américains d'origine asiatique extrêmement serviables et attentionnés.

Ils sont spécialisés en fax, répondeurs, Hi-fi, radios portables, vidéo et "portable compact disc players". Comme ils disent, avec une modestie touchante : *"Golden is near-legendary for its honest, friendly, mom-and-pop-store service, as well as for the prices that are competitve with the big boys."* Le fait est que non seulement a qualité est toujours là (Aiwa, Panasonic, JVC, Sony, Toshiba, Sharp, Shimton), mais les modèles sont dernier cri et les prix à la baisse avec une réduction de 40 à 60%.

HARVEY ELECTRONICS. 2 West 45th St. 575 5000
Ouvert lundi-vendredi de 9h30 à 18h, samedi de 10h à 18h, dimanche de 12h à 17h. Principales C.C. acceptées.

Il est recommandé de ne pas venir faire ses achats aux heures de pointe (déjeuner) si on veut bénéficier de l'attention du personnel. Ici se trouvent réunis, les produits de la technologie de pointe en audio et vidéo, avec les marques Adcom, B&O, Boss, Denon, Boston, Acoustic, Forte, Infinity, JSE, Klipsch, Macintosh, Mitsubishi, Nakamichu, Sony, Sumo, Yamaha...

LYRIC HI-FI AUDIO-VIDEO. 1221 Lexington (entre 82nd et 83rd St.) 439 1900
Lundi-samedi de 10h à 18h.

2005 Broadway (entre 68th et 69th St.) 769 4600
Ouvert lundi-mercredi, vendredi, samedi de 10h à 18h, jeudi de 10h à 20h.

Ouverte il y a 20 ans, c'est la boutique du son parfait où vous pouvez acheter pour 1 000 à 20 000$ (voire plus) du matériel ultra-perfectionné. Les meilleurs équipements sont exposés dans un auditorium ceinturé d'enceintes.

SIXTH AVENUE ELECTRONIC CITY
1030 et 1024 Sixth Ave (entre 38th et 39th St.) 391 2777
Ouvert lundi-samedi de 10h à 19h, dimanche de 10h à 18h. Toutes C.C. acceptées.
Caméras, appareils photo, fax, TV, lasers, walkmans.

STEREO EXCHANGE . 627 Broadway 505 1111
Un staff hyper compétent et un nombre limité d'articles de grandes marques Sony, Aiwa, Luxman, Rogers, Denon, Infinity, B&W, Threshold. Un secteur de tuners d'occasion, toutes marques.

PHOTO

KEN HANSEN PHOTOGRAPHIC (Union Square)
920 Broadway. N. Y. 10010 777 5900. Fax 73 0690.

"Je suis partie à New York pour son marathon, mais en étant bien décidée à acheter un appareil photo Nikon dernière génération, le F90 et son zoom 80-200 mm F.2.8.ED.D. Je suis loin d'être une professionnelle mais je connais assez bien le matériel et la technique. Pendant une semaine, j'ai cherché cet appareil au meilleur prix, et dans la plupart des magasins de Times Square on me proposait des prix intéressants mais avec systématiquement une arnaque à la clef. Ainsi l'objectif était obsolète par rapport au boitier, ou mieux encore l'emballage correspondait bien, mais l'appareil à l'intérieur était différent de l'emballage, ou l'on me disait que je pouvais récupérer la taxe de 8,25% de New York à l'aéroport (ce qui est absolument faux !), ou la vente étant conclue, dès que je sortais une carte bancaire on m'augmentait le prix de 5 à 6% sous prétexte de frais bancaires... Bref, seul le magasin "47th Street" n'est pas tenu (dans le quartier) par des escrocs et on peut y aller en toute confiance, mais l'accueil est déplorable et il n'y a aucun conseil.

Enfin, et c'est la raison de ce long courrier, j'ai trouvé le magasin que je cherchais, et j'aimerais vivement pour les autres touristes à New York que son nom figure dans votre Petit Futé. Ce magasin est tenu par des professionnels de la photographie. Le choix est fabuleux (uniquement photo) en neuf et en occasions. Les vendeurs vous fourniront tous les conseils dont vous aurez besoin. La boutique est très grande, elle est située au Second floor, ce qui représente notre premier étage. Une hôtesse dans le hall d'entrée vous indique comment y accéder. Les prix sont extrêmement compétitifs (je n'ai pas trouvé meilleur marché) et vous aurez tout de suite confiance dans les vendeurs et le matériel vendu. Les pellicules photos sont dans des réfrigérateurs, donc parfaitement conservées. Ce magasin s'adresse à des photographes qui prennent la photographie comme un "loisir sérieux". B. Christophe, Toulouse

ALKIT PRO CAMERA (Union Square). 222 Park Ave South (et 18th St.) 674 1515
Ouvert lundi-samedi de 7h45 à 18h. Principales C.C. acceptées.

PROFOTO (Midtown). 128 West 31rst St. (entre Sixth et Seventh Ave) 564 6171
Ouvert lundi-samedi de 9h à 18h. Principales C.C. acceptées.

OLDEN (Midtown). 1265 Broadway (et 32nd St.) (2è étage) 725 1234
Ouvert tous les jours lundi-vendredi de 9h à 19h, samedi de 9h à 18h, dimanche de 10h à 17h. Principales C.C. acceptées. Paiement en espèces pour matériel de photo d'occasion.
Olden vend Yashica, Pentax, Mamiya, Canon, Nikon, Hasselblad, Bronica, Minolta, Olympus.

WILLOUGHBY'S CAMERA STORE (Midtown). 110 West 32nd St. 564 1600
Ouvert lundi-vendredi de 8h à 19h, samedi de 8h à 18h30, dimanche de 10h à 18h. Principales C.C. acceptées.
C'était autrefois le plus grand magasin du monde, et ça reste un supermarché dans le genre, avec du matériel neuf ou d'occasion.

FOURRURES

ANTONIO D'URSO FURS
150 West 30th St. (2e étage) (entre Sixth et Seventh Ave) 736 2606
Ouvert lundi-samedi. Principales C.C. acceptées.
Antonio d'Urso jure ses grands dieux qu'il est surchargé de travail, qu'il a bien gagné sa vie dans la fourrure et ne cherche plus à faire d'affaires. Mais il ne faut pas croire ce monsieur très italien aux tempes argentées : ses fourrures, dessinées et coupées pour les Européennes, sont pour la plupart à des prix renversants.

FUR FASHION CENTER. 133 West 30th St. 563 7711
Ouvert tous les jours. Principales C.C. acceptées.
La 30e rue ouest et les blocs avoisinants constituent le quartier des fourreurs. Europa Furs, où s'approvisionne Macy's, est l'un des plus importants grossistes de Manhattan accessibles aux particuliers. Vous paierez 1/3 de moins que les prix affichés dans les grands magasins new-yorkais. Les modèles sont fabriqués sur place ou en Grèce, les coupes sont adaptées aux goûts de la clientèle américaine et européenne.

Les peaux viennent d'Amérique du Nord : vison, renard, raton laveur, castor...
Henry Berger, le gérant de cette entreprise offrant 500m2 de marchandises,
vous expliquera que le prix d'un manteau dépend de la couleur de la fourrure
plus que de sa qualité (question de demande, de mode) ainsi que du nombre de
peaux utilisées : moins il y en a, moins cher est le manteau. Que les peaux
naturelles sont plus chères que les peaux colorées, et les peaux des femelles
supérieures à celles des mâles. Que les prix pratiqués ici ne sont pas forcément
plus bas qu'ailleurs, mais que la qualité est comparativement plus belle. Vous
trouverez des manteaux de vison noir entre 1 000 et 5 000$, des vestes en vison
entre 1 000 et 2 000$, des manteaux de renard entre 1 000 et 3 000$ selon la
couleur (il existe huit nuances différentes), des vestes de renard entre 700 et 1
500$, ou d'étonnantes vestes en peau de bébé castor. Mais aussi, plus modestes,
des vestes fourrées en cuir anglais tanné en Italie pour 250$.

RITZ THRIFT SHOP. 107 West 57th St. 265 4559
Ouvert lundi-samedi de 9h à 18h. Principales C.C. acceptées.

Le plus gros revendeur d'occasions avec des milliers de manteaux et de vestes
de toutes les fourrures possibles. La maison en est à sa troisième génération et
proclame qu'elle sélectionne deux articles sur dix qu'on lui propose (la moitié
du stock provient de particuliers). Ritz restaure, entretient et conserve. Les
articles sont à un tiers du prix originel, et certains sont neufs.

SHER FURS INTERNATIONAL LTD
150 West 30th St. (9è étage) (entre Sixth et Seventh Ave) 947 7722
*Ouvert tous les jours de 9h à 18h. Sur rendez-vous seulement. Paiement en
espèces.*

Un magasin confidentiel et branché : fourrures (coupe américaine) pour femmes
(et enfants). Et un rayon de cuirs.

JEUX ET GADGETS ━━━━━━━━━━━━━━━━━━━━━

CHARLE'S PLACE. 234 Mulberry St. (Prince & Springs) 966 7302
Lundi-samedi 11h30-18h30.

Bijoux fantaisies faits à la main par un artiste français, Charles Elkaim. Chaque
objet est unique.

TOYS "R" US. Herald Center et West 34th St.
Ouvert tous les jours.

Ouvert en décembre 1990 et installé juste en face de Macy's, qui a aussi son
grand rayon de jouets, ce "McDonald's du jouet" appartient à une chaîne de 549
magasins disséminés aux USA et dans neuf pays, et depuis peu en France. Grand
format à Manhattan. Ici on fait ses courses comme dans un supermarché, avec
un caddie, entre des kilomètres de rayonnages. Et l'attente aux caisses
ressemble au passage à l'immigration à JFK. L'ambiance n'est pas au rêve, pas
vraiment au rire, et les enfants n'ont pas de place pour s'amuser, mais on vient
pour acheter les derniers jouets à la mode, ceux qui passent à la télévision et
font rêver au meilleur des mondes.

AMERICA'S HOBBY CENTER
146 West 22th St. (entre Seventh et Eighth Ave)   **675 8922**

Le royaume des modèles réduits : des dizaines et des dizaines de locomotives et de wagons (de 11 à 230$ pièce) représentant toute l'histoire des chemins de fer américains, des circuits, des gares, des ponts, mais aussi des voitures radio contrôlées, une myriade d'avions (de 35 à 200$ pièce), de bateaux plus jolis les uns que les autres, et tous les matériels de commande à distance. Pour amateurs très pointus.

BIG CITY KITE. 1201 Lexington Ave (entre 81st et 82nd St.)   **472 2623**
Ouvert tous les jours.

Des centaines de cerfs-volants créent un merveilleux décor qui n'attend que l'air libre et le vent de l'Atlantique sur une plage de Long Island. La boutique n'a pas de rivale à New York, voire en Amérique.

CARAVANSARY
106 et 115A Greenwich Ave (entre Seventh et Eighth Ave)   **924 4262**
Ouvert lundi-samedi de 11h à 20h. C.C. : AmEx.

Entre le fantastique et le rêve, statues magiques en plastique, maisons miniatures, pendules, lampes, bijoux fantaisie...

CHESS SHOP TLD . 230 Thompson St. (et 3rd St.)   **475 9580**
Ouvert tous les jours de midi à minuit.

Unique en son genre à New York, cette boutique vend des centaines de jeux d'échecs de toutes provenances et dans tous les matériaux, du bois à l'ivoire, avec des prix variant de 3 à 5 000$. En outre, l'établissement est ouvert aux joueurs et leur offre plusieurs tables de jeu (1.50$). C'est un endroit, particulièrement paisible et très concentré, idéal pour rencontrer tranquillement des New-Yorkais.

CURACAO. 20 West 57th St. (entre Fifth et Sixth Ave)   **581 6970**
Ouvert lundi-samedi de 9h à 17h45, dimanche de 9h à 14h.

Encore une caverne d'Ali Baba : Dior, Epilady, Grundig, Olympus, Philips, Pentax, IBM, Apple, Ray Ban, Toshiba, Watter Pick, Canon, Nikon, JVC, Parker, Sony...

DF SANDERS & CO. 386 West Broadway (entre Spring et Broome St.)   **925 9040**
Ouvert tous les jours de 10h à 20h, dimanche de 10h à 16h. Principales C.C. acceptées.

Boutique design pour des articles de fabrication danoise ou italienne, autant dire de très bon goût, originaux et particulièrement élégants (et pour certains utiles) : réveils, téléphones ahurissants (100 à 230$), stylos, lunettes, miroirs, agendas, sacs, ventilateurs, horloges murales, tabourets ou porte-manteaux (un peu encombrants pour le retour...). La boutique est très connue à SoHo.

F.A.O. SCHWARZ. 767 Fifth Ave (et 58th St.)   **644 9400**
Pour achats personnalisés   **644 9400 extension 356**
Ouvert lundi-samedi de 10h à 18h (20h le jeudi), dimanche de 12h à 18h. Principales C.C. acceptées.

Ouvert en 1862, c'est le royaume du merveilleux, le plus grand et le plus chic magasin de jouets. Il draine, dans son vaste et beau décor, des foules de visiteurs venus du monde entier pour lesquels F.A.O. constitue un "must" à l'instar de la statue de la Liberté.

Sur deux étages, cette crèche d'un Noël perpétuel mène de l'étonnement au ravissement ou à l'exaspération, entre l'éléphant géant en peluche, la poupée qui tremble et l'arbre qui parle. On trouve, au rez-de-chaussée, l'arche de Noé en peluche, le zoo des animaux, montres et jeux électroniques ; au premier étage, trains, jouets militaires, instruments de musique, robots, cassettes, puzzles, livres, avions, bateaux, habits, poupées et jouets pour les tout-petits. Il y a aussi des jeux pour adultes. Prévoir quelques demi-heures pour s'imprégner de toutes ces merveilles de la civilisation des loisirs.

GALLERY OF EXCITING JEWELLERY. 276 Columbus Ave (et West 73rd St.) 496 5050
Ouvert lundi-samedi jusqu'à 19h. Principales C.C. acceptées.
1 200 modèles de montres pour faire tourner la tête au temps : japonaises, chinoises, italiennes, russes, suisses, françaises et américaines. Montres fantaisie (de 20 à 100$). Montres de luxe : de 100 à 1 000$. Bracelets-montres dans tous les cuirs et peaux (15-95$). Ravissantes montres-bagues (à 25 ou 400$). Montres chronographes, à hologramme, lumineuses, psychédéliques. Montres anciennes et marques rares européennes. Montres personnalisées selon votre commande (deux semaines de délai).

HAMMACHER-SCHLEMMER. 147 East 57th St.   **421 9000**
Ouvert tous les jours de 9h à 19h. Principales C.C. acceptées.
Le doyen - le magasin a été fondé en 1848 - et peut-être le plus excentrique des magasins de gadgets, Hammacher prétend être "aussi nostalgique de l'avenir que du passé". Dans son grand cadre bizarre, la boutique propose une vaste et éclectique sélection d'objets : lampes, jouets, électronique, montres, lunettes, sacs, réveils, appareils de massage, répondeurs automatiques, torches, nettoyeurs de lentilles de contact... Les prix ne sont pas particulièrement bon marché - on est sur l'équivalent du Faubourg St-Honoré - mais la sélection étonne toujours. Même si vous avez l'intention de ne rien acheter, l'établissement mérite le coup d'oeil.

THE LAST WOUND UP. 889 Broadway (et 19th St.)   **529 4197**
To wind up : remonter (une horloge, un mécanisme...). Dans ces boutiques sont entreposés des jouets musicaux et boîtes à musique constituant la plus grande sélection du genre à New York : du manège enchanté (250$) aux petits personnages en peluche des années 20 (200-300$ pièce), des boîtes à air d'opéra (75$) aux pièces rares comme l'Olympia 1890 (4 500$) ou cette pièce des Frères Mermod datant de 1860 (2 800$) en passant par une infinité de gadgets contemporains sauteurs, trépidants, marcheurs, produisant sifflements, refrains, cris...

LITTLE RICKIE. 49 1/2 First Ave (et East 3rd St.)   **505 6467**
Ouvert tous les jours de 11h à 20h. C.C. : Am.Ex ; M.C. ; Visa.
"Vous ne verrez pas Jesse Helmes (le représentant de l'extrême-droite américaine) en train de faire du shopping ici..." Mais vous y rencontrerez tous les branchés et allumés du quartier. S'il y a une boutique vendant des objets extravagants comme seul New York sait les inventer, c'est bien celle-ci. à la recherche du dernier gadget insensé, insolent, généralement de petite taille et si possible voyant, il vous faut faire un tour dans cet invraisemblable bric-à-brac. Vous êtes sûr d'y dénicher l'objet que vous n'auriez jamais imaginé, et qui n'existe sans doute pas ailleurs.

NEW GLASS GALLERY. 345 West Broadway (et Grand St.)   **431 0050**
Ouvert mardi-dimanche de 12h à 19h (18h le dimanche). C.C. : Visa ; Amex ; M.C.
Cette très jolie galerie n'est pas vraiment à mettre sous la rubrique "gadgets" puisqu'elle expose les principaux artistes-verriers contemporains anglais, italiens, australiens, suédois et américains (l'école nationale de verrerie américaine, le Pilchuck Glass College, est établie à Seattle). Parmi les artistes : Bertil Vallien, Ulrica Hydmann-Vallien, Wielke, Adolfsson, Philip Baldwin, Kjell Engman, Erika Lagerbielke, le Mesolini Glass Studio, le Tranjö Hytta, Robin Mix... Vous ne connaissez pas ? Leurs œuvres parlent pour eux, verres, flûtes, chandeliers, brocs, vases, bouteilles, plats, à la fois fonctionnels et si décoratifs que chacune de ces pièces, unique et chère, au cristal délicatement soufflé et décoré, fait pâlir d'ennui les récipients de la vie quotidienne.

PENNY WHISTLE TOYS
132 Spring St. (entre Wooster et Greene St.)   **925 2088**
448 Columbus Ave (entre 81st et 82nd St.)   **878 9090**
1283 Madison Ave (entre 91st et 92nd St.)   **369 3868**
Ces boutiques ne vendent que des jouets haut de gamme.

THE SHARPER IMAGE. 4 West 57th St. (entre Fifth et Sixth Ave)   **265 2550**
Ouvert tous les jours de 10h à 19h (jeudi 20h).

South Street Seaport, Pier 17   **693 0477**
Ouvert tous les jours de 10h à 21h (dimanche de 11h à 20h).
Pour gadgetomanes convaincus et pourvus d'un gros compte en banque, des objets à la pointe du confort d'aujourd'hui et de l'imagination de demain, venus du Japon, d'Allemagne et des USA. Les dernières créations en matière de vidéo et de Hi-Fi, des dictionnaires électroniques, des jeux et des jouets, des appareils de massage, des fax, des sacs... Parmi les grands outsiders : la TV stéréo en super-large écran Sony Trinitron (2 195$), le piano digital Korg (1 595$), l'entraîneur aérobic (2 495$), l'appareil à masser les pieds (229$), le pressing personnel - le Corby Pants Press (229$) -, la table Acu-Massage, efficace comme cinq masseurs japonais, dont les 8 rouleaux ondulant réunissent à soulager la tension de n'importe lequel des 44 points essentiels du corps, selon la méthode du Shiatsu (1 995$). Etc. Il y a également une boutique sur Madison Avenue, dans le Upper East Side.

STAR MAGIC, 743 Broadway   **228 7770**
Ouvert tous les jours de 10h à 20h.
Boutique-fétiche, certainement l'une des plus courues des jeunes qui fréquentent SoHo. Des objets insensés et surtout des pierres... magiques, censées donner tous les pouvoirs spirituels.

STRINGS LTD. 686 Lexington Ave (et 57th St.) ; 500 Lexington Ave (et 47th St.)
745 Broadway (et Astor Place) ; 366 Fifth Ave (et 35th St.) ; 132 Nassau St.
Vous êtes fauché, mais vous voulez (à tout petit) prix jouer les oncles d'Amérique ? Cette mini-chaîne ne vend que des objets-cadeaux à moins de 10$.

TAH-POOZIE. 50 Greenwich Avenue   **647 0668**
Un bric-à-brac (l'équivalent de Little Rickie, dans l'East Village), lieu de perdition pour les enfants. Si on a du goût pour les objets minuscules et invraisemblables (du robot hilarant antistress au micro-guide du métro de New-York), on est sûr de rester ici des heures avant de faire son choix parmi les mille (et peu onéreux) trésors du délire.

TIFFANY & COMPANY. 727 Fifth Ave (et 57th St.)   755 8000
Ouvert lundi-samedi de 10h à 17h30.

Ranger Tiffany dans la rubrique des gadgets peut paraître irrévérencieux, mais on est ici dans la méga-bijouterie et les prix ne doivent pas nous voiler la réalité : la plupart des bijoux ou des pièces d'argenterie sont autant d'invitations au rêve, autrement dit des gadgets abstraits. Il n'empêche que vous ferez comme tout le monde et vous vous mêlerez à la foule toujours amassée à la devanture de cet empire du diamant : Tiffany est une légende de New York qu'en moyenne 3 000 personnes par jour (25 000 durant la période de Noël) viennent contempler de près. L'origine de Tiffany remonte à 1837, mais l'établissement actuel date de 1940. Au départ de la fortune du célébrissime magasin, la révolution de 1848 qui permit au partenaire de Charles Tiffany, alors en visite à Paris, d'acheter à très bon prix les diamants et autres bijoux de famille, liquidés par l'aristocratie.

En 1877, l'achat d'un diamant jaune de 287,42 carats, aujourd'hui encore exposé comme une pépite de soleil, fait entrer Tiffany dans le mythe diamantaire. Tiffany reste hors de portée des bourses communes, mais on peut toujours rêver sur les bagues à 800 000$, les boucles d'oreilles en perles noires de Polynésie à 250 000$ et les bijoux plus courants à des prix plus "ordinaires" (60 à 70 000$).

TROPICAL ISLAND TRADERS. 170 Fifth Ave (et 22nd St.)   627 0808
Ouvert lundi-vendredi de 8h30 à 19h, samedi de 10h à 18h, dimanche de 11h à 17h. Principales C.C. acceptées.

Une boutique qui ne vend que des objets gais et colorés, à l'image des (tristes ?) tropiques : instruments musicaux, vêtements, accessoires, tissus, tee-shirts, plantes et fruits en bois, en plastique, bijoux, paniers, sculptures... et spécialités culinaires d'Hawaï.

GRANDS MAGASINS

Moins nombreux qu'autrefois, les grands magasins new-yorkais - les "Department Stores" - ne sont plus ces entreprises familiales qui vendaient de tout à tous pour tous les prix. De vieux noms ont disparu, d'autres ont changé de propriétaires et de politique, les prix que représentent ces surfaces énormes sur le marché de l'immobilier achevant de brouiller les pistes.

Engagés dans une coûteuse et féroce compétition pour attirer de plus en plus une clientèle "haut de gamme", les grands magasins new-yorkais, comme leurs confrères parisiens, sont désormais friands des grandes marques qui, tout en assurant leur réputation, leur font vendre des produits plus chers, avec l'espoir de faire plus de bénéfices. C'est qu'à l'extérieur la concurrence est rude, et des chaînes comme The Gap, Structure ou Banana Republic drainent irrévocablerment un public jeune hors de ces institutions. La "guerre" que se livrent Bloomingdale's, Macy's et Saks, pour nommer les trois plus grands "Department Stores" de New York, est assez cocasse à observer et alimente quotidiennement en publicité la grande presse. Le New York Times en particulier publie de pleines pages où chacun de ces mastodontes s'autoproclame le meilleur. à grand renfort de photos de mannequins plus irréels les uns que les autres, en fourrure ou en bikini selon la saison, ces publicités sont un baromètre de l'élégance new-yorkaise, mais aussi des bonnes affaires en perspective.

BARNEY'S NEW YORK. Seventh Ave (et 17th St.) 929 9000

Le bon ton. Connu pour ses superbes devantures, Barney's donne autant dans le costume traditionnel que dans l'avant-garde (Armani, Gaultier, Calvin Klein, Pery Ellis, Oxford). Il fut un temps où, du garçonnet au retraité, on pouvait s'habiller exclusivement dans ce chic "emporium" dont le personnel est réputé pour son savoir-faire. C'était le royaume des hommes. Depuis, Barney's a étendu ses activités : les femmes occupent avec les enfants le rez-de-chaussée. En sous-sol, un restaurant-buffet et un salon de beauté pour hommes et femmes, cher : étape obligatoire pour le vrai Narcisse.

BARNEY'S UPTOWN. Madison (et 61st St.) 826 89 00

On attendait son ouverture depuis des années, c'est fait : le Barneys de Madison est à la pointe du grand chic (alors que celui de la 17e rue est un peu plus branché). Bref, c'est beau, c'est cher mais cela vaut une visite. Tous les créateurs américains sont représentés en particulier Calvin Klein, Isaac Misrahi et Donna Karan. Du sous-sol au dernier étage, tout est luxe et calme.

BERGDORF GOODMAN. 754 Fifth Ave (et 58th St.) 753 7300

Ouvert lundi-samedi de 10h à 18h, jeudi de 10h à 20h.

Son excellente situation, proche de Central Park, reflète la tendance de ce grand magasin installé dans ces murs depuis 1928, et rival de Saks et Barney's : c'est le haut de gamme pour un public essentiellement féminin. En vedette, les fourrures et les habits de soirée. à chaque étage, les grands noms de la mode contemporaine sont mis en valeur : Calvin Klein, Donna Karan, Geoffrey Beene, Ralph Lauren, Galanos ou Carolyne Rohem pour l'Amérique, St-Laurent, Chanel, Ungaro, Gian Franco Ferre, Armani, Valentino, Gaultier et Montana côté Europe. Au 7e étage, le rayon des objets de décoration et accessoires de maison. Il y a le Cafe Vienne pour déguster un chocolat, et un restaurant Pasta & Cheese (5e étage). Le personnel est efficace et compétent, mais ne s'intéresse pas aux petits budgets et autres curieux.

BLOOMINGDALE'S. 1000 Third Ave 355 5900

Avec sa longue histoire, ses dix étages et son périmètre de quatre blocs, "Bloomies" peut se proclamer le meilleur grand magasin du monde. On le considère d'ailleurs comme la deuxième attraction new-yorkaise après la Statue de la Liberté ! On est loin de la petite boutique de mode créée, vers 1870, par les frères Bloomingdale (Joseph et Leyman) qui, en 1886, le succès et le flair aidant, allaient s'établir définitivement sur les lieux actuels (20 blocs au nord de la ligne de démarcation établie par la concurrence au sud de la 34e rue). Les deux frères n'étaient pas seulement des pionniers en matière de mode ; excellents commerçants, ils soignaient leurs décors, ouvrant de larges espaces éclairés par la lumière naturelle. Bloomingdale's est l'histoire d'une longue passion entre New York et la mode.

Dans les années 60-70, il était de bon ton d'aller y faire son shopping le samedi après-midi. La tradition est toujours respectée, Bloomingdale's, ce jour-là, ressemble à une tour de Babel peuplée de femmes. La mode féminine se situe aux 2e, 3e et 4e étages. Au 6e étage, le rayon de la décoration intérieure. Ici sont montés, plusieurs fois par an, de somptueux décors. On mentionnera un rayon épicerie, une super boulangerie (rez-de-chaussée), l'une des meilleures confiseries de New York (au 6e étage, dit aussi "Main Course") et, au sous-sol, une annexe de l'éditeur Rizzoli.

Mention au Train Bleu, reconstituant le décor du célèbre train de luxe et de nuit (ouvert en semaine de 15h à 17h30 pour snack et thé, jusqu'à 19h30 le lundi et jeudi hors des nocturnes, qui durent jusqu'à 21h ; brunch au champagne le samedi à partir de 11h). Bloomingdale's qui a découvert Ralph Lauren et Perry Ellis, "importé" Sonia Rykiel et Kenzo est cher et même très cher. Malgré la présence de quelque deux mille employés, le service n'est pas toujours rapide. Si vous ne savez pas où donner de la tête, At Your Service est... au service des dames au 4e étage : on vous écoutera, éventuellement on vous pilotera. Si vous avez 200$ à dépenser pour votre bien-être, le "Estée Lauder Spa" organise un "Jour de Beauté" qui dure 5h30 avec manucure, pédicure, massage corporel et facial, leçon de maquillage. Le déjeuner est compris dans le prix.

BROOKS BROTHERS. Madison (et 44th Street)   682 88 00
Ouvert tous les jours, sauf le dimanche, de 10 heures à 19 heures.
Le temple du style "preppy" américain, bon chic bon genre pour vêtir une famille nombreuse avec un budget limité. Les vêtements de qualité : chemises à rayures et caleçons assortis, pull-overs en shetland, ne sont pas trop chers et de bonne qualité. On peut les refiler au petit frère. On vient aussi ici pour les mocassins à ponpons et les pyjamas. Le dernier étage, consacré aux femmes, est un peu décevant sauf si vous aimez un style un peu masculin.

GALERIES LAFAYETTES. 4 East 57 Street   355 00 22
Ouvert tous les jours de 10 heures à 18 heures, le jeudi nocturne jusqu'à 20 heures, le dimanche de 12 heures à 18 heures.
Les Françaises qui habitent New York disent qu'elles ont enfin trouvé une adresse pour trouver leurs marques préférées à des prix raisonnables (Claudie Pierlot, Kookai). Les Américaines ont suivi. Grâce aux Galeries, elles ont compris que la mode française n'est pas forcement inaccessible. En outre,il s'agit d'un magasin à taille humaine.

LORD & TAYLOR. 15 West 38 (Fifth Ave)   764 3255
Ouvert lundi-jeudi de 10h à 18h30, mardi-mercredi-vendredi-samedi de 10h à 18h45. Hérault de la mode américaine, ce grand magasin a connu son heure de gloire et la fidélité des New-Yorkaises. L'ensemble de l'établissement a fait l'objet d'une rénovation. Plusieurs étages sont consacrés aux femmes, les 6e et 7e aux enfants. Un important rayon d'accessoires pour la maison a établi la réputation de ce vrai grand magasin pour Américains connu pour la qualité de son personnel. Il y a un "Soup Bar" au 10e étage.

MACY'S151.West 34th St. (et Herald Square)   695 4400
Ouvert lundi-jeudi-vendredi de 9h45 à 20h30, mardi-mercredi de 9h45 à 18h45, samedi de 10h à 18h45, dimanche de 10h à 18h.
Depuis que Macy's s'est intitulé "le plus grand magasin du monde" ("The World's Largest Department Store"), il est difficile de ne pas y croire. C'est une cathédrale. Seuls les New-Yorkais peuvent s'y repérer. Si le risque de ne pas mettre la main sur un vendeur au bout d'un quart d'heure d'attente et après trois kilomètres de rayonnages ne vous dissuade pas : vêtements pour petits budgets ou marques internationales pour hommes et femmes, fourrures, fleurs, ordinateurs, cosmétiques, chaussures (8 rayons), argenterie, articles de sport, jouets... c'est une usine. Les sous-sols abritent l'une des meilleures épiceries de la ville, une poste et une demi-douzaine d'endroits où se restaurer, notamment au Cellar.

SAKS FIFTH AVENUE . 611 Fifth Ave (et 50th St.) 753 4000
Ouvert lundi-mercredi-vendredi-samedi de 10h à 18h30, jeudi de 10h à 20h.

Situé entre le Rockefeller Center et St-Patrick's Cathedral, Saks, ouvert en 1924, ne peut qu'être l'éternel rival de Bloomingdale's. Elégant, sobre, aéré, Saks fut longtemps le grand marché familial par excellence. Le grand magasin suit la mode féminine et organise une série de soldes spectaculaires. Au 8e étage, rayon pour enfants et nouveaux-nés ; au 6e étage, rayon pour hommes (grand choix de chaussures). Au rez-de-chaussée, comme au Printemps ou aux Galeries Lafayette, bijoux et parfums. Les fourrures sont au 3è étage, comme les créateurs de mode américains ; le salon de beauté au 5e étage, les chaussures pour femmes au 4e, la lingerie féminine au 7e. Au 8e et avant-dernier étage, au-dessus du rayon (limité) de l'électronique, le café SFA (soupes, sandwichs, plats) donne sur la 5e avenue.

INSTRUMENTS DE MUSIQUE

On trouve tous les instruments de musique dans la 48e rue (entre la 1re et la 8e Avenues). Pianos, partitions, autour de Carnegie Hall, 57e rue et 7e Avenue. Autres instruments, acoustique, électronique : sur la 48e rue, entre les 6e et 7e avenues.

DRUMMERS. 147 West 45th St. (entre Sixth et Seventh Ave) 840 3057
Ouvert lundi-vendredi de 10h à 18h, samedi de 10h à 16h.

Comme son nom l'indique, le royaume des percussions. Avec des instruments ethnologiques. Pour tous les niveaux.

INTERNATIONAL WOODWINGS & BRASS
155 West 46th St. (entre Sixth et Seventh Ave) 840 7165
Au mur de ce grand magasin de cinq étages, des photos dédicacées de joueurs de jazz : Dizzy Gillepsie, Sonny Rollins, Ornette Coleman, Paul Winter, et une centaine d'autres. Leur point commun : les cuivres et les instruments à vent. Trombones, clarinettes, saxos, trompettes, flûtes, bassons, la plupart d'occasion, les vitrines sont impressionnantes.

MANNY'S MUSICAL INSTRUMENTS
156 West 48th St. (entre Sixth et Seventh Ave) 819 0576
Ouvert lundi-samedi de 9h à 18h.

Le plus grand magasin de vente d'instruments de musique à des prix discount. "Everything for the musician", aux murs, des centaines d'autographes d'instrumentistes et de chanteurs contemporains. Bien que la liste des instruments semble infinie (il y a des vendeurs spécialisés par familles instrumentales), c'est la musique moderne et électronique qui l'emporte, avec des réductions importantes.

MATT UMANOV GUITARS. 273 Bleeker St. 675 2157
Ouvert lundi-samedi de 11h à 18h, dimanche de 12h à 18h. Principales C.C. acceptées.

Guitares : classiques, électroniques, acoustiques. Marques : Fender, Gibson, Peavy, Martin, Guild, Rickenbacker...

LIBRAIRIES

ACTION COMICS. 318 East 84th St. (entre 1rst et 2nd Ave)   249 7344
Ouvert lundi-samedi de 11h30 à 19h, dimanche de 12h à 18h.
Deux conditions pour se rendre dans cette librairie : aimer les bandes dessinées américaines et comprendre l'anglais. Des années 30 aux années 90, tout ce qui se publie en matière de délires imagés.

ACTOR'S HERITAGE. 262 West 44th St. (entre 8th Ave et Broadway)   944 7490
OUVERT LUNDI-SAMEDI DE 9H30 À 23H30.
Les acteurs de New York viennent se fournir ici en livres, pièces, scripts, enregistrements consacrés au théâtre. Informations sur les spectacles en cours, et petites annonces.

APPLAUSE THEATRE BOOKS. 211 West 71th St.   496 7511
Ouvert lundi-samedi de 10h30 à 19h, dimanche de 12h à 18h.
La librairie la plus complète de New York consacrée au septième art.

BARNES & NOBLE BOOKSTORE. 600 Fifth Ave   765 0590

BARNES & NOBLE CORNELL MEDICAL BOOKSTORE. 424 East 70th St.   988 0400

BARNES & NOBLE DISCOUNT BOOKSTORES. 105 Fifth Ave (18th St.)   807 0099
L'empire Barnes & Noble.

COLUMBIA UNIVERSITY BOOKSTORE. 2926 Broadway (et 116th St.)   854 4131
Horaires variant selon les boutiques.
Gibert multiplié par dix. Présent sur les campus universitaires de New York et des environs, c'est l'empire de l'édition et de la distribution de livres pour étudiants à prix réduits. Un rabais sur les best-sellers de la liste du New York Times.

THE BIOGRAPHY BOOKSHOP INC. 400 Bleeker St. (angle W 11th St.)   807 8655
Ouvert mardi-vendredi de 13h à 21h, samedi de 12h à 20h, dimanche de 12h à 18h.
Unique à New York et peut-être dans le monde, c'est le royaume de l'autobiographie et de la biographie dans tous ses états et dans tous les domaines : littérature, politique, histoire, arts, cinéma, danse, sciences, psychologie, voyages, confessions, journaux intimes, correspondances, entretiens, portraits : l'histoire du monde lue à travers ses figures. Un must pour quiconque a la passion des livres.

BOB FEIN BOOKS. 150 Fifth Ave (et 20th St.) (6è étage, porte N° 623)   807 0489
Ouvert lundi-samedi de 11h à 17h. Fermé le samedi en été.
Quatre mille livres, opuscules, albums, articles, thèses : c'est la plus importante librairie de New York (et sans doute des états-Unis) consacrée aux Indiens d'Amérique. Un établissement de référence.

BOOKS OF WONDER. 132 Seventh Ave (et West 18th St.)   989 3270
Ouvert lundi-samedi de 11h à 21h, dimanche de 12h à 18h.
D'abord une petite boutique réputée pour son stock de livres rares pour enfants (elle existe toujours 464 Hudson St., tél. 645 8006) qui s'est, depuis, considérablement agrandie en se transplantant dans ce gros repaire pour petites Alice et grandes merveilles.

CHRISTOPHER STREET BOOKSHOP. 500 Hudson St. (et Christopher St.)
Ouvert tous les jours 24/24h.
Magazines, journaux, guides spécialisés, jouets, vidéo, nouveautés... "Une institution au service de la communauté gay de New-York".

CITY BOOKS (CITY PUBLISHING CENTER)
6 Chambers St. (City Hall)Tous les livres et guides publiés par la ville, dont l'indispensable Green Book, le guide officiel des galeries, les statistiques, etc.

COMPLETE TRAVELLER BOOKSTORE. 199 Madison Ave (et 35th St.)   **679 4339**
Ouvert lundi-samedi de 9h à 19h, dimanche de 12h à 17h.
Le catalogue (2$) renseigne sur tous les ouvrages disponibles en matière de voyage, tourisme, dépaysement...

THE CIVILIZED TRAVELLER. 2003 Broadway   **875 0306**
Lundi-samedi 10-19, dimanche 12h-18h.
Une bonne sélection de guides et de cartes, mais surtout des gadgets pour les votageurs (réveils, appareillage bi-voltage, etc.)

DOUBLEDAY BOOK SHOPS Citicorp Center   **223 3301**
777 Third Ave   **888 5590**
724 Fifth Ave   **397 0550**
Horaires variant selon les boutiques.
La librairie sur la 5e avenue est l'ancêtre des grandes librairies new-yorkaises. Si vous voulez tout savoir sur New York, des dizaines de livres lui sont dédiés. Et ceci n'est qu'un aspect du rayon consacré aux voyages et au tourisme. Lequel ne représente qu'une petite partie d'un ensemble colossal. Si vous savez ce que vous cherchez, demandez au personnel : il a la réputation d'être le plus averti et le plus accueillant dans le monde des librairies.

EEYORE'S BOOKS FOR CHILDREN. 25 East 83rd St.   **983 3404**
(et Madison Ave, près du Metropolitan Museum).
Ouvert lundi-samedi de 10h à 18h, dimanche de 12h à 17h (sauf juillet et août).
2212 Broadway (et West 79th St.)   **362 0634**
Mêmes horaires.
Vos chères petites têtes blondes ne parlent sans doute pas l'anglais, mais le langage des images est universel. Ces deux boutiques - les plus grandes à New York - sont bourrées de livres à consulter ou à acheter. Les enfants ont droit à un rafraîchissement et il y a des séances de lecture. Le temps d'aller faire du lèche-vitrine sur Madison ou Broadway, voilà deux lieux sûrs où abandonner votre progéniture.

E. WEYRE. 794 Lexington (et East 62nd St.)   **838 5466**
Ouvert lundi-samedi de 9h30 à 17h. Fermé le samedi en été.
Une petite boutique ouverte en 1923 qui est devenue une importante librairie spécialisée dans l'art, l'architecture et la photographie. Son propriétaire, M. Weyre, un ami des artistes, a hérité, en témoignage de sympathie, de nombreux tableaux, esquisses, dessins. La boutique est doublée d'une galerie.

GOTHAM BOOK MART. 41 West 47th St. (entre Madison et Fifth Ave)   **719 4448**
Ouvert lundi-samedi de 9h30 à 18h30.
La Hune de New York. Au milieu des années 20, quand elle ouvrit le Gotham, Frances Steloff, figure bientôt légendaire dans le monde de la littérature new-yorkaise, s'intéressait surtout aux arts et à la poésie. Elle se préoccupait aussi de la liberté d'expression puisqu'elle ramena de Paris, sous le manteau, 25 exemplaires du *Tropique du Cancer* de Henry Miller, alors interdit de lecture aux Etats-Unis. La vieille dame, qui professait avoir autant d'estime pour les auteurs que pour leurs lecteurs, n'est plus. Le lieu lui survit, avec sa vitrine superbement présentée et à laquelle on accède par quelques marches. L'intérieur ressemble à l'extérieur : on est assuré d'y trouver la meilleure sélection en matière de création contemporaine.

LIBRAIRIE DE FRANCE ET LIBRERIA HISPANICA
610 Fifth Ave (entre 49th st 50th St.)   **581 8810**
Ouvert lundi-samedi de 9h30 à 18h15.
Journaux et magazines dans la boutique du Rockefeller Center, avec un rayon de romans au sous-sol. Nombreux dictionnaires techniques ou spécialisés anglais-français. On y trouve l'hebdomadaire "France-Amérique". La succursale Downtown était plus intéressante avec une énorme sélection de dictionnaires dans une centaine de langues. Elle est hélas fermée.

LINA MAGAZINES. 270 Park Ave South (entre 21st et 22nd St.)   **674 6595**
Ouvert tous les jours.
Pas vraiment une librairie, mais un point de vente où se trouve présentée la totalité des magazines américains et des revues spécialisées, soit plus de 3 000 publications disponibles dans un espace pas plus grand que celui d'un marchand de journaux ordinaire.

MC GRAW-HILL BOOKSTORE. 1221 Sixth Ave (entre 48th et 49 St.)   **512 4100**
Ouvert lundi-samedi de 10h à 17h45.
Publications sur les techniques, les affaires, les sciences et les ordinateurs (qui constituent 1/3 du stock). Les livres sont en discount et le tout en anglais, dans des jargons spécialisés. Pour lecteurs pointus.

MILITARY BOOKMAN. 29 East 93rd St.   **348 1280**
Ouvert mardi-samedi de 10h30 à 17h30.
Environ 10 000 ouvrages consacrés essentiellement aux arts de la guerre, depuis les origines jusqu'à la période atomique, avec un certain nombre de revues spécialisées.

MOVIE STAR NEWS. 134 West 18th St.   **620 8160**
Ouvert lundi-samedi de 10h à 18h. C.C. : Am.Ex.
Ira Kramer, la propriétaire de cette boutique, proclame que dans ce vaste hangar tapissé de rayonnages, se trouve concentré le plus grand stock de photos de cinéma du monde. Personne ne sait combien il y en a, pas même Ira Kramer, qui a commencé ses recherches il y a 40 ans. D'Hollywood à New York : toutes les stars, majeures et mineures, sont représentées en noir et blanc et en couleur (5$ la photo). Il y a des posters de films récents et anciens (15$). Pour se faire une idée, consulter le catalogue (3$) avec ses deux cents pages de photos-témoins de la taille d'un timbre-poste.

MRS HUDSON'S VIDEO LIBRARY   989 1050
573 Hudson St.   Fax : 989 2189
Ouvert tous les jours de 11h à 22h. C.C. acceptées : Amex ; Visa ; M.C.

Cette boutique s'est spécialisée dans la location de vidéo de films classiques américains des années 30 aux années 60, avec une prédilection pour les films rares, le bizarre, l'horreur et le thriller.

NEW YORK BOUND BOOKSHOP. 50 Rockefeller Plaza (lobby)   245 8503
Ouvert lundi-samedi de 10h à 18h.

Tout ce que vous aimeriez savoir sur l'histoire de New York se trouve rassemblé ici. Livres rares ou éditions courantes, témoignages, albums photographiques, essais...

NEW YORK KINOKUNIYA BOOKSTORE. 10 West 49th St. (et Fifth Ave)   765 1461
Ouvert tous les jours de 10h à 19h.

Le Japon en Amérique ne se limite pas aux voitures et à l'électronique. Kinokuniya, le Hachette japonais, a ouvert sa première succursale étrangère près du Rockefeller Center, une vaste boutique d'environ 20 000 ouvrages sur tous les coins et recoins du pays du Soleil-Levant, plus l'ensemble de la production courante en langue originale.

PARAGON BOOK GALLERY. 237 West 72th St. (et Broadway)   496 2378
Ouvert lundi-vendredi de 10h à 18h, samedi de 11h à 17h.

Un stock d'environ 60 000 ouvrages consacrés exclusivement aux pays de l'Orient, de l'Asie et de l'Extrême-Orient. Outre les dernières publications, une intéressante sélection de livres rares.

UNIVERSITY PLACE BOOK GALLERY
821 Broadway (angle de la 12th St.) 9e étage   254 5998
Remplit le même rôle en ce qui concerne l'Afrique, les Antilles et la culture noire américaine. Parmi les livres rares, les éditions datant des XVe, XVIe et XVIIe siècles.

PHOTOGRAPHER'S PLACE . 133 Mercer St. (et Prince St.)   966 2356
Ouvert lundi-samedi de 11h à 18h, dimanche de 12h à 17h. Paiement en espèces.

Quatre mille livres anciens et modernes traitant de tous les sujets imaginables abordés par ou consacrés à la photo. Cette boutique, tenue par Harvey Zucker, est le temple des photographes. L'accueil n'y est pas forcément aimable, mais il y a de quoi fouiner pendant des heures. On trouve aussi tout un rayon de cartes postales tirées de photos d'art.

RIZZOLI. 31 West 57th St. (entre Fifth et Sixth Ave)   759 2424
Ouvert lundi-samedi de 9h à 20h, dimanche de 12h à 20h.

Entrée de marbre, chandeliers, panneaux de bois : depuis des années, Rizzoli, la maison d'édition italienne, se dresse sur l'équivalent de la rue de la Paix new-yorkaise et entend bien faire de sa devanture l'une des plus élégantes de la ville. Les livres traitent d'art, de photographie, de danse, de musique et de littérature (avec de nombreux auteurs étrangers représentés). Aux 3e et 4e étages, rayon de poche, ouvrages en langue italienne et une galerie vendant des objets d'art.

SAMUEL WEISER, INC. 132 East 24th St.   777 6363
Ouvert tous les jours de 9h à 18h (jeudi 19h, dimanche 17h30). Principales C.C. acceptées.

Vous vous intéressez à la littérature orientale, à la philosophie, à la méditation, à la psychologie des rêves, aux mythes, au folklore, à la magie, à l'astrologie, aux tarots et aux pendules, aux pierres à pouvoir et aux projections astrales, aux anges et aux grands maîtres spirituels ? Dans une odeur d'encens et de musique planante "New Age", la "plus grande librairie métaphysique du monde".

STRAND BOOK STORE. 828 Broadway (et East 12th St.)   473 1452
Deux millions de titres. Quinze kilomètres de rayonnages. Difficile de ne pas trouver lecture à sa pointure dans ce mégastore du livre d'occasion bourré de curieux, de fouineurs, de passionnés. à l'étage supérieur, trois pièces capitonnées de cuir contiennent des trésors du XXè siècle, éditions rares ou épuisées, ou tirages limités dont les prix n'ont rien à voir avec ceux pratiqués au rez-de-chaussée.

SCIENCE FICTION SHOP. 163 Bleeker   473 3010
Ouvert lundi-dimanche de 11h à 18h.

La science-fiction dans tous ses états. éditions récentes et anciennes, bandes dessinées.

TOWER BOOKS. 383 Lafayette St. (4th St., au-dessus de Tower Video)   228 5100
Ouvert tous les jours de 9h à minuit.

Une nouvelle librairie de taille imposante. Les prix sont en discount (30% sur les best-sellers, 20% sur les éditions courantes, 10% sur les poches). Le rayon magazines et revues est important, et il y a la presse étrangère.

WITTENBORN ART BOOKS. 1018 Madison Ave (entre 78th et 79th St.)   288 1558
Ouvert lundi-samedi de 10h à 17h.

Collection internationale de livres d'art, d'antiquités, d'architecture, d'archéologie et de mode, ouvrages rares ou épuisés : l'une des plus complètes librairies consacrées aux "beaux livres".

LINGE DE MAISON ━━━━━━━━━━━━━━━━━━━━━

SOHO MILLS OUTLET. 490 Broadway   226 8040
Serviettes, draps, duvets, couettes,etc. Les prix les plus bas pour une bonne qualité.

GRACIOUS HOME
1220 Third Ave. (et 70th St.)   517 6300
1217 Third Avenue   472 6286
Lundi-samedi 9h-21h, dimanche 10h30-17h30.
Le magasin le plus complet du genre.

MARCHES ━━━━━━━━━━━━━━━━━━━━━━━━━━

Ne rêvons pas : les marchés de New York n'ont ni les couleurs ni les saveurs des marchés de Paris ou d'Italie, mais ils offrent l'occasion, comme tous les marchés du monde, d'aller prendre un bain de foule et d'acheter des produits frais.

UNION SQUARE
Lundi-mercredi-vendredi-samedi.
Le plus grand marché du genre, écolo-artiste-yuppie. Le samedi est le jour où l'on s'y rend, le mercredi n'est pas mal non plus, et moins m'as-tu-vu), le vendredi devient plus couru, le lundi a juste commencé.

ST. MARK'S CHURCH. 2nd Ave. (et 9th St.)
Le mardi de juin à novembre. Petit, mais de qualité.

CHINATOWN
Le marché le plus animé de la ville avec des étals et des boutiques de fruits, légumes, viandes, poisson, petits pains... Il se tient sur Canal Street (entre Centre et Mulberry), sur Mott Street (entre Canal et Grand), et sur Grand Street (entre Mott et Chrystie). Et il se prolonge de plus en plus vers l'est. La popularité grandissante du (ou des ?) marché de Chinatown tient à ses prix qui représentent une fraction de ceux pratiqués par les épiceries coréennes. C'en est assez pour attirer la plupart de ceux qui travaillent à Chinatown mais n'y résident pas. (La majorité des habitants de Chinatown sont des immigrés récents, les autres habitent Brooklyn ou Queens.) Les femmes composent l'essentiel de la clientèle ; elles viennent faire leurs achats en sortant des ateliers du quartier et prennent le train "D" à Grand Street Station, l'une des stations plus animées de la ville. Environ 75% des voyageurs transportent le même sac plastique transparent. Le marché est ouvert tous les jours jusqu'à 20h.

SACS

INNOVATION LUGGAGE 866 Third Ave (entre 52nd et 53rd St.) 832 1841
1755 Broadway 582 2044
10 East 34th St. 684 8288
Ouvert lundi-vendredi de 8h à 20h, samedi de 9h à 19h, dimanche de 11h à 18h. Principales C.C. acceptées.

S'il vous manque de la place pour ramener vos achats, ou si votre sac s'est égaré entre deux compagnies aériennes, "Innovation", qui se proclame le plus gros vendeur de bagages en Amérique, propose des modèles toutes formes, tous matériaux, toutes marques (Samsonite, Perry Ellis, Boyt), une ribambelle de sacs-penderies en cuir et toile, un tas d'accessoires, et des dépliants (en anglais) pleins de conseils judicieux sur... la manière de (bien) faire son sac.

TABACS

DE LA CONCHA TOBACCONIST. 1390 Sixth Ave (entre 56th et 57th St.) 757 3167
Ouvert lundi-vendredi de 8h à 18h, samedi de 8h à 14h. Principales C.C. acceptées.
Si, malgré la virulente campagne antitabac, vous êtes prêts à fumer des barreaux de chaise : cigares de La Havane, de la république Dominicaine, du Brésil, du Mexique, du Nicaragua, du Honduras, du Costa-Rica, de Hollande, de la Jamaïque, des Philippines et des Canaries. En détail ou en coffret. La boutique, qui vend des articles pour fumeurs, publie un catalogue.

TOBACCO PRODUCTS INC. 137 Eighth Ave (entre West 16th et 17th St.)   989 3900
Ouvert lundi-samedi de 9h à 17h. Principales C.C. acceptées.

Dans l'arrière-salle, les employés roulent à la main le tabac du Mexique, du Honduras ou du Nicaragua qui fera ensuite ces bâtons de chaise qu'adorent encore fumer les hommes d'affaires : "Number 9" ; "Torpedos" ; "Koler 1, 4, 6" ; "Tomatans" ; "Koler Panetelas largas". Cette intriguante boutique, avec son personnel un peu sauvage, vend aussi des pipes en bois précieux, des statuettes de bois d'Amérique centrale ou des étoffes.

VINS ET SPIRITUEUX

ASTOR WINES & SPIRITS 12 Astor Place (et Broadway)   674 7500
Ouvert tous les jours de 10h à 20h.

La plus grande et la meilleure boutique Downtown Manhattan. Une large sélection de tous les vins du monde.

CROSSROAD WINE & LIQUORS. 55 West 14th St. (et 6e Avenue)   924 3060
Ouvert lundi-samedi 9h-21h.

Cette petite boutique propose d'excellents vins à des prix raisonnables eu égard au prestige de certains crus.

MORREL AND COMPANY. 535 Madison Ave (entre 54th et 55th St.)   688 9370
Ouvert lundi-vendredi de 9h à 19h, samedi de 9h30 à 18h30. C.C. acceptées : Visa ; Am.Ex. ; M.C.

Tenue par la famille Morrel (Roberta et Peter) qui affirme avoir voyagé sur les cinq continents à la recherche des meilleurs crus, cette belle boutique (avec une impressionnante hauteur sous plafond) propose des vins d'Alsace, de Californie, d'Argentine, de France, du Chili, d'Espagne et d'Italie. Champagnes, cognacs, eaux-de-vie, grappa, porto, sherry, gin, rhums... On a accès au cellier.

SHERRY-LEHMANN INC679 Madison Ave (et East 61st St.)   838 7500
Ouvert lundi-samedi de 9h à 19h. C.C. : Visa, M.C.

Considéré comme la première et la meilleure boutique de vins et spiritueux en Amérique, avec une clientèle internationale et une réputation insurpassée pour la compétence de son personnel, Sherry-Lehmann est le Fauchon des vins et alcools. L'établissement publie un impressionnant catalogue de ses trésors : 70 bordeaux (années 1981 à 1986, entre autres) ; 50 champagnes ; tous les Domaines baron de Rothschild ; 40 porto (certains datant des années 20) ; 810 bourgognes ; autant de Cabernet de Californie ; une vingtaine de vins du Rhin et de la Moselle ; une dizaine de crus du Chili ; une centaine de vins provenant des principales régions vinicoles d'Italie ; des whiskies (canadiens, anglais, écossais, irlandais) ; des bourbons (américains) ; du gin ; du rhum ; de la vodka ; de la tequila et toutes sortes d'apéritifs internationaux.

MODE & MODES

■ East Village

Entre la 1ère et la 2e avenues, la 9e rue est la rue de la mode de l'East Village, l'un de ces points mystérieux de la ville d'où partent les tendances de la nuit d'aujourd'hui et du jour de demain, une dizaine de boutiques, originales, personnelles, secrètes, privées et prisées.

■ Grand Street

Linge de maison, couvertures, draps, serviettes à des prix moitié moindres de ceux pratiqués en France. Le meilleur magasin est Erza Cohen Corporation, 307 Grand St. (tél. : 925 7800). Attention : la plupart des propriétaires sont Juifs et de ce ferment le samedi.

■ Orchard Street

Entre East Houston et Canal Street, Orchard Street fut la rue commerçante du ghetto juif de New York. Le ghetto a disparu, Orchard Street a évolué tout en conservant sa vocation. C'est le quartier où venir faire des achats bon marché dans des dizaines de boutiques côte à côte le dimanche au milieu d'une foule tranquille (la circulation est interdite). Les cartes de crédit son acceptées, mais l'argent liquide reste le meilleur moyen de persuasion pour faire baisser un prix. Orchard Street étend son influence sur les rues voisines, Delancey, Rivingstone, Broome et Grand. Au-delà, sur Canal Street, commence Chinatown et la concurrence chinoise galopante.

■ SoHo Cuirs

Sur Bleeker St. et dans les environs le cuir est présent en quantité et en diversité, vestes, pantalons, jupes, manteaux...

DEFIANCE 185 Bleeker St.	**673 4763**
J.N.J. LEATHER INC 177 Bleeker St. (angle Mc Dougall)	**353 0512**
MADE IN THE USA 155 Spring St.	**966 0371**
NATURAL LEATHER 203 Bleeker St.	**533 6530**

L'une des boutiques les plus originales et les plus complètes dans une rue qui ne manque pas de concurrence.

SOHO GENERATION 598 Broadway (et Houston St.)	**925 6565**

Un vaste loft bourré de cuirs. La boutique considère qu'elle offre la plus grande sélection dans le genre à New York.

LES CREATEURS ───────────────

Depuis plusieurs années, les rédactrices de mode françaises, eh oui ! viennent à New York flairer les nouvelles tendances. Voici leurs secrets. La plupart de ces couturiers ne possèdent pas de boutiques mais leurs lignes sont diffusées dans les grands magasins chic comme Barney's et Bergdorf Goodman.

ANNA SUI
Inspirée des années 70, cette créatrice est un passage obligé par la mode américaine. Une de ses bonnes clientes, Madonna, y achète des petites robes, style baby doll, et des tuniques indiennes.

BILL BLASS
Chic et cher, un Karl Lagarfeld américain recherché pour ses tailleurs et robes du soir.

CALVIN KLEIN
Un grand classique. On dit de lui que c'est le nouveau Armani. Pulls en cashemere et caches-poussière, tout tombe de façon impeccable. Si vous aimez le bleu, le gris, le noir et le beige, et si vous ne supportez pas les couleurs voyantes et les jupes moulantes, Calvin Klein est fait pour vous.

DONNA KARAN
Classique mais avec une coupe un peu plus originale que Calvin Klein. Elle a été très à la mode dans les années 80 et cède le pas, pour les années 90, à Monsieur Klein.

NORMA KAMALI
L'inventrice des chaussures de basket à talon. Depuis elle s'est rangée, elle est devenue très portable, tout en restant très inventive.

ISAAC MIZRAHI
Le plus créatif des New-Yorkais.

LES GRANDES MARQUES POPULAIRES

THE GAP
De l'Upper East Side à l'Upper West Side, de Midtown à SoHo, les boutiques Gap sont partout (pratiquement à chaque bloc). Il est donc difficile de les rater.
La boutique en face de Bloomingdales est l'une des plus grandes de la chaîne :

734 Lexington Avenue   **751 15 43**

Qui ne connait The Gap, qui bientôt fera sa percée en France ? Tout ce qu'on aime dans la mode américaine, basic, casual, pas chers est là. Trop tentant car c'est à chaque fois le genre de vêtement que l'on a envie de porter un jour de flemme ou tout simplement quand on n'a pas envie de faire du "show off". La campagne publicitaire, avec ses magnifiques photos en noir et blanc signées Bruce Weber, donne le ton : simple et de bon goût. Pour les hommes, les femmes, les enfants et même les bébés, des pulls en coton, des chemises de rugbymen, des blousons de toutes les couleurs, des jean de toutes les formes et de toutes les tailles, des calecons, des chemises blanches et des petits cadeaux pour tout le monde (casquettes, chaussettes, ceintures, foulards). Bref, une vie pour s'habiller en Gap et ne plus jurer que par Gap.

THE LIMITED et LIMITED EXPRESS
691 Madison (et 62nd St) 838 87 87
733 3e Ave (et 59th St) 949 97 84
7 West 34th St 629 6838
Ouvert tous les jours de 10h à 20h.

Des imitations de tout ce qui est dans l'air du temps, avec des matériaux de qualité.

LES T-SHIRTS

ACCENT NEW YORK. 489 Fifth Ave (et 42nd St.)   599 3661
Pas la grande classe, et plutôt même la grosse cavalerie, mais si en cavalant vous
avez besoin d'un T-Shirt neuf, vous n'y serez pas seul.

BLUE AND RED T.SHIRTS. 50 Fulton St.   962 4509
Ouvert tous les jours de 11h à 19h. Principales C.C. acceptées.
Uniquement des tee-shirts valorisant New York. à partir de 12$.

T-SHIRT MUSEUM. 333 Bleecker St.   645 2441
Tous les jours.

"The place for custom & humorous statement T-shirt. Retail & Wholesale." Bref :
tous les graphismes à la mode. Et une particularité : on peut imprimer le
message de son choix. Il en coûte 50 cents par lettre

VISUAL MIRACLES 55 West 19th St. (et Fifth Ave)   691 4491
Ouvert lundi-samedi de 9h à 19h.

Si vous voulez porter sur le torse ou dans le dos la photo de votre paysage
favori, un tableau de Salvador Dali, un dessin de Max Ernst, une carte postale de
Bali, le corps de votre petite amie ou la frimousse de votre bébé, tout est permis
et exécuté en 48h, à la dimension souhaitée. Le tee-shirt ou le sweat-shirt
personnalisé (100% coton de 18 à 25$).

BOUTIQUES : SOHO & VILLAGE

AX ARMANI EXCHANGE. 568 Broadway   431 6000
Ouvert tous les jours de 11 heures à 19 heures. Principales C.C .acceptées.

Bien sûr, Armani n'est pas américain mais cette ligne du créateur milanais est
très américaine. Une grande boutique de SoHo où tous les vêtements, ou
presque, sont bleus (comme les yeux de Giorgio). Les prix sont abordables et le
style du grand maître perce sous les jeans et les chemises.

ANDY'S CHEE-PEAS 691 Broadway   420 5980
et 16 West 8th St.   460 8488
"Chee-peas" pour "chipies" ? Un vrai souk de vêtements usagés dans un quartier
où on a toujours envie ou besoin de se déguiser. Et où le fin du fin consiste à
faire croire qu'on se moque tout à fait de la manière dont les autres vous voient
déguisé.

ALFREDO VILORIA 324 East 9th St.   673 7303
Ouvert lundi-samedi de 14h à 21h. Principales C.C. acceptées.

Pour avoir beaucoup regardé les films hollywoodiens des années 40 et 50, dans
les salles de Caracas, sa ville natale, il a rêvé des vêtements glamour adaptés aux
années 90. Ses mini-collections (de 200 à 1 000$) se situent entre Lacroix et
l'extravangance latino-américaine. Sa clientèle : danseurs, chanteurs, assidus de
la nuit. Son point fort : les "party-girl dresses", des robes de sortie et de fête qui
collent à la peau, s'ouvrent en corolles de jupons, avec de l'or, de l'argent, des
couleurs vives.

BETSEY JOHNSON. 130 Thompson St.   420 01 69
Le magazin préféré de Vanessa Paradis, style baby doll, mignon et sexy.

CANAL JEAN CO. INC. 504 Broadway (entre Sring et Broome St.)   226 1130
Ouvert lundi-Jeudi de 11h à 19h, samedi de 10h à 21h, dimanche de 11h à 19h.
Principales C.C. acceptées.
L'un des "emporium" de la fringue à SoHo. Cette gigantesque boutique installée
dans un espace typiquement new-yorkais (taille, ambiance, décoration,
abondance, fouillis rangé) est une référence : ici se fait la mode Jeune dans tous
les matériaux, du haut en bas de l'échelle sociale et de la géographie du corps.

THE COCKPIT. 595 Broadway (Houston St.)   941 0127
Les blousons de cuir de l'US Air Force semblent dater de la fin de la guerre (la
Deuxième). Cher. Essayez de dénicher la meilleure qualité made in USA. Ou
mieux, si vous avez envie de faire une bonne balade dans l'inconnu, rendez-vous
à la boutique d'occasion à Queens : 33-00 47th Ave. Long Island City 718 482 1860
(ligne "7" Jusqu'à Rawsom St.)

DAFFY'S 111 Fifth Ave (et 18th St.)   529 4477
Ouvert lundi-samedi de 10h à 21h, dimanche de 11h à 18h.
Cette annexe de Daffy's Dan (la maison-mère, située dans le New Jersey) se
proclame "le magasin de la bonne affaire pour les millionnaires". 35 à 75% de
réduction sur les articles de grandes marques pour hommes, femmes et
enfants. De quoi s'habiller de pied en cap pour les années à venir.

LOVE SAVES THE DAY, 119 Second Ave (et St. Mark's Place)   228 3802
Ouvert tous les Jours. Paiement en espèces.
La boutique fétiche de l'East Village, celle où s'arrête Madonna dans "Recherche
Susan Désespérément" pour acheter la veste de Jimmy Hendrix. Mythique mais
réelle, perpétuellement bondée de visiteurs qui y cherchent l'objet rare :
tuniques, peignoirs, chapeaux, gilets, manteaux, vestes pour hommes et pour
femmes, robes d'intérieur (et de mariée : très rétro), Jupes, cravates, pantalons,
foulards. Mais aussi masques, lampes, poupées, biJoux, posters. Et, avant,
pendant et après Halloween, d'horribles reproductions en plastique de têtes,
bras, Jambes coupées... Le personnel est sympathique.

MANO A MANO 580 Broadway (entre Prince et Houston St.)   219 9602
Ouvert lundi-Jeudi de 12h à 19h45, vendredi de 12h) 20h45, samedi de 11h à
19h45, dimanche de 12h à 18h45. Principales C.C. acceptées.
Spécialisé dans les manteaux, les trench-coats, les costumes et les gabardines
classiques, notamment dans les grandes tailles, avec des marques anglaises et
italiennes (Cesar Chiano, Vittorio Multa, Bromley & Thames, Bertrand Christian).

METROPOLIS 96 Ave B.   477 3941
Ouvert lundi-samedi de 12h à 19h.
Levi's, vestes cuir, chemises, robes, vêtements surplus militaires, cravates,
costumes... Le tout branché.

OAK TREE. 597 Broadway (et Houston St.)   941 7341
Ouvert tous les Jours de 10h à 19h. Principales C.C. acceptées.
Pour hommes : chemises, vestes, pantalons, chandails, manteaux... La boutique
où viennent s'habiller les Noirs branchés dont l'élégance frôle souvent
l'excentricité, et marque les tendances de la rue.

REMINISCENCE 74 Fifth Ave 243 2292
Ouvert lundi-samedi de 11h à 20h ; dimanche de 11h à 19h. Principales C.C. acceptées.
La boutique où se faire la meilleure idée sur les créateurs du prêt-à-porter américain.

ROTHMAN'S 200 Park Ave South (et Union Square) 777 7400
Elégante boutique chic-sport pour hommes exclusivement. Grande variété de coloris, très beaux matériaux (soies), coupes originales et seyantes, et articles séduisants, cravates ou vestes bouffantes en soie.

SCREAMING MIMI'S 22 East 4th St. (et Broadway) 677 6464
Ouvert lundi-vendredi de 11h à 20h, samedi de 11h à 19h, dimanche de 13h à 18h.
Avec un nom pareil, tous les rêves sont permis ! Un grand rayon de tout-court pour dames (shorts), mais aussi, selon le désir des propriétaires, Bill Chandler et Laura Wills, la possibilité de trouver de quoi vêtir le style de chacun.

TRASH AND VAUDEVILLE 4 St. Mark's Place 982 3590
Ouvert tous les jours.
La boutique des jeunes de l'East Village, et aussi éventuellement des très jeunes, avec une dominante de blanc, de noir et de couleurs électriques. Rock'n Roll to wear.

URBAN OUTFITTERS
127 East 59 St entre Park ave et Lexington) 688 1200
628 Broadway (Soho) 475 0009
Ouvert tous les jours de 11 heures à 20 heures
Une boutique qui adopte toutes les modes ; New Age, écolo, baba cool, 70... Des vêtements ainsi que des accessoires pour la maison . Une bonne adresse pour faire des petits cadeaux venus d'ailleurs.

UNIQUE CLOTHING WAREHOUSE. 704 Broadway (et 8th St.) 674 1767
Unique, effectivement, et indescriptible tant par l'atmosphère démente le week-end que par le décor et la variété de la marchandise. C'est "la" boutique généraliste de la mode dont on dit qu'elle passe son temps à créer. The Sting a commencé ici, puis les vêtements militaires, puis le look à la Annie Hall, puis le hight-tech, puis le fluo. De jeunesse en jeunesse, la grande boutique (créée en 1973 par Harvey Russack) avait d'emblée ciblé son ambition : l'unique, à profusion.

WHISKEY DUST. 526 Hudson St. (entre 10th St. et Charles St.) 691 5576
Ouvert tous les jours. Principales C.C. acceptées.
La boutique des bizarreries vestimentaires venues du Far West : vestes et manteaux de cuir usagés, bottes cowboy déjà portées, jeans du Montana, vieux chapeaux Stetson et Bailey, boucles de ceinture, chemises de flanelle... Tout pour se déguiser avec du déjà vécu.

ZOO. 176 Spring St. 226 0915
Ouvert tous les jours (sauf dimanche) de 12h à 20h. Principales C.C. acceptées.
Une petite boutique de designers de jupes très courtes et de mini-ensembles. Ceintures et bijoux modernes.

BOUTIQUES : MIDTOWN

ANN TAYLOR
1055 Madison (et 82 rue) 988 39 00
1320 3e Avenue (et 50th St.) 861 33 92
Ouvert tous les jours de 10 heures à 20 heures . Principales C.C. acceptées.

Une ligne de vêtements classiques pour les femmes "qui font carrière". Les tailleurs ont tous un "twist" qui les rend un peu féminin et parfois presque sexy.

BANANA REPUBLIC
30 East 59th St. (Lexington)	**751 5570**
Broadway (et West 87th St.)	**874 3500**
115 Colombus (et 70th St.)	**873 9048**
Seaport Pier 17	**732 3090**
89 Fifth Ave	**366 4630**
205 Bleeker Street	**473 9570**

Cinq boutiques proposant des vêtements sport et ville (vestes, chandails, pantalons, tee-shirts, chemises, jeans...), plus sophistiqués et plus chers que ceux qu'on trouve chez Gap, qui a racheté Banana.

CHARIVARI 2339 Broadway (et 85th St.)	**873 7242**
201 West 79th St. (et Amsterdam Ave)	**799 8650**
58 West 72	**787 7272**
16-18 West 57th St. (entre Fifth et Sixth Ave)	**333 4040**

Entre le sport et le prêt-à-porter de luxe, entre Wall Street et les soirées disco, avec des noms comme Jean-Paul Gaultier, Yohji Yamamoto, Claude Montana, Gianni Versace, Byblos et Matsuda.

CONWAY 1333-1345 Broadway (et Herald Square)
225 West 34th St. et 245-247 West 34th St. (et Second Ave)
C.C. : M.C. ; Visa (à partir de 50$) ; Am.Ex. (à partir de 20$).

Vous verrez certainement ce nom, que marque une constante affluence. Conway est cheap, cheap, cheap : très bon marché. C'est le motto de cette mini-chaîne pratiquant des prix très discount pour enfants, hommes et femmes. La boutique de la 42e rue est la plus récente et la plus intéressante.

THE FAMILY JEWELS 832 Sixth Ave   **679 5023**
Ouvert tous les jours de 11h à 19h, dimanche de 12h à 18h. C.C. : Am.Ex. ; Visa ; M.C ; Travellers chèques.

Ouvert il y a sept ans par Liliane Petitto qui, depuis, voyage dans le monde entier à la recherche de pièces rares et autres "bijoux de famille", cette boutique, située au 1er étage est un merveilleux bric-à-brac de fringues de luxe d'occasion. Bien des créateurs de mode new-yorkais viennent ici chercher l'inspiration parmi les vestes, chapeaux, pantalons, chemisiers, jupes, kimonos, robes du soir, cravates, chandails ou tissus allant de la période victorienne aux années 60.

3615 FUTE

Partir à l'étranger pour le Petit Futé

KOOS 34 East 67th St. (et Madison)   249 5432
Ouvert lundi-samedi de 11h à 18h. C.C. : Amex ; V ; M.C.

Il est le couturier préféré de grands artistes et interprètes noirs : Koos Van Den
Akker a habillé Sydney Poitier, l'actrice Cecilia Tysson, Alteryse Davis, Jessye
Norman... mais aussi Bing Crosby, Elizabeth Taylor, Madonna, Cher, Ringo Star,
Marylin Horn, les Kennedy ou encore Magic Johnson. Couturier de mode
indépendant, d'origine hollandaise, Koos choisit méticuleusement des
matériaux précieux qu'il marie avec des couleurs vives. Mais sa préférence va
aux tissus chamarrés avec lesquels il compose des vêtements sensuels et
étincelants, toujours uniques, manteaux, vestes (1 800$), robes du soir (1 200-3
000$), ensembles (900- 1 800$). Chacune de ses mini-collections est une
somptueuse variation sur l'art de la coupe et la perfection du détail.

ZARA INTERNATIONAL. Lexington (et 59th St.)   754 1120
Juste en face de chez Bloogmingdale's, une immense boutique qui propose un
style mode et pas cher.Des robes, des caleçons et des tee-shirts pour les jeunes
filles et leurs mères.

BOUTIQUES : UPPER EAST SIDE ───────────

RALPH LAUREN et POLO RALPH LAUREN. Madison (at 72nd St.)   606 2100
Ouvert du lundi au samedi de 10h30 à 19h.

Ce n'est plus la peine de présenter Ralph Lauren, son hôtel particulier meublé à
l'anglaise dans lequel sont présentés négligemment quelques vêtements de
bon faiseur. Celui qui a réinventé le style américain a ouvert en juin 1993 une
nouvelle boutique juste en face de l'ancienne, et dans un genre opposé. Un bloc
en verre et béton censé représenter un chalet moderne, propose la ligne Sport
de Ralph Lauren (skis, tennis, équitation) ainsi que des faux vieux vêtements. Du
"vintage" (jeans, chemises, blousons en cuir), deux fois plus cher que du neuf.

VICTORIA'S SECRET. 691 Madison (et 61 st) 838 9266
*Ouvert lundi-samedi de 10h à 19h, dimanche de 12h à 20h. Principales C.C.
acceptées.*

Lingerie aux couleurs "hallucinantes". C'est l'endroit pour acheter une petit
culotte en soie verte pomme. On trouve aussi des chôses plus simples... Et en
plus, les prix sont très raisonnables.

PRET-A-PORTER ENFANTS ───────────

BOY OH BOY ! 18 East 17th St.   463 8250
Ouvert tous les jours.
Comme son nom l'indique, c'est la boutique des petits garçons.

GREENSTONE AND CIE. 442 Colombus Ave (entre 81st et 82nd St.) 580 4322
Ouvert tous les jours.
La sélection est très large, et c'est une boutique pour enfants de yuppies.

BEBE THOMPSON. 98 Thompson St. (entre Spring et Prince St.)   925 1122
Batik, Lurex, impressions fauves, noir et blanc, pour les enfants à la mode de
SoHo.

THRIFTIES

"To thrift " : faire des économies. Les "thrift shops" sont répandus dans toute l'Amérique, et New York ne fait pas exception à la règle. Ce sont "les puces"... dans les boutiques. En fouillant soigneusement, on peut trouver des pièces rares.

ARTHRITIS FOUNDATION THRIFT SHOP
121 East 77th St. (entre Lexington et Park)   772 8816
Vêtements, meubles, antiquités. Parmi les donateurs, les familles dont un membre a souffert de la pénible maladie sus-mentionnée.

CALL AGAIN 1735 Second Ave (et East 89è rue)   831 0845
Très sélectif.

ENCORE 1132 Madison Ave (entre la 84th et 85th St.)   879 2850
"Boutique de reinvente d'articles usagés de qualité", sur deux étages, c'est la plus chic du genre. Les vêtements proviennent de la clientèle huppée de l'Upper East Side. Environ 6 000 articles permanents vendus à 60 ou 70 % du prix d'achat. Pour petit budget ou grosse dépense.

EVERYBODY'S THRIFT SHOP 261 Park Ave South   355 9263
Vêtements, bijoux, meubles et bric-à-brac. La boutique, ouverte après la Première Guerre mondiale, est approvisionnée par des grossistes et des particuliers.

I, MICHAEL RESALES. 1041 Madison Ave (entre 79th et 80th St.)   737 7273
Vêtements de haute couture.

REPEAT PERFORMANCE. 220 East 23rd St. (entre Second et Third Ave)   684 5344
Les ventes sont destinées au fonds de secours du New York City Opéra. Vêtements de grands couturiers généralement neufs.

VISITES & TOURISME

Sur un agenda largement ouvert, New York est la ville des infinies possibilités. D'heure en heure, au fil des jours, tout y est possible. On peut... danser au sommet du Rockefeller Center...

Manger français, américain, italien, espagnol, cajun, soul, chinois, cantonais, japonais, indien, russe, grec, allemand, brésilien, irlandais, kasher, scandinave, caraïbe, tibétain ...

Ecouter de vieux succès dans un piano-bar ou au cabaret... Assister à un récital à Carnegie Hall... Suivre un opéra au Metropolitan Opera... un ballet au Lincoln Center... Participer à une nuit amateur à l'Apollo Theatre, à Harlem... Assister à l'un des 200 spectacles "on" et "off Broadway"... Ecouter du Jazz au Village Vanguard... une chanson célèbre au Five Oaks... Danser sur des airs latinos au Copacabana... Faire un dîner tardif à l'Empire... Assister aux spectacles de la Brooklyn Academy of Music... Voir un show au Radio City Musical Hall... Découvrir les coulisses du Metropolitan Opera...

Encourager les Rangers à Madison Square Garden... Retrouver le passé au South Street Seaport...Découvrir le Flat-Iron Building...

Se balader dans le East Village... Revivre le glamour du passé à El Morrocco... Siroter un capuccino dans Little Italy... Arpenter Battery Park en attendant les illuminations de la Statue de la Liberté... Admirer Manhattan depuis le River Café à Brooklyn... Prendre un hélicoptère pour faire un tour au milieu des gratte-ciel... Grimper en haut de l'Empire State Building... Explorer le monde sauvage du zoo du Bronx... Découvrir trois siècles de mode au Metropolitan Museum... Rendre visite aux dinosaures du Museum of Natural History... Faire l'aller-retour pour Staten Island pour 50 cents... Grimper jusqu'à la torche de la statue de la Liberté...

Musarder dans la Tower Records, le plus grand magasin de disques du monde... au Strand Book Store, la plus grande librairie de livres d'occasion du monde...

Réserver une chambre dans l'un des 300 hôtels de Manhattan... une table dans l'un des 15 000 restaurants de la Grosse Pomme... Faire des achats sur Madison... Sur Columbus... Sur Broadway... Sur la 5e avenue... De la bicyclette dans Central Park... un voyage inter-planétaire au Hayden Planetarium... le tour de Manhattan en bateau...

Visiter la maison natale de George Washington... Le siège des Nations Unies... Filer en 58 secondes au 107e étage du World Trade Center... Jouer dans le Musée pour les Enfants...

Assister aux transactions de la Bourse... Se recueillir à St John The Divine, la plus grande cathédrale du monde... Retrouver l'Europe médiévale au milieu de l'architecture et des trésors du Cloître... Assister à une messe à Harlem... Se faire une idée du marché de l'art contemporain dans l'une des 700 galeries de Manhattan... Se cultiver dans l'un des 300 musées new-yorkais...

Prendre une calèche à Central Park... Faire du patin sur le Woolman Rink... Dévorer un bagel au Carnegie Deli... Déjeuner à Little Italy... Dîner dans la Crystal Room de la Tavern on the Green... Prendre un thé au Palm Court du Plaza Hotel... Acheter du café frais chez Zabar's... des fruits frais chez Balducci... Lire les pages de l'édition dominicale du New York Times qui paraît le samedi soir... Passer l'après-midi au cinéma du Museum of Modern Art... Visiter le Jardin d'hiver du World Financial Center... Prendre un bain de chaleur aux Russian & Turkish Baths dans l'East Village...

Devenir une particule dans un bocal nommé Manhattan...

PARCS

BATTERY PARK (Wall Street)
Le long de l'Hudson, sur Rector Street, ce parc esplanade fait face à la statue de la Liberté et à Ellis Island. La vue s'ouvre donc sur l'énormité de la baie. L'hiver, de temps à autre passe un paquebot à destination des Caraïbes. L'été, face au sud, au-delà de la foule des camelots et des touristes, les bateaux à voile font la course avec le ferry de Staten Island. Au coucher du soleil, dans le parc rafraîchi par la brise marine, le silence revient et les bancs sont déserts...

CARL SCHURZ PARK Entre 82nd et 90th St. (au-delà de First Ave) (Upper East Side)
Face à Queens, tout en longueur le long de l'East River, il abrite Gracie Mansion, la résidence officielle du maire de New York. Très agréable et peu connu.

COLUMBIA UNIVERSITY 116th St. (et Broadway) (Upper West Side)
Découvrir un vrai campus (celui de l'une des plus prestigieuses universités américaines) et prendre une bouffée d'air frais sur le territoire des étudiants... Telle une Sorbonne new-yorkaise, Columbia règne sur un quartier consacré aux études. C'est une saine atmosphère qui tranche sur le reste de la ville. Sur le campus, une architecture imposante de bâtiments d'études, une église, des pelouses, des jeux et des jeunes.

DAMROSCH PARK (Licoln Center)
Entre le State Theater et le Metropolitan Opera, au Lincoln Center, ce parc, un peu à l'écart du flot touristique, est joli et même élégant avec ses espaces et ses harmonies colorées. La ville est à deux pas. On peut y pique-niquer en attendant, le soir, un concert gratuit à la saison d'été.

GRAMERCY PARK
East 20th et 21st St. (entre Park Ave South et Lexington Ave)
Fermé aux visiteurs, c'est le seul parc privé de New York. Il faut avoir une clef pour y avoir accès. Et pour ce faire, il faut être propriétaire ou locataire. Entouré de belles maisons particulières, ce petit parc date de 1831 et rayonne sur un quartier très préservé.

RIVERSIDE PARK (Upper West Side)
Le long de l'Hudson, entre la 72e et la 145e rue, Riverside Park est plus grand que Central Park, et beaucoup moins fréquenté. Face au New Jersey, longeant l'Hudson, le parc est tout en pentes, en allées et massifs d'arbres, avec des sculptures et un usage du marbre qui lui donnent une allure de parc parisien.

En bicyclette ou à pied, avec ou sans pique-nique, on peut poursuivre le long de la baie jusqu'à la marina abritant une centaine de péniches et bateaux privés, de toutes tailles et souvent de toute beauté. Ceci est à faire de jour. La nuit, le parc est dangereux.

SUTTON PLACE PARK, East 57th St. et Sutton Place (Miftown)
Dans l'un des quartiers les plus sûrs de la ville, Sutton Park offre une superbe plate-forme sur le Queensboro Bridge illuminé. Sur l'eau toute proche, les barges passent lentement. Il y a de nombreux bancs. Attention, les habitués sont jaloux de la tranquillité des lieux...

UNION SQUARE (Downtown)
D'East 14th St. à East 17th St. (sur Broadway et Park Ave South)
Au début des années 80, c'était encore un repaire de dealers et de junkies. L'endroit a été "nettoyé", rénové, pacifié. Il abrite dans ses environs des immeubles d'habitation huppés, mais aussi la plupart des restaurants à la mode.

WASHINGTON SQUARE (Greenwich Village)
Au début de Fifth Ave et à l'embranchement de West 4th St.

Avec son arc de triomphe érigé en 1892 en l'honneur du premier président des Etats-Unis, vous ne pourrez pas le manquer. Ce fut jadis le lieu des potences publiques et l'emplacement d'un cimetière. Puis les syndicats prirent l'habitude de s'y réunir. La 5e avenue démarre de ce parc urbain et remonte directement vers Harlem sur 140 et quelque blocs. Toujours animé, surtout le week-end et la nuit, ce parc urbain est le centre du Village et le point de chute des étudiants de N.Y.U. (New York University) dont les bâtiments imposants font face à une rangée de maisons particulières. Les vendeurs de drogue y pratiquent toujours leur trafic de faux joints malgré les rondes de police, et les joueurs d'échecs s'y réunissent par les nuits chaudes. Washington Park est toujours imprévisible, et parfois le théâtre d'incidents violents.

Et aussi :
Outre les grands parcs, il y a les "West Pocket Parks", ces mouchoirs de poche de verdure qui sont autant d'oasis inespérées dans la fournaise de la ville. Ce sont là des inventions typiquement new-yorkaises sur lesquelles vous risquez de tomber par hasard, mais comme un touriste informé en vaut deux...

BIBLICAL GARDEN (cathédrale St John The Divine)
Une particularité : les plantes mentionnées dans la Bible.

CRYSTAL PAVILION (Third Ave et 50th St.)
Chutes d'eau.

DAG HAMMERSKJOLD PARK (East 47th St. et First Ave)
Près de l'ONU.

GREENACRE PARK (East 51st St., entre Second et Third Ave)
Adorable mini-parc avec sa chute d'eau translucide, ses quelques chaises et sa gargote.

FORD FOUNDATION (320 East 42nd St.)
Une jungle atrium de 10 étages de haut.

JEFFERSON LIBRARY ROSE GARDEN (425 Sixth Ave et 8th St.)
Délicieux.

PARK AVENUE PLAZA (55 East 52nd St.)
Chute d'eau.

ROCKEFELLER CENTER (630 Fifth Ave, entre 49th et 50th St.)
Fontaines et plantations, concerts l'été. Très animé.

UNITED NATIONS (405 East 42nd St.)
Buissons de roses sur l'East River.

VISITES GUIDEES

ADVENTURE ON A SHOESTRING
300 East 53rnd St.   **265 2663**
M. Goldberg, le propriétaire et créateur de cette agence, a débuté en
s'entendant dire qu'il pourrait visiter la rédaction du Herald Tribune s'il arrivait
avec un groupe. Qu'il réunit grâce à une annonce. Depuis, cette agence organise
des visites un peu partout dans New York : coulisses du Metropolitan Opera ou
Chinatown. Bien qu'une cotisation annuelle soit requise, qui donne droit à une
lettre d'information, les touristes et non-membres sont admis.

AMERICAN MUSEUM OF NATURAL HISTORY
Central Park West et 79th St.   **873 1300**
Visites guidées des expositions du musée.

ART DECO SOCIETY OF NEW YORK
145 Hudson St. (7e étage)   **925 4946 /385 2744**
Cette société organise des tours pédestres des principaux immeubles Art déco
de Manhattan. Le tour commence sur la 42e rue avec comme étapes le Chrysler
Building, le Radio City Music Hall, l'Empire State Building, etc.

BACKSTAGE ON BROADWAY
228 West 47th St. (suite 346)   **575 8065**
Ce tour organise la visite des coulisses d'un théâtre avec explication sur la
manière dont est montée une comédie musicale et rencontre des acteurs et
professionnels. Réservations requises une semaine à l'avance. Téléphoner et se
rendre au théâtre désigné.

BRONX HISTORICAL SOCIETY
3309 Bainbridge Ave. Bronx   **881 8900**
En général le samedi, parfois le dimanche. Certains tours traversent le South
Bronx et Bedford Park pour leur architecture Art déco.

BROOKLYN HISTORICAL SOCIETY
128 Pierrepont St. (Brooklyn)   **(718) 624 0890**
De mars à novembre, des guides indépendants organisent la visite du quartier
de Brighton Beach à Brooklyn où les immigrés Juifs russes arrivés ont créé "Little
Odessa". Ou encore, toujours à Brooklyn, Flatbush et le quartier ethniquement
très mélangé de Bay Ridge.

CARNEGIE HALL
Seventh Ave et 57th St.   247 7800
La grande salle de concert restaurée et centenaire organise une visite (qui ne comprend pas les coulisses) tous les mardis et jeudis à 11h30, 14h et 15h (sauf l'été).

CHINATOWN HISTORICAL SOCIETY
70 Mulberry St. (2e étage)   619 4785
Très documenté, comprend une présentation historique de la communauté chinoise aux Etats-Unis, suivie d'un tour à pied de Chinatown.

CIRCLE LINE SIGHTSEEING YACHTS
Pier 83 (et 43rd St)   563 3200
Tous les jours de mi-mars à novembre.
Cette croisière de trois heures permet de mieux comprendre la géographie de Manhattan. Les bateaux de la Circle Line font le tour complet de l'île à raison de 8 à 12 départs quotidiens en haute saison. Durant la croisière les principaux immeubles et monuments de Manhattan, ainsi qu'une vingtaine de ponts sont signalés. Du 26 mai au 3 septembre, croisière nocturne de 19h à 21h. La compagnie organise également des croisières d'une journée sur l'Hudson, avec arrêts à Bear Mountain et West Point.

DISCOVER NEW YORK The Municipal Art Society
457 Madison Ave   935 3960
La visite de Grand Central Station a lieu tous les mercredis à 12h30. Elle est gratuite et dure une heure. Les participants se rencontrent dans le grand hall.

FEDERAL RESERVE BANK OF NEW YORK
33 Liberty St.   720 6130
Les visites ont lieu du lundi au vendredi à 10h, 11h, 13h et 14h. (gratuites).
L'occasion de voir d'énormes liasses de billets verts, des collections de pièces de monnaie et la possibilité de visiter des coffres d'or, les plus grands du monde.

HARLEM RENAISSANCE TOURS
18 East 105th St.   722 6534
Les organisateurs de cette société connaissent d'autant mieux Harlem qu'ils y vivent. Ils conduisent les visiteurs en bus dans le quartier noir et leur proposent des tours culturels spécialisés (Harlem Jazz Festival, Black Theatre Festival, etc.).

HARLEM, YOUR WAY ! TOURS UNLIMITED, INC.
129 West 130th St.   690 1687
Larcelia Kebe, la fondatrice, conduit elle-même des visites guidées mettant en valeur l'aspect culturel, architectural, musical, social et culinaire de Harlem. Ses tours à pied ont lieu tous les jours à 12h30. Se renseigner par téléphone.

INSIDE NEW YORK. 203 East 72nd St.   861 0709
New York est le centre américain de l'industrie du vêtement et ce T.O. y entraîne ses clients(es). Les tours durent une demi-journée ou une journée entière.

JOYCE GOLD
141 West 17th St.   242 5762
Très connue pour ses visites guidées, ce professeur d'histoire (elle est également auteur d'ouvrages sur des quartiers de Manhattan) organise des visites à pied dans différentes zones de Downtown, Manhattan.

HARLEM SPIRITUALS, GOSPEL & JAZZ TOURS
1697 Broadway (et 53rd St.) Suite 203   **757 0425**

Dirigé par une Française qui n'a pas froid aux yeux, ce Tour-Operator a les meilleures connexions avec le monde de Harlem. Muriel Samama a lancé ces visites du quartier maudit de Manhattan il y a plusieurs années. Elle y est d'autant plus introduite qu'elle contribue par ses activités touristiques à l'économie du quartier ; elle a aussi organisé avec le chœur de Gospel ARC (pour Addicts Rehabilitation Center), le plus vieux programme de désintoxication dans l'Etat de New York, et avec le chœur de l'église Mt Nebo, des tournées en France et en Europe. Vous avez le choix entre cinq visites différentes : Harlem le dimanche (9h-12h45, 30$ adultes, 23$ enfants) ; Harlem le dimanche avec gospel brunch au Cotton Club (9h-14h30, 52$ adultes, 32$ enfants) ; Harlem un jour de semaine (le jeudi, 9h-12h30, 32$ adultes, 27$ enfants) ; Gospel en semaine (le mercredi, 9h-12h30, 32$ adultes, 27$ enfants) ; Gospel en semaine avec déjeuner (le mercredi, 9h-12h30, 49$ adultes, 42$ enfants) ; Harlem la nuit, cuisine soul et jazz (lundi, jeudi, vendredi et samedi, 19h-minuit, 65$ adultes, 65$ enfants) ; une soirée au théâtre Apollo avec diner cuisine soul (le mercredi, 18h30-11h30, 68$). Les visites ont lieu en car. Ce n'est donc pas toujours l'intimité, mais l'union fait la force : il y a de l'ambiance ! Point de rencontre : entrée de l'immeuble du Ed Sullivan Theater, sur W. 53rd St.

METROPOLITAN OPERA GUILD
1865 Broadway   **582 3512**

L'Opera Guild organise des visites quotidiennes des coulisses du Metropolitan Opera, mais aussi un tour spécial "DeLuxe" comprenant un dîner dans l'un des restaurants du Lincoln Center, suivi d'un spectacle d'opera.

NBC Tours, RAC Building
30 Rockefeller Plaza   **664 7174**

NBC est le premier network de l'histoire américaine, mais cette fameuse visite guidée tant vantée par les brochures publicitaires est un attrape-nigaud. D'abord, les soap-operas sont filmés à Burbank (Californie). Ensuite, les places pour les émissions live sont distribuées au compte-goutte, et il faut être informé des dates. Enfin, si vous rêviez de voir de près comment fonctionne la grosse machine, perdez vos illusions. On comprend qu'ils n'aient pas envie d'avoir sur le dos une armée de touristes, mais de là à prendre le téléphile pour un débile... L'itinéraire, soigneusement balisé, vous conduit de couloirs vides en salles sinistres avec fauteuils encapuchonnés, projecteurs éteints et caméras aveugles. Et ce n'est pas donné.

NEW YORK STOCK EXCHANGE
20 Broad St. (3e étage)   **656 5168**

Visites les jours de marché de 9h20 à 15h30.

Les visites sont libres et non guidées. L'ascenseur vous conduit au 3e étage où vous trouvez des informations audio-visuelles sur le fonctionnement de la Bourse de New York (en anglais, français, allemand et espagnol). Puis vous atteignez la "Visitor's Gallery" et découvrez, à travers des baies vitrées le spectacle des traders. Projection d'un film (en anglais uniquement) sur le fonctionnement et l'historique de la Bourse.

NEW YORK VISIONS1697 Broadway (et 53nd St.) Suite   203 956 0517

Sept manières de découvrir Manhattan et ses boroughs. New York, New York (tous les jours, sauf dimanche, 9h30-13h30, 29$ adultes, 23$ enfants) : la boucle classique de l'Upper West Side à Downtown ; New York Lights at Night (lundi, mercredi, samedi, 18h30-23h30, 50$) : un tour original via le ferry de Staten Island, Chinatown, le Village et l'apothéose au sommet de l'Empire State Building ; Uptown & Harlem (tous les jours sauf dimanche, 9h30-11h, 15$) ; Downtown & Statue de la Liberté (tous les jours sauf dimanche, 11h-13h15, 25$) ; Uptown, Harlem, The Cloisters & the Bronx (samedi, 9h-13h30, 35$ adultes, 30$ enfants) : une manière de tourner le dos aux visites convenues et de traverser le célèbre Bronx du chic quartier de Riverdale où vécurent Roosevelt, Mark Twain, Toscanini et J.F. Kennedy, via l'impressionnant Grand Concourse, jusqu'au Yankee Stadium ; Downtown Manhattan & Brooklyn (samedi, 14h-18h, 35$ adultes, 30$ enfants) : visite de Brooklyn Heights, Prospect Park, Atlantic Avenue.

PARK RANGERS TOURS

New York City Department of Parks and Recreation 830 Fifth Ave   360 8165

Visite guidée (gratuite) de Central Park tous les samedis à 14h (se renseigner sur le point de départ). Autres visites, organisées par Steve Brill dans le même cadre (718) 291 6825 : les parcs Inwood, Riverside et Fort Tryon à Manhattan ; Marine Prospect Park à Brooklyn ; les bois de Staten Island ; Forest, Alley Pond, Flushing Meadow, Kissena et Cunningham Parks, ainsi que Jamaica Bay, à Queens ; Van Cortland, Pelham Bay et Bronx River Park dans le Bronx.

RADIO CITY MUSIC HALL

50th St. et Sixth Ave   246 4600 extension 263

La visite guidée du plus grand théâtre Art déco du monde (6000 places) a lieu plusieurs fois par jour.

SCHAPIRO WINERY

126 Rivingstone St.   674 4404

La cave à vin kasher de New York dans un espace souterrain du Lower East Side. Visite gratuite. Dégustation sur place.

SHORT LINE TOURS

166 West 46th St.   354 4740

Bus à toit transparent et air conditionné. Les itinéraires incluent Harlem, ONU, Chinatown, Statue de la Liberté, South Street Seaport, World Trade Center... Certains tours durent 2 heures, d'autres une journée entière. La société a des guides parlant français et organise des voyages à Atlantic City.

STATEN ISLAND HISTORICAL SOCIETY

Education Departement, 441 Clarke Ave, Staten Island   (718) 351 9414

Une occasion de découvrir des enclaves cachées.

THE 92ND STREET YMHA/YMHA

Lexington Ave. et 92nd St.   427 6000

Le "Y" offre le programme le plus extensif de visites guidées dans New York ; elles ont lieu toute l'année. Pour se faire une idée précise, se rendre sur place.

VIEWPOINT INTERNATIONAL
1414 Ave of The Americas   355 1055
Des tours de qualité pour de petits groupes transportés en bus. Tour du Village
historique et des galeries d'art de SoHo ; shopping dans le Lower East Side ; tour
des magasins d'antiquités de l'Upper East Side ; visite de maisons historiques ;
tours gastronomiques ; excursions dans la vallée de l'Hudson et à Long Island.

SABENA New York   1 (800) 955 2000

SABENA Bordeaux   56 34 29 08 / 56 34 29 11
Sabena, Compagnie aérienne belge, permet aux New-Yorkais de venir découvrir
tous les charmes de la région bordelaise (vignobles, plages, gastronomie, golf...).
"Partez de New York sur notre SN 548, tous les soirs de JFK, après un vol où vous
vous sentirez déjà en vacances (haut niveau gastronomique, langue française),
avec un transit à Bruxelles (le plus aisé d'Europe), notre vol SN 941 vous fera
arriver à Bordeaux à 13h50."

LES LIEUX DE WOODY ALLEN ────────────

Si vous aimez cet amoureux de New York, dont chaque film est une nouvelle
déclaration passionnée à sa ville natale, voilà une liste d'endroits glanés sur les
écrans au fil des images de *Annie Hall*, *Manhattan*, *Broadway Danny Rose*...

CAFE SHUN LEE. 43 West 65 Street   769 38 88
La première scène de restaurant dans *Maris et Femmes* se passe dans ce
restaurant chinois design.

CARNEGIE DELI. 854 7th St.   757 22 45
Le Deli de *Broadway Danny Rose*.

DEAN & DELUCA. 121 Prince Street   254 8776
Les copines de *Maris et Femmes* déjeunent dans ce café de SoHo

ELAINE'S. 1703 2nd Avenue (entre 88e et 89e rue)   534 81 03
Le restaurant italien, chic, cher et pas trop bon de *Manhattan*.

SUTTON PLACE. 57e rue et First Avenue
Lieu romantique n°1 avec vue sur le Queensborough Bridge dans *Manhattan*.

NEW YORK PUBLIC LIBRARY. 42e rue entre la 5e et la 6e Avenue.
Lieu romantique n°2 dans *Manhantan Murder Mystery*.

JOHN'S PIZZERIA
278 Bleecker Street (entre 6e et 7e Avenue)   243 1680
Quand Woody mange une pizza, elle vient directement du four de John.

MICHAEL'S PUB. 211 East 55th St. 758 22 72
Woody Allen joue ici de la clarinette tous les mardis soir dans une petite
formation de jazz.

RUSSIAN TEA ROOM. 150 West 57 rue 265 09 47
Le dîner aux violons avec Mariel Hemingway dans *Manhattan*.

METRO CONEY'S ISLAND
Le petit Allen Konisberg a été élevé ici.

MONUMENTS ET SITES

16 WEST 11TH STREET (Greenwich Village)
Après les succès du *Lauréat* et de *Midnight Cowboy*, Dustin Hoffman, pourvu de deux Oscars et d'un solide compte en banque, y vécut quelque temps avant de se replier sur l'Upper East Side.

19 WEST 68TH STREET (Upper West Side)
Ici James Dean conservait fidèlement une petite chambre-fétiche malgré sa fortune et son succès.

179 EAST 93RD STREET (Upper East Side)
Ici, au début du siècle, sont nés quatre enfants de génie : les Marx Brothers.

217 EAST 61ST STREET (Upper East Side)
Dans cette maison particulière, pendant six ans, Montgomery Clift a vécu les moments très difficiles de son existence tourmentée.

331 RIVERSIDE DRIVE (Upper West Side)
Dans sa passion dévorante pour une jeune débutante nommée Marion Davies, W.R. Hearst installa la future star du cinéma muet à l'intérieur de cette grosse maison, aujourd'hui le siège d'une secte bouddhiste.

44 EAST 57TH STREET (Midtown)
Dans cet immeuble de Sutton Place ont vécu Arthur Miller et Marylin Monroe avant qu'elle ne quitte définitivement New York pour la dernière ligne droite avant la fin.

75 BANK STREET (et Eighth Ave) (Greenwich Village)
Ici vivait Miss Greenwich Village, une certaine Lauren Bacall.

ALWYN COURT APARTMENTS (Upper West Side)
180 West 58th St.
Bâti en 1908, c'était alors l'immeuble le plus luxueux de New York, et c'est toujours l'un des plus beaux.

THE ANSONIA (Upper West Side)
2107-2109 Broadway
L'un des plus beaux immeubles de l'Upper West Side avec ses tours, ses larges baies vitrées et ses grands appartements séparés par des murs si épais que de nombreux chanteurs et compositeurs ont choisi d'y vivre pour y travailler à l'aise : Enrico Caruso, Igor Stravinsky, Arturo Toscanini, Bette Midler et Lily Pons hantent encore ces lieux.

APTHORP APARTMENTS (Upper West Side)
2207 Broadway (et 390 West End Ave)
Son impériale porte cochère en bronze, son jardin intérieur et son corridor d'entrée en ont fait l'un des immeubles les plus photographiés de Manhattan.

BOWERY SAVING BANK (Midtown)
110 East 42nd St. (entre Park et Lexington Ave)
En face du hall majestueux de Grand Central, le hall de cette banque construite en 1923 rappelle une basilique romaine : les plafonds sont impressionnants, il y a des fresques, des mosaïques et des colonnes de marbre. Même si vous n'avez aucun compte à ouvrir, entrez pour le coup d'œil.

BROOKLYN BRIDGE (Lower East Side)

Les New-Yorkais, qui l'adorent, ont fêté fastueusement son centième anniversaire. Construit en 1883 (il fut pendant un temps, le plus long pont suspendu du monde), n'a-t-il pas représenté le rêve américain, la porte héroïque de New York ? Vingt ouvriers sont morts pendant sa construction, son architecte eut le pied écrasé et mourut trois semaines plus tard, emporté par la gangrène ; on ne compte plus les suicides... Macabre ? Magique, cette longue passerelle tendue comme une cathédrale de filins, comme un passage initiatique reliant deux îles. En partant de City Hall, marchez vers Brooklyn, arrêtez-vous au milieu du pont : alors l'énergie de Manhattan est à son paroxysme. Il fut un temps où les guides touristiques conseillaient de faire cette traversée au crépuscule Hélas, les risques de mauvaises rencontres ne rendent plus cette balade hautement recommandable à cette heure entre chien et loup. Préférez la pleine lumière. Comptez une bonne demi-heure pour passer d'une rive à l'autre ; vous ne reviendrez pas tout à fait le même de cette expérience.

BROOKLYN HEIGHTS

A la fin du siècle dernier, des banquiers, traversant l'East River, s'installèrent sur la rive occidentale de Brooklyn, face à Manhattan dont ils souhaitaient apprécier le charme de loin sans en connaître les inconvénients. Afin d'éviter à leurs enfants les traquenards de la "City", réservés aux gosses d'immigrants, ils se firent construire de superbes maisons. Il en reste un quartier à l'atmosphère préservée d'un trop gros passage touristique. Brooklyn Heights est un must, avec une vue inégalable sur Manhattan : à 180° à la ronde s'étale l'île-paquebot avec ses gratte-ciel cheminées. Spectacle saisissant dont on jouit le mieux depuis la promenade construite en 1951 et vite devenue célèbre parmi les cinéastes et les photographes de mode. Dans l'une des grosses maisons bourgeoises protégées par des jardins touffus au bord de l'East River habite l'écrivain Norman Mailer. Lieu photographique par excellence, à la fois pour son architecture et pour sa position privilégiée, Brooklyn Heights, enclave cossue dans le grand Brooklyn, mérite certainement la visite. Un autre parfum d'Amérique.

THE CAMPANILE (Midtown)
450 East 52nd St.
Ici a vécu et nous a quittés Greta Garbo.

CASTLE CLINTON (Wall Street)
Battery Park, près de l'Hudson
étrange destin pour ce bâtiment historique reconnaissable à ses murs de grosses pierres brun-rouge. Son aspect n'a rien d'engageant, mais son passé mérite mention : ce fut d'abord une place-forte construite en 1812 ; il abrita un théâtre puis, avant Ellis Island, entre 1855 et 1889, fut le lieu d'arrivée des immigrants ; à partir de 1896, ce fut l'aquarium de New York. Aujourd'hui, c'est ici qu'on achète les billets pour Ellis Island et la Statue de la Liberté.

CBS BROADCASTING CENTER (Upper West Side)
524 West 57th St. (entre Tenth et Eleventh Ave)
Ici, dans les années 60, se tournaient les soap operas de CBS. Le "60 minutes" de CBS et les news sont toujours retransmis à partir de ce building.

CENTRAL PARK WEST (Upper West Side)
Le vrai chic new-yorkais est-il situé à l'est ou à l'ouest de Central Park ? Sans autre réponse que les convictions personnelles, cete éternelle question se pose à New York comme à Paris où s'opposent les tenants de la rive droite et ceux de la rive gauche. Une chose est certaine : si Central Park East est le symbole de la réclusion select, elle ne rivalise pas avec l'extravagante beauté des forteresses domestiques qui surplombent Central Park West. Autant de fleurons de l'architecture des années 30 dont on découvre le remarquable alignement à partir de Central Park. Aucun spectacle urbain ne peut rivaliser avec ce panorama grandiose. Ce sont, du sud au nord, de véritables forteresses qui poussent vers le ciel leur puissance : le Century Apartment (25 Central Park West, entre 62nd et 63rd St.) ; le 55 Central Park West (angle de 65th St.) ; le Majestic, reconnaissable à ses tours jumelles ; le Dakota (entre 72nd et 73rd St.), le doyen de ces grands immeubles (1884) ; le Langham (135 Central Park West) ; le San Remo (145 Central Park West, entre 74th et 75th St.) ; le Kenilworth (151 Central Park West) ; le majestueux Beresford (211 CPW et 81st St.) ; l'Eldorado (300 CPW, entre 90th et 91st St.) ; et enfin le Ardsley (320 CPW). Pour le bottin mondain, on notera que John Lennon habitait au Dakota, au pied duquel il fut assassiné, et que dans ce même Dakota ont vécu Lauren Bacall, Judy Holliday, Robert Ryan, Jack Palance, Boris Karloff et bien entendu Yoko Ono, toujours présente ; au Langham vivait Lee Strasberg, le fondateur de l'Actor's Studio ; le San Remo a eu pour locataires Dustin Hoffman, Raquel Welsh, Paul Simon, Diane Keaton, Rita Hayworth, Mary Tyler Moore ; quand au Beresford, si énorme qu'il a pas moins de trois adresses, il abrite ou a abrité John McEnroe, Calvin Klein, Isaac Stern, Beverly Sills et Merryl Stree. Il en va de même à l'Eldorado où vivent ou ont vécu Bianca Jagger, Faye Dunaway (une "fan" de l'Upper West Side), Richard Dreyfuss ou Robbie McDowell.

CHRYSLER BUILDING, 405 Lexington (entre 42nd et 43rd St.) (Midtown)
Plus jeune d'un an que l'Empire State Building, plus petit aussi, le Chrysler, bâti en 1930, fut pendant quelque douze mois le plus grand gratte-ciel du monde. Aujourd'hui, avec son allure gracieuse, ses gargouilles géantes et son dôme fantastique évoquant un donjon de conte de fée ou un subterfuge cinématographique, le Chrysler reste l'immeuble préféré des New-Yorkais. Hélas, il n'a plus son poste d'observation ; à défaut on peut admirer l'entrée avec son marbre noir de Georgie et le lobby tendu de marbre rouge du Maroc ou les ascenceurs en bois précieux. Walter P. Chrysler, le magnat de l'automobile, souhaitait un immeuble pour immortaliser la réputation de sa firme. New York lui doit le plus imaginatif de ses chefs-d'œuvre Art déco.

CITICORP CENTER (Midtown)
Lexington Ave (et East 53rd St.)
Les New-Yorkais en sont fous ; avec ses boutiques, ses restaurants, et surtout son atrium où on peut se retrouver entre amis dans ce quartier de bureaux, le Citicorp, bâti en 1978, est toujours plein et ses concerts gratuits attirent les foules à l'heure du déjeuner. Plus que l'atrium et l'ensemble commercial, c'est le quartier qui mérite la visite : non seulement le Citicorp Center est remarquable avec son sommet incliné à 45°, mais il est entouré de gratte-ciel aussi monstrueux les uns que les autres et qui prouvent que New York ne recule devant aucune démesure...

CUSTOM HOUSE Bowling Green (près de Battery Park) (Lower Manhattan)
Bâtie au début du siècle, cette ancienne maison des douanes compte d'étonnantes sculptures, des vitraux de Tiffany et, à l'intérieur, l'un des plus beaux atriums de New York : une rotonde décorée de seize fresques glorifiant la société et la nation américaines.

DYKMAN HOUSE
4881 Broadway (et 204th St .) 304 9422
La dernière ferme coloniale hollandaise sur l'île de Manhattan. Prendre le "A" jusqu'au dernier arrêt.

ELLIS ISLAND
Prendre le ferry à Battery Park. Départ environ toutes les 1/2 heures. Coût du trajet : 3.50$/pers.

Rouverts en grande pompe en septembre 1990 après six années de restauration (coût de l'opération : 160 millions de dollars), les imposants bâtiments d'Ellis Island ont vu passer 12 millions d'immigrants, principalement d'Europe de l'Est, entre 1890 et 1924. "Porte de la liberté" ou encore "Ile des larmes", Ellis Island porte le poids du purgatoire et ressemble à une prison. On ne découvrira pas le nouveau musée du melting-pot américain sans émotion. Dans le hall, une longue procession de malles, valises, paniers, couffins, témoigne de départs sans esprit de retour, mais atteste aussi la pauvreté de ceux qui fuyaient les pogroms vers un futur pavé de difficultés. Ici le passé le plus cru (l'examen d'entrée en Amérique), et le mythe le plus fort (la liberté de l'American Way of Life), font un détonnant mélange. La visite est indispensable pour comprendre comment les Etats-Unis accueillaient tout le monde, mais aussi sur quels critères elle refusait le droit d'entrée à des minorités. Qui étaient mises en quarantaine et renvoyées au pays lointain. Fascinant est le processus de passage à l'immigration qui durait une journée dans le meilleur des cas. Les bateaux débarquaient à Manhattan leurs cargaisons de voyageurs. Les plus riches avaient droit au passage de l'immigration dans le bateau même, et n'avaient pas à passer par Ellis Island. Les autres montaient sur des barges qui les amenaient vers Ellis Island. Si on était admis, on pouvait retourner à Manhattan ou aller dans le New Jersey. On comprend comment des millions d'immigrants sont partis peupler l'Amérique avec un baluchon, quelques dollars et un billet de train gratuit. Attention, la visite peut être épuisante, surtout l'été, et l'attente au guichet, comme au ferry, interminable (45 mn à 1 heure). Autant le hall est spacieux, autant les espaces de visites sont étroits. Pour peu qu'il y ait plus de dix personnes par salle, on étouffe. Moyennant quoi, quelle leçon d'histoire ! Pour vous restaurer, il y a un snack sur Ellis Island.

EMPIRE STATE BUILDING (Midtown)
East 34th St. (entre Fifth Ave et Broadway
Ouvert tous les jours : 9h30-24h. Entrée : Adultes 3.50$; Enfants : -12 ans 1.35$.

En 1933, l'Empire State Building a beau être le plus grand immeuble du monde (il occupe aujourd'hui le 3e rang après le World Trade Center et la Sears Tower à Chicago), il n'est qu'un gratte-ciel à moitié vide : la grande Dépression a ruiné le marché de l'immobilier, la majorité des 4 000 bureaux de ce fleuron de l'Art déco de New York n'ont pas trouvé de locataires. Situation catastrophique très momentanée : le New Deal n'est pas loin. Le salut va venir sous la forme d'un monstre romantique, King Kong, qui va assurer la réputation universelle du géant. Inévitablement, c'est au grand singe qu'on songe tout en gravissant cette tour de 102 étages haute de 375 mètres à bord d'un ascenseur (il y en a 87) menant à deux observatoires : celui du 86e étage est en plein air ; celui du 102e étage derrière des baies vitrées. Le premier arrêt est suffisant et la vue y est plus belle. Elle évoque le célèbre générique du film *West Side Story*. Le Rockefeller Center est en face, et l'énigmatique Chrysler Building légèrement décentré. Midtown rayonne de toute sa puissance brute. Se rendre à l'Empire State Building vers 11h du soir n'est pas une mauvaise idée : il y a moins de monde. Quitte à y retourner tôt le matin suivant...

THE FACTORY (Union Square)
33 Union Square West
Entre 1968 et 1972, Andy Warhol et Paul Morrissey y ont tourné *Flesh*, *Trash* et *Heat*.

FEDERAL HALL (Wall Street)
Wall Street (et Nassau Street)
Ce fut, au début du XVIIIe siècle, le premier capitole des USA. Dans ce lieu historique se sont réunis les membres du premier Congrès. Aujourd'hui s'élève un beau bâtiment néo-classique reconnaissable à son portique de colonnes doriques. A l'intérieur (au 2e étage), sont conservés des objets personnels ayant appartenu à George et Martha Washington. On peut visiter.

FEDERAL RESERVE BANK (Wall Street)
33 Liberty Street (au sud du World Trade Center)
Ce bâtiment sévère bâti en 1920 et inspiré de l'architecture palatiale florentine, est la banque des banques ; ses cinq étages souterrains abritent une bonne dizaine de milliers de tonnes d'or. Etincelant. On peut visiter, mais il faut s'y prendre une semaine à l'avance : les billets d'entrée vous parviennent par la poste (tél. 720 6130).

FLAT IRON BUILDING (Chelsea-Gramercy)
Broadway (et West 23rd St.)
Unique, spectaculaire, cet extraordinaire building de 18 étages érigé en 1902 continue d'étonner. Sa forme particulière qui lui a valu le nom de "fer à repasser". En fait, quand on le découvre en débouchant de la 5e Avenue, à l'angle de la 23e rue et de Madison Square Park, il ressemble à une proue de paquebot fendant les flots. Il est actuellement le phare du renouveau du quartier, puisque les lieux branchés s'étagent désormais entre Union Square et le Flat Iron District.

FORD FOUNDATION (Midtown)
320 East 42nd St. (entre Second et 3rd Ave)
Situé près du quartier de l'ONU, construit en 1967, ce gratte-ciel est surtout remarquable pour son merveilleux atrium en pente, d'une hauteur de onze étages, à l'intérieur duquel pousse une vraie forêt . Il y a des bancs, une cascade et un silence profond. Ne manquent que les oiseaux pour se croire dans une jungle domestiquée.

FRANKLIN E. CAMPBELL FUNERAL HOME (Upper East Side)
1076 Madison Ave
Pas drôle, convenons-en, ce célèbre établissement de pompes funèbres s'est chargé d'incinérer quelques cadavres célèbres, Montgomery Clift, John Garfield, James Cagney ou Joan Crawford.

GENERAL POST OFFICE (Midtown)
8e Ave. (entre West 31st et 32nd St.)
Le bâtiment, énorme, précédé d'escaliers monumentaux, est ceinturé de gigantesques colonnes. Si vous avez un courrier urgent, cette poste est ouverte 24/24h.

GRAND CENTRAL TERMINAL (Midtown)
East 42nd St. (entre Vanderbilt et Lexington Ave)
New York qui a perdu la Penn Station, l'un de ses plus beaux monuments architecturaux, aurait pu perdre Grand Central sans une vigoureuse protestation populaire menée par Jackie Onassis. Cette énorme gare achevée en 1913 après 10 ans de travaux était le point de départ et d'arrivée des grands trains de jadis vers Chicago et la Californie. Aujourd'hui, des dizaines de milliers de banlieusards traversent son hall stupéfiant avec son plafond décoré d'étoiles à plus de 40 mètres au-dessus du sol. Les fenêtres sont à proportion et l'horloge est monumentale. L'ensemble, même aux heures de presse, donne une impression de silence et de calme, mais rappelez-vous Hitchcock. Au sous-sol, il y a le célèbre Oyster Bar où il est si plaisant de venir déjeuner ou dîner.

GRILL BUILDING (Midtwon)
1141 Broadway
Autrefois, c'était le centre de l'industrie musicale à New York : les compositeurs, agents, arrangeurs, publicistes, impresarii y avaient leurs bureaux.

HEARST MAGAZINE BUILDING (Midtown)
959 Eighth Ave (entre 56th et 57th St.)
W.R. Hearst, qui rêvait sans doute de recréer Vienne à New York et de s'en couronner l'empereur, voulut abriter son empire dans une forteresse. Le gratte-ciel n'est jamais monté plus haut que cinq étages, mais il témoigne des visions de *Citizen Kane*.

HOTEL DES ARTISTES (Upper West Side)
1 West 67th St.
Dans ce très bel hôtel d'ateliers d'artistes ont vécu, entre autres, Rudolph Valentino et Isadora Duncan. L'entrée est magnifique.

Le PETIT FUTÉ Océan Indien est dans toutes les librairies

IBM BUILDING (Midtown)
Madison Ave (et East 57th St.)
Voisin du monumental AT&T Building, tendu de granit sombre, ce gratte-ciel caractérisé par un gigantesque surplomb triangulaire, abrite l'intéressant musée IBM avec ses expositions temporaires consacrées aux sciences, à la technologie et à la communication, mais aussi un jardin-atrium ouvert au public et un snack-bar.

LINCOLN CENTER (Upper West Side)
Columbus Ave (entre West 62nd et West 64th St.)
Construit dans les années 60, le Lincoln Center est le siège d'institutions majeures de la vie artistique et culturelle américaine, et de la scène internationale. Ici se déroulent les plus prestigieuses représentations d'opéra et de ballet, de musique de chambre et symphonique. Cinq bâtiments, doublés au sud du Damrosch Park, s'étendent de part en part d'une vaste esplanade que la présence d'une fontaine ne suffit pas à rendre intéressante. A tout seigneur tout honneur, vient d'abord le Metropolitan Opera, tout en panneaux de verre, à l'acoustique parfaite mais avec une décoration plutôt impersonnelle propre à l'époque de sa construction (et pourtant incomparablement plus chaude que notre Opéra de la Bastille). On peut visiter le Metropolitan tous les jours et le circuit guidé offre éventuellement l'occasion de voir et d'entendre un opéra en cours de répétition. Citons le New York State Opera, siège du New York City Opera et du New York City Ballet, avec une décoration intérieure plus intéressante, et, en face, côté nord, l'Avery Fischer Hall, où ont lieu de grands concerts symphoniques. Sur le flanc nord du Metropolitan se tient le Vivian Beaumont Theatre et, un peu excentré, un bâtiment contenant à la fois la Juilliard School, le plus grand conservatoire de musique en Amérique, et l'Alice Tully Hall, siège de la Chamber Music Society et de nombreux événements culturels, dont le Festival du Film Indépendant, en octobre. La visite du Lincoln Center (tous les jours) dure une heure (tél. 877 1800).

ST MALACHY'S CHURCH ACTOR CHAPEL (Midtown)
239 West 49th St.
Si vous avez le culte dans la peau, ici a eu lieu l'enterrement le plus célèbre de l'histoire du cinéma, celui de Rudolph Valentino.

NEW YORK PUBLIC LIBRARY - CENTRAL RESEARCH LIBRARY (Midtown)
Fifth Ave (et 42nd St.)   **661 7220**
Ouvert tous les jours sauf dimanche : 10h-18h. Entrée gratuite.
Avec ses deux lions sculptés de part en part de ses escaliers monumentaux (l'un des lieux de rendez-vous favoris des new-yorkais), la Bibliothèque Centrale de Recherche de la NY Public Library est, comme Grand Central, l'un des plus beaux bâtiments Art déco de New York. C'est aussi l'une des plus grandes librairies publiques du monde. L'intérieur du bâtiment, qui s'étend sur l'équivalent de deux blocs, est grandiose, et l'ambiance sensiblement moins compassée qu'à la Bibliothèque nationale de Paris. Atmosphère, atmosphère... Un court séjour à New York ne pousse sans doute pas à se plonger dans les archives de la ville, mais la visite vaut amplement la peine, ne serait-ce que pour la beauté des salles de lecture.

Au rez-de-chaussée, la salle des Journaux (environ 10 000 périodiques publiés en 22 langues dans 124 pays) est décorée de treize belles fresques murales représentant les principaux immeubles de New York ; la Main Reading Room, au dernier étage, est le fleuron de l'ensemble, et les consoles d'ordinateurs se marient désormais très bien avec le beau mobilier de bois et les lampes de bronze originels. Un tour gratuit de la librairie (chaque jour à 11h et 14h, durée : 1 heure) permet de passer à travers les départements : cartes géographiques, économie, droit, arts, architecture, photographie, microfilms, histoire américaine, manuscrits rares, culture et civilisation juives, slaves, baltiques, orientales...

NEW YORK STOCK EXCHANGE (Wall Street)
20 Broad St.
Est au capitalisme ce que le Pentagone est à l'armée, mais se visite, et même gratuitement. Dans ce temple grec orné de colonnes, les plus grandes de la ville, vous êtes invité, au 3e étage, à suivre les transactions de la Bourse et des agents de change. C'est moins silencieux qu'à Tokyo et ça gesticule comme à Paris, Chicago, Londres ou Tokyo. Des robots audiovisuels informent en quatre langues (anglais, espagnol, allemand, français) sur le fonctionnement de ce centre très nerveux de la finance internationale. La visite a lieu entre 9h10-13h45. Se renseigner au 656 5167.

ORGANISATION DES NATIONS-UNIES (Midtown)
Visites guidées tous les jours de 9h à 16h45. Adultes : 5.50$. Enfants de -5 ans non admis.
Instructive, contradictoire, et tellement d'actualité ! la découverte de l'ONU avec ses salles de réunions (Conseil de sécurité, Assemblée générale, Conseil économique et social), permet de humer l'ambiance de cette ruche politique (la plupart du temps, il est vrai, à travers des baies vitrées). Les visites sont dirigées par des guides polyglottes, et le public est l'illustration physique du début de la charte : *"Nous peuples des Nations unies...".* La visite commence par un témoignage sur les effets d'Hiroshima et sur la course aux armements (l'ONU dépense 3,2 milliards de dollars pour le développement, 800 milliards de dollars étaient consacrés aux achats d'armes en 92). Elle s'achève au sous-sol avec le centre de livres et cadeaux, la poste de l'ONU, unique au monde, les comptoirs de l'UNICEF et de l'UNESCO.

"Angle 1st Ave. et 46th St. (bus 15,27,50). Prix : $6,50. Pour la visite en français (1 visite par jour), il faut téléphoner au (212) 963 7539. Les cartes postales avec timbre O.N.U. (non-valable à l'extérieur) doivent être expédiées sur place, dans la poste située au sous-sol. Il est interdit de manger ou de boire dans le parc de l'O.N.U." Youssoof Coojbeeharry, Amiens.

POMANDER WALK (Upper East Side). 260-266 West 95th St.
Dans ce petit village, dont l'entrée est solidement gardée par des grilles généralement fermées, ont vécu Lillian et Dorothy Gish, et Rosalind Russell.

THE PLAYERS (Gramercy Park)
16 Gramercy Park South
La maison n'est pas seulement belle, elle est depuis 1886 le siège d'un club d'acteurs dont les membres sont ou ont été John Lionel Barrymore, Frank Sinatra, Keith Carradine, Walter Cronkite, Richard Gere, Jack Lemmon, Sir Laurence Olivier...

RADIO CITY HALL (Midtown). Sixth Ave (et West 50th St.)
Ouvert en 1932, c'est le plus grand théâtre Art déco du monde (près de 6 000 places). Trois balcons en demi-lune dominent une scène monumentale protégée par un rideau de trois tonnes. L'entrée, décorée de peintures murales, donne une idée de l'ampleur du monstre ; les escaliers la confirment. Le Radio City Hall dont on aperçoit les néons rouges de part en part de la 6e Avenue, a failli disparaître, a été sauvé de justesse et abrite désormais des spectacles de music-hall (notamment les Rockettes). Quelques "premières" importantes s'y déroulent et parfois de grands concerts rock. La visite dure une heure ; elle a lieu tous les jours et inclut le grand foyer, la scène, le "Mighty Wurlitzer", le plus grand orgue de théâtre au monde, et, selon les possibilités, le système hydraulique souterrain.

RIVER HOUSE (Midtown)
435 East 52nd St.
Un tennis, une piscine, une salle de bal et autrefois un quai privé : vous n'entrerez certainement pas dans cet immeuble, l'un des plus sélects de New York. Henry Kissinger habite ici.

RITZ TOWERS (Midtown). Park Ave (et 57th St.)
Ici, dans ce bel immeuble 1920, ont vécu William Randolph Hearst, Marion Davies et, un temps, Greta Garbo.

ROCKEFELLER CENTER (Midtown)
Entre Fifth et Sixth Ave (et West 47th St. jusqu'à 51st St.)
Cet ensemble gigantesque de onze immeubles ne peut passer inaperçu : il exerce une attraction formidable sur l'ensemble de Midtown. Bâtie entre 1932 et 1940 par John D. Rockefeller, le fils du magnat du pétrole, cette ville dans la ville est dominée par le RCA Building reconnaissable à sa hauteur (67 étages, avec un poste d'observation au 65e étage, ouvert de 10h à 21h). Des sculptures entourent le bâtiment, dont l'Atlas supportant le monde (en face du 630 Fifth Avenue). En hiver, la patinoire et le traditionnel énorme arbre de Noël réussissent à créer une certaine magie. Cafés et bureaux, banques, agences de presse (Associated Press), studios de télévision (NBC), librairies, boutiques. Les sous-sols ne sont pas moins invraisemblables et mènent au métro à travers un labyrinthe de couloirs et de magasins. Quelle que soit la durée de votre séjour, vous n'échapperez pas à cette forteresse immobilière, symbole d'un mythe, plantée judicieusement au centre du secteur le plus riche de Midtown, entre le MOMA, l'hôtel Waldorf-Astoria et la cathédrale St Patrick.

SEAGRAM BUILDINC (Midtown)
375 Park Ave (entre 52nd et 53rd St.)
Construit en 1958, haut d'à peine 38 étages, il ne serait guère reconnaissable sans ses deux fontaines - les seules sur Park Avenue - et surtout sa place privée, la première du genre à New York. Son succès fut tel que par la suite les nouveaux grands immeubles se sont fait un devoir de l'imiter. D'où la prolifération d'espaces publics accolés à des buildings privés, et un spectacle urbainement champêtre, si l'on peut dire : Manhattan à l'heure du déjeuner, en semaine.

SOUTH STREET SEAPORT (Lower Manhattan)

A quelques minutes à pied de Wall Street, ce quartier est devenu à la fois une référence historique et un centre touristique. Idéal si vous aimez les itinéraires balisés et si vous avez des enfants. Pendant deux siècles, les quais à hauteur de l'actuelle Fulton Street représentèrent le port de New York, où accostaient les grands voiliers. A la fin du XIXe siècle, les bateaux à vapeur, puis les transatlantiques sont allés se mettre à quai de l'autre côté, à l'ouest de Manhattan. L'ancien port de New York ne recevait plus que des cargos. Il tomba dans l'oubli et devint un lieu de dérives. L'influence de Wall Street aidant, les promoteurs ont réussi à faire de ces quais un musée vivant du passé. Et une belle opération commerciale ! Sur les rues pavées du marché aux poissons, le Fulton Market, s'alignent aujourd'hui les boutiques de souvenirs. Enfin, sur le Pier 17, se dresse un centre commercial de luxe où vous pourrez acheter de tout. Il y a quelques navires à quai, à visiter. Embarquez à bord du schooner Pioneer, un vieux sloop centenaire, qui vous fera visiter la baie pendant 3 heures, sous voiles (adultes 16$; enfants -12 ans 10$. Tél. 669 9400). Si vous restez sous le charme, ne manquez pas les concerts gratuits de Jazz (vendredi et samedi, à partir de 20h, en juillet et août).

STATUE DE LA LIBERTE   **269 5755 / 363 3227**

Prendre le ferry de la Circle Line à Castle Clinton, Battery Park. Visite tous les jours 9h-17h. Entrée libre. Ferry : 3.25$ par adulte ; 1.50$ enfants -12 ans.

Elle est à New York ce que la tour Eiffel est à Paris, et il est difficile de résister à son attraction. D'autant que la France est mêlée de près à l'histoire de cette autre "Dame", don du peuple français au peuple américain en signe de fraternité. (On rappellera pour la petite histoire, que la statue était destinée à la ville d'Alexandrie à l'époque où l'Egypte était un autre pays "frère"). Construite entre 1874 et 1884, la statue a vu l'intervention de Gustave Eiffel pour sa charpente métallique. Ce n'est pas sans difficultés matérielles et financières que la Liberté (incarnée par la mère du sculpteur) fut érigée en 1886 sur son îlot solitaire, non loin d'Ellis Island. Il fallut tous les efforts du magnat de la presse de l'époque, Joseph Pulitzer, pour réunir les fonds. En 1986, au terme de plusieurs années de réfection, le centenaire de la Statue a été fêté en grande pompe par 15 millions de visiteurs. Vue de près, elle est gigantesque (50 mètres de haut), sur un piédestal de 30 mètres reposant sur des remparts en forme d'étoiles hauts de 20 mètres. On peut grimper, en ascenseur ou à pied, sous la tunique de cette respectable figure, et atteindre sa couronne (la torche est fermée au public). L'attente risque d'être épuisante et on ne saurait trop conseiller d'arriver par le premier ferry, ou en fin d'après-midi, vers 16h.

Statue de la Liberté et Ellis Island. "Prendre South Ferry à Battery Park (adultes $6, enfants $3). Il faut visiter la Statue de la Liberté avant d'aller sur Ellis Island. C'est le même ferry qui effectue la liaison Battery-Statue-Ellis Island. Il n'y a pas de navette effectuant le trajet Ellis-Island-Statue. L'ascenseur vous emmène jusqu'au pied de la statue. Ensuite, il faut monter à pied jusqu'à la couronne (prévoir au moins 1 heure d'attente en été avant de prendre l'escalier. En outre, c'est éprouvant physiquement, la hauteur du bâtiment correspond environ à 22 étages." Youssoof Coojbeeharry, Amiens.

"Déçus par la visite de la couronne. Attendre 2 ou 3 heures pour rester 2 minutes dans la couronne, très étroite." A. Salembier, Pailhe

TRUMP TOWER
(5e Avenue (angle 56th St.)

Marbre dans l'atrium et boutiques de luxe sur cinq étages au-dessus de l'atrium, des fontaines et une cafétéria en sous-sol. Les touristes s'y pressent, puisque la presse a parlé de Donald et d'Ivana. Aujourd'hui, leur affaire n'intéresse plus guère, mais la tour est là : 65 étages, ce qui n'est pas rien dans ce secteur.

TURTLE BAY GARDENS (Midtown)
48th et 49th St. (entre Second et Third Ave)

Quelque part dans ce minuscule village de maisons particulières, au 244 East 49th St., Katharine Hepburn vit ici depuis pendant plus d'un demi-siècle.

UNITED NATIONS PLAZA APARTMENTS (Midtown)
860 & 870 United Nations Plaza (à la hauteur de 49t St. et First Ave)

L'immeuble des célébrités : Johnny Carson, Truman Capote, Michael Cimino, Robert Kennedy, Mickey Rooney...

WOODLAWN CEMETERY (Bronx)

C'est le Père-Lachaise de New York. Bat Masterson, le sherriff qui "nettoya" Dodge City avant d'être un homme de presse à New York y est enterré. Et bien d'autres avec lui : les joueurs, les sportifs, les amateurs invétérés des premières au théâtre, les agents d'artistes. Il n'y a peut-être pas Héloïse et Abélard, Edith Piaf ou Jim Morrison, mais il y a Herman Melville, Duke Ellington et Miles Davis. Bert Williams, qui fut le premier à faire un million de dollars au vaudeville, est là, mais ses copains Bat Masterson et Damon Runyon ont dû passer le chapeau pour le faire enterrer. Parmi les autres internés pour l'éternité on notera l'amiral Farragut, le marchand F.W. Woolworth, le maire Fiorello La Guardia, Joseph Pulitzer, Alexander Archipenko (qui sculpta sa propre tête cubiste), le membre communiste du congrès Vito Marcantonio, le bactériologiste Hideyo Nohuchi, d'autres maires et parmi quatre généraux confédérés, Archibald Gracie dont la maison de famille Gracie Mansion est désormais la résidence des maires de la ville.

Un plan gratuit vous attend à l'entrée. Le moyen le plus simple de s'y rendre consiste à aller jusqu'au dernier arrêt de la ligne Lexington Express "4". Le trajet quitte le tunnel au Yankee Stadium et permet ainsi de survoler le Bronx. Le trajet est dangereux de nuit pour les touristes, mais réalisable le jour.

Le cimetière est juste au-delà de la dernière station. L'endroit offre également une plus grande variété d'arbres que les deux jardins botaniques. Le cimetière est évocateur, tout à fait intéressant et sans aucun touriste. Durant la Guerre Civile, Woodlawn fut utilisé comme fortification pour appuyer la retraite de Washington du nord de la Bronx River Valley jusqu'à White Plains.

WOOLWORTH BUILDINC (Wall Street)
233 Broadway et Barclay St.

Bien reconnaissable au milieu des gratte-ciel modernes qui se pressent dans le quartier financier, ce fut pendant 17 ans le plus grand immeuble du monde avant que le Chrysler Building ne lui ravisse la palme de la hauteur ; sa façade évoque une chute d'eau gothique. Le hall, avec ses mosaïques et ses fresques, mérite amplement la visite.

WORLD FINANCIAL CENTER (Lower Manhattan)
West St. (entre le World Trade Center et l'Hudson, entre Vesey St. et Liberty St.) 945 0505
Si vous faites le tour de Manhattan en bateau, vous ne pourrez manquer de voir ce centre financier et commercial récemment construit à l'est du World Trade Center, le long de l'Hudson : l'énorme serre du Jardin d'hiver avec une structure digne de Gustave Eiffel est déjà fameuse. A l'intérieur de ce "Winter Garden", le décor consiste en une forêt de palmiers autour desquels s'ordonnent des bars et des restaurants. La scène donne côté fleuve. Ici ont lieu des concerts de jazz, des spectacles de danse, des expositions. On peut danser le soir en été sur la place, au bord du fleuve. La vue se prolonge jusqu'à la Statue de la Liberté. Dans le port, des bateaux attendent pour une promenade. Bien entendu, le WFC a ses restaurants, ses bars, ses boutiques, ses galeries, ses services de banques (American Express). Très animé, moins spectaculaire que le World Trade Center, moins touristique que le South Street Seaport mais avec sa personnalité, le WFC est une réussite en son genre. Ne manquez pas la promenade qui démarre côté sud et longe l'Hudson. A la belle saison, et quand il fait chaud, ce front de fleuve avec ses bancs est particulièrement agréable.

WORLD TRADE CENTER
Toutes lignes de métro. Adultes : 3.50$; enfants 6-12 ans : 1.75$. Ouvert tous les jours : 9h30-21h30 (23h30 de mi-juin à mi-septembre).
Cinquante-huit secondes pour escalader le World Trade Center. Et là-haut, sur la plate forme d'observation au 110e étage, si le temps le permet, ou à travers le mur de vitres du 107e étage, la révélation, le choc, l'illumination peut-être : à 360° et à 70 km à la ronde, le monstre new-yorkais s'étale dans sa beauté du diable. Chaos ordonné, méga-casbah qu'on croit connaître, qui dépasse tout en extravagance et en sauvagerie urbaine. Des petits avions passent au-dessous de vous, et des hélicoptères libellulent à hauteur des émetteurs de télévision et de radio. Les voitures ont l'air de Jouets. Du jamais vu ! Le gros monstre a vacillé sur ses pieds lors de l'ignoble attentat de 93 et les mesures de sécurité sont désormais impitoyables. Mieux vaut venir sur ce toit du monde occidental dès son arrivée afin de s'imprégner de la géographie de la ville : elle s'inscrit en plans détaillés sur ses vitres d'aquarium. Evitez si possible les week-ends : il vous faudrait faire la queue 1 heure. Le WTC, conçu par l'architecte japonais Minoru Yamasaki, a été construit entre 1966 et 1973. C'est une ville de 43 000 fenêtres (200 000 m2 de surfaces vitrées) où travaillent 50 000 personnes et que traversent chaque jour 1 million d'individus tractés par plus de 200 ascenseurs. C'est un ensemble de 7 immeubles abritant 1 200 compagnies internationales, et c'est l'un des plus grands centres commerciaux de Manhattan avec 60 boutiques et restaurants. C'est le siège du Commodities Exchange Center où le visiteur peut observer, à travers une galerie de vitres, les échanges portant sur l'or, l'argent, le café, le sucre et le coton.

DETENTE

■ Bains publics

RUSSIAN & TURKISH BATHS
268 East 10th St. (entre First Ave et Avenue A).   **674 9250/473 8806**
Ouvert tous les jours 9h-21h. Entrée : 16 $. Samedi : entrée mixte.

Fondés en 1892, ces Bains russes et turcs appartiennent à une génération de lieux d'hygiène publique qui ont fleuri dans le Lower East Side à l'époque où les appartements étaient dépourvus de salles de bains. La tradition venait tout droit des ghettos d'Europe de l'Est. Ces Bains sont les derniers survivants de la tradition, et ils sont célèbres tout en restant discrets. Une chose est sûre : il n'y a pas d'endroit comparable aux quatre points cardinaux de Manhattan. Les Russian & Turkish Baths attirent une clientèle mélangée où les vieux dédouchkas et les antiques babouchkas cèdent le pas à une jeunesse du quartier attirée par l'esprit des lieux, et de plus en plus à des curieux venus d'ailleurs. Rien à voir avec l'atmosphère hyper-active des health-clubs : ici la paresse est un must et chacun peut rester dans ce temple de la propreté du corps et de la santé de l'esprit aussi longtemps qu'il le désire. Tout en profitant des installations : la sauna finlandaise, le bain turc (salle de sudation), la salle de gymnastique et surtout l'extraordinaire Russian Steam Room, toute en ciment et pourvue d'un énorme four. Dans une chaleur extrême et particulièrement sèche, on s'assied sur l'une des trois marches (la plus haute la plus chaude) et quand la peau est brûlante, on s'arrose d'eau très froide. Le résultat est garanti revigorant. Une piscine d'eau glacée permet de jouer le grand jeu (attention aux cœurs fragiles). Il y a un jacuzzi, des douches suédoises et des salles de massage tenues à tour de rôle par d'impressionnants masseurs russes très expérimentés (20$ la 1/2 heure). Enfin, pour le repos, on trouve un dortoir collectif. Le sommet de l'expérience consiste à subir un nettoyage complet à l'aide de savon et à être délicieusement flagellé. Au bar, la nourriture est simple, saine, énergétique, excellente (jus de fruits et de légumes, plats russes). Le personnel est discret et semble sorti tout droit de Moscou. Cette langue russe qui sonne n'est pas le moindre élément de dépaysement. L'atmosphère est amicale, le lieu "straight" (on est prié de laisser ses préférences sexuelles au vestiaire) et la propreté de rigueur. Vous entrez, on vous donne un peignoir, des serviettes et vous voilà libre de vous débarrasser où vous voulez et autant que vous voulez de vos toxines. L'endroit est évidemment à fréquenter en hiver (l'été, la sauna est gratuite : dans les rues de la ville). Les Russian & Turkish Baths ont été momentanément fermés en janvier 94 et il n'est pas impossible que cette vénérable et magnifique institution soit menacée, ce qui serait un scandale. Téléphonez d'abord et rendez-vous y en sachant que ces lieux sont uniques. (Se renseigner pour les jours hommes ou femmes. Le samedi est mixte, mais plus encombré. S'y rendre de préférence le matin).

■ Golf miniature

PUTT MODERNISM
Fulton Market South Street Seaport   **346 9677**
Dimanche-mardi-mercredi 12h-22h ; jeudi-samedi 12h-minuit. Entrée 5$ pour 18 trous.

■ Patin à glace

SKY RINK 450 West 33rd St. (9e et 10e Aves.) 16e étage   **695 6555**
Mercredi et vendredi 12h10-14h20, 15h40-17h50 ; samedi 12h30-16h30, 20h30-22h45. Entrée 7,50$; enfants 6$; location de patins 3,50$.
Une patinoire intérieure.

■ Centres sportifs couverts
PUBLIC INDOOR RECREATION CENTERS.
Carte d'entrée annuelle 2$.

ASHER LEVY REC. CENTER
23rd St. (entre 1st Ave. et East River)   **447 2020**
Lundi-vendredi 7h-21h30 ; samedi-dimanche 8h-17h.
Quartier très excentré sur l'East Side et donc pas sûr. S'y rendre en taxi. Aerobic, haltères, piscine intérieure et extérieure.

CARMINE STREET POOL
3 Clarckson St. (7th Ave. South)   **242 5228**
Lundi-Jeudi 7h-23h15, vendredi 7h-23h15h, samedi 10h-13h15.
Aérobic, volley, haltères, petite piscine intérieure.

EAST 54TH STREET REC. CENTER
348 East 54th St. (1st & 2nd Aves.)   **397 3154**
Lundi-vendredi 15h-22h, samedi 10h-17h.
Piscine, haltères, baskeball.

WEST 59TH STREET REC. CENTER
533 West 59th St. (10th Ave.)   **397 3166**
Lundi-vendredi 10h-22h, samedi 10h30-17h30
Piscine intérieure.

■ Zoo

BRONX ZOO
Bronx River Parkway (et Fordham Road)   **220 5141 / 367 1010**
Ouvert tous les Jours à 10h. Fermeture : lundi-vendredi, 16h 30; week-end et vacances, 17h30. Visite guidée (gratuite) le samedi et dimanche, sur réservation. Les enfants -16 ans doivent être accompagnés. Adultes 2.50$, Personnages âgée et enfants 2-12 ans 1$. Gratuit le mercredi
Oui, c'est loin, mais c'est, d'un seul coup d'un seul, l'occasion de découvrir le plus grand zoo du monde et de traverser un quartier à la mauvaise réputation. Géré par la New York Zoological Society, le zoo a réussi à laisser ses animaux en liberté. Son ancien nom (Zoological Gardens) a été remplacé par l'appellation "politically correct" de "Wildlife Conservation Center". Différents moyens de transports à l'intérieur de ce domaine d'environ 14 hectares permettent d'observer plus de 4 200 animaux représentant 650 espèces et sous-espèces, de l'éléphant à la souris en passant par les tigres, rhinocéros, daims, léopards, singes, ours polaires, crocodiles, serpents, lézards, chameaux, zèbres, autruches, loups, bisons, aigles, vautours, pélicans, flamands, cormorans, etc. Au printemps, des tours spéciaux sont organisés pour voir les animaux nouveaux nés.

Deux millions de visiteurs traversent chaque année les différents territoires du zoo du Bronx soit par le Safari train (avril-octobre), soit par le tramway aérien, (le skyfari) soit encore par le Bengali Monorail Express qui est le meilleur moyen de transport si l'on ne veut pas consacrer toute sa journée à ce grand show new-yorkais. La frontière ouest du zoo est le Southern Blvd, de l'autre côté se trouve l'un des derniers quartiers intacts du Bronx, Little Italy. Montez jusqu'à la 186e rue jusqu'à Arthur Ave. Vous y trouverez les meilleures pizzas et la meilleure cuisine italienne de ce côté de New York.

NEW YORK BOTANICAL GARDEN
200th St. (et Southern Blvd.) Bronx   **718 817 8705**
Ouvert mardi-dimanche 10h-16h. Donation recommandée 3$, 2$ étudiants et personnes âgées.

Mitoyen du zoo, c'est le plus important jardin botanique des Etats-Unis, en particulier pour l'Enid Haupt Conservatory qui contient des spécimens de la forêt tropicale et du désert sous une vaste serre. Au printemps, toutes les fleurs jettent des couleurs inhabituelles dans cet environnement urbain.

S'y rendre : le meilleur moyen est de prendre un bus spécial, le bus n° BMX-11 de la compagnie Liberty Lines Express. Le bus remonte Madison Avenue avec des arrêts sur les 26e (coin nord-est), 32e (coin sud-est), 39e, 47e, 54e, 63e, 69e (coin nord-est), 84e (coin sud-est) et 99e rues. Premier départ 8h (tous les quarts d'heure jusqu'à 9h toutes les 20 mn jusqu'à 10h, toutes les 1/2 heures jusqu'à 14h30, dernier départ). L'itinéraire du retour est sensiblement le même. Le trajet dure environ 45 mn. Avant d'entreprendre l'expédition, renseignez-vous au tél. 652 8400.

Prendre le métro est problématique. Prendre la ligne "D" ou "4" jusqu'à Fordham Road implique soit de prendre un bus (le 12) soit un gypsy cab. Le Metro North (Har em Division) a des trains au départ de Grand Central Station jusqu'à Fordham Road (courte distance à pied jusqu'à l'entrée du zoo). Le Metro North vend un ticket combiné métro-entrée à Grand central Station.

Une alternative plus aventureuse est la ligne "2" (Broadway Express) ou aux heures chargées (rush hours) le "5" (Lexington Ave., mais attention : le train doit aller jusqu'à la 241e rue, et PAS à "Dyre Ave.") Descendez à la station "Bronx Park East." Cette ligne fait un L à travers le cœur du "South Bronx". Si vous en avez le courage, regardez le spectacle hallucinant 40 mètres au-dessous.

■ Hélicoptères

LIBERTY HELICOPTER TOURS
West 30th St. (et 12e Ave)   **629 5370**
Ouvert tous les jours 9h30-17h30. Trois itinéraires : "Torch of Freedom" 55$ par personne, "Manhattan Grand Canyon" 65$ par personne, "The Big Picture" 99$ par personne.

Ce n'est pas la plus connue des compagnies d'hélicoptères (c'est même une dernière venue), mais ceci offre l'avantage d'éviter les longues attentes de ses concurrentes. Vous téléphonez ou vous passez (quartier assez désert, longues rues vides, prenez plutôt un taxi pour vous y rendre), et dès qu'il y a 5 personnes l'hélicoptère s'envole.

Le premier circuit fait la boucle aller-retour en longeant l'Hudson jusqu'à la Statue de la Liberté ; le second suit le même trajet et remonte par un crochet vers l'est au-dessus de Downtown ; le troisième itinéraire se poursuit jusqu'au South Bronx avec retour en descendant la grande enfilade le long de l'Hudson. Les trajets durent entre 8 et 18 minutes, ce qui n'est pas long mais permet de s'en mettre plein la vue.

ISLAND HELICOPTER
Extrémité Est de 34th St.   **683 4575**
Ouvert tous les jours 9h-21h (9h-18h janvier-mars).
Vol 1 : Nations-Unies, Empire State, Chrysler et Pan Am Buildings, 11km, 47$ (par personne).
Vol 2 : statue de la Liberté, port, Wall Street, World Trade Center, 22 km, 55$ (par personne).
Vol 3 : Vol 1 + Vol 2 + principaux gratte-ciel + Central Park, 35 km, 69$ (par personne).
Vol 4 : le tour de Manhattan, 54km, 119$ (par personne).
Réduction de 5$ sur tous les billets achetés en dehors des Etats-Unis (taxe locale). A Paris vous pouvez contacter Express Conseil: (1) 44 77 88 08 - 5 bis rue du louvre 75001 Paris.

MANHATTAN HELICOPTER TOURS
Infos générales   **247 8687**
Infos groupes   **330 9255**
Héliport au pied de West 30th St. (et 12e Avenue, comme Liberty Helicoptere Tours). Six circuits. A partir de 30$.

■ Promenades et croisières

WORLD YACHT
Pier 62 23rd St. (et Hudson River)   **929 7090**
Croisière déjeuner (2 heures). Du lundi au samedi. Buffet à bord : 25 $ par personne, enfants moins 12 ans : 15.50$. (Croisière seule : 15$ par personne, enfants moins de 12 ans : 9$). Embarquement à 11h. Départ 12h. Croisière dîner (3 heures). Dîner dansant. Dimanche-jeudi : 69$ par personne ; vendredi et samedi : 64$ par personne.

Embarquement à 18h. Départ 19h. Croisière brunch du dimanche (2 heures) :37.50$ par personne, enfants moins de 12 ans : 2.50$. Embarquement à 11h30. Départ 12h30. Les prix incluent la croisière, la nourriture, la musique et les taxes. Boissons non-comprises. Jeans et chaussures de tennis non autorisés à bord. Veste et cravate recommandées pour le dîner.

World Yacht est la principale compagnie de charter new-yorkaise. Programmez cette escapade si possible au milieu de votre séjour, pour vous remettre de vos émotions sur la terre ferme. Les Américains raffolent de cette échappée aquatique, gastronomique et dansante avec un bon service et une sympathique ambiance. On se croirait au commencement d'une croisière transocéanique. Du West Side à l'East Side avec un arrêt prolongé au pied de la statue de la Liberté saisie dans sa solitude, le gros diamant qu'est Manhattan vibre dans la nuit d'un éclat troublant... Les départs ont lieu tous les jours, qu'il neige ou que la canicule envahisse la nuit d'une électricité moite. Le spectacle est inoubliable.

Si vous avez moins de temps d'autres compagnies offrent un tour de Manhattan en toute simplicité avec le risque de la bousculade. Mais le spectacle n'est pas moins grandiose parce qu'il coûte moins cher.

CIRCLE LINE. Angle 12th Ave et 43rd St., Pier 83.
Bus 42 à partir de Grand Central Station 563 3200
Croisière de 3 heures, tous les jours de 9h30 à 15h30 (départ toutes les heures) puis à 19h. Prix 8$.

SEAPORT CIRCLE LINE
Pier 16, South Street Seaport (à proximité de Wall Street) 563 32 00
Croisière de 90 minutes, trois départs par jour (11, 13, 17 heures) 12 $

■ Equitation

CLAREMONT RIDING ACADEMY
173-177 West 89th St. 724 5100
33 $ de l'heure
Créé en 1892 et toujours au même endroit, ce club-école d'équitation permet aux cavaliers expérimentés ou débutants de faire une balade d'environ sept kilomètres dans Central Park. Leçons privées pour les débutants, dressage pour les cavaliers expérimentés, les écuries ouvrent à partir de 6h du matin. Ce sont les dernières, et les seules, en fonctionnement à Manhattan.

MUSEES

Il y a tant à voir dans la rue, mais que serait New York sans ses musées? Comme la rue a sa "folie", les musées de New York ont leur rythme et leur ambiance, leur foule et leurs trésors. Ils viennent de tous les pays du monde et sont répartis dans environ trois cent musées, symbole du flair, de l'obstination et de la formidable capacité financière des collectionneurs américains.

■ Les grands musées

AMERICAN MUSEUM OF NATURAL HISTORY/HAYDEN PLANETARIUM (Upper West Side). Central Park West (et 79th St.) 769 5100
Adultes : 4$; enfants : 2$. Ouvert tous les jours 10h-17h45 (21h : mercredi, vendredi et samedi).

Situé à l'ouest, de l'autre côté de Central Park, en face du Metropolitan Museum dont il est le pendant, le Musée d'Histoire naturelle de New York est tout simplement l'un des plus extraordinaires musées du monde. Il se présente sous la forme de plusieurs bâtiments représentant les différents stades de l'empire américain, avec une statue du grand impérialiste américain, Theodore Roosevelt lui-même, montant la garde à l'entrée Central Park West. On ressortira épaté par tant de trésors réunis avec tant d'ingéniosité. Tous les écoliers de New York ont traversé cette caverne de l'histoire de l'homme et de la nature. D'emblée, vous serez sous le charme : que vous entriez par le foyer de la 77e rue (avec la grandiose barque de guerre des Indiens Tlingit d'Alaska) ou par Central Park West, des corridors vous mèneront à la découverte des principaux mammifères d'Amérique du Nord, restitués grandeur nature dans des niches panoramiques reconstituant leur environnement. Et ceci n'est qu'une petite part du voyage à travers les régions et les époques.

Il y a les extraordinaires collections consacrées aux Esquimaux, aux Indiens, aux cultures d'Asie, d'Afrique, d'Orient, d'Amérique Centrale. Il y a les salles des météorites, la fabuleuse collection de pierres précieuses (le plus gros saphir du monde). Au 4e et dernier étage vous attendent les squelettes de dinosaures, mammouths, reptiles volants dont plusieurs ont été ramenés d'expéditions financées par le musée dans le désert de Gobi. 34 millions d'objets sont recensés dans ce musée.

Le Hayden Planetarium fait partie du musée mais exige un ticket d'entrée séparé. Le film consacré aux étoiles donne sa vision de l'univers. Installez-vous dans le Nature Max Theater qui dispose d'un écran géant (10 fois la taille d'un écran normal) et laissez-vous envelopper par le film sur la nature IMAX (pas du 16 mm, mais quelque chose comme du 200 mm !) avec la musique des Pïnk Floyd pour plâner. Le musée a un restaurant et une boutique.

BROOKLYN MUSEUM (Downtown Brooklyn)
220 Eastern Parkway   **638 5000**

Ouvert tous les jours (sauf mardi) 10h-17h. Entrée : 4$; étudiants : 2$. Prendre le métro, ligne 2 ou 3 jusqu'à la station Eastern Pkwy-Brooklyn Museum.

Eternel second du Metropolitan Museum, le musée de Brooklyn n'en n'est pas moins le septième musée des États-Unis. Y sont exposés des peintres européens mais surtout américains, Winston Homer, Gilbert Stuart et John Singer Sargent. Sa collection d'antiquités égyptiennes est l'une des plus complètes au monde. Tout un pavillon est consacré à la reconstitution d'une maison classique de Brooklyn au XVIIe siècle.

Le Sculpture Garden expose des reliques d'un New York disparu. Attenant au musée, le Brooklyn Botanical Garden (718 622 4433) est propice aux promenades avec ses serres de plantes exotiques, ses lacs et en mai, ses floraisons spectaculaires. Pour vous échapper de Manhattan et humer l'atmosphère très différente de l'énorme Brooklyn. Ne vous aventurez pas au-delà du musée.

THE CLOISTERS (Upper Manhattan)
Fort Tryon Park 923 3700

Prendre le métro ligne "A" jusqu'à la 190e rue/Washington Ave. et sortez sur Ft. Washington Ave. et non pas sur Broadway. Ou prenez une navette du Metropolitan Museum. Le musée est ouvert tous les jours, sauf le lundi, ainsi que les jours de Thanksgiving, Noël et Nouvel An. De 9h30 à 17h15 de mars à octobre ; de 9h30 à 16h45 de novembre à février. Entrée : 5$ (avec accès au Metropolitan le même jour) ; étudiants 2.50$. Visite guidée gratuite du mardi au jeudi à 15h. Le dernier arrêt des bus est au musée. Ils sont donc vides pour le retour et descendent jusqu'à l'autre extrémité de Manhattan. C'est l'occasion d'un voyage intéressant, mais un peu long.

L'extraordinaire destin de ces fragments romans et gothiques européens recomposés en un ensemble médiéval américain se confond avec la vie aventureuse d'un artiste new-yorkais, George Gray Barnard, dont Rodin avait admiré les sculptures. Barnard sillonna la France pendant dix ans, à la recherche de trésors qu'il achetait aux paysans. Son tour de force fut l'acquisition du cloître de Cuxa, à Prades, dans les Pyrénées (à la suite de quoi, le gouvernement français devait voter, le 31 décembre 1913, une loi interdisant l'exportation des monuments historiques).

Mais Barnard put ramener en Amérique des centaines de pièces, colonnes du XIXe siècle, fresques primitives italiennes, fragments venus d'Espagne, de Flandre, d'Angleterre, une partie du clocher de Notre-Dame-du-Bourg de Loudon, 48 colonnes et 56 arches du cloître de Cuxa, etc. En 1925, John D. Rockefeller, qui avait acquis le terrain de Tryon Park (du nom d'un gouverneur anglais particulièrement haï des Américains), accordait 600 000$ au Metropolitan Museum pour l'achat de la collection Barnard et sa remise en état. L'ouverture du musée actuel, sur son site, face à l'Hudson, eut lieu en 1935. Vous pourrez voir dans le quartier, en remontant vers le nord, quelques beaux immeubles d'appartements Art déco tardif.

Construite sur une haute colline boisée, Fort Tryon Park, qui domine Harlem et l'Hudson River, cette "abbaye romane" est en fin de compte l'un des plus attachants musées new-yorkais. Un énorme ascenseur surgissant des profondeurs méphitiques du subway vous conduit à proximité en quelques secondes. C'est bien évidemment à ses quatre cloîtres que le musée doit son nom. Extases romanes, étranges sous le ciel yankee ! Chacun d'eux enserre un ravissant jardin, comme le "verger" ou le "jardin aux simples" (herbes médicinales ou aromatiques que cultivaient les moines). Comme aussi le jardin du cloître de Trie-en-Bigorre, où l'on retrouve les plantes représentées dans les tapisseries dites de la Chasse à la Licorne. Cette extraordinaire série, un des chefs-d'œuvre de la tapisserie médiévale, mérite à elle seule la visite du musée. Parmi les autres trésors qu'il recèle, citons encore plusieurs sculptures sur bois, ainsi que la magnifique Annonciation du peintre Robert Campin (XVe siècle). Elle est exposée dans une salle où l'on s'est efforcé de regrouper plusieurs meubles et objets semblables à ceux que reproduit le décor du tableau.

Le jour de notre passage au musée, une jeune Chinoise, aussi jolie qu'érudite, en assurait la visite guidée. Dans un anglais fort élégant, elle nous fit entrevoir le riche symbolisme du trésor de Campin, et surtout, des différentes scènes de la Chasse à la Licorne. Plus tard, conversant avec elle, nous apprîmes qu'elle était en train d'achever une thèse d'histoire de l'art sur la cathédrale de Reims. Suivez le guide, si vous tombez sur Nancy Wu. Vous ne le regretterez pas. Et n'hésitez pas à lui demander des explications supplémentaires. Vous pourrez même le faire en français, elle le comprend fort bien.

THE FRICK COLLECTION (Upper East Side)
1 East 70th St.   **288 0700**

Ouvert mardi-samedi 10h30-17h, dimanche 13h-17h. Enfants -10 ans non admis. (mais il y a des plaintes à ce sujet). Entrée : 3$. Concerts de musique classique gratuits chaque week-end.

Les tableaux sont disposés comme dans une maison particulière, avec le minimum d'informations. On a l'impression de rendre visite à un collectionneur qui vous aurait accordé la permission de rester chez lui autant que vous le souhaitez afin d'ausculter ses chefs-d'œuvre d'aussi près que vous le désirez. Cela ne ressemble en rien à l'idée qu'on se fait d'un musée traditionnel, et la vérité est que ca n'y ressemble pas du tout. C'est peut-être pourquoi les New-Yorkais adorent la Frick Collection, le rêve réalisé d'un magnat des aciéries de Pittsburgh, Henry Clay Frick (1849/1919), qui souhaitait laisser à la postérité l'exemple d'un mécène américain moderne et cruellement anti-syndicaliste : Frick fut responsable du massacre des ouvriers de la Homestead Steel).

A l'achat des merveilles qui sont suspendues aux cimaises de son opulente demeure bâtie en 1913 sur la 5e avenue, Frick consacra une grande partie de son immense fortune, et quarante années de sa vie. En face de Central Park, la maison a été largement laissée en l'état. L'ensemble des 19 salles est meublé en XVIIIe anglais et français. Le bâtiment a été ouvert au public en 1932. La collection rassemble Boucher, Fragonard, Gainsborough, El Greco, Vermeer, Rembrandt, Van Eyck, Van Dyck, Tiepolo, Ingres, Chardin, Bellini, Monet, Piero della Francesca, Degas, Lawrence... Dans la galerie ouest (la plus riche) se font face deux remarquables Turner et, côte à côte, un autoportrait de Rembrandt et son énigmatique "Cavalier polonais". Pêle-mêle, on citera quatre très beaux tableaux du peintre américain Whistler, un étonnant Bronzino, le portrait de l'Arétin par Titien, le portrait de Sir Thomas More par Holbein le Jeune. Vous irez certainement vous asseoir dans le Jardin sous verrière, avec le murmure de la fontaine, et à la paix de cette oasis des beaux-arts.

THE GUGGENHEIM MUSEUM (Upper West Side)
Fifth Ave (et 89th St.)   **360 3500**
Fermé le lundi, ouvert du mardi au dimanche 10h-20h. Entrée 8.50$ adultes, 5.50$ étudiants et personnes âgées. Entrée gratuite enfants - 12 ans. Le mardi entrée moiti-prix de 17h à 20h.

Ah oui, le musée le plus scandaleux de New York... Mais son plus grand atout n'est-il pas finalement l'immeuble conçu par Frank Lloyd Wright, d'ailleurs destiné à un autre emplacement ? Le bâtiment causa scandale, puis son concept initial fut détourné par l'adjonction d'espaces administratifs. Le bâtiment subit ensuite l'outrage d'être rebaptisé du nom de la famille LeFrak qui donna 10 millions de dollars au musée.

Les LeFrak avaient fait fortune en construisant d'énormes cités-dortoirs dans le Queens. Ces immeubles revêtus d'une peu distinguée brique rouge sont une cicatrice de plus sur la surface de la terre et une insulte supplémentaire à l'architecture. Cela n'empêche pas le nom des LeFrak de dominer l'entrée du plus célèbre bâtiment construit à New York par le plus grand architecte américain. Voilà qui montre ce que l'argent peut offrir. Cette étrange structure cylindrique dont la construction et la finition ont duré seize ans tranche sur l'architecture des gros immeubles bourgeois de la 5e Avenue. Elle souleva une tempête de polémiques lors de son ouverture, en 1959. Une nouvelle aile a été ouverte début 1993 ; elle élargit de façon étonnante et d'une manière très réussie le musée sur Central Park.

Solomon R. Guggenheim avait fait fortune dans les mines de cuivre et d'argent. Durant les années 20 et 30, le milliardaire américain se mit à collectionner des peintres européens qu'il exposait dans ses appartements du Plaza Hotel devant un public choqué par l'avant-garde abstraite. Parmi les artistes, on comptait Léger, Chagall et Kandinsky, ces deux derniers représentant le centre de la collection permanente du musée. Van Gogh, Degas, les Fauves et quelques Picasso de la première période sont d'autres trésors.

Avant sa rénovation, le musée consacrait de plus en plus d'espace aux expositions d'artistes contemporains, mais les limites de sa collection et le manque d'espace lui interdisaient de concurrencer le MOMA. Quelques chefs-d'œuvre de la collection (des Modigliani, etc.) ont été vendus et remplacés par des œuvres d'art conceptuel qui n'ont même pas été autorisées à quitter l'Italie (le Guggenheim devra construire un musée à Venise pour les exposer).

Les choses vont si étrangement que certains se demandent si le Guggenheim n'est pas un musée qui cherche des partenaires à travers le monde et loue son nom, et avec lui l'image de Wright, comme une franchise.

THE GUGGENHEIM MUSEUM SOHO
575 Broadway 423 35 00
Fermé le lundi, ouvert du mardi au dimanche 10h-19h15, Entrée 5$ adultes, 3 $ étudiants et personnes âgées. 10$ pour la double entrée.

La succursale de SoHo est censée être la poule aux œufs d'or du Musée Guggenheim (qui connaît des problèmes financiers, selon des personnes bien informées). L'entrée est donc très chère, la galerie d'exposition décevante et la boutique de cadeaux magnifique. C'est l'endroit idéal pour ramener un gadget artistique , un tee-shirt Matisse ou un parapluie Picasso (et en plus, vous n'avez pas besoin de payer l'entrée au musée pour accéder à la boutique).

INTERNATIONAL CENTER OF PHOTOGRAPHY (Upper East Side & Midtown)
1130 Fifth Ave (et 94th St) 860 1777
Ouvert mardi : 12h-20h. Mercredi-vendredi :12h-17h. Samedi-dimanche : 11h-18h. Entrée libre mardi : 17h-20h.

1133 Sixth Ave (et 43rd St.) 768 4680
Ouvert mardi-dimanche : 11h-18h. Mercredi : 17h-20h. Entrée adultes 3$; étudiants 1.50$.

La photo dans tous ses états ! Le ICP, fondé et dirigé par Cornell Capa, le frère du metteur en scène Robert Capa, offre un double lieu d'expositions permanentes consacrées aux plus grands photographes du siècle. Les ICP sont aussi le siège d'expositions temporaires dont l'une au moins concerne chaque mois les nouvelles tendances de la photo américaine et des reportages sur la Grosse Pomme. Les deux locaux fonctionnent en osmose. Dans chaque ICP, une belle librairie.

METROPOLITAN MUSEUM OF ART (Upper East Side)
5e Ave. (et East 82nd St.) 879 5500
Entrée : adultes 6$, étudiants 3$, Gratuit pour les enfants -12 ans accompagnés. Ouvert dimanche-mardi-mercredi-jeudi : 9h30-17h15 ; vendredi-samedi : 9h30-20h45. Fermé lundi. La politique de la maison est celle du "pay what you wish", ce qui veut dire 25 cents si tel est votre choix. L'entrée principale est couronnée de grands escaliers en face de 82nd St., mais la queue peut être longue au vestiaire s'il pleut. Dans ce cas, on peut utiliser l'entrée en sous-sol en face de 81st St.

Cette institution new-yorkaise fut fondée en 1870 par un groupe d'éminents citoyens de la finance, de l'industrie et des arts. C'était alors un bizarre petit bâtiment dont on a un aperçu dans le (mauvais) film de Scorsese "L'Age de l'Innocence". Aujourd'hui, héritage des pillages rassemblés par l'empire commercial américain, le musée occupe l'équivalent de quatre blocs. Ses trésors ne le cèdent en quantité qu'à ceux du Louvre. On dit qu'il faudrait une vie entière pour découvrir les quelque 2 millions d'œuvres d'art préservées dans les 18 départements du Met, et une autre vie pour s'imprégner de leur signification dans l'espace et le temps : de la préhistoire à notre époque, le "Met" regroupe les créations de 5 000 ans de civilisations (Chine, Extrême-Orient, Egypte, Assyrie, Grèce, Rome, Afrique, Océanie, Europe, monde islamique, Amériques).

Le musée accumula ses trésors pendant 90 ans avant de construire les galeries où les exposer. Et cependant, le Metropolitan Museum, comme le reste de l'Amérique, est dépourvu d'œuvres de l'école préraphaélite...

Autant dire qu'une visite de quelques heures ne peut qu'être exténuante si on voulait tout voir (à supposer que ce soit possible) et qu'un tel marathon frôlerait l'absurde. Autre difficulté : certaines collections ne sont visibles que selon un calendrier de rotation. Le "Met" regroupe cinq collections majeures : les antiquités égyptiennes, les arts primitifs, l'art médiéval, la peinture européenne et la peinture américaine.

Il convient de signaler les quelques importantes collections suivantes : art moderne, instruments de musique, armes et armures, institut du costume, art ancien du Proche-Orient, art grec et romain (la 2e collection après celle des musées d'Athènes), les sculptures européennes, les arts décoratifs, etc.

De la statuaire égyptienne aux bijoux byzantins, des peintures et porcelaines florentines et vénitiennes aux trésors primitifs rassemblés dans l'aile Michael C. Rockefeller (ouverte après la disparition en 1961, en Nouvelle-Guinée, du fils de Nelson Rockefeller), des artistes américains des XVIIIe et XIXe siècles à l'impressionnante collection de peintres impressionnistes et postimpressionnistes français, des peintres anglais, flamands, hollandais, espagnols, italiens au temple de Dendur... vous pourriez consacrer votre séjour à cette forteresse enchâssée dans Central Park.

Ne ratez pas les boutiques d'art où de magnifiques reproductions de bijoux et statuettes vous permettront de faire des cadeaux originaux pour des prix accessibles.

THE MUSEUM OF THE AMERICAN INDIANS (Harlem)
Audubon Terrace, 3753 Broadway (et 155th St.)   **283 2420**
Ouvert du mardi au samedi 10h-17h, le dimanche de 13h à 17h. Entrée 3$.

Déjà le voyage vers ce dramatique et méconnu musée aura le mérite de vous faire découvrir un vrai quartier populaire, sur le flanc ouest de Harlem, avec sa communauté cubaine et Latino-américaine, et ses restaurants typiques sur Broadway, si loin du centre de Manhattan. Mais attention, c'est loin d'être le quartier le plus safe de New York, même si ce n'est pas le pire de Harlem. Vous êtes à Sugar Hill, fameux pour avoir été le quartier de riches Noirs américains et de célèbres musiciens et artistes (Duke Ellington vécut à Edgecombe Terrace, ainsi que Cab Calloway, W.E.B. DuBois et Langstone Hughes). Tout à côté s'étend l'un des cimetières les plus "actifs" de Manhattan, où repose J.J. Audubon. Juste au nord se tenait le Audubon Ballroom où rivalisaient les plus grands orchestres, dans les années 30. Malcolm X fut assassiné dans les parages. Non loin est Hamilton Grange, la maison où résida Alexander Hamilton. Le bâtiment n'est pas en bon état, et le quartier problématique, malgré tous les efforts des riverains. Or le National Museum of the American Indians va déménager. Sugar Hill offre un autre exemple de la manière dont Harlem a été et continue d'être déshérité de tout lieu d'intérêt. Non seulement Harlem est dangereux à visiter, mais il ne reste plus grand chose à y voir.

Ce musée est le plus important consacré aux Indiens d'Amérique du Nord (de la côte Est à l'Alaska, des Sioux aux Cheyennes, la plupart des tribus sont représentées ici).

Il a été créé grâce à l'incroyable collection Heye, constituée avec un savoir-faire encyclopédique. La collection devait être abritée dans ce musée à perpétuité, ce qui ne veut pas dire pour l'éternité car si vous disparaissez, les politiciens continuent de vivre. Il a donc été décidé que la majeure partie de la collection serait transférée à Washington. La raison avancée était que le musée est inaccessible et situé sur la marge de Harlem. Passez donc un coup de téléphone pour savoir où sont vraiment entreposés les trésors de la civilisation indienne.

Le musée expose des milliers d'objets de la vie courante et sacrée. Il manque malheureusement souvent une explication. Cela n'empêche pas d'admirer, pas ne permet pas toujours de comprendre. On pourra voir de vrais scalps, la pipe personnelle de Sitting Bull, l'habit de guerre de Geronimo, des masques, des haches... On verra comment, au contact des Blancs, les Indiens ont transformé la facture de leur artisanat. On peut rêver, encore que tant de symboles d'une vie libre soient poignants à observer derrière leurs titres vitrines, comme si on avait mis la liberté en cage. Une boutique au rez-de-chaussée vend de la littérature spécialisée, des objets et bijoux artisanaux fabriqués par les indiens contemporains. La visite peut se poursuivre par celle du musée adjacent, l'Hispanic Museum (ouvert mardi-samedi 10h-16h30, dimanche 13h-16h, entrée libre) pour ses peintures.

MUSEUM OF BROADCASTING (Midtown)
1 East 53rd St.   752 7684
Ouvert : mardi midi-20h ; mercredi-samedi : midi-17h. Prix suggéré : adultes 4 $; étudiants 3S ; enfants -13 ans 2$.

Pour les fanatiques de la télévision et de la radio, ce musée unique au monde a archivé plus de 40 000 émissions TV. Autant dire qu'ici est répertoriée une grande part de la culture américaine depuis 1935. On peut voir les programmes dans un cinéma ou sur une console vidéo (malheureusement il n'y en a que deux douzaines). L'ensemble de la collection est totalement accessible au public et la durée pour visionner limitée à une heure. Mieux vaut comprendre l'anglais, encore que ce ne soit pas nécessaire pour regarder les débuts historiques des Beatles dans le "Ed Sullivan Show".Il est fortement recommandé d'arriver pour l'ouverture.

MUSEUM OF MODERN ART (Midtown)   708 9490
11 West 53nd St. (entre Fifth et Sixth Ave)   708 9400
Ouvert mardi-vendredi 11h-18h, jeudi 11h-21h. Fermé le mercredi. Entrée : 6$; étudiants : 3,50$. Le jeudi, de 17 à 21h, prix d'entrée libre.

Le premier musée d'art moderne du monde. Le seul capable de sortir la totalité de ses collections ou d'imposer une exposition définitive de Picasso ou de Matisse. Capable aussi de proposer des expositions originales et fortes sur l'art politique, ou d'organiser une rétrospective de 150 années de photographie. Sans aucun doute l'un des premiers musées à prendre au sérieux l'art moderne et les arts alliés tels que la photo, le design industriel et le cinéma. Les deux salles de théâtre en sous-sol jouent de facto le rôle de cinémathèque de New York. Construit sur un morceau de terrain qui appartient aux Rockefeller, le MOMA est dirigé par les Rockefeller et les plus riches familles de New York. Le musée a imposé certaines collections privées pour le bénéfice économique de leurs propriétaires. Il a aussi licencié Luis Bunuel du département du cinéma pour des raisons politiques.

Dans une rue perpétuellement animée, le Museum of Modern Art s'impose avec sa façade aux grands panneaux de verre devant laquelle se presse une foule de tous les âges. Le rez-de-chaussée est consacré, comme c'est l'usage, aux boutiques et au restaurant. Le Jardin intérieur abrite des sculptures (Rodin, Matisse, Barnett Newman). Aux 1er et 2e étages, peintures et sculptures. Au 3e étage, architecture et design. A chaque étage, des salles sont réservées aux dessins et à la photographie avec un choix de clichés de grand maîtres américains et européens. Côté peinture, des postimpressionnistes aux cubistes, des dadaïstes aux surréalistes, Picasso, Kandinsky, Cézanne, Van Gogh, Gauguin, Ensor, Redon, Klee, Mondrian, les expressionnistes allemands, les futuristes, Dali, De Chirico, Balthus... Le second étage est plus spécifiquement consacré aux artistes américains, Pollock, Gorky, Rothko, Bacon, De Kooning, Frank Stella, au pop art (Jasper Johns, Rauschenberg, Oldenburg). Au dernier étage, dessins originaux d'architectes (Frank Llyod Wright et Le Corbusier). Au sous-sol se tiennent les expositions temporaires.

Dépositaire de la plus grande collection de peinture moderne au monde, le MOMA a 10 000 films en archives. L'acquisition de cette énorme collection de celluloïd a commencé en 1935 avec l'envoi d'une émissaire du musée auprès des "moguls" de Hollywood.

Grâce à Harry Warner, Samuel Goldwyn, Harry Cohn, Walt Disney, Mary Pickford, Douglas Fairbanks, Mack Sennett, puis D.W. Griffith et Charlie Chaplin, le MOMA a constitué un fonds d'archives remarquable, dont la préservation constitue l'une des tâches principales de son département cinéma. Le musée a deux salles en sous-sol (460 places et 217 places) qui présentent les films en alternance et en permanence, avec festivals et rétrospectives consacrées aux grands metteurs en scène américains et étrangers. Le billet d'entrée au musée donne le droit de visionner les films de la journée.

MUSEUM OF THE MOVING IMAGE 718 784 4520
35th Ave. (et 36th St.) Astoria, Queens
Ouvert mardi-vendredi 12h-16h, samedi-dimanche 10h-18h. Entrée 5$.

Ouvert, en 1988 sur le site de la Paramount Astoria Studios où furent tournés tant de films du muet et des débuts du parlant, à l'époque où New York était le centre de la production de film (Jusque dans les années 20), puis les premières émissions en direct de la télévision (dans les années 50), ce musée est le premier, et le seul à être intégralement consacré à l'histoire, l'esthétique et la technique du septième art. Les expositions permettent de faire le tour des professions du cinéma, du metteur en scène à la maquilleuse, du scénariste au spécialiste en effets spéciaux, tout en mettant en valeur 60 000 objets, caméras, projecteurs, décors, costumes, documents. Le samedi, il y a plusieurs projections dans la salle de 195 places, et la diffusion de vieilles séries. Ici ont travaillé Claudette Colbert, Clara Bow, les Marx Brothers, Gloria Swanson, Rudolph Valentino. Le musée s'inscrit aujourd'hui dans un quartier en pleine évolution et largement tenu par les Grecs, qui y ont ouvert de nombreux restaurants. C'est l'occasion de visiter l'un des quartiers les plus intéressants de Queens. Demandez le restaurant appelé "Uncles".

Le PETIT FUTÉ Canada est dans toutes les librairies

THE WHITNEY MUSEUM OF AMERICAN ART (Upper East Side)
945 Madison Ave (et East 75th St.)   **570 3676**

Fermé le lundi, le mardi (ce jour-là seul la librairie est accessible) et pour Thanksgiving. Ouvert mercredi-samedi 11h-17h ; dimanche : 12h-17h. Entrée : 5$. Etudiants (sur présentation de la carte) : gratuit. Entrée gratuite le mardi 18h-20h. Visite guidée gratuite le mardi (13h30, 15h30, 18h15) les mercredi-jeudi-vendredi (11h30, 13h30, 15h30).

Le Whitney est le concurrent du MOMA. Ce fut jadis un petit musée (toujours visible sur la 8e rue, angle 5e Avenue), puis les Whitney le firent monter dans l'Upper East Side, plus près de leur argent. L'immeuble, construit par Marcel Bruer dans le style brute de l'époque, a été défiguré par la suite et présente une façade grise percées de fenêtres en meurtrières. Mais tout change dès qu'on dépasse le hall (belle librairie). Les espaces d'exposition sont vastes, les salles harmonieusement disposées et le mouvement de la visite se referme naturellement sur lui-même à partir de l'ascenseur monumental dont la porte semble faite de cuivre martelé. La majorité des expositions du Whitney sont consacrées à des rétrospectives ou à la présentation d'artistes contemporains. Gertrude Vanderbilt Whitney, elle-même sculpteur, était immensément riche. Elle commença sa collection dans les années 30. La collection est particulièrement riche d'œuvres d'artistes de l'entre-deux guerres comme Hopper, Marsh et les "Précisionnistes".

Le musée abrite également une biennale de plus en plus controversée. Ses expositions temporaires d'art contemporain américain défraient souvent la chronique, car elles s'appuient sur les sujets traités par l'avant-garde comme le racisme, le Sida ou les genres sexuels, sans grand avenir. L'institution abrite aujourd'hui quelques 10 000 œuvres : tableaux, sculptures et photographies, qui représentent les meilleures tendances des arts plastiques du XXe siècle américain, avec les noms de Calder, O'Keefe, De Kooning, Rauschenberg, Keinholz, De Witt, Warhol, Rivers ou Pollock.

■ Les musées secondaires

FIRE MUSEUM (SoHo)
278 Spring St. (entre Varick et Hudson St.)   **691 1303**

Ouvert du mardi au samedi de 10h à 16h. Entrée recommandée : 3$ (50 cents pour les enfants).

Pour porter un regard méticuleux et passionné sur l'histoire des pompiers de New York, dont les sirènes bramantes font tellement partie de la vie quotidienne. Le musée, ouvert en 1987, est situé dans une ancienne caserne. C'est un monument à la bravoure et à l'héroïsme des combattants du feu : de la grosse voiture à grande échelle à la moindre note du journal de bord, tout est là, même un coin réservé aux chiens sauveteurs.

THE FORBES MAGAZINE GALLERIES (Greenwich Village)
62 Fifth Ave. (et 12th St.)   **206 5548**

Ouvert mardi-samedi 10h-16h. Entrée gratuite.

Capitaliste devant l'éternel, le bon M. Forbes, qui fut l'éditeur du célèbre magazine économique et mondain portant son nom, était un collectionneur acharné.

Voilà ses collections rassemblées dans un original musée où l'on peut passer de l'étonnement à l'agacement. Viennent d'abord quelque 500 maquettes de bateaux des années 1870 à 1930. Elles sont précédées des maquettes des yachts privés du défunt milliardaire, qui en avait fait autant d'outils capitalistes" pour traiter les grands, les riches et les fameux de ce monde. Ce sont ensuite 100 000 figurines de soldats de plomb représentant des armées ou des batailles célèbres. Des documents présidentiels, des lettres autographes de présidents américains. Le clou de ces collections sont les "œufs" de Fabergé conçus pour les deux derniers tsars de Russie (avec l'extraordinaire reconstitution du salon privé de la tsarine Alexandrina). Le musée se clôt sur une intéressante exposition (très orientée) consacrée aux malheurs de New York et au triomphe du capitalisme. Dans l'entrée, un mobile insensé fascinera les grands et leurs petits.

INTREPID MUSEUM SEA AIR SPACE (Midtown)
Pier 86 West 46th St. (et Twelth Ave)   **245 0072**
Ouvert tous les jours en été : 10h-17h (fermeture guichet : 16h). Entrée adultes : 7$, enfants -12 ans : 4$, enfants -6 ans : gratuit.

Un porte-avions devenu musée, ça se remarque... L'USS Intrepid participa à de nombreuses et épiques campagnes durant la guerre du Pacifique. Voilà le monstre d'acier pacifiquement à quai, avec un équipage de guides souriants qui entraîneront les petits (et sans doute surtout les grands), à la découverte de ses cinq salles d'exposition majeures.

Plus de 70 avions, satellites, fusées, roquettes sont alignés sur le pont et dans les soutes. Exposition permanente de centaines d'armes, uniformes et de matériel de transmission ; films sur les conflits du passé ; la plus grande collection de médailles du monde. Et un sous-marin, le Growler. Ouvert comme musée en 1983, l'Intrepid a été consacré monument national en 1986.

MUSEUM OF THE AMERICAN PIANO (Upper West Side)
211 West 58th St.   **246 4646**
Ouvert du mardi au vendredi de 12h à 16h. Entrée : prix recommandé : 2.5$ (2$ pour enfants et personnes âgées).

Une entrée modeste, un léger désordre mènent à un couloir étroit où sont alignées des vitrines de souvenirs : photos, livrets, brochures antiques, clés de piano et outils de musique. La salle d'exposition principale ressemble à un entrepôt où les pianos, dont le piano "carré" datant du XIXe siècle, sont soigneusement et chronologiquement alignés sur deux rangées. Le conservateur, Kalman Detrich, un immigré hongrois aux tempes grisonnantes, joue du piano depuis l'âge de sept ans. Technicien et constructeur, il a commencé par collectionner des pianos américains avant de décider, faute de place, d'ouvrir un musée, ce qu'il réalisa en 1984. Selon lui, son modèle "Matushek" (1879) fait non seulement concurrence aux pianos modernes, mais est meilleur sous plusieurs aspects (en particulier il a une meilleure basse). Un piano d'église doré, construit pour ressembler à un autel ainsi qu'un piano girafe de la marque Kroeger (1880), qui possède une harpe fixée verticalement à son sommet, constituent les curiosités de la collection. Les pianistes qualifiés et les enseignants ont le droit de jouer sur les instruments exposés.

MUSEUM OF THE CITY OF NEW YORK (Upper East Side)   534 1672
Fifth Ave (et 103rd St.)

Peu fréquenté, et cependant c'est ici seulement, dans cet élégant hôtel particulier en style colonial géorgien, qu'on réalise combien New York fut d'abord une ville d'aspect européen. Comment elle a évolué depuis l'île indienne jusqu'à la colonie hollandaise puis anglaise avant de devenir anti-royaliste et révolutionnaire. Jusqu'en 1932, Gracie Mansion, la maison du maire, abritait ce musée. On peut aujourd'hui le découvrir en une seule visite et c'est ce qui en fait le charme. Le musée organise une rotation d'excellentes expositions à thème (vie sociale, mondaine, culturelle, artistique de New-York).

MUSEUM OF COLORED GLASS AND LIGHT (SoHo)
72 Wooster St.   226 7258
Ouvert tous les jours de 13h à 17h. Entrée : 1$.

Le musée du verre coloré et de la lumière vous fera découvrir que le verre coloré est plus mystérieux et plus beau que vous ne l'aviez imaginé. Ce musée, qui expose une collection permanente de paysages, portraits et scènes bibliques réalisés sur du verre coloré, se situe dans un espace à plafond bas à l'ambiance intime, voire sacrée. Des cloisons sont arrangées de façon à donner une impression de labyrinthe. De lourdes draperies bleu foncé cachent les fenêtres, bannissant toute autre lumière que celle qui émane du verre coloré. Tous les tableaux sont de Raphael Nemeth, un immigré russe aux yeux bleu pâle. On a l'impression d'être dans un temple laïque bizarre.

THE NEW YORK HISTORICAL SOCIETY (Upper West Side)
170 Central Park West   873 3400
Ouvert mardi-dimanche 10h-17h. Entrée : 3$

Situés tout près du Museum of Natural History, les locaux (rénovés) de la N.Y.H.S. font la part belle à la peinture américaine des XVIIIe et XIXe siècle, notamment à la fameuse Hudson River School qui s'était proposé de peindre des paysages en les chargeant d'une valeur morale. Le fondateur de cette école, le peintre Thomas Cole (1801-1848) est largement représenté. Son œuvre majeure, entre Caspar David Friedrich et Gustave Moreau, s'intitule The Course of Empire, cinq tableaux représentant cinq moments de l'histoire d'un lieu - de la vie sauvage à la destruction d'un empire. Autre curiosité : l'exposition consacrée à 133 lampes de Tiffany. Ce n'est pas un musée très couru, et certaines galeries, avec leur procession de portraits, sont sinistres. Mais la naissance artistique de l'Amérique mérite une visite. La bibliothèque de cette Société est considérée comme l'un des centres majeurs de recherche sur l'histoire américaine, sur la ville et l'état de New York.

NATIONAL ACADEMY OF DESIGN (Upper East Side)
1083 Fifth Ave   369 4880
Ouvert mardi 12h-20h, mercredi-samedi 12h-17h.

Ce bel hôtel particulier a été légué par l'époux de la sculpteur Anna Hyatt Huntingdon dont une Diane chasseresse trône au bas de l'escalier à révolution, tendant sa flèche et son corps en une superbe torsade de bronze. Comme la Royal Academy de Londres - la Burlington House -, la National Academy of Design est une institution consacrée au dessin, et plus particulièrement au portrait.

Chaque membre de l'Academie doit non seulement léguer à celle-ci un certain nombre ou type d'œuvres, mais se faire une obligation d'enseigner, comme le voulaient les peintres fondateurs, Thomas Cole, Asher Durand et Samuel, F.B. Morse (l'inventeur). Le musée propose des expositions temporaires de très grand niveau. Dans le hall, une belle librairie de livres d'art.

POLICE ACADEMY MUSEUM (Gramercy)
235 East 20th St.
Ouvert lundi-vendredi 9h-15h. Entrée libre.

Au siège de la Police Academy, où sont formés les "rookies", les débutants, ce musée est une étape originale qui fait froid dans le dos. Ici sont rassemblés des objets fascinants, contondants, tranchants, perforants, des mitraillettes cachées dans des étuis à violon, des coups de poing américains, des revolvers-poignards, mais aussi toute la panoplie des uniformes depuis la création du corps des "Finest". A propos, saviez-vous que le mot "cop" ("flic") vient de l'expression "Constable of Peace" (sergent de paix) ?

SCHOMBURG CENTER FOR RESEARCH IN BLACK CULTURE (Harlem)
515 Lenox Ave (et 135th St.)
Prendre métro ligne 2 ou 3 jusqu'à 125th St. Ouvert lundi-mercredi 12h-20h, jeudi-samedi 10h-18h. Entrée libre.

Sous l'égide de la New York Public Library, dont c'est une branche, le Schomburg Center organise des expositions provocantes, toujours intéressantes, sur la culture noire aux Etats-Unis.

SOUTH STREET SEAPORT MUSEUM (Wall Street)
171 John St. (et 4-12 Fulton St.)   **669 9424 / 669 9400**

Se voulant musée vivant, le South Street Seaport Museum a égrené ses emplacements : le phare, en hommage aux naufragés du Titanic ; la Waterfront Photographer Gallery (avec ses expositions en alternance) ; le Book and Chart Store (une boutique spécialisée dans les livres et cartes maritimes) ; la Melville Library (sur rendez-vous) pour l'histoire maritime de New York ; le Boat Building Shop (où des artisans créent et restaurent des modèles réduits) et le Museum Visitor's Center pour visiter les grands vieux bateaux à quai ou faire un tour dans le port à bord du schooner Pionner. Le Musée s'est agrandi récemment grâce à une acquisition inespérée : pendant 150 ans, la Seamen's Bank of Saving avait accumulé des objets et œuvres d'art ayant trait à la vie maritime. La banque a fait faillite et le Musée a racheté cette collection : 204 "marines", 335 modèles réduits, 153 dessins et aquarelles, 298 pièces uniques (boussoles, sextants, baromètres, etc.). Pour les passionnés.

UKRAINIAN MUSEUM (East Village)
203 Second Ave (et 12th St.)   **228 0110**
Ouvert le week-end de 13h à 17h, entrée : 1$ (50 cents pour étudiants et retraités).

Cette galerie expose des œuvres réalisées par des artistes ukrainiens ainsi qu'une collection permanente de costumes, de poteries et d'accessoires. L'entrée est décorée avec des affiches encadrées et décolorées d'anciennes expositions. Dans l'espace d'exposition on peut voir entre autres un collier de graines de haricots, une hache de forestier du XIXe siècle avec une tête en bronze et un manche disproportionné qui a l'air de sortir tout droit d'un conte de fée.

Une partie de la collection fut rassemblée dans les années 30 par la Ligue nationale de femmes ukrainiennes vivant aux états-Unis. Le caissier a un double emploi : il est également laveur de vitres. Si vous passez dans le quartier...

■ Quelques musées historiques

JEWISH MUSEUM
1109 Fifth Ave.   432 3230/3200

EL MUSEO DEL BARRIO
1230 Fifth Avenue   831 7272

ABIGAIL ADAM SMITH MUSEUM
421 East 61st St.   838 6878

CHINATOWN HISTORY MUSEUM
70 Mulberry St.   619 4785

THE HARBOR DEFENCE MUSEUM AT FORT HAMILTON   718 4349

LOWER EAST SIDE TENEMENT MUSEUM
97 Orchard St.   431 0233

NEW YORK TRANSIT MUSEUM
Boerum Place (et Schermerhorn St.) Brooklyn   718 330 3060
Mardi-vendredi 10h-16h, samedi-dimanche 11h-16h.
Les vieux wagons du métro. La grosse attraction ici est le système du subway en trois dimensions.

DESTINATIONS	PRIX A/R*
NEW YORK	**1 990 F**
BOSTON, WASHINGTON	**2 190 F**
MIAMI, ORLANDO, NEW ORLEANS	**2 890 F**
DENVER, HOUSTON, DALLAS	**3 140 F**
LOS ANGELES, SAN FRANCISCO SEATTLE	**3 240 F**

Venez faire copain-copain à Miami !

GIBRALTAR Lic. 194042

*Prix A/R au départ de Paris, à partir de. Validité 1/90 jours. Nuit samedi à dimanche obligatoire + taxes et assurance annulation.

EN VENTE DANS TOUTES LES AGENCES DE VOYAGES OU AU 44 58 59 60 OU SUR 3615 PROMOVOL

Serveur vocal 36 68 01 20 (2,19 f la mn)

CONTACT
Assistance

LOOK CHARTERS

Fnac Voyages

L'agence de voyages de la Fnac

Tourisme • Voyages à la carte, circuits, séjours, croisières, locations... Un très grand choix de destinations et une sélection des meilleurs voyagistes.

Billetterie • Des centaines de destinations au prix les plus bas, charters et vols réguliers, avec des compagnies sélectionnées.

Offre spéciale Fnac • Week-ends ou voyages de découverte, promotions aux meilleurs prix, séjours pour vivre les grands événements et l'actualité culturelle.

Services • Location de voitures, assurance voyages, listes de mariages, réservations par téléphone.

Le service et le conseil Fnac sans frais d'agence.

—— LES AGENCES FNAC VOYAGES ——

Paris et région parisienne

Forum des Halles. Porte Lescot, niveau 3 75001 Paris — Tél. 40 41 40 78
Montparnasse. 136, rue de Rennes 75006 Paris — Tél. 49 54 30 72
Etoile. 28/30, avenue des Ternes 75017 Paris — Tél. 44 09 19 02
La Défense. 92053 Paris La Défense — Tél. 46 92 29 55

Régions

Galerie Grand Place. 20, rue St-Nicolas 59800 Lille — Tél. 20 15 58 40
85, rue de la République 69002 Lyon — Tél. 72 40 49 00
C. Cial "Le Polygone" 34000 Montpellier — Tél. 67 64 15 49
Centre Nice-Etoile. 30, av. Jean Médecin 06000 Nice — Tél. 93 62 42 21
Galerie Dorian. 16, rue L. Braille 42000 St-Etienne — Tél. 77 43 43 44

AGITATEUR DEPUIS 1954.

ENVIRONS DE NEW YORK

Sortir de New York, c'est découvrir aussitôt (aussitôt après les embouteillages !) l'Amérique profonde. Car elle est là, aux portes de la mégalopole, avec son rythme autre, et surtout avec sa sauvagerie (encore) préservée et son espace, prélude à l'énormité du continent nord-américain. A la sortie de Manhattan s'ouvre l'état de New York qui remonte jusqu'à la frontière du Canada et recouvre une superficie équivalente à celle de l'Angleterre. Devant ces distances (les chutes du Niagara sont à deux jours en voiture), il convient de choisir judicieusement son moyen de transport, et de le faire en fonction de la longueur du trajet et de la durée du séjour. On a donc le choix entre les transports publics (train et bus), la voiture et, dans une certaine mesure, le bateau et la bicyclette. On n'oubliera évidemment pas que l'avion est réservé aux plus longues distances, par exemple pour se rendre sur les chutes de Niagara.

Encore faut-il savoir où aller : l'état de New York, peu connu des touristes, est une mine d'excursions. Voici quelques suggestions de déplacements pour la journée, qu'il ne tient qu'à vous de prolonger.

LES PLAGES

Brooklyn

Peu recommandables du fait de leur pollution, les principales plages de New York City sont situées à Brooklyn. Coney Island est certainement l'endroit où aller si vous préférez les bains de foule aux bains de mer : 100 000 personnes s'entassent ici chaque week-end entre les vapeurs d'essence, les odeurs de hot-dog, dont la légende veut qu'ils aient été inventés ici, chez Nathan's, et le beuglement des transistors. Jadis un lieu de villégiature, Coney Island, sombre dans la dépression économique, les curiosités d'alentour sont rouillées par la mer et, en semaine, la nostalgie est garantie. Mais évidemment la plage est belle et le métro tout proche permet une évasion rapide et bon marché. Brighton Beach offre un visage plus plaisant, moins à l'abandon, grâce à la présence des Russes qui se sont installés ici, fondant "Little Odessa". La plage invite aux promenades, suivies ou précédées de découvertes gastronomiques dans des restaurants nommés Kavka's (405 Brighton Beach Avenue), Odessa (1113 Brighton Beach Avenue), Sadko (205 Brighton Beach Avenue).

Long Island

Jones Beach - Située après Long Beach, Jones Beach est la première plage digne de ce nom. A moins de vouloir à tout prix goûter les plaisirs des embouteillages new-yorkais durant le week-end (les parkings sont payants), le mieux est de prendre le train à Penn Station jusqu'à Freeport (un bus assure la navette jusqu'à la plage). Durant la saison chaude, la foule est considérable, mais plus on s'éloigne en direction du Robert Moses Statepark, à l'extrémité sud de Fire Island, plus les rangs s'éclaircissent.

Le meilleur moyen de jouir de Jones Beach, c'est encore de ne pas faire comme tout le monde. Si vous avez loué une voiture, partez très tôt le matin, quand la route est libre, et rentrez en tout début d'après-midi, quand ça roule encore.

Fire Island - L'île des gays qui s'y retrouvent en importantes colonies dans des maisons particulières disséminées sur la plage. Il y a quelques petits hôtels, toujours pris d'assaut ; quelques restaurants et mini-supermarchés où faire ses courses pour le pique-nique du jour. L'île est mince comme une tranche d'oignon et parsemée de dunes piquetées d'une certaine plante grasse nommée "Poison Ivy" (ivy = lierre) dont les brûlures peuvent être redoutables (le "Poison Ivy" ne se limite pas à Fire Island). L'été, Fire Island est bourré de visiteurs mâles pratiquant parfois de curieuses formes d'hédonisme dont certaines ont l'aspect de réunions militaires. Se souvenir qu'on est ici en Amérique où tout est codifié. Ne pas s'y rendre avec un sourire goguenard si vous n'êtes pas gay. Et si vous l'êtes, c'est résolument l'endroit de tous les contacts ; les rencontres sont faciles. Les femmes sont tolérées, mais elles n'y sont pas nombreuses.

S'y rendre : prendre le train à Penn Station jusqu'à Bay Shore et le ferry jusqu'à Ocean Beach, le principal village de l'île (sur laquelle les voitures ne sont pas autorisées).

Sag Harbour - A l'extrémité nord-est de Long Island, à trois heures de voiture de Manhattan, passés les Hamptons, à l'entrée du labyrinthe de baies et d'îles où s'ouvre le Long Island Sound avec, comme deux mâchoires (ou fourchettes?) la côte nord et la côte sud de Long Island (North Fork et South Fork), Sag Harbour est un port historique : ce fut la première entrée dans le "nouveau pays" ainsi qu'en avait décidé George Washington à qui n'avaient échappé ni l'importance ni l'utilité de ce fantastique havre naturel. Témoin la première douane (ou maison d'immigration), encore sur pied et ouverte aux visiteurs (de juin à septembre, du mardi au dimanche de 10h à 17h). Sag Harbour, détrôné par New York pour le commerce, fut un grand port de pêche à la baleine, comme l'atteste le Whaling Museum (ouvert du 15 mai au 30 septembre tous les jours de 10h à 17h, le dimanche de 13h à 17). Aujourd'hui, ce joli village se tourne vers le tourisme, à l'instar de Cold Spring Harbour, sur la côte nord, tout en restant authentique.

S'y rendre : à environ 150 km de Manhattan, par le Long Island Expressway (1495), sortie 70, prendre au sud la route 111 vers la route 27 East, qui devient Montauk Highway ; après Southampton, direction Bridgehampton, tourner à gauche sur County Road 79 (une départementale). La route mène directement à Sag Harbour.

■ Se loger

AMERICAN HOTEL
Main Street   **(516) 725 3535**
Hôtel-restaurant, avec 8 chambres à peine, cher.

SAG HARBOUR INN
West Water Street   **(516) 725 2949**
Neuf et sans caractère, mais avec piscine et vue sur l'Océan.

Les Hamptons

Au-delà de Fire Island, sur la côte sud de Long Island, les Hamptons représentent un long ruban de plages blanches. La nature verdoyante est ponctuée de petites villes coquettes à quelque distance des flots de l'Atlantique (attention : les courants peuvent être violents et exigent un maximum de prudence). Depuis le début des années 20, les Hamptons sont la Riviera de Long Island. Dans de grosses maisons auxquelles on accède (ou plutôt : n'accède pas) par de longs chemins privés se cachent les célébrités et les méga-fortunes de New York, les élites artistiques et intellectuelles. Leurs villégiature se nomment Westhampton, Hampton Bays, Bridgehampton, East Hampton, Wainscotte et surtout Southampton, la bannière sous laquelle se rallient les "Rich and Famous". Cela dit, pour le commun des mortels, la région offre toutes formes d'hébergement à des prix raisonnables (motels). A Southampton, la Chambre du Commerce (76 Main Street, tous les jours de 9h-17h) donne une liste des Bed & Breakfast.

La voiture est évidemment nécessaire pour circuler librement dans cette partie de Long Island (se souvenir que la plupart des parkings en bord de plage sont réservés aux résidents, ou sont payants). Si vous venez en train, vous pouvez louer des bicyclettes. Southampton joue un peu le rôle de Saint-Tropez de l'île, Bridgehampton est considéré comme le lieu de rassemblement de l'intelligentsia, tandis qu'East Hampton, le plus joli des villages des Hamptons, conserve son cachet. Au-delà, à l'extrémité de Long Island, Montauk, plus populaire, a l'atmosphère très particulière d'un village du bout de l'Amérique, ce qu'il est effectivement. L'Okeanos Ocean Research Foundation (tél. : 516/ 728 4522) organise des croisières maritimes de 4 à 5 heures à la découverte des baleines. Les départs ont lieu sur le Viking Dock, au port de Montauk.

S'y rendre : Le Long Island Expressway est un embouteillage perpétuel du vendredi après-midi au dimanche soir. Mieux vaut partir tôt dans la matinée du vendredi et rentrer si possible le lundi matin. Après tout, vous êtes en vacances... En voiture, prendre le Triboro Bridge à la sortie nord de Manhattan et suivre les panneaux "Eastern Long Island". Prendre ensuite soit le Southern State Parkway, soit le Northern State Parkway, selon la côte qu'on veut longer. La route 27 mène directement à Montauk. En train, on part de Penn Station, avec une multitude d'arrêts dans les localités.

■ Se loger

THE OLD POST INN (Southampton)
136 Main St.   **(516) 283 1717**
Une authentique auberge installée dans une ferme datant de 1684. Seulement sept chambres.

OLD POST HOUSE RESTAURANT (Southampton)   **(516) 283 9696**
Ouvert à longueur d'année pour déjeuners et dîners.

Réservations
44 08 22 22

AIR FRANCE

1770 HOUSE (East Hampton)
143 Main St.   (516) 324 1770

THE HEDGES INN (East Hampton)
74 James Lane   (516) 324 7100
Un B&B classique. Sept chambres, cher et très demandé.

GURNEY'S INN RESORT & SPA (Montauk)
Old Montauk Highway   (516) 668 2345

MONTAUK YACHT CLUB AND INN (Montauk)
StarIsland Road   (516) 668 3100

PANORAMIC VIEW (Montauk)
Old Montauk Highway   (516) 668 3000

ETAT DU CONNECTICUT ———————————

■ Mystic
Ce vieux village de pêcheurs de baleines a conservé son cachet d'autrefois et ressemble à un musée en plein air. Situé en face de Fischer's Island, sur la zone d'eau nommée Long Sound (le bras de mer qui sépare Long Island du continent), Mystic offre un dépaysement garanti et promet toutes sortes de réjouissances gastronomiques (fruits de mer). Au-delà on peut se rendre à New London pour visiter un étrange musée, en l'occurrence le premier sous-marin atomique américain.
S'y rendre : par le train, départ de Penn Station, en voiture prévoir 3h.

■ New Haven
Ici se tient la célèbre université de Yale avec son immense campus, ses musées et théâtres, ses bars et ses restaurants, et son atmosphère si particulière de ville consacrée à l'étude et aux études.
S'y rendre : par le train, départ de Penn Station, en voiture, prévoir 2 h.

ETAT DE NEW YORK HUDSON VALLEY ———————

Pour les courageux : l'état de New York est sportif par excellence (vol à voile, montgolfière, cheval etc.) Il offre aussi d'extraordinaires opportunités de balades à vélo. A Manhattan :

COUNTRY CYCLING CLUB
140 West 83rd St.   874 5151
Propose des circuits à la journée, soit à long Island, soit dans la vallée de l'Hudson. Il faut aussi noter l'American Youth Hostel, 75 Spring Street. Un autre circuit, totalement indépendant, à destination de Bear Mountain, consiste à suivre Broadway jusqu'à la sortie de Manhattan par le King's Bridge, et à poursuivre sur Broadway à travers le West Bronx (Riverdale), Yonkers et au-delà. Arriver à Bear Mountains prendra une demi-journée pour des jambes bien musclées. Au retour, on peut reprendre le bateau de la Day Line (voir West Point), avec son vélo à bord.

WEST POINT

Située sur la rive occidentale de l'Hudson, le Rhin américain, l'Académie militaire de West Point dresse ses bâtiments solennels sur une éminence. On peut visiter le musée attenant à l'école militaire.

United States Military Academy   **(914) 938 2638**
Tous les jours de 10h30 à 16h15.

S'y rendre : en bus (départ New York Transit Authority Bus Terminal, sur la 42è rue), en voiture ou en bateau, le moyen le plus recommandable. Day Line, Inc. Extrémité de West 41st St. Pier 81, tél. 279 5151, organise une mini-croisière d'une demi-journée soit pour West Point soit pour Bear Mountain. Les départs ont lieu du mardi au dimanche (fin-mai / mi-septembre) à 9h30, le trajet dure trois heures, et vous mènera à New York à 18h30. La croisière aller-retour coûte 15$ par personne.

RHINEBECK

Cette jolie ville abrite la plus vieille auberge des Etats-Unis, la Beekman Arms. Rhinebeck au nom quasiment allemand domine l'Hudson avec une vue superbe sur le fleuve. L'été, l'ville accueille de nombreuses foires réputées (artisanat, antiquités, voitures), qui attirent de nombreux visiteurs. Auparavant (en voiture seulement) on pourra visiter à Hyde Park la maison natale du président des Etats-Unis, Franklin Delano Roosevelt, qui repose ici au côté de sa femme Eleanor. Leur maison, Val-Kill, est également ouverte à la visite (d'avril à octobre, tous les jours de 9h à 17h).

S'y rendre : prendre le train Amtrak ; infos : 800 / 522 5624 ; à Grand Central Station jusqu'à Rhinecliff ; de là, prendre un taxi jusqu'à Rhinebeck, à environ 4 km. En voiture : emprunter le Henry Hudson Parkway puis la route 9.

KINGSTON

Au bord de l'Hudson, Kingston est une charmante ville fondée par les Hollandais. Il en reste quelques maisons d'époque et une célèbre brasserie. La ville (première (et toute provisoire) capitale de l'état de New York)fut détruite durant la guerre de Sécession contre les Anglais. à Kingston, vous pouvez prendre un bateau qui vous mènera à West Point (du mardi au dimanche en juillet et août, le week-end seulement, en mai-juin et septembre-octobre. Tél. : (914) 255 6515). Kingston n'offre guère d'endroits où dormir mais c'est la porte des Catskills où B&B et motels sont nombreux.

S'y rendre : en bus, à partir du N.Y Transit Authority Terminal, direct. En voiture, soit par la New York State Thruway 87 qu'on rejoint à Newburgh, soit par la route 9 le long de la vallée de l'Hudson.

ETAT DE NEW YORK, CATSKILLS

■ Woodstock

A environ 7 miles (12 km) de Kingston (navette par minibus), Woodstock est depuis toujours, c'est-à-dire une centaine d'années, le siège d'une colonie d'artistes attirés par la beauté des lieux et la qualité de la vie.

Bien que de plus en plus touristique, cette localité conserve son état d'esprit, entre création et marginalité. Bob Dylan y a vécu, et les hippies d'hier et de demain, bien implantés, se sont reconvertis dans l'artisanat : les galeries d'art sont aussi nombreuses que les restaurants ; il y a un théâtre et une salle de concerts où sont organisés des récitals de musique de chambre avec des artistes internationaux... Selon une légende indienne (l'influence indienne restr prenante dans l'état de New York), tout homme qui dort trois nuits d'affilée à Woodstock sera trompé par sa femme !

■ Roscoe

Au sud des Catskills, c'est le centre mondial de la pêche à la truite : ici a été inventée la technique de la pêche à la mouche. On peut visiter le Catskills Fly Fishing Center (Old Route 17, entre Roscoe et Linvingstone). La région est propice aux balades en vélo au milieu de paysages superbes.

ATLANTIC CITY

La capitale des jeux de la côte Est, l'équivalent de Las Vegas sans avoir jamais réussi à égaler la perle folle du Nevada, Atlantic City n'en mérite pas moins le voyage d'une journée, peut-être pour gagner un petit magot, plus sûrement pour perdre vos précieux dollars ; différentes compagnies s'occupent de votre transport et vous octroient éventuellement, selon les jours et l'affluence, un pactole de quelques dollars à dépenser dans le casino avec lequel elles sont affiliées.

ACADEMY BUS TOURS
1515 Jefferson St. Hoboken, New Jersey   964 6600

SHORT LINE TOURS
166 West 46th St.   354 4740

GRAY LINE TOURS
254 West 54th St.   397 2620

NITE ON NEW YORK TOWN
430 West 34th St.   947 0819

NIAGARA FALLS

La grande frontière, le rideau d'eau, Hitchcock : les chutes du Niagara n'ont plus à prouver leur pouvoir d'attraction touristique, mais elles sont loin, en voiture. L'avion pour Buffalo est évidemment beaucoup plus rapide.

"Pour aller aux Niagara Falls, se rendre directement au Terminal des Bus (8th Avenue et 41st St.). Les compagnies de bus font le voyage pour $100. Les agences de voyage ne proposent cette excursion que par avion (beaucoup plus cher)." A. Elain, Laval.

INDEX GENERAL

QUESTIONNAIRE

Comme le disait, dès la fin du XIXe siècle, notre prestigieux ancêtre, le guide Baedeker : *"Les indications d'un guide du voyageur ne pouvant pas prétendre à une exactitude absolue, l'auteur compte sur la bienveillance des touristes et les prie de bien vouloir lui signaler les erreurs ou omissions qu'ils pourraient rencontrer, en lui faisant part de leurs observations qui seront reproduites dans la prochaine édition, et en les lui envoyant sur une feuille de papier écrite d'un seul côté, afin d'en éviter la copie et de parer ainsi à de nouvelles erreurs."*

Nous offrons ***gratuitement la nouvelle édition*** à tous ceux dont nous retiendrons les suggestions, tuyaux et adresses inédites ou futées.

Faites-nous part de vos expériences et découvertes en utilisant la page suivante, ou si nécessaire sur papier libre. N'oubliez pas, plus précisément pour les hôtels, restaurants et commerces, de préciser avant votre commentaire détaillé (de 5 à 15 lignes) l'adresse complète, le téléphone et les moyens de transport pour s'y rendre ainsi qu'une indication de prix.

Signalez-nous les renseignements périmés, incomplets ou qui ont selon vous changé, en précisant le pays, la date d'achat et la page du guide.

QUESTIONNAIRE ─────────

Nom et prénom : ....
....

Adresse : ....
....
....

Qui êtes-vous ? *(entourez la mention exacte)*
Patron • Cadre • Commerçant • Employé • Ouvrier • Fonctionnaire • Femme au foyer • Retraité • Profession libérale • Etudiant • Autre

Quel âge avez-vous ? ..... ans

Combien d'enfants avez-vous ? .....

Voyagez-vous : seul • à plusieurs et combien ? ....

Voyagez-vous : en indépendant • en voyage organisé ?

Le Petit Futé vous paraît-il : cher • pas cher • raisonnable ?

Date d'achat : ....

NEW YORK

Expérience • découvertes • bons tuyaux
Adresses inédites ou futées

Joignez éventuellement un complément sur papier libre avec vos coordonnées

....

....

....

....

....

....

....

....

....

....

....

....

....

....

....

....

....

....

....

....

Cette page avec toutes vos suggestions doit être envoyée à l'adresse suivante :

LE PETIT FUTÉ COUNTRY GUIDE
18, rue des Volontaires - 75015 PARIS